MICH KRIEGT IHR NICHT

STEFFAN HEUER

MICH KRIEGT IHR NICHT

DIE WICHTIGSTEN SCHRITTE ZUR DIGITALEN SELBSTVERTEIDIGUNG

MURMANN

Für meine Kinder,
die ihr Leben in einer hoffentlich
nicht komplett maschinenlesbaren
Zukunft verbringen werden.

KAPITEL 11

INKOGNITO: ES IST MEINE MEINUNG 195

KAPITEL 12

STERBEN: ES IST MEIN VERMÄCHTNIS 213

KAPITEL 13

WERKZEUGE: TIPPS UND TRICKS 227

EINFÜHRUNG

Im Kinderzimmer lauscht Amazon mit Alexa, Ihren Hauseingang beobachtet der Handelsriese mit Türklingeln der Marke Ring. Google will einen ganzen Stadtteil von Toronto als sein firmeneigenes Spielfeld für die komplette Datenerfassung in einer »Smart City« aufbauen. Unternehmen und Nachrichtendienste legen Milliarden falscher Facebook- und Instagram-Konten an, um leichtgläubige Menschen zu täuschen, zu manipulieren oder aufzuhetzen. Zehntausende von Apps spionieren Ihren Alltag aus, verkaufen Ihre Geheimnisse weiter, und vernetzte Fahrzeuge wissen nicht nur, ob Sie zu schnell fahren, sondern auch, ob Sie zugenommen haben.

Lassen Sie sich nicht in die Irre führen: Im Jahr 2019 hat das Internet die letzten Spuren eines freien Raums verloren, in dem man sich als Bürger und Verbraucher unbeobachtet und manchmal sogar unerkannt oder gar anonym bewegen kann. Denn mit Ihren Daten werden Milliarden verdient. Wieso sollte also ausgerechnet den Chefs von Alphabet (alias Google) oder Facebook am Schutz Ihrer Privatheit gelegen sein?

Seit der ersten Ausgabe dieses Buches vor sechs Jahren hat das Thema der digitalen Selbstverteidigung weiter an Brisanz gewonnen. Als der Geheimdienstmitarbeiter Edward Snowden im Frühling 2013 Stück für Stück auspackte, in welchem globalen Ausmaß der US-Geheimdienst NSA, dessen britisches Pendant GCHQ, der deutsche Bundesnachrichtendienst und andere Spionageorganisationen in aller Welt Daten – und damit intimste Details – unbescholtener Bürger illegal absaugen und speichern, ging ein Ruck durch die Welt. Seitdem ist deutlich geworden, dass sich kommerzielle und offizielle Überwachung nicht mehr scharf voneinander trennen lassen, sondern eine Symbiose eingegangen sind, bei der wir alle zu Opfern werden. Snowdens Enthüllungen rückten die konkreten Praktiken der Datenhäscher ins Rampenlicht, was längst überfällig gewesen war, und schufen damit die Basis für die Debatten, die sich seitdem entspinnen:

Technologiefirmen bestritten vehement, dass sie Regierungsstellen ihre Nutzerdaten en gros zugänglich machen; Ingenieure begannen, sich den Kopf über den Wert von Milliarden von E-Mails, Suchanfragen oder Verbindungsdaten von Telefonaten zu zerbrechen, die die großen vollautomatischen Datenstaubsauger abgreifen; Politiker und Akademiker sind noch immer am Rätseln, was die ständige Überwachung einer demokratischen Gesellschaft antut und welche Grenzen man ziehen sollte. Sogar der Ruf nach einer Zerschlagung der Technologieimperien, also massiven Eingriffen in die Wirtschaft, ist dabei laut geworden.

In diesem Ringen um eine Zukunft, in der wir mehr Kontrolle über unsere Daten einfordern müssen, bevor es zu spät ist, ereignete sich nach 2013 mit dem Skandal um Facebook und Cambridge Analytica 2018 der zweite große Meilenstein. Wie Facebook Details über seine Nutzer allzu sorglos an Dritte weiterreicht und wie sich damit nicht nur Umsätze steigern, sondern auch Wahlergebnisse beeinflussen lassen, lässt sich eindringlich in der Netflix-Dokumentation »The Big Hack« nachvollziehen. Der Preis, den wir alle für den täglichen Umgang mit vernetzten Diensten und Geräten zahlen, ist 2019 nicht mehr nur hoch, sondern exorbitant. Wer sich bislang in dem Irrglauben wähnte, im Netz in Ruhe gelassen zu werden, muss spätestens jetzt radikal umdenken. Privatheit – selbst das grundsätzliche Vertrauen, sich mit einem anderen Gesprächspartner ohne geheime Zuhörer oder Mitleser austauschen zu können – existiert nicht mehr. Firmen und Behörden bedienen sich am Strom der großen und kleinen Daten, den wir und unsere Gadgets unablässig generieren. Und sie tun dies in einer rechtlichen wie moralischen Grauzone.

Neu ist diese Praxis keineswegs. Neu ist nur die Tatsache, dass diese weltweite Schnüffelei effizienter denn je ist, da sie die neuesten Technologien und Werkzeuge ausnutzen kann, die Unternehmen wie Facebook, Google, Microsoft oder Amazon bereitstellen und die Milliarden von Verbrauchern im Privat- wie Berufsleben bereitwillig einsetzen. Und während wir die neuesten Datenlecks beklagen oder anfangen, monströse Rechtsgrundlagen des Datenschutzes anzufertigen, feilen Forscher und Unternehmer schon längst an künstlicher Intelligenz, die über Menschen entscheidet, wenn sie sich für eine Stelle, eine Wohnung oder einen Kredit bewerben.

Die permanente gewinnorientierte Ausspähung ist der Markenkern fast aller Vorzeigefirmen des Silicon Valley, deren Erfolg auf dem Raubbau an unseren Daten und unserer digitalen Identität fußt. Es sind Unternehmen, die uns »gratis« vorgaukeln, aber uns Bit für Bit verraten und verkaufen. Jede neue App fürs Handy, jeder neue kostenlose Webdienst, jedes schnell geteilte Foto trägt ein kleines Stück zur Erosion der Privatsphäre des Einzelnen bei. Die Folgen des allzu sorglosen Umgangs mit dem digitalen Ich lassen sich schon jetzt tagtäglich besichtigen.

Wie etwa würden Sie sich fühlen, wenn Ihr Arbeitgeber von Ihnen verlangte, ihm die Passwörter Ihrer Facebook- und Twitter-Konten zu geben? Oder wenn Sie mit dem Wissen in ein Bewerbungsgespräch gingen, dass der potenzielle Arbeitgeber einen Internetdienst einsetzt, der Ihr Onlineleben Jahr für Jahr durchkämmt? Vielleicht verfolgt Sie Ihre Versicherung heimlich, still und leise im Netz, um zu entscheiden, ob Ihre Prämien erhöht werden sollten? Und vergessen Sie nicht, dass Ihr heißes Date in der Bar das Telefon herausholt, sobald Sie auf die Toilette gehen, um schnell einige Hintergrundinformationen über Sie abzurufen – etwa ob Sie eine Eigentumswohnung besitzen oder bei den Eltern zur Miete wohnen und ein Vorstrafenregister haben.

Das ist keine Science-Fiction. Genau so ergeht es vielen Menschen jetzt gerade.

Wie sieht es mit dem Leben Ihrer Kinder aus, die von Geburt an von Unternehmen datentechnisch verfolgt werden, damit sie Werbung rund um deren digitale Präsenz platzieren können, individuell ausgerichtet auf ihre Interessen und Einkäufe – Lied für Lied, Spiel für Spiel, »Gefällt mir« für »Gefällt mir«? Wenn Ihr Nachwuchs dann das erste Bankkonto eröffnen will, sind Freunde und Familie dank einer Spiele-App, die dessen Fotosammlung und das Adressbuch vom Smartphone hochgeladen hat, schon längst in anonymen Datenbanken kreuz und quer vernetzt. Der Hochschulmitarbeiter, der über den Stipendienantrag entscheidet, wird Suchmaschinen konsultieren, um verdächtige Löcher in der Biografie Ihres Sohnes oder Ihrer Tochter aufzuspüren.

Auch das ist keine Science-Fiction, sondern passiert Menschen hier und heute.

Es kann durchaus sein, dass Sie am Flughafen landen und wegen eines albernen Beitrages Ihrer Freunde, den die Einwanderungs- oder Zollbeamten in den falschen Hals bekommen haben, abgewiesen werden. Und wundern Sie sich nicht, wenn die Kassiererin im Supermarkt weiß, wo Sie letzte Woche waren. Schließlich zieht die neue Kasse die Daten von ortsbezogenen Diensten und sozialen Netzwerken heran, in denen Sie aktiv sind, und kann sie mit einem biometrischen Gesichtsprofil sowie den neuesten Kreditkarteneinkäufen abgleichen. Sie werden wie üblich Ihre Rechnung bezahlen. Aber je nach Suchergebnis werden Sie vielleicht bevorzugt behandelt oder, umgekehrt, diesmal keinen Rabatt erhalten – alles abhängig von Ihrem jüngsten Onlineverhalten und vielleicht sogar Ihrer geistigen Verfassung, die sich aus Ihrem Stimmprofil vom letzten Anruf beim Callcenter ableiten lässt.

Wenn Sie einem Unternehmen Zugriff auf Ihr DNA-Profil geben, bietet es Ihnen vielleicht sogar eine VIP-Behandlung an, weil es Ihr Erbgut, auswerten kann.

Einschließlich des letzten Beispiels vom genetischen Marketing ist keines dieser Szenarien erfunden, sondern beschreibt Algorithmen, die bereits im Internet ihr Unwesen treiben, entweder als Pilotprojekt oder als kommerzielles Produkt. Wenn es stimmt, dass persönliche Daten das Öl des 21. Jahrhunderts sind, das die Internetwirtschaft antreibt, dann schwimmen wir alle bereits in einer Ölpest ungeahnten Ausmaßes. Und wir sind ein gutes Stück weit selbst daran schuld, denn wir sind den leeren Versprechungen von »Gratisdiensten« zum Opfer gefallen. Es stimmt: Der Standard im Netz ist umsonst, doch der wirkliche Preis, den Sie dafür zahlen, besteht aus Ihren personenbezogenen Daten – und Ihrem Seelenfrieden.

Viele Unternehmen befinden sich in einem digitalen Goldrausch, um detaillierte Identitätsdatenbanken anzulegen, die ihnen im Idealfall automatisch und in Sekundenbruchteilen ein komplettes Bild von jedem einzelnen Menschen liefern. Der gläserne und mit Software manipulierbare Verbraucher und Bürger ist erstmals technisch machbar und bezahlbar – und jeder von uns liefert meist ahnungslos und allzu bereitwillig die Puzzlesteine, um diese beängstigende Vision Realität werden zu lassen.

Auch wenn die Fehltritte und Übergriffe mehr Aufmerksamkeit ernten, machen wir uns immer noch zu wenig Gedanken über die Frage, welchen Schaden unser Übermaß an Mitteilsamkeit oder Oversharing und fraglos hingenommener Offenheit an unserer Identität anrichtet, an unserer Rolle als Familienmitglieder und Freunde, als Schüler und Lehrer, Arbeitgeber und -nehmer, Verbraucher und Bürger. So viel ist sicher: Es ist fast unmöglich geworden, seine Vergangenheit im Internet zu bereinigen, geschweige denn als unbeschriebenes Blatt von vorn zu beginnen.

Niemand kann das eindringlicher auf den Punkt bringen als Edward Snowden selber, der vor der Veröffentlichung seiner Memoiren *Permanent Record* zugab: »Alles, was wir heute tun, bleibt für die Ewigkeit bestehen. Nicht weil wir uns erinnern wollen, sondern weil es nicht mehr erlaubt ist zu vergessen. Ich bedauere nichts mehr, als dass ich dabei geholfen habe, dieses System zu schaffen.«[1]

Wie Sie die Kontrolle übernehmen

Dieses Buch ist kein Plädoyer für den Verzicht auf das Internet im Allgemeinen und soziale Medien oder Apps im Besonderen. All diese Dienste machen einfach zu viel Spaß und haben zu großen praktischen Nutzen, um sich ihnen kategorisch zu verweigern. Online ist zu einem Modus Operandi unseres Lebens geworden. Um uns nicht sozial auszuschließen oder unsere Karriere zu behindern, müssen wir also am Leben und am Austausch online teilnehmen.

Dieses Buch dreht sich vielmehr um den aufgeklärten und durchaus misstrauischen Umgang mit dem Netz und all seinen komfortablen Diensten und darum, wie Sie die Kontrolle über Ihre eigene Identität bewahren oder zurückerobern.

Sie haben die Wahl: Wollen Sie sich auf eine einzige maschinenlesbare Größe reduzieren lassen, nur weil es große Unternehmen reich macht? Eine einzige Identität für die digitale Welt erleichtert es Internetfirmen, mit uns zu rechnen und zu handeln, aber es steht in diametralem Gegensatz zu allem, was uns menschlich macht.

Ebenso wenig konzentriert sich dieses Buch auf Regierungsspionage, sondern auf die kommerziell motivierte Verfolgung von Bürgern und Verbrauchern, die die Datensammelwerkzeuge hervorgebracht hat, derer sich Spione aller Länder heute bedienen.

Die Kernfrage lautet: Wie können Sie als Einzelner im Jahr 2019 und darüber hinaus sinnvolle digitale Selbstverteidigung betreiben, während Unternehmen unsere ureigenen Daten weitgehend ungehindert unter sich aufteilen und sich Politiker in einer zuweilen lächerlichen Aufholjagd befinden, ihnen dabei Grenzen zu ziehen? Natürlich gibt es – wie oft im Leben – keinen hundertprozentigen Schutz. Aber es gibt sehr wohl eine ganze Reihe wirksamer Maßnahmen, die das Risiko verringern, sich auf Schritt und Klick erfassen zu lassen und verraten und verkauft zu werden. Dass diese Maßnahmen zuweilen anstrengend sind, bestreitet niemand. Aber es geht um Ihre Daten, Ihre Vorlieben, Ihre Interessen, Ihre Identität! Im Kampf um deren Schutz erobern Sie sich also nicht nur Ihre Souveränität zurück, sondern Sie erlangen dabei auch eine gehörige Portion Widerstandsfähigkeit – in Zeiten einer komplexen Moderne vielleicht die beste Waffe gegen zu schnelle Vereinnahmung.

Große Unternehmen sitzen auf immer mehr nützlichen Daten über Personen. Zu diesen Daten haben im Zweifelsfall auch Behörden vollen und sogar zeitgleichen Zugang. Das hat Vor- und Nachteile, denn im Gegensatz zu demokratischen Staaten müssen Unternehmen keineswegs im Interesse der Bürgerinnen und Bürger handeln. Sie sind zuerst einmal ihren Anteilseignern oder Anlegern verpflichtet, und die wollen aus Daten und neuer Technologie möglichst schnell Gewinn schlagen.

Aufsichtsbehörden und Politiker in der Europäischen Union und den Vereinigten Staaten, Indien und selbst China ringen mit der Frage, wie sie Daten und Privatsphäre ihrer Bürger, die auch Verbraucher sind, am besten schützen. Erste Resultate sind die europäische Datenschutzgrundverordnung und das CCPA-Gesetz im Trendsetter-Staat Kalifornien sowie eine lebendige Diskussion, wie Unternehmen schon bei der Entwicklung neuer Produkte und Dienste die Datenethik mitdenken können.

Viele der Diskussionen drehen sich um die Grundsatzfrage, ob Datenschutz und Privatsphäre als Recht oder Ware definiert sind. Erschwert wird diese Abwägung durch das Argument, dass die nationale Sicherheit und der Kampf gegen Terroristen fast alle Mittel heiligen. So haben Regierungen letztlich ein brennendes Eigeninteresse am Zugriff auf diese Informationen, denn es erspart ihnen die eigene Erfassung und Analyse. Was sich erfassen und speichern lässt, wird im Zweifelsfall erfasst und gespeichert. Warum also sollten Politiker die Datenhäscher an die Kandare nehmen, wenn sie von derselben Droge namens Oversharing abhängig sind? Man könnte auch argumentieren, der leichtsinnige Umgang mit privaten Daten ist eine Epidemie, von der sowohl ein kapitalistisches System wie die USA als auch ein technokratischer Überwachungsstaat wie China profitiert.

Egal, wie aufrichtig bemüht und erfolgreich Beamte und Aufsichtsbehörden sind, uns zu schützen, die Gesetze werden immer den Entwicklungen der realen Welt hinterherhinken. Deshalb sind wir als Einzelne gefragt und gefordert, selbst zu handeln, bevor uns der technische Fortschritt vor vollendete Tatsachen stellt.

Viele digitale Dienste sind ohne Frage nützlich. Sie helfen uns, in Kontakt mit Freunden und Verwandten zu bleiben, Zeit und Geld zu sparen. Sie ermöglichen es dem Einzelnen, sich selbst zu vermarkten – sei es, um seinen Lebensunterhalt zu verdienen oder der eigenen Eitelkeit zu frönen. Für manche ist der positive Aspekt dieser Dienstleistungen so groß, dass sie darüber einfach den Datenschutz vernachlässigen. Die Privatsphäre sei tot, so das Argument, man solle sich von dieser veralteten Vorstellung einfach frei machen.

Dieses Buch will Sie davon überzeugen, dass nichts weiter von der Wahrheit entfernt ist. Der oft verwendete Begriff der »Privatsphäre« mag in einer Welt praktisch unendlicher Datenbanken veraltet sein, aber die dahinterstehende Idee gilt weiterhin. Es geht schlicht um meine persönliche Einflussnahme, zu entscheiden, wer was über mich weiß, wann und in welchem Kontext, es geht um die eigene Souveränität, ja es geht um Freiheit.

Denn so sieht das echte Leben aus: Oft sagen wir unserem besten Freund nicht das, was wir unserem Ehepartner erzählen. Ebenso wenig teilen wir unserem Chef die Dinge mit, die wir unseren Eltern oder Kindern preisgeben. Wir sind unterschiedliche Menschen in unterschiedlichen Situationen. Und manchmal wollen wir einfach in Ruhe gelassen werden und anonym bleiben, ja unsere Kommunikation verschlüsseln. Dieses Buch wird sich mit all diesen Facetten befassen, wenn es darum geht, die Kontrolle darüber zu erlangen, was Ihnen wichtig ist – und wer über Einzelheiten Ihres Lebens online Bescheid wissen sollte.

Ehrlich rächt sich am längsten

Der Widerstand gegen den Raubbau an personenbezogenen Daten formiert sich langsam, aber sicher. Ähnliches geschah vor über einem Jahrhundert, als einige Intellektuelle ein Gespräch darüber begannen, wie »fotografische Aufnahmen und Zeitungsunternehmen in den heiligen Bezirk des privaten und häuslichen Lebens eingedrungen sind.«[2] Wie Helen Nissenbaum, Professorin an der Hochschule Cornell Tech, in ihrem Buch *Privacy in Context* schreibt, war dies der erste Schritt, um ein Recht auf Privatsphäre zu schaffen.[3] Heute bewegt sich alles und wächst so viel schneller, dass sich moderne Kritiker längst nicht mehr um Presse und die eigene Aufmerksamkeit, sondern um die langfristigen Folgen der riesigen Datenbank in der Cloud sorgen, die alle auf Lebenszeit verfolgen und nie vergessen wird. Das in der EU lange und intensiv diskutierte »Recht auf Vergessenwerden«, mit dem Bürger die Möglichkeit haben, von monopolistischen Suchmaschinen wie Google die Entfernung bestimmter Einträge über sie zu verlangen, zeigt, was auf dem Spiel steht.

Das ist genau der Punkt, an dem dieses Buch ansetzt. Gehen Sie online und spielen Sie, vernetzen Sie sich und kaufen Sie im Netz ein. Aber denken Sie daran, dass Sie dabei nie alleine sind. Hunderte, ja buchstäblich Tausende von Dienstleistern, Datenhändlern und anderen Unternehmen folgen Ihnen auf Schritt und Klick. Firmen, von denen Sie noch nie gehört haben, die sich nicht zu erkennen geben und die Ihre Bewegungen, Absichten und Vorlieben sammeln und katalogisieren. Diese Firmen leben davon, die Einzelteile Ihrer Persönlichkeit und Identität – all das, was Sie zu dem macht, was Sie sind – Stück für Stück einzufangen und zu vermarkten. Und denken Sie stets daran, dass bei all diesen Bewegungen im Netz ein Schattenreich staatlicher Institutionen mitschreibt und mitliest. Noch einmal und in aller Deutlichkeit: Ihre Souveränität über Ihre Identität steht auf dem Spiel.

Warum freiwillig jedes letzte Detail über sich an Menschen und Software preisgeben, die Sie nicht kennen? Sie haben die Macht und Freiheit als Einzelner, Ihre Daten zu verweigern, zu verschleiern und zu verschlüsseln. Streuen Sie ruhig etwas Sand in das Getriebe des maschinenlesbaren Lebens. Ein reibungslos effizientes Leben ist nur ein Ideal mancher Ökonomen, aber nicht ein Spiegelbild dessen, was uns zu neugierigen Menschen mit einer vielschichtigen Persönlichkeit macht. Sie haben das Recht, zu schweigen oder albern zu sein, das Recht, erfinderisch zu sein, das Recht, Nein zu Algorithmen und zur um sich greifenden Gesichtserkennung zu sagen. Und vor allem das Recht, in Ruhe gelassen zu werden, um den nötigen Freiraum zu haben, darüber nachzudenken, wer Ihnen wichtig ist und was Sie mit der Umwelt nicht an Informationen teilen wollen. Wer der neuen Volksseuche der »Digital Addiction« entkommen will, sollte bestimmte Teile seines Alltags und seines Zuhauses zur digitalfreien Zone machen, etwa Geräte vom Esstisch oder dem Schlafzimmer fernhalten. Insofern werden die drei V der digitalen Selbstverteidigung auf vier erweitert: Zu verweigern, verschleiern und verschlüsseln kommt noch ein weiteres V: die neuen dienstbaren Geister zu verbannen.

Dieses Buch ist in 13 Kapitel unterteilt. Die ersten beiden Kapitel legen dar, warum der Schutz der Privatheit und die digitale Selbstverteidigung so wichtig sind und wie viel unsere persönlichen Daten auf dem Markt eigentlich wert sind. Die folgenden Kapitel können Sie je nach Interesse und zu Verfügung stehender Zeit lesen, ohne eine bestimmte Reihenfolge einhalten zu müssen. Sie zeigen im Detail, worauf Sie im Alltag im Umgang mit dem Internet und sozialen Medien achten sollten. Alle Geschichten über Irrungen und Wirrungen des Onlineverhaltens und seine Folgen sind wahre Geschichten. Ich nenne Gesprächspartner nur mit fiktivem Vornamen, um ihre Identität zu schützen.

Die Fallbeispiele stammen aus Gesprächen mit Menschen auf der ganzen Welt, denn das Internet ist ein globales Phänomen. Viele von ihnen stammen allerdings aus den USA, meiner Wahlheimat als Journalist, wo der leichtsinnige und zu wenig hinterfragte Gebrauch und Missbrauch personenbezogener Daten ein größeres Problem darstellt als in Europa, das beim Datenschutz einen deutlichen Vorsprung besitzt.

Beim Lesen werden Ihnen immer wieder Werkzeuge, Tipps und Tricks zur digitalen Selbstverteidigung begegnen, die in Kapitel 13 im Detail erläutert werden. Sollten Sie in Eile sein und keine Zeit für umfangreiche Installationen und Experimente haben, dann sollten Sie zumindest einen Ratschlag beherzigen: Erst denken, dann posten. Erst denken, dann hosten. Das heißt: Wenn Sie online auch nur den leisesten Zweifel haben, halten Sie sich zurück! Veröffentlichen Sie nichts, laden Sie nichts hoch und klicken Sie nichts an. Geben Sie die Identität Ihrer Freunde und Familie nicht preis. Verwenden Sie ein Pseudonym oder einen Aliasnamen, wenn Sie sich für einen neuen Dienst anmelden. Und geizen Sie mit Fotos und Videos von sich im Netz, denn sie bilden den Nährboden für eine neue Dimension der vollautomatischen Überwachung.

Es gibt keinen wirklich zwingenden Grund, Ihr Leben nach dem Geschäftsmodell und den Vorstellungen des einen oder anderen Unternehmens einzurichten beziehungsweise staatlichen Spähprogrammen am anderen Ende der Welt Ihre intimsten Details frei Haus zu liefern. Sie können Ihre wahre Identität für bestimmte, klar umgrenzte berufliche und persönliche Zwecke nutzen. Aber sobald es um einen Chat oder einen virtuellen Schaufensterbummel geht oder wenn jemand, den Sie nicht kennen oder dem Sie nicht vertrauen, Ihre Daten verlangt, sollten Sie sich angewöhnen, eine fiktive Identität zu benutzen, Ihr wahres Ich zu verbergen sowie, wo immer möglich, Verschlüsselungsprogramme zu benutzen. In der Welt der Datenhäscher gilt: Immer ehrlich zu sein rächt sich am längsten.

Steffan Heuer, August 2019

PS: Alle im Text und in den Anmerkungen erwähnten Links wurden im Juli 2019 aufgerufen. Unter dem verwendeten generischen Maskulin sind selbstverständlich alle Gender gefasst.

KAPITEL 1

WARUM UNSER DIGITALES ICH BEDROHT IST

»Niemand darf willkürlichen Eingriffen in sein Privatleben, seine Familie, seine Wohnung und seinen Schriftverkehr oder Beeinträchtigungen seiner Ehre und seines Rufes ausgesetzt werden. Jeder hat Anspruch auf rechtlichen Schutz gegen solche Eingriffe oder Beeinträchtigungen.«[4]

Die Privatsphäre ist ein Menschenrecht gemäß der Allgemeinen Erklärung der Menschenrechte der Vereinten Nationen, die das Individuum vor unangemessenen Einmischungen von Regierungen, Unternehmen und sogar neugierigen Nachbarn schützen soll. Aber wie bei vielen anderen Aspekten des Lebens ist die Privatsphäre oder die Privatheit, wie sie in Anlehnung an den englischen Begriff *privacy* auch genannt wird, ein Gut, das die meisten von uns für so selbstverständlich halten wie die Gewissheit, dass der Lichtschalter funktioniert.

Die wenigsten sorgen sich um ihre Privatheit, bis sie ihnen abhandengekommen ist oder sie sich mit dem Gedanken auseinandersetzen müssen, dass Unternehmen wie Nachrichtendienste jede Mail, jede Frage bei einer Suchmaschine und jedes Telefonat erfassen und auswerten.

Vor allem in Europa glauben wir oft irrtümlich, dass uns das Gesetz vor jeglichen Übergriffen in dieser Hinsicht schützt. Ironischerweise hat das Inkrafttreten der EU-weiten Datenschutzgrundverordnung im Mai 2018 dieses falsche Gefühl der Sicherheit noch verstärkt, denn die Mehrheit der Bürger hat von diesem wegweisenden Gesetzeswerk zwar gehört, aber ist verunsichert, wenn es um die Details geht. Tatsache ist, dass viele von uns die moderne Definition von Privatsphäre – die Souveränität, zu beeinflussen, wer etwas über mich weiß, wann und in welchem Kontext – gar nicht begreifen.

»Ich bin auf Facebook, aber ich teile nicht alles Private«, hört man von Menschen, die sich ihrer Onlinereputation bewusst und davon überzeugt sind, die entsprechenden Vorkehrungen getroffen zu haben. Ihnen entgeht, wie jeder Klick auf »Gefällt mir«, eine Suche, ein Urlaubsfoto oder ihre Standortdaten von Dritten ausgewertet werden. Geschweige denn ist wenigen bewusst, welches Zerrbild ihrer Person daraus in zwei oder gar zehn Jahren entsteht, wenn der Wust aus harmlosen Alltagsdaten unweigerlich in falsche Hände geraten ist.

Dieses Buch soll keine weitere Grundsatzdebatte über den Begriff oder die vielen möglichen Definitionen von Privatheit auslösen. Statt von Privatsphäre oder Privatheit sollten wir besser von der »Identität« eines

Menschen sprechen, die einer Schnittmenge unserer Präsenz in der Online- und Offlinewelt gleicht.

Denn unsere Identität ist ein Puzzle. Technikunternehmen haben bis vor kurzem noch steif und fest behauptet, die Privatsphäre sei tot, und das Ausbleiben lautstarker Proteste genutzt, um riesige Identitätsdatenbanken aufzubauen, die Milliarden wert sind. Der Trick funktionierte eine ganze Weile, denn die Mehrheit ihrer Nutzer glaubte tatsächlich, dass es auch in ihrem Interesse sei, online ihren echten Namen und Profilbild zu verwenden, wenn sie im Gegenzug diverse Gratisdienste nutzen konnten.

Doch das Internet im Jahr 2019 ist längst kein harmloser Selbstbedienungsladen mehr. In Bürgerbewegungen und Interessengruppen hat sich Widerstand gegen die ungezügelte Sammelwut formiert. Politiker, Aufsichtsbehörden und Juristen in Europa und inzwischen auch den USA haben zur Kenntnis genommen, dass die bestehende Selbstregulierung der Industrie die wachsende Liste gravierender Datenschutzprobleme nicht lösen kann, sondern sogar verschlimmert. Den Enthüllungen über die Praktiken der amerikanischen NSA und anderer Nachrichtendienste im Jahr 2013 folgten Skandale über den fahrlässigen und rücksichtslosen Umgang mit Nutzerdaten durch Facebook und andere Technologieunternehmen. Dabei haben gewinnorientierte Firmen die digitalen Identitäten von Hunderten Millionen Menschen aufs Spiel gesetzt und obendrein noch das Vertrauen in demokratische Prozesse untergraben. Die schier endlose Serie von Hiobsbotschaften hat dieser längst überfälligen Diskussion neue Dringlichkeit verliehen – bis hin zu Rufen, die Tech-Giganten als neue, übermächtige Monopole zu zerschlagen.

Identität = Teile eines Puzzles

Lange basierte die Idee der Privatsphäre auf der Vorstellung, dass nicht alles öffentlich ist. Die lateinische Wurzel des Wortes impliziert, dass ein Teil unseres Lebens getrennt, eben *privatus*, vom Staat, der offiziellen oder öffentlichen Sphäre ist. Die Definition der Privatsphäre hat radikale Veränderungen und ständige Neudefinitionen seit der Antike erfahren, geformt durch die Entstehung der Demokratien und neuer Technologien. Ein Beispiel ist das Briefgeheimnis: Post in einem verschlossenen Umschlag gilt als unantastbar, doch lässt sich dieses Prinzip automatisch auf elektronische Kommunikation per E-Mail oder

Internettelefonie ausdehnen? Und was passiert mit dem Briefgeheimnis, wenn ein Dienstleister wie die US-Post automatisch die Kuverts jeder Sendung scannt und dabei Absender wie Empfänger erfasst? Rein technisch betrachtet wird damit nicht das hergebrachte Verständnis vom Briefgeheimnis verletzt, denn der Umschlag bleibt geschlossen. Doch die Speicherung und Auswertung der Adressdaten – oder sogenannten Metadaten – von rund 160 Milliarden Postsendungen im Jahr erlaubt staatlichen Stellen eine bislang unvorstellbare Rasterfahndung, die ein Analyst am Schreibtisch per Knopfdruck starten und sogar im Voraus automatisieren kann.[5]

In der digitalen Welt ist Identität der treffendere Begriff, um die Gefährdung der Privatsphäre zu begreifen. Die Wörterbuchdefinition von Identität – wiederum ein lateinisches Wort – beschreibt sie als die Summe aller Eigentümlichkeiten, die ein Individuum oder ein Objekt ausmachen. Man könnte auch sagen, Identität setzt sich aus einander ergänzenden oder sich überlappenden Teilen eines Puzzles zusammen. Dies ist der Ansatzpunkt für die digitale Selbstverteidigung. Wer seine Privatsphäre schützen will, muss die Kontrolle über möglichst viele Bestandteile seiner Identität erlangen und bewahren.

Wir sind die Summe der Faktoren, die uns beschreiben – unsere Eigenschaften, unsere Vorlieben und Abneigungen, unsere Leidenschaften, unsere Gene, unser Gesicht, unsere Netzhaut, Sprachmuster, unser Freundeskreis, unser Surfverhalten im Web und sogar die vernetzten Geräte, die wir – wozu auch immer – in den eigenen vier Wänden benutzen – all das gehört zu unserer Identität. Aber im Gegensatz zu einem Ausweis, den wir sicher in der Tasche tragen und nur einem Staatsdiener vorzeigen, erinnert die vernetzte Welt an einen rechtsfreien Raum, in dem sich jeder findige Unternehmer und jede Software an unserem Identitätspuzzle bedient, ohne uns überhaupt zu fragen oder sich auszuweisen.

Ihre Identität befindet sich ständig im Belagerungszustand, und Sie werden es nicht einmal bemerken. Genau wie die Chips in neuen Reisepässen von Lesegeräten im Vorbeigehen aufgespürt werden, nehmen immer mehr Komponenten der vernetzten Welt an jedem Passanten Maß, der sich auf ihrer Seite bewegt, eine Datei aufruft, eine App benutzt oder vor dem Sichtfeld einer Kamera vorbeischlendert. Sie müssen nicht einmal auf einer Seite klicken. Schon eine Bewegung mit der Maus reicht aus, um Ihre Identität Stück für Stück zu entlarven. Gerade wurden Sie eines Stücks Ihrer Persönlichkeit beraubt, aber Sie bekommen davon nichts mit, zumal digitale Daten beliebig kopierbar sind und als solche niemals verloren gehen. Sie werden einfach unrechtmäßig – und oft kriminell – für die weitere Verwendung kopiert und in große Datenpools eingespeist.

Natürlich variiert der Handelswert der Identität je nachdem, wer Sie sind. Je reicher man ist, je mächtiger und berühmter, umso attraktiver sind die persönlichen Daten. Aber wer weiß, vielleicht geraten Sie eines nicht allzu fernen Tages in die Öffentlichkeit, verabreden sich mit einem Prominenten oder sind durch reinen Zufall zur falschen Zeit am falschen Ort, um sich laut den algorithmischen Regeln eines Softwareprogramms verdächtig zu machen. Solche sozialen Ereignisse führen mit Sicherheit zu mehr Interesse an Ihrem früheren und gegenwärtigen Onlineverhalten. Auch ohne Geld und Macht könnten Sie von einer Person ausgespäht werden, die Ihnen schaden will, weil Sie ihr den Job, den Partner, Kunden oder einfach nur den Parkplatz weggeschnappt haben. Der persönlich motivierte Datenraub ist dicht gefolgt von der Neugier der Arbeitgeber, Versicherungen, Banken, von Regierungen oder politischen Parteien, die plötzlich jeden Menschen aus sicherer Distanz genau unter die Lupe nehmen und bei Bedarf ausgrenzen oder manipulieren können.

Unser Verhalten verändert sich

Halten wir vielleicht an überholten Vorstellungen fest, was privat ist und was privat sein sollte? Weist uns die Technik vielleicht wirklich nur den Weg in eine offene und transparente Gesellschaft? Läuft es den modernen Bedürfnissen nach Überwachung im Auftrag der öffentlichen Sicherheit zuwider, die Puzzleteilchen seines digitalen Ichs sorgsam zu bewachen? Oder sollten wir doch besser rebellieren, bevor es zu spät ist, und den Drang bekämpfen, unsere Türen weit zu öffnen, nur weil die Technik es uns ermöglicht und die Gesetze hoffnungslos hinter der Zeit zurückgeblieben sind?

»Leute wie Mark Zuckerberg verwechseln Transparenz und Offenheit«, argumentiert der kanadische Unternehmensberater Don Tapscott in Bezug auf den Gründer und Geschäftsführer von Facebook und erläutert in einem Interview 2011 weiter: »Transparenz ist für Organisationen und Unternehmen, nicht aber für den Einzelnen. Eine Organisation muss rechenschaftspflichtig sein und somit transparent für ihre Aktionäre, Interessengruppen und vor der breiten Öffentlichkeit. Eine Privatperson hat andererseits keine solche Verpflichtung. Ganz im Gegenteil. Wir sollten erwarten, dass unser Recht auf Privatsphäre respektiert wird. Es ist die Grundlage des Vertrauens.«[6]

Es besteht kein Zweifel, dass sich unsere Einstellung als Gesellschaft angesichts des massiven Austausches personenbezogener Daten etwas lockern wird. Wie Mathias Klang, Dozent an der Universität Göteborg, argumentiert, rührt dies teilweise an eine Generationenfrage: »Ich denke, wir werden in zehn bis 15 Jahren toleranter sein und einander besser verstehen. Ich beobachte, dass viele Jugendliche bereits das Richtige tun, etwa wie sie einander antworten, wenn jemand einen boshaften Kommentar einstellt. Sie treten in den Dialog, lachen über Anfeindungen und parieren mit einem Witz. Sie sind einfach besser im Umgang mit dieser neuen Offenheit als meine Generation«, resümiert er in einem Interview von 2012.[7]

David Weinberger, Dozent an der Harvard University und Autor mehrerer wegweisender Bücher über das vernetzte Leben, stimmt seinem schwedischen Kollegen zu: »Meine Vermutung ist, dass wir einfach lernen müssen, mehr zu vergeben. Wenn Sie mit einem Medium umgehen, das nicht vergisst, muss die Kultur versöhnlicher werden, oder sie geht vor die Hunde, weil jeder dumme Kommentar, den man jemals von sich gegeben hat, im Handumdrehen wieder ausgegraben werden kann. In zwanzig Jahren wird ausnahmslos jeder, der für ein öffentliches Amt kandidiert, irgendwo auf einem sozialen Netzwerk peinliche Bilder veröffentlicht haben.«[8]

Es ist eine Illusion zu glauben, dass wir unsere Privatsphäre auf eine Weise bewahren können, wie es vor der Internetära möglich war. Es gibt allerdings auch keinen Grund anzunehmen, dass verwerfliche, aber zugleich urmenschliche Eigenschaften wie Neugier, Neid oder Gier mit dieser Ära verschwinden werden.

Deshalb ist ein gewisses Maß an Privatsphäre und Identitätskontrolle unabdingbar, um die geistige Gesundheit als Individuum und als Gesellschaft zu bewahren. Wenn andere Zugang zu unseren Informationen gewinnen – vor allem, wenn wir dem weder zustimmen können noch davon wissen –, verlieren wir an Einfluss und Kontrolle über uns selbst. Wissenschaftler gehen sogar noch weiter und argumentieren, dass eine Verletzung der Privatsphäre dauerhaften psychischen Schaden anrichtet, weil sie zu Angst, Unsicherheit und Verlegenheit führt, selbst wenn kein materieller Schaden entsteht. Wir verlieren dabei Stück für Stück unsere Selbstachtung und unser Selbstvertrauen. Diese Erosion setzt im Kleinen ein, etwa wenn mich Social-Media-Apps wie Instagram oder TikTok schon im Kindesalter zur zwanghaften Selbstinszenierung des eigenen Lebens verleiten, um dem vermeintlichen Druck standzuhalten, mit anderen mithalten zu können. Ein Gesellschaftswesen und eine Volkswirtschaft, in der gegenseitiges Misstrauen dominiert, können so auf Dauer nicht funktionieren.

Jay Stanley von der US-Bürgerrechtsorganisation ACLU ist davon überzeugt, dass anhaltende Verletzungen der Privatsphäre uns als Individuen verändern: »Wenn Menschen beobachtet werden, handeln sie anders. Wir werden wegen jeder noch so kleinen Handlung befangen, weil andere sie gegen uns verwenden. Wir sind soziale Wesen. Deshalb sind wir uns sehr wohl bewusst, wie andere uns wahrnehmen.«[9]

Es ist kein Wunder, dass einige Jugendliche das Gefühl, auf Facebook zu sein, so beschreiben, als würden sie sich täglich auf der Titelseite einer Boulevardzeitung wiederfinden. Als die Universität Salford in Großbritannien 228 Studenten der Wirtschaftswissenschaften im Sommer 2012 zum Umgang mit sozialen Medien befragte, gab die Hälfte an, die Nutzung von sozialen Netzwerken habe ihr Verhalten negativ beeinflusst.[10] Noch wichtiger sind die langfristigen Folgen der Datenhäscherei für die Gesellschaft als ganze, wie der Oxford-Professor Viktor Mayer-Schönberger in seinem Buch *Delete: Die Tugend des Vergessens im digitalen Zeitalter* erklärt: »Wir setzen unsere Fähigkeit aufs Spiel, uns selbst zu definieren«, resümiert der Jurist. »Digitale Erinnerung führt zu einem Verlust von Informationskontrolle, die uns genau die Freiheit nimmt, eine eigene Identität zu formen.«[11]

Geiseln der Identitätsdatenbanken

Personenbezogene Daten treiben einen immer größeren Teil der Informationswirtschaft an, und deshalb haben Experten des Weltwirtschaftsforums in Davos sie als etwas extrem Wertvolles deklariert: als neue Anlagekategorie oder »das Öl von heute«.[12] Das ist auch der Grund, warum sich Google, Facebook, LinkedIn und viele weniger bekannte, aber rasch wachsende Unternehmen ein Wettrennen liefern, um die größten Datenbanken für Onlineidentitäten anzulegen, in denen Hunderte Millionen Menschen gespeichert sind. Die amerikanische Firma Acxiom Corp. ist ein Beispiel für einen solchen Datenmakler, der Werbekunden Zugang zu seinem Fundus an Personendaten vermietet. Sie hat dem Vernehmen nach rund 500 Millionen aktive Kunden mit rund 1500 Datenpunkten für jede einzelne Person auf ihren Festplatten abgelegt: Alter, Rasse, Geschlecht, Gewicht, Größe, Familienstand, Bildungsniveau, politische Orientierung, Kaufgewohnheiten, Haushalt und Gesundheitszustand, Urlaubsplanung etc.[13] Die Firma Datalogix ist ein weiteres Beispiel: Sie digitalisiert seit Jahren die Daten aus Bonusprogrammen, um das Offlineprofil von fast allen US-Bürgern mit ihrem Onlineverhalten verknüpfen zu können.

Während Acxiom oder Datalogix hinter den Kulissen arbeiten und ihre Dienste an Unternehmenskunden verkaufen, bauen Google und Facebook ganz offen Identitätsdatenbanken auf. Beide Firmen praktizieren eine »Klarnamenpolitik«: Wer bei ihnen mitmachen will, muss sich laut Nutzungsbedingungen mit seinem rechtmäßigen Namen anmelden. Facebook-Gründer Zuckerberg verkündete im Jahr 2009: »Sie besitzen eine Identität [...]. Die Zeiten, in denen man seinen Freunden bei der Arbeit, seinen Mitarbeitern oder anderen Bekannten jeweils ein anderes Ich präsentierte, sind wahrscheinlich bald vorbei. Zwei Identitäten zu haben ist ein Beleg für einen Mangel an Integrität.«[14] Mit dieser Ansicht steht er dem Technologieunternehmer Scott McNealy, Mitgründer von Sun Microsystems, in nichts nach. Der giftete bereits 1999: »Sie haben sowieso null Privatsphäre, finden Sie sich damit ab!«[15] Für viele Experten markiert McNealys oft zitiertes Bonmot eine Zäsur: Das Gerede vom Tod der Privatsphäre wurde zumindest in der Technologieszene salonfähig.

Doch die Zeiten ändern sich. Die Skandale rund um die britische Firma Cambridge Analytica 2018 leiteten ein Umdenken ein. Cambridge Analytica nutzte gravierende Sicherheitslücken in Facebooks Plattform aus, um die Daten von Millionen von Nutzern für illegitime sowie illegale Zwecke abzusaugen und sie zahlenden Kunden zugänglich zu machen, die damit unter anderem die Präsidentschaftswahlen in den USA und den Volksentscheid über den Brexit manipulierten.

Plötzlich musste auch Facebook-Gründer Mark Zuckerberg zurückrudern. Im April 2019 verkündete er blasiert die Kehrtwende, die er selbst und sein Unternehmen nun einschlagen würden. Er behauptete, dass er fortan einer der größten Befürworter der Privatheit sei: »Die Zukunft ist privat. Es geht darum, eine Zukunft zu bauen, in der wir wir selbst sein können, in der wir frei leben können, mit dem Wissen, dass unsere privaten Momente nur von denen gesehen werden, mit denen wir sie teilen.«[16]

Der CEO von Google, Sundar Pichai, legte kurz darauf nach und erklärte: »Privatheit steht allen zu – nicht nur einigen wenigen [Menschen].«[17]

Diese – vor allem verbale – Kehrtwende von zwei der größten Internetplattformen der Welt mit Milliarden Mitgliedern und milliardenschweren Einnahmen ist in erster Linie von geschäftlichen Erwägungen getrieben: dem massiven Vertrauensverlust in Facebook und der Abwanderung junger Nutzer sowie immer stärkeren Bestrebungen, Technologiefirmen stärker zu regulieren. Doch sie zeigt auch auf, dass das »neue Öl« eine weitere wichtige Eigenschaft mit dem traditionellen Bodenschatz gemeinsam hat: Es ist hochgradig giftig. Keiner hat das besser auf den Punkt gebracht als Tim Berners-Lee, der Vater des World Wide Web. Er gab zum 28. Geburtstag seiner Erfindung zu: »Man hat bisher gesagt, Daten seien das neue Öl. Ich persönlich finde, es handelt sich mehr um Atomabfälle. Sie werden zu Gift.«[18] Die Wahrheit liegt in der Mitte. Daten von uns und über uns sind in der Tat eine wertvolle Ressource. Aber analog zur Verarbeitung der Brennstoffe können ihr ungezügelter Abbau und ihre rücksichtslose Nutzung kurz- und langfristige Schäden verursachen, die Personen und ganze Gesellschaften vergiften.

Wieso Google und Facebook unsere echten Namen wissen wollen, liegt auf der Hand: Sie sind leichter für Analyse- und Werbezwecke zu nutzen als falsche oder unvollständige Angaben zur Person. Natürlich ist es auch für andere Nutzer von Vorteil, zu wissen, mit wem man es online zu tun hat. Wen ich kenne, dem kann ich in der Regel leichter vertrauen. Allerdings trifft das nicht immer zu – und schon gar nicht per Dekret, das ein Geschäftsmodell diktiert. Wer seinen vollen Namen und andere persönliche Details enthüllt, tut das im analogen Leben nur schrittweise und erst nach Abwägung der Umstände, unter denen man sich begegnet. Niemand würde in eine Kneipe gehen und als Erstes seinen Ausweis an die Wand projizieren lassen, damit alle Gäste und selbst die Hersteller der diversen alkoholischen Getränke mitschreiben können.

Die Onlinewelt hingegen stellt alle diese Regeln mit Absicht auf den Kopf. Wer sich bei jeder Handlung im Netz komplett outen muss, weil es die Technologie verlangt, handelt im Widerspruch zu all jenen Dingen, die uns zu Menschen aus Fleisch und Blut machen. Wir sind höchst komplexe Wesen, im Kern authentisch und ehrlich. Aber je nach Kontext sind wir vorsichtig, zurückhaltend und bewahren uns stets einen gewissen Grad des Geheimnisvollen, wenn wir entscheiden, wem wir wie viel von uns zeigen oder erzählen. Verglichen damit sind unsere digitalen

Identitäten, die uns Facebook, Google und andere vorschreiben wollen, flach und gekünstelt, da sie nur Kategorien abhaken, die ihre Datenbanken als wertvoll identifiziert haben.

In den sozialen Medien fehlt qua Design der richtige Umgangston, der zwischen Bekannten, Freunden, Kollegen oder völlig Fremden unterscheidet, denn in der Summe aller Daten von uns und über uns steckt der Wert, den Firmen extrahieren wollen. In der Realität würden Sie eine radikale politische Ansicht mit einem Freund teilen, sich aber scheuen, die gleiche Meinung vor Ihrem Chef oder in aller Öffentlichkeit kundzutun. Sie erzählen Freunden einen Witz, den Sie vielleicht nicht vor Ihrem Partner wiederholen würden. Kaum jemand würde auf die Idee kommen zu verlangen, alle Unterhaltungen über einen Kamm zu scheren. In der analogen Welt ist es ebenso völlig normal, unterschiedliche soziale Rollen anzunehmen und auszufüllen, je nachdem, mit wem wir interagieren und wer unser Gegenüber ist. Die gefährliche Konsolidierung aller Puzzleteile unserer realen Identität zu einer einzigen maschinenlesbaren Online-Identität reduziert uns zu einem Zerrbild.

Und all das geschieht zu einem einzigen Zweck: Die Maschinerie des »Überwachungskapitalimus« soll möglichst effizient gefüttert werden, wie es die amerikanische Ökonomin Shoshana Zuboff treffend formuliert hat. Dabei handelt es sich um eine »neue Marktform, die menschliche Erfahrung als kostenlosen Rohstoff für ihre versteckten kommerziellen Operationen der Extraktion, Vorhersage und des Verkaufs reklamiert.«[19]

Wir machen uns (etwas) Sorgen um den Datenschutz

Den meisten Menschen ist an ihrer Privatsphäre durchaus gelegen. Laut einer Eurobarometer-Umfrage von Juli 2016 sind 71 Prozent aller Europäer nicht damit einverstanden, dass Unternehmen ihre personenbezogenen Daten ohne ihre Zustimmung an Dritte weitergeben. Ebenso viele Befragte legen großen Wert auf die vertrauliche Behandlung ihrer E-Mails und Textnachrichten. Dagegen weiß nur gut ein Drittel, dass die Kommunikation im Netz ohne Zustimmung von Dritten eingesehen werden darf. Und drei Viertel der von Eurobarometer Befragten sagten, es sei inakzeptabel, von Nutzern Geld zu verlangen, damit sie auf einer Webseite nicht überwacht werden – also Privatheit zu einem Luxusgut mit Aufpreis zu machen.[20]

Europäer setzen ein hohes Maß an Vertrauen in Institutionen des Gesundheitswesens, Behörden und Banken, wenn es um die Wahrung ihrer persönlichen Daten geht, das belegen weitere EU-weite Umfragen. Das geringste Vertrauen haben sie in Suchmaschinen, E-Mail-Dienste und Social-Media-Plattformen. Als die Meinungsforscher von Forsa im Juli 2013 Deutsche zum Abhörskandal befragten, den Edward Snowden aufgedeckt hatte, gab fast die Hälfte an, ihr Vertrauen in Onlinedienste sei »etwas« oder »sehr« gesunken. Rund zwei Drittel schenkten europäischen Anbietern mehr Vertrauen als amerikanischen. Bezeichnenderweise jedoch hatten nur sechs Prozent ihren Anbieter gewechselt oder die Absicht, dies zu tun.[21] Ein Umdenken setzte schließlich doch ein: Im Jahr 2016 hatte laut Eurobarometer jeder Zweite die Einstellungen in seinem Browser geändert, und ein Drittel aller Befragten verwendete Software, um sich gegen die allgegenwärtige Verfolgung online zu wehren.

Deutsche erwarten zudem, dass sich Politik und Rechtsprechung auf ihre Seite stellen, wie eine DIVSI-Umfrage vom Oktober 2014 ergab. Danach fordern acht von zehn Menschen von der Politik »Sanktionen, wie die stärkere Bestrafung von Datenmissbrauch oder das Verbot des Handels mit Nutzerdaten [...]. Zum anderen sollen auch Anreize dafür sorgen, dass Internetfirmen sich zu besonders strengen Datenschutzregeln verpflichten.« Jeder dritte Deutsche sei sogar bereit, für den Datenschutz zu zahlen, und zwar im Schnitt 41 Euro im Jahr.[22]

Interessant ist auch, dass das Inkrafttreten der Datenschutzgrundverordnung zu mehr Beschwerden von Bürgern führt. Zum ersten Geburtstag des Gesetzeswerkes vermeldete das European Data Protection Board im Mai 2019, dass bislang mehr als 144 000 Anfragen und Beschwerden eingegangen seien. In einigen der Fälle führten die Verstöße zu Bußen, etwa als Frankreich Google für seine Werbepraktiken mit 50 Millionen Euro abstrafte.

Ein vergleichender Blick über den Atlantik belegt, dass auch dort die Sorge über den Zugriff und unkontrollierte Weitergabe von persönlichen Daten von staatlicher Seite gewachsen ist. Als das Pew Internet & American Life Project Meinungsumfragen zwischen 2013 und 2018 auswertete, stellte sich heraus, dass sich inzwischen jeder zweite US-Bürger weniger sicher fühlt als vor den Snowden-Enthüllungen. Die überwiegende Mehrheit hielt es für wichtig, zu wissen, wer Informationen über sie sammelt, und diesen Prozess kontrollieren zu können.[23] Nach einer anderen Umfrage des Thinktanks Brookings Institution vom Mai 2019 sorgten sich acht von zehn Amerikanern um ihre Onlineprivatsphäre, und drei Viertel seien dagegen, dass Unternehmen ihre Daten weiterverkaufen.[24]

Das ständig wiederholte Argument, dass die US-Regierung ihre permanente Onlineschleppnetzfahndung nur zur Terrorismusbekämpfung betreibt, verfängt bei immer mehr Amerikanern nicht mehr. In einer Pew-Umfrage vom Herbst 2014 gaben zwei Drittel an, sie vermissten eine angemessene Aufsicht des Staates über die Datensammlung, und 80 Prozent waren besorgt, dass die Regierung Telefon- und Internetkommunikation überwacht.[25]

Wachsendes Misstrauen lässt sich zudem an bestimmten Anbietern beobachten. Facebook hat von allen Tech-Firmen das größte Problem. In einer Umfrage, die kurz vor dem Börsengang der Firma im Mai 2012 veröffentlicht wurde, gaben 59 Prozent der US-Bürger an, sie vertrauten Facebook »nur ein wenig« oder »überhaupt nicht«.[26] Sechs Jahre später gab eine Mehrheit der Befragten zu Protokoll, dass sie wenig bis kein Vertrauen in die Plattform hätten, ihre Daten zu schützen.[27] Eine Studie der Verbraucherorganisation Consumer Reports – dem Pendant zur deutschen Stiftung Warentest – ergab, dass sich bereits jeder Vierte so große Sorgen um seine privaten Daten mache, dass er seine Profile in sozialen Medien fälsche, um seine Identität zu schützen. Diese Art der digitalen Notlüge hat seit Snowden weltweit Schule gemacht. Die Global Commission on Internet Governance ermittelte in ihrer jährlichen Umfrage in 25 Ländern, dass soziale Netzwerke und Suchmaschinen in den Augen der meisten Internetnutzer zu viel Einfluss hätten und sie deswegen verschiedene Formen der digitalen Selbstverteidigung praktizierten. Weltweit sind das hochgerechnet mindestens 700 Millionen Menschen, die mehr Mitspracherecht über ihre digitale Identität einfordern.[28]

Wir werden also immer misstrauischer und wollen vorsichtig sein, aber handeln wir auch entsprechend? Ja, bis zu einem gewissen Grad, denn bei genauerem Hinsehen fällt das »Ja« zur digitalen Selbstverteidigung nicht so eindeutig aus. Obwohl immer mehr Menschen Onlinesicherheitsvorkehrungen treffen, nutzen sie weiterhin Dienste und stellen sich vernetzte Geräte ins Haus, weil sie deren Bequemlichkeit schätzen.

Viele Menschen mögen Bedenken hinsichtlich der vielen »Gratisprodukte« aus dem Hause Google haben, etwa Gmail oder Google Drive. Aber nur wenige verkneifen sich tatsächlich deren Nutzung. Nicht zuletzt deshalb, weil sie zu den besten und praktischsten Angeboten am Markt gehören. So besitzt Googles Suchmaschine in Deutschland einen Marktanteil von mehr als 93 Prozent, allen Unkenrufen über fragwürdige Datenschutzpraktiken zum Trotz. Und wer sich schon einmal in einer unbekannten Stadt verlaufen hat, weiß den Vorteil von Street View zu schätzen, auch wenn Zigtausende gegen die automatische Ablichtung ihres Hauses protestierten. Marktforscher sehen einen merklichen, aber keineswegs massiven Rückgang bei der Nutzung von Facebook. Und obwohl zwei von drei Verbrauchern vernetzte Geräte wie Smart Speaker, Kameras und andere Sensoren als »unheimlich« empfinden und den Herstellern nicht zutrauen, mit den damit gesammelten Daten über ihr Privatleben verantwortlich umzugehen, wächst der Absatz dieser Geräte Quartal für Quartal.[29] Vielleicht haben wir einfach gelernt, uns mit unserem generellen Unbehagen zu arrangieren – bis der nächste Skandal ans Licht kommt.

Etwas differenzierter fällt das Umdenken im Nachgang zu Edward Snowdens Enthüllungen aus, wenn man sich Unternehmen ansieht, die Dienstleistungen aus der Cloud benutzen und dort ihre vertraulichen Daten ablegen: So erwarten deutsche Unternehmen Cyberattacken zum Zweck der Wirtschaftsspionage in erster Linie aus zwei Ländern: China und den USA. Eine Umfrage unter 400 Unternehmen zeigt deutlich, dass deutsche IT-Manager dem langjährigen Verbündeten USA inzwischen mehr Misstrauen entgegenbringen als Russland.[30] Ähnliches wusste der Industrieverband Cloud Security Alliance (CSA) im Juli 2013 zu berichten. Mehr als die Hälfte der befragten Firmen gab an, dass sie US-Anbieter künftig meiden wollten. Ein Zehntel hatte nach eigenen Angaben sogar schon Konsequenzen gezogen und entsprechende Projekte auf amerikanischem Boden storniert.[31]

Genau lässt sich das Ausmaß der wirtschaftlichen Schäden für die Internetwirtschaft durch die NSA-Enthüllungen nicht beziffern, aber Experten veranschlagen es alleine für US-Anbieter in den kommenden Jahren auf 22 bis 180 Milliarden US-Dollar.[32]

Die meisten Menschen ahnen also, dass sie einen Preis zahlen, wenn sie beliebten kostenlosen Diensten wie Facebook, Gmail oder Pinterest beitreten, nämlich indem sie ihre persönlichen Informationen an diese Plattformen und viele andere Werbenetze preisgeben. Die wenigsten wollen es allerdings genau wissen. Sechs von zehn Europäern sagen zwar, dass sie die Nutzungsvereinbarungen auf Webseiten lesen, aber laut der europäischen Verbraucherorganisation BEUC, die zwei Erhebungen zu diesem Thema durchgeführt hat, machen sich in Wirklichkeit nur fünf bis sieben Prozent die Mühe, das Kleingedruckte tatsächlich zu studieren.[33] Ähnlich sieht es in den USA aus. Es würde nach einer Expertenhochrechnung allerdings auch 30 volle Arbeitstage dauern, um die Datenschutzerklärungen aller Webseiten zu lesen, die Sie in einem durchschnittlichen Jahr besuchen.[34] Allein Googles Erklärung, wie es mit den Daten seiner Nutzer umgeht, ist seit 1999 von knappen 600 Worten auf monströse 4000 Worte angeschwollen, die selbst Anwälte kaum verstehen.[35]

Was nicht heißen soll, dass das Veröffentlichen von Datenschutzrichtlinien keinen Sinn macht. Zumindest zwingt es Unternehmen, schwarz auf weiß offenzulegen, wie sie persönliche Daten von Nutzern verwenden. Jedoch vermitteln sie Verbrauchern den falschen Eindruck, sie seien geschützt, weil sie »Datenschutz« und »Privatsphäre« mit kommerziell motivierten Angaben zur »Datennutzung« verwechseln und obendrein nicht das Kleingedruckte lesen. Informationen, die niemand liest, dienen wohl kaum der echten Aufklärung des Verbrauchers. Die meisten Datenschutzbestimmungen, die sich Ihnen online oder im Set-up-Prozess von Anwendungen in den Weg stellen, sind deswegen lediglich ein rechtliches Feigenblatt, das die Unternehmen veröffentlichen müssen. Eine lästige Pflichtübung, um die sich weder der Anbieter noch der Kunde wirklich kümmert.

Das ist jammerschade, denn der Nutzer lässt sich fast immer auf einen schlechten Deal ein: Die Anbieter behaupten, sich um unseren Datenschutz zu kümmern, während sie uns auf Schritt und Klick verfolgen wollen, um unsere Handlungen und Vorlieben zu speichern und weiterzuverkaufen. Wir, die Nutzer, werden gezwungen, vorzugeben, alle Angaben gelesen, verstanden und ihnen zugestimmt zu haben, während wir uns endlich einloggen wollen, damit wir anderen Menschen virtuell folgen können, Klatsch lesen, Spiele spielen, uns unterhalten und ablenken lassen können. An die langfristigen Folgen unseres Spieltriebs denken wir so wenig wie an den Kater am nächsten Morgen, wenn wir wieder online sind und ein anderer Anbieter die nächste Runde ausgibt.

Dabei ergeben die über Jahre hinweg gesammelten Onlineaktivitäten auf nur einer dieser Plattformen eine Fundgrube von Informationen, aus der sich in Windeseile eine Identität nachzeichnen lässt. Kombiniert mit anderen Diensten und Seiten werden diese Daten sogar noch wertvoller. Der Technologiepublizist John Battelle prägte dafür den Begriff der »Datenbank der Absichten«, als er den Aufstieg von Google in seinem Buch *Die Suche* beschrieb.[36] Immer raffiniertere Technologie hat es fast unmöglich gemacht, sein wahres Ich im Netz zu verbergen oder zu verschleiern. Man kann sich, wie es der amerikanische Philosoph Evan Selinger formuliert, nicht mehr in der Menge verstecken, denn ein Algorithmus hat längst die Witterung aufgenommen.[37]

Europa gegen Facebook

Einige Bürger protestieren gegen diese stetige Erosion der Privatsphäre und die illegitime oder sogar widerrechtliche Aneignung ihrer Identität. Bis zum Frühjahr 2012 hatten bereits mehr als 40 000 Europäer den europäischen Hauptsitz von Facebook in Irland kontaktiert, um eine Zusammenfassung der meisten, aber nicht aller persönlichen Daten zu verlangen, die das US-Unternehmen über sie besitzt. Seit der Europäische Gerichtshof im Mai 2014 EU-Bürgern das »Recht auf Vergessen« bestätigte, wandten sich bis Juni 2019 mehr als 811 000 Menschen an Google, um die Entfernung von knapp 3,2 Millionen Links zu verlangen.[38]

Facebook-Nutzer wehren sich vor allem, weil ein einziger ernüchterter, aber umtriebiger User namens Max Schrems die Nase voll hatte. Der Jurastudent an der Universität Wien gründete die Bürgerbewegung »Europa gegen Facebook«.

Seiner Meinung nach bricht Facebook geltendes europäisches Recht, wenn es personenbezogene Daten der Nutzer, oft ohne ihre Einwilligung, sammelt und vermarktet. Er hat mit seinem Anliegen Gehör in Brüssel und bei mehreren Datenschutzbehörden in Europa gefunden. So gab der ehemalige Datenschutzbeauftragte von Schleswig-Holstein, Thilo Weichert, schon vor Jahren zu Protokoll: »Im Hinblick auf das deutsche und europäische Datenschutzrecht müssen wir das Geschäftsmodell von Facebook als illegal bezeichnen. Das Konzept ist: rechtswidrig personenbezogene Daten zu erheben, diese umfassend auszuwerten und zur Grundlage für den Verkauf von zielgerichteter Werbung zu nutzen, um damit gewaltige Summen Geld zu verdienen.«[39]

Schrems war der Erste, der von Facebook alle Daten verlangte, die das soziale Netzwerk über ihn gesammelt hatte, seit er im Jahr 2008 beigetreten war. Er erhielt eine CD mit 1222 Seiten Informationen, darunter detaillierte Angaben wie etwa zu seinem geografischen Standort, deren Erhebung er nie zugestimmt hatte.[40] Dabei kam auch heraus, dass Facebook Daten aufbewahrt, die Schrems persönlich schon gelöscht hatte. Die irische Datenschutzkommission griff seinen Fall auf, und Facebook war seitdem gezwungen, einige Änderungen am System seiner Datenhäscherei vorzunehmen, etwa die automatische Gesichtserkennung in Europa vorübergehend auszuschalten und bereits bestehende Gesichtsdaten zu löschen. Auch nachdem die irischen Behörden Facebook im Spätsommer 2012 in einem Abschlussbericht für die konstruktive Zusammenarbeit gelobt haben, bemängelte Schrems hartnäckig, dass Datenschützer weder vollen Einblick in Facebooks Rechenzentren noch befriedigende Antworten auf viele ihrer Fragen bekommen hätten.

Eine entsprechende Sammelklage, die Schrems im Namen von 25 000 Facebook-Nutzern eingereicht hatte, wurde zwar Anfang 2018 vom Europäischen Gerichtshof abgewiesen, aber der Jurist hat sich noch lange nicht geschlagen gegeben. Er verfolgt die Klage als Privatperson weiter und gründete zudem 2017 das »NOYB – European Center for Digital Rights«. Die Abkürzung steht als Akronym für den Kern dieses Anliegens: »None Of Your Business«. Seit Inkrafttreten der europäischen Datenschutzregelung hat NOYB Beschwerden gegen die meisten gängigen Internetplattformen und Streamingdienste eingereicht, von Apple und Amazon über Instagram und Google bis Netflix und WhatsApp, da sie entweder von Nutzern eine Zustimmung zu ihren Datenpraktiken erzwingen wollten, um ihre Dienste weiterhin zu nutzen, oder dem gesetzlich verbrieften Auskunftsrecht nicht nachkommen.[41]

Privatsphäre ist ein dehnbarer Begriff, dessen Bedeutung ständig neu definiert wird, leider meist nach den Erfordernissen von Unternehmen und der Börse. Insbesondere was Facebook mit den Daten seiner bald 2,5 Milliarden Nutzer anstellt, hat nachhaltige Auswirkungen auf die Onlinewelt, da Tausende von großen und kleinen Unternehmen ihre Geschäfte auf der Plattform des sozialen Netzwerkes betreiben, in erster Linie mit Anwendungen oder Spielen oder mit Werbung, mit der man auf eng umgrenzte Nutzergruppen oder sogar auf den Einzelnen zielen kann. Diese Anbieter nutzen meistens einfach die aktuellen Datenschutzbestimmungen von Facebook als Richtlinie und konnten sich so effektiv hinter den Entscheidungen des riesigen Netzwerkes verbergen – auch wenn dies wenig bis gar keine Rücksicht auf die Privatsphäre ihrer Nutzer bedeutet. In vielen Fällen, die erst in jüngster Vergangenheit ans Licht kamen, konnten Dritte auf diese Weise unbemerkt und ungestraft die Daten von Millionen ahnungsloser Menschen kapern und für ihre Zwecke missbrauchen. Wenn überhaupt, stopfen Firmen wie Facebook diese Lücken erst viel zu spät.

Wer blickt da noch durch, wenn es darum geht, die Wege der Datennutzung oder des Datenmissbrauchs zu verfolgen? Wenn ein führender Anbieter von Hard- und Software wie Apple etwa Facebook in sein mobiles Betriebssystem iOS integriert, wird es fast zu kompliziert für den Verbraucher, die Gefahren und Risiken für seine Onlineidentität einzuschätzen oder mittelfristig abzusehen. Welches Unternehmen verfolgt welche Richtlinien und duldet welche Praktiken beim Erheben von persönlichen Daten und deren anschließender Auswertung?

Radikale Transparenz

Einige Menschen haben ihre Privatsphäre völlig aufgegeben und sich der, wie sie es nennen, »radikalen Transparenz« ergeben. Sie teilen jede noch so kleine Einzelheit aus ihrem Alltag und Privatleben in allen nur möglichen Diensten. Sie veröffentlichen ihren Kalender oder posten Bilder von Restaurantbesuchen, während sie noch beim Essen sitzen. Sie twittern sogar aus dem Wartezimmer des Arztes oder kurz nach der Entbindung. Das können Sie durchaus tun, wenn Sie eine durch und durch selbstbewusste Person sind und obendrein glauben, dass die Gesellschaft wirklich vernünftig und nachsichtig mit grenzenloser Offenheit umgeht – oder wenn Sie den Endpunkt Ihrer Karriere erreicht haben und keine Angst mehr haben müssen, Brücken hinter sich abzubrechen. Oder wenn Sie Hasan Elahi sind.

Suchen Sie nach dem Namen Hasan Elahi und FBI auf der Website ted.com und schauen Sie sich seinen faszinierenden Vortrag über angewandte Eigenüberwachung an.[42] Als sein Name durch einen Fehler auf der *Anti-Terrorismus-Merkliste* der US-Regierung landete, drehte er den Spieß um. Elahi wehrte sich gegen den Angriff auf seine Privatsphäre, indem er sein Leben seitdem für alle Welt sichtbar macht.

Der Künstler hat seit Jahren jeden Moment seiner Existenz dokumentiert – und sie damit gerechtfertigt. Auf seiner Webseite listet er alle seine Flugdaten seit der Geburt auf, alle Mahlzeiten, die er auf den Flügen gegessen hat, die Flughäfen, auf denen er sich aufhielt, alle Läden, in denen er eingekauft hat, und die Wohnungen, in denen er lebte. Es gibt Bilder von all den Parkplätzen, Bahnhöfen und Toiletten, die er besucht hat, und einen mit Google Maps verknüpften Live-Feed seines aktuellen Standorts.[43] Insgesamt hat er mehr als 20 000 Fotos eingestellt, von einem Imbiss an einer leeren Tankstelle bis zu Tacos in Mexiko City. Elahi ist nicht nur überzeugt, dass er jetzt Herr über seine Privatsphäre ist. Er glaubt auch, dass das Überwachungssystem von Regierungsbehörden wie dem FBI komplett neu erfunden werden müsste, sollte sein Beispiel Schule machen. Wenn jedermann eine derart radikale Transparenz praktizierte, wüsste kein Rechner mit der Flut meist nutzloser Daten etwas anzufangen – in letzter Konsequenz gäbe es dann keine Geheimnisse mehr. Und ohne Geheimnisse wäre schließlich auch der Geheimdienst obsolet.

Informatiker sind inzwischen leider anderer Meinung. Software ist durchaus in der Lage, sich durch immer größere Datenberge zu fressen und nicht nur die sprichwörtliche Stecknadel im Heuhaufen zu finden, sondern auch zwischen mehreren dieser Fundstücke vermeintlich verdächtige Verbindungen herzustellen.

Die Gesetzgeber wachen auf

Edward Snowden, Cambridge Analytica, Wahlbeeinflussung mit Fake News, Milliarden Datensätze, die sich – von Hackern erbeutet – im Dark Web in Umlauf befinden. Der Schaden der ungebremsten Datensammelei ist sichtbarer denn je. Und wie in Europa ist auch in den USA die Diskussion um besseren Datenschutz und die Waffen zur digitalen Selbstverteidigung entbrannt. Einige Datenschutzexperten vergleichen das allmähliche Aufwachen mit der Entstehung der Umweltbewegung in den 1960er-Jahren – eine Revolte, die sich erst dann formierte und lautstark wurde, als die Gefahren der anhaltenden Umweltverschmutzung erkennbar wurden. So treffen sich Hacker und interessierte Laien zu spontan organisierten Cryptopartys, die in Australien begannen und sich inzwischen weltweit ausgebreitet haben.[44] Schon Ende Februar 2012 wurde die erste Sammelklage gegen Facebook eingereicht, jenes Unternehmen, das sein Geschäftsmodell auf radikale Transparenz aufgebaut hat und wie kein zweites das Zeitalter des Oversharings, des übertriebenen und maßlosen Datenaustauschs, verkörpert und salonfähig gemacht hat, sich selbst aber in Schweigen hüllt, wenn es an die Offenlegung eigener Praktiken geht.

Auch die Wettbewerbshüter der Federal Trade Commission (FTC) haben ihre Aufsicht verstärkt. Im Juli 2012 verhängten sie die mit

22,5 Millionen US-Dollar bislang höchste Geldstrafe gegen Google, da der Konzern die Privatsphäre von Millionen Nutzern verletzt habe.[45] Die Suchmaschine hatte einen speziellen Code verwendet, um die Datenschutzeinstellungen auf Apples Browser Safari zu umgehen. So konnte die Suchmaschine Verbraucher auch dann noch überwachen, wenn diese eine solche Verfolgung explizit ausgeschaltet hatten. Facebook-Chef Zuckerberg musste eine weitaus größere Buße schlucken. Die FTC belegte das Unternehmen im Juli 2019 für seinen kontinuierlich laxen Umgang mit Nutzerdaten mit fünf Milliarden US-Dollar Strafe. Ein neuer Rekord, aber immer noch lachhaft niedrig, denn das setzt Facebook mit unseren Daten in etwa drei bis vier Wochen um.

Am meisten hat sich in Europa getan. Bürger und Unternehmen in der EU haben seit Mai 2018 ein neues europaweites Datenschutzgesetz, das trotz massiver Lobbyanstrengungen von Technologieunternehmen und der US-Handelskammer in Kraft trat. Es hat ein entsprechendes Gesetz aus dem Jahr 1995 abgelöst und gibt Einwohnern in allen 28 Mitgliedstaaten das Recht, Einblick in die über sie erhobenen Daten zu verlangen und sich gegen Datenerfassungspraktiken zu wehren. Es sieht außerdem eine Rechenschaftspflicht für alle Verarbeiter personenbezogener Daten vor und zwingt Unternehmen, alle personenbezogenen Daten auf Anfrage eines Verbrauchers dauerhaft zu löschen.

Nach dem Vorbild der EU hat auch der US-Bundesstaat Kalifornien ein umfassendes Gesetz auf den Weg gebracht. Der California Consumer Privacy Act (CCPA) wird Anfang 2020 in Kraft treten und könnte dafür sorgen, dass auch andere Staaten folgen. Es wäre nicht das erste Mal, dass der progressive Staat Vorgaben für den Schutz von Verbrauchern und Bürgern macht, die sich zu einem landesweiten Standard entwickeln.

Selbst wenn vielen Kritikern die europäische Verordnung entweder nicht weit genug geht oder Unternehmen neue Bürden auferlegt, ist dank der EU ein »neues Menschenrecht« im Entstehen, das »Recht auf Vergessenwerden«.[46] Es ist eine Vision, die auf gesundem Menschenverstand beruht und zugleich kühn ist. Denn sie bietet den Datenhäschern die Stirn und postuliert, dass jeder Mensch die Onlineunternehmen kennen und ihre Absicht billigen sollte, die Informationen über ihn sammeln. Daraus leitet sich das Recht ab, diese Informationen zu überprüfen und ihre teilweise oder vollständige Löschung zu fordern. Das oben bereits erwähnte Urteil des Europäischen Gerichtshofs vom Mai 2014 ist ein Meilenstein auf dem Weg zu dieser Vision, mehr Kontrolle über seine

Identität im Netz zu erlangen und Datensammler wie Google zur Rechenschaft zu ziehen.[47]

Diese Idee ist zudem längst überfällig: In den kommenden Jahrzehnten werden Unmengen von Daten und Metadaten über uns im Netz ein Eigenleben entwickeln und zum bestimmenden Teil unserer Identität werden. Das Netz wird über kurz oder lang unsere Kreditwürdigkeit, unsere Reputation und sogar unsere Unbescholtenheit definieren – in weiten Teilen ohne unser Zutun oder unsere Mitsprache und zunehmend ohne menschliches Eingreifen, da nur noch Algorithmen derartige Datenmengen sortieren und darauf basierend schnell Entscheidungen treffen können.

Sosehr wir auf das flächendeckende Sammeln der Daten blicken, liegt der eigentliche Wert, um den so erbitterte Verteilungskämpfe und politische Schlachten entbrannt sind, in ihrer Aufbereitung. Der Datenexperte Andreas Weigend vergleicht das mit Raffinerien, die aus »sozialen Daten« erst die wertvollen Produkte gewinnen.[48] Wie die Kombination aus technisch perfektioniertem Überwachungskapitalismus und einem autoritären Staat aussieht, lässt sich in China bereits erahnen. Dort wirkt sich fast jede Handlung online wie offline in einem Punktesystem namens Social Credit aus, das entscheidet, ob man fliegen oder nur Bahn fahren darf, ob man eine Wohnung mieten oder eine Dating-App benutzen darf.

Gegensteuern lautet deshalb das Gebot der Stunde, solange es noch geht. Einzelne Einträge zu löschen oder sogar einen kompletten digitalen Neuanfang zu wagen, was einige Experten als »Informationskonkurs« bezeichnen, könnte uns allen zumindest in Ansätzen einen Neustart erlauben, wie wir ihn aus der analogen Welt kennen. In einer Welt, in der der Begriff der Privatheit von den kommerziellen Ambitionen von Facebook & Co. erst abgewertet, verzerrt und dann zerstört worden ist, droht der Albtraum von »Big Brother« mit der ebenso erschreckenden Variante des *Little Brother* aus dem gleichnamigen Roman von Cory Doctorow von 2008 zu verschmelzen.[49]

In einer solchen Welt überwacht jeder jeden rund um die Uhr, unterstützt durch Software-Bots, die uns unermüdlich die Arbeit der Datenerhebung und -auswertung abnehmen. Diese Welt der radikalen Transparenz erstickt jegliche Kreativität und freie Meinungsäußerung. Wer immer im Hinterkopf hat, dass jedes Gespräch und jede Transaktion gespeichert und plötzlich offengelegt werden könnte, denkt zweimal nach, bevor er irgendetwas tut. Wenn eine Software der Archivar und

Richter ist, gewinnen triviale und irrelevante Datenhäppchen wie etwa Tweets mehr Bedeutung, als ihnen nach menschlichem Ermessen zustehen würde, denn sie lassen sich jederzeit aus der Datenbank holen und im falschen oder vagen Kontext gegen uns verwenden. Der Schutz unserer Identität – online wie offline – droht so zu einem Luxusgut zu werden, in dessen Verteidigung jeder Bürger immer mehr Zeit und Geld investieren muss und wobei die Menschen auf der Strecke bleiben, die sich beides nicht leisten können.

Egal, zu welchen langfristigen Änderungen das EU-Gesetzeswerk führen wird und welche Auflagen die USA ihren Geheimdiensten und Technologiefirmen wirklich machen: Gesetzgeber werden immer ein paar Schritte hinter den technologischen und gesellschaftlichen Gegebenheiten hinterherhinken. Technik denkt in Monaten, nicht in Jahren. Für einige Experten ist die ungehinderte Datenhäscherei zudem ein unfairer Wettbewerbsvorteil, den US-Unternehmen höchst ungern aufgeben wollen und für den sie bereit sind, Millionen an Lobbying-Geldern und politischer Druckausübung einzusetzen. Wie Schleswig-Holsteins ehemaliger Datenschutzbeauftragter Thilo Weichert im Interview 2013 formuliert: »Meine frustrierende Erfahrung ist, dass gegenüber US-Unternehmen und der US-Regierung Argumente wenig zählen, da diese befürchten, mit mehr Datenschutz ihre globale Dominanz auf dem Markt und bei der Sicherheitspolitik zu verlieren.«[50]

Daher sind Sie gefordert! Sie müssen als Verbraucher und Bürger eigene Schutzvorkehrungen treffen, um Ihre Daten zu verweigern, zu verschleiern und zu verschlüsseln und Geräte zu verbannen. Der erste Schritt besteht darin, zu wissen, was auf dem Spiel steht. Was genau ist der Wert Ihrer privaten Daten und im weiteren Sinn Ihrer Identität? Darum geht es im nächsten Kapitel.

KAPITEL 2

SIE SIND DAS PRODUKT

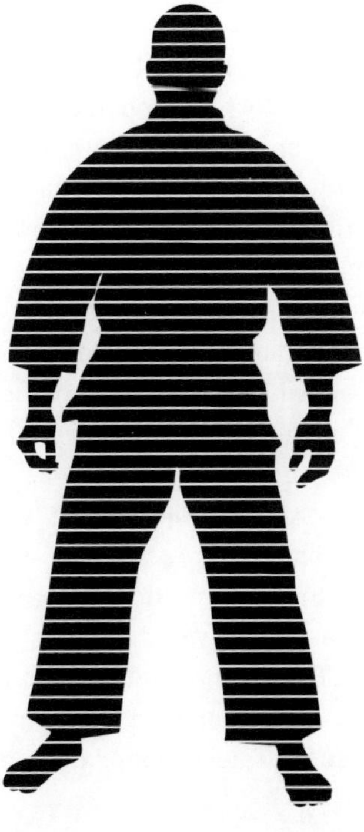

Jeden Tag entscheiden sich Millionen von Menschen für einen neuen Service, der ihnen etwas »kostenlos« anbietet: Spiele, Webmail, das Speichern, Bearbeiten und Teilen von Fotos, Musikstreaming, Nachrichten mit Freunden und Kolleginnen austauschen, den Zugang zu neuestem Klatsch oder den aktuellen Nachrichten. Fast immer werden diese Dienste als »umsonst« angepriesen, weil kein Geld den Eigentümer wechselt. »Unentgeltlich« – dieses Wort stellt eine der unwiderstehlichsten psychologischen Versuchungen dar.

Ökonomen wissen schon lange, dass es nichts, aber auch gar nichts umsonst gibt. Unternehmen wie Facebook, Google, Twitter, Snapchat, Pinterest und Tausende von kleineren Start-ups müssen Software schreiben und die Infrastruktur an Rechenzentren betreiben, die uns das gewünschte Onlineerlebnis ermöglichen. Die meisten dieser Unternehmen verlassen sich aber nicht darauf, ihren Nutzern ein Abonnement oder zusätzliche Funktionen zu verkaufen. Sie verdienen ihr Geld, indem sie Ihre Zeit, Ihre Aufmerksamkeit, Ihr Verhalten und am Ende Ihre Identität an Werbetreibende und viele andere Dritte verkaufen, von denen Sie im Zweifelsfall noch nie etwas gehört haben. Oder wussten Sie, dass das Softwareunternehmen Oracle auf einer ständig aktualisierten Datenbank von rund zwei Milliarden Nutzerprofilen sitzt?

Auch die Deutsche Post bessert ihre Einkünfte über ein Tochterunternehmen namens Deutsche Post Direkt auf, das die Adressen von 37 Millionen Haushalten vorhält und jede Anschriftenprüfung oder Umzugsmeldung an Werbefirmen verkauft. Für die Investoren von Onlinefirmen ist jeder neue Nutzer und dessen Verhalten im Netz ein Pünktchen in der Statistik, das sie aufmerksam verfolgen. Die Zahl der Nutzer und ihr sogenanntes Engagement auf den Webseiten bestimmen die Bewertung eines Unternehmens und dessen Potenzial, zu einem lukrativen Übernahmekandidaten zu werden oder an die Börse zu gehen.

Wie viel Geld lassen wir alle also auf dem Tisch liegen, wenn wir ein »Gratisangebot« hier und einen »kostenlosen« Dienst dort akzeptieren? Experten und Technikunternehmer kennen keine centgenaue Antwort, denn es ist schwer, die Kopfprämie für uns alle zu berechnen – aber nicht vollkommen unmöglich.

Unternehmen, ihre Investoren und Geschäftspartner haben sicherlich eine Vorstellung davon, wie viel ein neues Konto, ein Statusupdate, ein neues Bild oder ein Blick auf eine Anzeige online wert sind. Verbraucher hingegen tappen weitgehend im Dunkeln, wenn es um den Wert aller Bestandteile ihres digitalen Lebens geht, den sogenannten »Life-stream«, den sie jahraus, jahrein im Netz generieren, wenn sie beliebte Dienste nutzen.

Nach drei Jahrzehnten des Worldwide Web allerdings entsteht langsam ein Konsens darüber, dass wir, die Verbraucher, nicht leer ausgehen sollten, während Firmen Milliarden an unserem Onlineverhalten verdienen. Schließlich helfen wir alle dabei mit, diese Plattformen und Dienstleistungen mit Leben zu füllen und erfolgreich zu machen, während sie unser Leben analysieren und es ausverkaufen. Dieses Entgelt könnte vielleicht in Form von echtem Geld erfolgen, als Option, für die Nutzung zu bezahlen und ansonsten in Ruhe gelassen zu werden, oder gegebenenfalls als Möglichkeit, unsere Daten für uns zu behalten, bis wir bereit sind, sie zu unseren Bedingungen an jemanden, den wir auswählen und dem wir vertrauen, zur ein- oder mehrmaligen Verwendung zu verkaufen.

»Wenn Sie für etwas nichts bezahlen, sind Sie nicht der Kunde. Sie sind das Produkt, das verkauft wird.« Das schrieb ein User mit dem Benutzernamen blue_beetle (sein angeblich richtiger Name ist Andrew Lewis) in einem Onlinebeitrag vom August 2010.[51] Daraus wurde ein Internet-Meme – das Netzäquivalent eines geflügelten Wortes –, das sich unaufhaltsam ausgebreitet und ständig neue Interpretationen erfahren hat. Es entwickelte sich auch zum Schlachtruf für all jene, die nicht mehr an die »Gratistricks« glauben, die uns Webunternehmen vorgaukeln, und die erkannt hatten, dass die Aufmerksamkeit eines jeden Menschen und der detaillierte Einblick in sein Verhalten und seine Präferenzen im Zeitalter ständig wachsender Daten- und Informationsströme zur neuen Währung werden.

Für ein Datamining-Unternehmen sind diese Ströme das wertvolle Rohmaterial namens *big data*, also massive Datenmengen, die mit herkömmlichen Speicherungs- und Analysewerkzeugen nicht mehr zu bewältigen sind und in Terabytes oder Petabytes gemessen werden. Der einzelne Benutzer indes sieht nur *small data* – Tropfen, die in den Datenozean rinnen. Doch diese »kleinen Daten«, die für sich genommen so harmlos wie wertlos sein mögen, summieren sich. Sie werden zum Treibstoff, der die digitale Werbebranche antreibt, die im Jahr 2020 weltweit geschätzte 385 Milliarden US-Dollar umsetzen wird.[52] Datamining ist auch der verborgene Grund, warum ein Unternehmen wie Facebook im Jahr 2012 einen kleinen, aber boomenden Dienst zum Austausch von Fotos, nämlich Instagram, für eine knappe Milliarde US-Dollar kaufte. Die Firma war gerade einmal zwei Jahre alt und hatte eine Belegschaft von nur 13 Mitarbeitern, doch sie war auf einen Schlag mehr wert als die renommierte *New York Times*.[53]

Das Geheimnis liegt im Spieltrieb: (Fast) jeder findet es interessant, durch schöne Bilder von Freunden zu scrollen oder Pics berühmter Stars zu betrachten. Und so melden sich immer mehr Menschen bei Diensten wie Instagram an und frönen ihrer Lust am Gucken und Spielen. Fast jeder liebt auch Geschenke. Und so laden Millionen Menschen jeden Tag Schnappschüsse hoch, bearbeiten sie und bauen damit schnell einen umfangreichen Katalog von Inhalten auf, der neben Freunden und Familie immer mehr Marken als Sponsoren anlockt, die diese vermeintlich authentische Form der Schleichwerbung von »Influencern« längst schätzen gelernt haben.

So viel sind Sie wert

Also, wie viel sind wir alle online wert? Die Schätzungen variieren je nach Quelle und Berechnungsmethode. Eine Schätzung stammt von US-Anwälten, deren Mandanten gegen Smartphone-Apps klagten, die ungefragt ihre Adressbücher geplündert hatten. Die Anwälte veranschlagten den Preis für jeden einzelnen Kontakt, der ohne Erlaubnis auf die Server eines Dienstes wie Path oder Instagram hochgeladen wurde, auf 60 Cent bis drei US-Dollar. So viel sei es den Anbietern unter dem Strich wert, einen neuen Nutzer anzuwerben, dessen Informationen sie anschließend für Angebote wie gezielte Werbung ausschlachten können.[54] Eine andere Methode besteht darin, den Umsatz eines Unternehmens durch die Anzahl seiner Nutzer zu teilen. Diese Kopfprämie namens ARPU (kurz für »Average Revenue per User«) liegt bedeutend höher. So betrug sie 2017 für Google 256 US-Dollar pro Kopf in den USA und 137 US-Dollar weltweit, bei Facebook 112 beziehungsweise 25 US-Dollar, bei Spotify 64 US-Dollar und bei Netflix in den USA 131 US-Dollar.[55]

Eine dritte Möglichkeit, um eine bessere Vorstellung davon zu bekommen, wie viel wir als Schachfiguren im Spiel der vermeintlich kostenlosen Dienste wert sind: Man setzt den Wert jedes einzelnen Nutzers in Relation zur Bewertung eines Unternehmens. Diese Methode ist durchaus aussagekräftig, denn schließlich treibt jeder neue Kunde den Marktwert dieser Unternehmen nach oben. Je schneller sie wachsen, desto mehr Geld können sie bei Investoren einsammeln oder einen höheren Aktienpreis erzielen. Facebook etwa kam 2014 auf 141 US-Dollar pro Nutzer, LinkedIn auf 85 US-Dollar, Twitter auf gut 83 US-Dollar und WhatsApp (das gerade von Facebook geschluckt wurde) auf 42 US-Dollar.[56]

Schwirrt Ihnen schon der Kopf? Es gibt nämlich noch eine vierte Methode, einen ungefähren Wert unserer Daten zu bestimmen. Dazu teilt man den Umsatz eines Dienstes durch all die Inhalte, mit dem ihre Nutzer ihn füttern. Der Speicherdienst backupify.com machte sich vor ein paar Jahren einmal die Mühe, dies zu berechnen. In Facebooks Fall belief sich der Datenberg auf eine Billion »Likes« und 91 Milliarden Fotos. Nach dieser Rechenmethode war jedes auf Facebook geteilte Objekt 2,5 Cent wert. Jeder Tweet entspricht einem Wert von 0,1 Cent, professionelle Recherchen auf LinkedIn kommen auf gut zwölf Cent und jedes Einchecken im standortbezogenen Dienst Foursquare auf 40 Cent.[57]

Eine weitere Annäherung an den Wert unserer Daten bietet eine Studie der Organisation für wirtschaftliche Zusammenarbeit und Entwicklung (OECD) aus dem Frühjahr 2013. Sie listet die Preise auf, die etablierte Datenmakler für persönliche Informationen verlangen. So kostet das Geburtsdatum zwei US-Dollar, Angaben zum Führerschein drei US-Dollar, die etwas detaillierteren Angaben zur Bonität neun und das Vorstrafenregister 15 US-Dollar.[58] Diese Werte sind natürlich aus mehreren Gründen einem stetigen Wandel unterworfen, denn sowohl die Nutzerbasis als auch der Umsatz und der Marktwert eines Unternehmens sind veränderliche Größen. Dem Onlinehändler Amazon ist die Ausspähung seiner Kunden übrigens genau zehn US-Dollar wert. So wenig bot das Unternehmen kürzlich naiven Nutzern, die eine App installierten, die vorgab, zum Preisvergleich beim Browsen zu dienen. In Wirklichkeit gibt der User damit allerdings Amazon das Recht, in den Chrome- und Firefox-Browsern jede einzelne besuchte Seite zu verfolgen – womit das Unternehmen nichts anderes tat, als sein Marketing zu verfeinern.[59]

Eines können wir von diesen Rechenexempeln mitnehmen: Kaum jemand würde zwar allen Ernstes verlangen oder erwarten, dass wir für all die Dinge, die wir irgendwo hochladen, mögen oder teilen, minutiös entlohnt werden. Doch es kann nicht schaden, eine grobe Vorstellung vom Wert unserer Meinungsäußerungen online zu bekommen. So rechnet nämlich die Gegenseite, wenn sie entscheidet, was sie uns »umsonst« anbieten möchte. Und so rechnen ihre Investoren. Noch wichtiger ist zudem, sich vor Augen zu halten, dass wir von vornherein keine Wahl haben: Wenn wir uns irgendwo anmelden, werden wir nicht gefragt, ob wir entweder bezahlen wollen, um in Ruhe gelassen zu werden, oder lieber ein Gratisangebot akzeptieren und im Gegenzug eben auch zulassen, verkauft zu werden.

»Die Idee, dass ein Unternehmen von der sozialen Interaktion profitiert, ist nicht so abwegig oder neu«, erklärte Wirtschaftsprofessor Yannis M. Ioannides von der Tufts University gegenüber der *New York Times*. »Eine Menge Cafés und kleine Restaurants lassen die Leute bei sich abhängen, weil sie so andere Menschen anziehen. Ungewöhnlich und neu ist die Tatsache, dass Facebook auf Informationen über diese Leute zugreift, um seinem Geschäft mehr Durchschlagskraft zu verleihen. Der Inhaber eines Cafés verwendet keine persönlichen Informationen über mich und meine Freunde, um Geld zu verdienen.«[60] Um beim Vergleich mit der Gastronomie zu bleiben: Wohl kaum ein Cafébesitzer würde zum Multimillionär werden, wenn er lediglich ein paar Tische und Stühle aufstellt, aber niemals etwas serviert, weil jeder seiner Gäste etwas zum Picknick mitbringt und ihm die Arbeit abnimmt.

Der Silicon-Valley-Beobachter Andrew Keen vergleicht unser unentgeltliches Engagement im Netz mit Akkordarbeit in einer herzlosen Fabrik, die als Zeitvertreib getarnt ist: »Unsere Arbeit auf diesen kleinen Geräten [...] schafft all den Wert in der vernetzten Volkswirtschaft.«[61] Der Wert der persönlichen Daten von Hunderten Millionen Verbrauchern im Gesamten ist enorm. Nach einer Studie der Boston Consulting Group belief er sich in der EU im Jahr 2011 auf 315 Milliarden Euro und wird bis 2020 auf eine Billion Euro steigen.[62]

Verbraucher im Dunkeln

Es ist gängige Praxis von Unternehmen, unsere Daten zu durchforsten und zu verkaufen, als wären wir das Inventar, nicht der Kunde. Laut einer Studie der European Network and Information Security Agency (ENISA) betrachtet fast die Hälfte der von ihr befragten Onlinedienste persönliche Daten als Handelsware, und die Hälfte von ihnen teilt diese Informationen mit Dritten.[63] Die Forscher gelangen damit zu dem Schluss, dass wir keine Ahnung haben, was wirklich passiert, wenn wir uns online bewegen und auf jedem Schritt unseres Weges winzige digitale Spuren hinterlassen. »Unser Wissen über den wirtschaftlichen Wert der Daten, also die Kosten-Nutzen-Abwägungen, die Einzelpersonen bei wirtschaftlichen Transaktionen treffen, bei denen ihre persönlichen Informationen im Spiel sind, ist äußerst bruchstückhaft.«[64]

Das Thema wird vollends verwirrend, wenn man bedenkt, dass die meisten Webseiten in ihren Datenschutzbestimmungen schreiben, dass sie die Daten von Nutzern nie verkaufen oder an Dritte vermieten werden. Kaum ein Unternehmen dagegen verspricht, keine Daten *von* Dritten einzukaufen oder zu tauschen. Die Beschränkung, Nutzerdaten nicht zu verkaufen oder zu vermieten, gilt meist nur für die »persönlichen Daten« in den USA beziehungsweise die »personenbezogenen Daten« in der EU, also die sensiblen Details wie den vollständigen Namen, das Geburtsdatum oder die Adresse. Die Beschränkung, Nutzerdaten nicht zu verkaufen oder zu vermieten, bezieht sich hingegen nicht auf den Einsatz von Trackern – also Beobachtungssoftware – von Dritten, die auf fast allen Webseiten und Apps vorhanden sind, und sie bezieht sich nicht auf die »anonymen« Daten, die Webseiten sammeln und aggregieren, also solche, die angeblich nicht mit unseren personenbezogenen Daten in Verbindung stehen. Sie sind vermeintlich anonymisiert und deswegen angeblich vom einzelnen Nutzer weit entfernt.

Doch mit dem richtigen Algorithmus können diese beiden Teile des Puzzles in kürzester Zeit wieder zusammengefügt und einzelne Nutzer damit rückwirkend identifiziert werden. »Wenn es um soziale Netzwerke geht, ist Anonymität nicht ausreichend für den Datenschutz«, lautet daher die wichtigste Schlussfolgerung einer wegweisenden Studie über die Praxis der Re-Identifizierung von Arvind Narayanan und Vitaly Shmatikov.[65] Mit anderen Worten: Auch wenn Sie denken, die Anonymität der Masse schütze Sie, können Unternehmen herausfinden, wer Sie sind, wenn diese nur genug Teile des Datenpuzzles haben.

Dabei ist die Datenhäscherei sogar von Ihrer Einwilligung abhängig. Das Problem ist jedoch, dass wir diese meist viel zu leichtsinnig erteilen. Wenn Sie eine neue App, etwa ein Spiel, starten, bittet diese in der Regel um Zugriff auf sehr private Informationen wie Geburtstage, Wohnort, die Kontaktdaten Ihrer Freunde aus dem Adressbuch und im Falle Facebooks sogar Artikel im Newsfeed – allesamt wertvolle Hinweise für gezielte Werbung. Der User willigt ein, womit automatisch verfolgt werden kann, wer mit wem in welchen Restaurants isst oder welche Filme anschaut.

Wenn eine große Plattform um die zehn US-Dollar pro Monat und Kunde generiert, warum bietet es Ihnen dann nicht für einen ähnlichen Betrag eine private Option an, bei der Sie nicht auf Schritt und Klick verfolgt werden? Kostendeckend wäre ein solcher Plan wohl sicher, denn Facebook gibt nach eigenen Angaben pro Nutzer rund einen US-Dollar pro Jahr aus, um seine Infrastruktur am Laufen zu halten. Oder wie wäre es mit einem mehrstufigen Modell, in dem die datenschutzorientierten Nutzer wählen können, was sie als Gegenleistung für eine Reihe von Ermäßigungen über sich preisgeben wollen? Kabelfernsehen, iTunes und viele andere Dienstleistungen beweisen, dass die Menschen bereit sind, für den Zugang zu Inhalten zu bezahlen, die ihnen wichtig sind. Apple etwa generiert nur mit seinen Dienstleistungen (ohne Hardware) rund um iCloud und Apple Music rund 30 US-Dollar pro Kunde im Jahr und lässt seine Kunden im Gegenzug in Ruhe, was das Datensammeln angeht. Es kann diese Vorgehensweise sogar für sein Marketing und Image einsetzen.

Google Apps, die Unternehmensversion der Produktivitätsanwendungen wie Gmail und Google Drive, ist eine weitere solche Alternative. Im Gegensatz zu der kostenlosen Verbrauchervariante gibt es in der Businessversion keine Werbeanzeigen, die darauf basieren, den Inhalt jeder Nachricht im Posteingang gescannt zu haben. Diese Art der automatisierten Schnüffelei, die Google erst vor kurzem einstellte, würde kein Geschäftskunde tolerieren.

Der Grund, warum der reguläre Verbraucher zum Opfer wird, ist einfach, sagt der amerikanische Datenschutzexperte Christopher Soghoian: »Facebook wurde entwickelt, um Ihre Privatsphäre auf Schritt und Tritt zu verletzen. Es gibt keine Möglichkeit, ein Facebook- oder Google-Abo zu kaufen, das die Privatsphäre bewahrt. Wenn diese Firmen ihr neues Produkt als etwas bewerben würden, das den Datenschutz großschreibt, müssten sie zugeben, dass ihr reguläres Produkt nichts taugt. Diese Dienste sind per Voreinstellung ab Werk dazu da, uns in die Pfanne zu hauen.«[66]

Verbraucher an die Macht

Nicht jeder in der Technologiebranche teilt diese düstere Einschätzung, aber immer mehr Experten denken darüber nach, wie man für faire Spielregeln sorgen kann. Der erste Schritt bestünde darin, Verbrauchern reinen Wein einzuschenken und ihnen unmissverständlich zu sagen, was sich hinter einem »Gratisdienst« verbirgt. Fachleute sprechen hier vom Opt-in-Prinzip, bei dem jeder neue Nutzer seine ausdrückliche Einwilligung zu den Praktiken gibt, anstatt ahnungslos vereinnahmt zu werden, und dem Unternehmen so die Möglichkeit gibt, seine Daten abzugreifen und weiterzuverkaufen, bis er Einspruch erhebt, also ein Opt-out geltend macht.

In einem Experiment ermittelten Forscher der ENISA, ob und wie sehr Menschen den Zugang zu ihren Informationen zu schätzen wissen. Sie ließen mehr als 2300 Teilnehmer Kinokarten bei einer von zwei zur Auswahl stehenden Webseiten kaufen.[67] Auf beiden Seiten wurden Name, Geburtsdatum und E-Mail-Adresse verlangt. Eine der Webseiten wollte zusätzlich die Handynummer wissen und gewährte als Gegenleistung 50 Cent Rabatt auf die Eintrittskarte.

Die Ergebnisse waren überraschend: Stolze 80 Prozent der Käufer entschieden sich für das Unternehmen, das weniger personenbezogene Daten erhob. Einer von drei Käufern war bereit, einen Aufpreis zu zahlen, um seine Handynummer für sich zu behalten. Weitere zehn Prozent entschieden sich für einen höheren Preis, um keine Werbemails zu bekommen. Zwar handelt es sich nur um ein Experiment, aber es ist ein eindeutiges Indiz dafür, dass wir alle einen bewussten Sinn dafür haben, was die Teile unserer Identität wert sind – wenn wir die Wahl haben. Darüber hinaus beweist es auch, dass Unternehmen einen Wettbewerbsvorteil aufbauen können, wenn sie dem Vertrauen der Verbraucher einen höheren Stellenwert einräumen als der Gewinnmaximierung.

Der Datenschutzökonom Alessandro Acquisti von der Carnegie Mellon University in Pittsburgh entdeckte ein ähnliches Verhalten bei Verbrauchern, als er im Jahr 2010 eine Studie zum selben Thema durchführte.[68] Das Fazit seines Teams lautete: Einzelpersonen sind bereit, sich den Schutz ihrer Privatsphäre etwas kosten zu lassen. Vorausgesetzt, die Webseite stellt die Informationen zum Datenschutz an prominenter Stelle und leicht verständlich dar. Acquisti ist überzeugt, dass sich Unternehmen von der Konkurrenz abheben können, wenn sie Verbrauchern eine klare Alternative zur Datenhäscherei anbieten.

Die gute Nachricht lautet: Technologie hat immer eine Kehrseite. Genauso wie neue digitale Werkzeuge die grenzenlose Verfolgung ermöglichen, also ein Problem darstellen, können sie ein Teil der Lösung sein, um sich zu verstecken oder effektive digitale Selbstverteidigung zu betreiben. Apple arbeitet seit Jahren an verschiedenen Methoden, wie man Nutzern mehr Möglichkeiten bieten kann, sich besser vor Werbenetzen zu verstecken. Seit einigen Jahren bietet die Firma im mobilen Betriebssystem iOS die Option, seine sogenannte Werbe-ID, die normalerweise einem Gerät fest zugeordnet ist, regelmäßig zurückzusetzen, was die Verfolgung erschwert.

Technische Innovation macht es auch möglich, eine neue Art von sozialem Netzwerk oder sogar ein neuartiges Werbenetzwerk aufzubauen, das die Nutzer an den aus ihren Daten generierten Einnahmen beteiligt. Oder eines, das Verbrauchern die Wahl lässt, ihre Angelegenheiten im Privaten und vielleicht sogar verschlüsselt zu erledigen, ohne dass Dutzende von Werbenetzwerken und Trackingalgorithmen jeden Tastendruck und jede Mausbewegung verfolgen.

Es gibt immer wieder Neugründungen, die auf das Ziel hinarbeiten, uns die Kontrolle über unser digitales Schicksal zurückzugeben, doch meist scheitern sie am Netzwerkeffekt: Wenn alle auf einer anderen Plattform sind, muss man seine Freunde dazu bewegen, den Dienst oder die App zu wechseln. Auf diese soziale Trägheit setzen die etablierten Player, sodass viele der ambitionierten Neuzugänge mit ihrer Vision scheitern. Das soziale Netzwerk Ello, das seine Nutzer nicht an Anzeigenkunden verkaufen wollte, gehört zu dieser Kategorie ebenso wie die Twitter-Alternative Mastodon, Open Book aus Holland und das europäische Netzwerk Librem One.

Personal.com war einer der Wegbereiter der Bewegung, seine Onlineidentität jenseits von Google und Facebook zu pflegen und Verbraucher darin zu stärken, nicht mehr das Produkt, sondern der Produzent zu sein. Das Unternehmen aus Washington hatte 2012 einen mehrfach verschlüsselten Datenspeicher entwickelt, den jeder Nutzer mit Angaben seiner Wahl füllt und dann entscheiden konnte, wem er dazu Zugang gewährt: Personen, Unternehmen oder Apps. Wenn etwa Firma XY meinen Familienstand, mein Bewegungsprofil in einer Stadt und meine jüngsten Flüge ermitteln will, um mir gezielte Werbung zu servieren, dann würde diese Neugier etwas kosten. Bezahlt etwa in Form von Fiatgeld oder als neue, virtuelle Währung.

Firmengründer Shane Green ist angetrieben von der Vision des mündigen Verbrauchers, der über seine Daten entscheiden kann. Sogar das Recht auf Vergessenwerden könnte demnach zur Grundlage neuer Dienstleistungen werden. »Jeder Mensch besitzt einen entscheidenden, langfristigen Wettbewerbsvorteil gegenüber Unternehmen und Regierungen, wenn es um das Ansammeln und Pflegen der besten und vollständigsten Daten über sich selbst und sein Leben geht. Bei solchen strukturierten und maschinenlesbaren Daten besitzt jeder von uns letztlich die beste Sammlung«, erklärte Green auf dem Firmenblog. Um diese sogenannte »Goldene Kopie« werden sich Firmen reißen. Wer als Verbraucher die richtigen Werkzeuge einsetzt, Schutzvorkehrungen für seine Daten trifft und obendrein wirtschaftliche Anreize schafft, kann den Spieß umdrehen und die letzte Instanz im Datengoldrausch werden.

Aus diesem Grund entwarf Green zusammen mit anderen am Datenschutz interessierten Unternehmern im Frühjahr 2012 einen digitalen Grundrechtekatalog und stellte diesen als Diskussionsgrundlage ins Netz. Auch wenn Personal.com 2017 mit der englischen Firma Digi.me fusionierte, ist dieser fast schon historische Grundrechtekatalog ein wichtiges Dokument. Man sollte es gründlich lesen, da es viele Themen zum Wert der eigenen Daten berührt, denen Sie im weiteren Verlauf dieses Buches begegnen werden.

»DIGITALER GRUNDRECHTEKATALOG[69]

Präambel

Dieses Digitale Grundgesetz gilt für die Unantastbarkeit des digitalen Ich.

Das digitale Ich sollte vor dem Gesetz und von der Gesellschaft gleichberechtigt mit dem physischen Ich behandelt werden.

Rechte

1. Recht auf Transparenz: Ich habe das Recht zu wissen, wer meine Daten sammelt, verwendet, teilt oder vermarktet und wie es geschieht. Ich habe das Recht zu wissen, wie meine Daten geschützt und gesichert werden. Ich habe das Recht, den Wert meiner Daten zu erfahren.
2. Recht auf Privatsphäre: Ich habe das Recht auf Schutz meiner Privatsphäre als Voreinstellung.
3. Recht auf Auswahl und Kontrolle: Ich habe das Recht, die Erlaubnis zu geben, meine Daten zu sammeln, zu nutzen, zu teilen oder zu vermarkten, und sie wieder zu entziehen. Ich habe das Recht, meine Daten zu sehen, auf sie zuzugreifen, sie zu korrigieren, zu bearbeiten, zu überprüfen, zu exportieren und zu löschen. Ich habe das Recht, sie zu besitzen und/oder die ›Goldene Kopie‹ meiner Daten frei zu nutzen. Ich habe das Recht, das Produkt oder die App zu kaufen und nicht ›das Produkt zu sein‹.
4. Recht auf Sicherheit: Ich habe das Recht zu erwarten, dass meine Daten sicher gelagert und transportiert werden.

5. Recht auf Identität: Ich habe das Recht, je nach Kontext verschiedene digitale Persönlichkeiten zu benutzen. Ich habe das Recht auf Anonymität.
6. Recht auf minimale Verwendung: Ich habe das Recht zu verlangen, dass meine Daten nur für den angegebenen Zweck und Kontext gesammelt, genutzt, geteilt oder vermarktet werden. Ich habe das Recht, vergessen zu werden, nachdem meine Daten ihren Zweck erfüllt haben.«

Auch wenn Sie diesen Idealen zustimmen, bleibt die Frage: Welchen Weg gibt es, nicht online ausgebeutet und verkauft zu werden, oder zumindest nicht, ohne unseren gerechten Anteil dafür zu bekommen? Wie schaffen wir es, besser über den Wert unserer Daten informiert zu werden und unser Recht auszuüben, Ja oder Nein zu sagen, wenn es um unsere digitale Identität geht?

Nach der Ansicht von Wirtschaftswissenschaftler Alessandro Acquisti ist unsere Vorstellung von einer einfachen Onlinetransaktion veraltet und falsch. »Es ist eine irrige Annahme, dass wir uns einmal entscheiden, einen vermeintlich kostenlosen Service zu nutzen, und im Gegenzug unsere Daten herausrücken. Dieses Bild einer einmaligen Transaktion beschreibt nicht, was eigentlich passiert.«[70] Da unsere Daten von vielen Unternehmen ohne unser Wissen verwendet, verkauft und mehrfach wiederverwendet werden, muss ein Ökonom ein neues Modell entwerfen, bei dem der erste Klick auf »Ich stimme zu« nur der Anfang ist. »Wir haben diese Diskussion noch nicht einmal begonnen. Die Verbraucher besitzen enorme Macht, da ihre Daten die Basis sind, ohne die Onlinegeschäfte nicht Abermilliarden an Umsatz generieren könnten«, so Acquisti weiter. »Aber die Verbraucher müssen das kapieren und sich organisieren.«[71]

Wo und womit soll der Verbraucheraufstand also beginnen? Vielleicht damit, einem ungewöhnlich ehrlichen Datenmakler zuzuhören. Higinio Maycotte ist der CEO von Umbel, einem Dienstleister für Marken im Bereich Entertainment und Sport. Mit dessen Datenanalyse können Firmen ihre Kundschaft bis hin zum einzelnen Käufer oder Abonnenten untersuchen und ihr Onlineverhalten auf Social-Media-Plattformen in Echtzeit verfolgen. Für diese detaillierte »Kundenkunde« zahlen Unternehmen viel Geld.

Maycotte hat eine Zahl parat, die Sie im Auge behalten sollten, wenn wir unseren Crashkurs in digitaler Selbstverteidigung beginnen: »Unser

Modell besagt, dass jeder Benutzer rund 30 Dollar pro Monat auf einem einzigen Werbenetzwerk wert ist.«[72] Das sind 360 US-Dollar pro Jahr für ein einziges Werbenetzwerk wie die Google-Tochter DoubleClick, die potenzielle Kunden im Netz verfolgt! Ein schneller Realitätscheck: Der durchschnittliche Internetnutzer wird bei seinen täglichen Verrichtungen von 75 bis 100 verschiedenen Werbenetzwerken verfolgt. Rechnen Sie nach, was dabei herauskommt. Im Vergleich dazu sind die paar Gigabyte »freier« Speicherplatz, die Ihnen Unternehmen als »Leistung« anbieten, um mit »Freunden« viel »Spaß« zu haben, ein lausiger Deal.

Die erste Station der Reise durch ein digitales Leben ist Ihr Job. Im nächsten Kapitel untersuchen wir, warum Sie digitale Selbstverteidigung am Arbeitsplatz dringend nötig haben.

KAPITEL 3

AM ARBEITS-PLATZ: MEIN LEBENSLAUF GEHÖRT MIR

»25 Grad, was zu trinken, Tauchen und Urlaub. Hasta la vista, ihr Trottel.« Hannah, die im echten Leben anders heißt, hatte diesen Spruch als Facebook-Update schon oft zuvor benutzt und dazu ein berühmtes Arnold-Schwarzenegger-Zitat aus dem Film »Terminator« leicht abgewandelt. Mit ihrem frechen Eintrag wollte die 34-Jährige nur ihren Freunden eine Nase drehen: »Haha, ich bin im Urlaub, seid ihr nicht neidisch?!«[73]

Sie hatte die Rechnung allerdings ohne ihren Chef in einem großen Medienunternehmen gemacht. Obwohl nur fünf von Hannahs 666 Facebook-Freunden Arbeitskollegen waren, kochte er vor Wut: Der Post sei respektlos gegenüber anderen Mitarbeitern. Hannah wurde gekündigt, und ihr Onlineverhalten war einer der Entlassungsgründe.

Nicht anders erging es Juli Briskman im US-Bundesstaat Virginia. Sie war bei einer Radtour im Oktober 2017 zufällig der Fahrzeugkolonne von Präsident Donald Trump begegnet und hatte ihm den Mittelfinger als Gruß entboten. Das Pressefoto ging auf sozialen Medien um die Welt und kostete Briskman rasch ihren Job, obwohl sie darauf weder zu erkennen war noch namentlich genannt wurde. Ihr Arbeitgeber argumentierte, sie habe mit ihrem Verhalten die Ethikrichtlinien der Firma verletzt.

Immer mehr Menschen verlieren ihren Job wegen ihrer Onlineaktivitäten, denn dank sozialer Netzwerke haben Arbeitgeber zum ersten Mal rund um die Uhr Zugang zum Privatleben ihrer Arbeitnehmer oder von Bewerbern. Schlimmer noch, sie haben über tragbare Fitnesstracker und andere Sensoren einen detaillierten Einblick in Dinge wie Bewegungsmuster, Kommunikationsfreudigkeit und können darüber sogar Vorhersagen anstellen, wer in den nächsten Monaten kündigen könnte.

Die Vorzüge des Internets sind einfach zu verlockend, um sie nicht zur Perfektionierung des Personalwesens zu verwenden. Unternehmen setzen entweder auf Recherchehandarbeit oder sie setzen auf sogenannte Personalsoftware (HR-Tech), etwa um sich Onlinedossiers von potenziellen Kandidaten erstellen zu lassen. Damit wollen sie all jene schon vorher aussieben, die einen vermeintlich schlechten Ruf haben oder aus irgendwelchen Gründen nicht zur Unternehmenskultur passen. Umgekehrt sind Social-Media-Dienste für Arbeitsuchende zu einem unverzichtbaren Instrument geworden, um offene Stellen zu finden und sich ein Bild über das Unternehmensklima zu machen.

Jedoch ist Vorsicht geboten, denn hier verschmilzt das Private mit dem Beruflichen. Ihr Ruf existiert auch im Netz, insofern sind Sie aufgefordert, ihn zu wahren, und das heißt, ständig zu hinterfragen, was Sie veröffentlichen und welche Informationen Sie besser für sich behalten. Oft wissen Bewerber nicht, warum sie zu einem Vorstellungsgespräch nicht eingeladen werden, wäre da nicht dieser eine unbedachte Eintrag auf bestimmten Seiten. Möglicherweise ist er längst aus dem Feed verschwunden, aber deswegen ist er noch lange nicht gelöscht. Er kann jederzeit aus einer anderen Datenbank gefischt werden und wieder auftauchen – auch vor den Augen potenzieller Arbeitgeber. Über solche Lappalien hinaus sind auch eindeutige Rechtsverstöße seitens des Arbeitsgebers keine Seltenheit mehr, indem etwa Mitarbeiter oder Bewerber unter Druck gesetzt werden, ihre privaten Passwörter preiszugeben, um sie überwachen zu können.

Wer postet, steht am Pranger

Hannah ist nicht allein. Die Liste der Leute, die ihren Job wegen ihrer Onlineaktivitäten verlieren, wächst beständig, wie zahlreiche Beispiele belegen: Dem Komiker Gilbert Gottfried wurden bereits gebuchte Engagements abgesagt, weil er sich im März 2011 auf Twitter flapsig zum verheerenden Tsunami in Japan geäußert hatte: »Japan ist wirklich fortschrittlich. Sie gehen nicht an den Strand. Der Strand kommt zu ihnen.«[74] Die Kommunikationschefin eines US-Konzerns wurde entlassen, weil sie vor einer Geschäftsreise gepostet hatte: »Auf dem Weg nach Südafrika. Ich hoffe, ich kriege kein Aids. War nur ein Scherz, ich bin ja weiß.«[75]

Einige Zeitgenossen machen sich über das Unternehmen, für das sie arbeiten, lustig, was einen weiteren Entlassungsgrund darstellt. Oder sie melden sich krank und prahlen dann online mit ihrem privaten Unterhaltungsprogramm, wie das Beispiel dieser Frau zeigt: »In meinem Beruf hatte ich eine Zeit lang viel Stress. Ich ließ mich zwei Wochen krankschreiben, um mich zu erholen. Die meiste Zeit war ich ein Stubenhocker, aber eines Abends überredete mich eine Freundin, in ein Restaurant zu gehen. Wie üblich checkte ich in dieser Nacht auf Foursquare [eine App, die über den Aufenthaltsort Auskunft gibt] ein. Als ich wieder zur Arbeit kam, beschuldigte mich mein Chef, nicht krank gewesen zu sein. Mit ihm war ich nicht auf Foursquare befreundet, nur mit ein paar Kollegen. Von ihnen muss es mein Chef erfahren haben.«[76]

In vielen Ländern haben die Eltern das Recht, einen Tag freizunehmen, wenn ihr Kind krank ist – allerdings darf das nur ein Elternteil in

Anspruch nehmen. Da manche Väter und Mütter dazu neigen, jede Kleinigkeit aus ihrem Alltag auf Social-Media-Plattformen zu veröffentlichen, und damit offenbaren, dass beide zu Hause sind, bringen sich so ebenfalls immer wieder Arbeitnehmer mit der Halblüge vom kranken Kind um ihren Job.

Im Visier der sozialen Profilerstellung

Was wie eine Reihe von unglücklichen Zufällen, dummen Fehlern oder geschmacklosen Kommentaren klingt, ist in Wirklichkeit das Indiz für ein grundsätzliches Problem im Umgang mit dem Phänomen Social Media: Arbeitgeber sind zum ersten Mal Zaungäste im Privatleben ihrer Mitarbeiter – 24 Stunden, 7 Tage die Woche. So tief wie noch nie zuvor können sie Einblick in deren tägliches Leben zu Hause nehmen und Handlungen, die nichts mit dem Arbeitsplatz oder den Leistungen dort zu tun haben, aufdecken, ja fast live verfolgen. Sie bekommen die hieb- und stichfesten Beweise gleich in den Posteingang geliefert. Ein Eintrag bei Facebook lässt sich zwar löschen, doch kann er bereits vorher von zahlreichen Nutzern gelesen – vielleicht sogar geteilt – worden sein.

Es ist nicht bekannt, wie viele Unternehmen ihre Mitarbeiter über soziale Medien überwachen und wie systematisch sie es tun. Die Nachfrage nach Überwachungswerkzeugen ist jedenfalls da, auch wenn die Bedenken gewachsen sind. So bot Google von 2012 bis 2016 Unternehmenskunden ein Produkt namens Map Coordinate an, mit dem ein Arbeitgeber dank der Kombination aus Googles Kartentechnologie und einem Smartphone verfolgen konnte, wo sich jeder Mitarbeiter gerade aufhielt. In dieser vorläufigen Grauzone werden Gerichtsverfahren erst nach und nach Präzedenzfälle schaffen. Etwa wenn es darum geht, ob Mitarbeiter verpflichtet sind, sich mit elektronischen Werkzeugen ein- und wieder auszuloggen, um die Arbeitszeit detailliert zu erfassen. Diese Praxis hat zumindest der Europäische Gerichtshof in einem Urteil im Mai 2019 bestätigt.[77]

Wesentlich stärker als der Einsatz von Überwachungsmaßnahmen ist unter Arbeitgebern die Praxis ausgeprägt, proaktiv Tools zur Profilvermessung auf Social-Media-Plattformen zu verwenden, wenn sie Bewerbungen sichten. Eine Studie im Auftrag von Microsoft ergab, dass bereits 2010 in den USA acht von zehn Arbeitgebern Informationen über die Onlinereputation der Bewerber einholten.[78] Die Zahlen in Europa liegen immer noch deutlich niedriger. Das Stockholm Trade Council berichtete, dass vier von zehn Arbeitgebern in Schweden soziale Profile ihrer Bewerber sichten, und ihre Zahl steigt jedes Jahr.[79] Gut die Hälfte der deutschen Arbeitgeber gab schon 2011 an, über Bewerber im Internet zu recherchieren.[80] Ganze 70 Prozent der amerikanischen Personalchefs sagen, sie hätten Bewerber auf Basis dessen abgelehnt, was sie online über sie in Erfahrung brachten.[81]

Sogenanntes *social profiling* ist ein Puzzlespiel, bei dem viele kleine Informationseinheiten über Ihren Charakter, Ihre Eigenschaften und Fähigkeiten zusammengesetzt werden, um am Ende eine Vermutung darüber anzustellen, ob Sie eine gute Wahl für eine bestimmte Position wären. Laut einer Studie der University of Maryland kann allein die Sprache, die Sie in Ihren Tweets verwenden, einem Personalchef verraten, ob Sie extrovertiert, freundlich, gewissenhaft, neurotisch oder zu gesprächig sind.[82] Die Art und Weise, wie Sie mit Menschen sprechen (andere Menschen mit »Sie« anzusprechen etwa macht Sie zu einem höflichen Zeitgenossen), worüber Sie reden (wer immer »gewinnen« will, sammelt Minuspunkte) und welche Worte Sie wählen (gewissenhafte Leute vermeiden negative Wörter wie »killen«), enthüllt wichtige Teile Ihrer Persönlichkeit. Andere Wissenschaftler haben zudem festgestellt, dass sich ein Facebook-Profil sogar besser als ein herkömmlicher Persönlichkeitstest dazu eignet, Bewerber einzuschätzen und auszusieben.

Ein Unternehmen kann auch einfach regelmäßig öffentlich zugängliche Facebook-Profile scannen und dies dazu nutzen, eine schnelle Entscheidung über die beiden wichtigsten Fragen bei der Einstellung treffen zu können: Ist die Person zuverlässig und emotional stabil? Forscher an der Northern Illinois University etwa ließen Studierende in einem Experiment fiktive Bewerber bewerten, nachdem sie deren Facebook-Profile nur zehn Minuten lang durchgelesen hatten. Sie entdeckten, dass ihre Testkandidaten in der Regel diejenigen Personen heraussuchten, deren Persönlichkeit ihnen vielseitig erschien: Sie reisten viel, hatten vergleichsweise mehr Freunde und interessierten sich für verschiedene Hobbys. Das Veröffentlichen von »Partyfotos« wirkte sich nicht automatisch negativ aus, da sie eine Person als extrovertierter und freundlicher erscheinen ließen.[83]

Dieses Vorgehen klingt etwas weniger alarmierend als die heimliche Informationssammlung im Auftrag einer Personalabteilung. Fragwürdig bleibt es trotzdem, nicht nur aufgrund des Maßstabs persönlicher Vorurteile, die Angestellte anlegen, wenn sie Kandidaten sichten, sondern auch, weil hier eine noch viel beängstigendere Frage auftaucht: Wie viel konstantes Engagement müssen wir alle ständig aufwenden, um unser Image und Ansehen online zu pflegen und es gerade so zurechtzubiegen, um unserer Umwelt das richtige Maß extrovertierter Lebensfreude zu präsentieren?

Was Sie lieber für sich behalten sollten

Für viele Arbeitsuchende sind soziale Medien ein hervorragendes Werkzeug, um eine neue Stelle zu finden. Damit steigt allerdings auch der Druck, gut vernetzt zu sein. Die Frage »Wie viele Freunde oder Verbindungen haben Sie?« wird an Bedeutung gewinnen, um einen Arbeitsplatz zu ergattern oder überhaupt zu einem Vorstellungsgespräch eingeladen zu werden. Das gilt umso mehr, wenn Firmen automatische Dienste einsetzen, die professionelle Netzwerke durchkämmen und potenzielle Kandidaten aufgrund ihres Profils und ihrer Kontakte aussieben, lange bevor ein Mensch die Akte in die Hand bekommt.

Dabei geht es oft vordergründig darum, die schiere Masse an Bewerbungen zu bewältigen und bei der Vorauswahl den *bias*, also die subjektive Verzerrung oder die Vorurteile eines menschlichen Sachbearbeiters, auszuschließen. Google etwa, das sich als das datengetriebene Unternehmen schlechthin versteht, erhält pro Jahr rund zwei Millionen Bewerbungen, stellt aber nur ein paar Tausend Kandidaten ein – eine Herausforderung, der nur Personalsoftware gewachsen ist. Und der man als Bewerber blind vertrauen muss, die richtigen Kriterien adäquat zu gewichten.

Wenige Datenpunkte, egal ob gute oder schlechte, sprechen dabei ironischerweise gegen Sie. Das heißt, wenn Sie sich nicht mit sozialen Medien auskennen, halten Sie viele Arbeitgeber für schlecht informiert oder zumindest technisch desinteressiert – ungünstige Voraussetzungen für eine Karriere in der Informationsgesellschaft. Man muss beim Social-Media-Zirkus also in die Manege steigen, ob man will oder nicht. Doch kann man Social Media durchaus auch nutzen, um die eigene Professionalität, Intelligenz, Reife und Medienkompetenz für die vernetzte Welt zu präsentieren. Die überwiegende Mehrheit von Bewerbern und Unternehmen in den USA benutzt alle gängigen sozialen Medien – von Facebook und LinkedIn bis zu Snapchat und Instagram, um aufeinander aufmerksam zu werden.[84] Wenn auch in etwas geringerem Umfang, trifft das auch für den deutschen Arbeitsmarkt zu.[85]

LinkedIn, das seit 2016 zu Microsoft gehört, ist im Juni 2019 mit mehr als 610 Millionen Mitgliedern das Paradebeispiel, wie man professionelle Vernetzung plus berufliche Imagepflege zum vergnüglichen Zeitvertreib machen kann. Über die Jahre hat sich LinkedIn zum wohl schlauesten Nachschlagewerk entwickelt, wenn man herausfinden will, wer gerade wo arbeitet und wen man ansprechen sollte, um den Job zu wechseln. Für den Zugriff auf diese stets aktuelle Adressliste, die wir alle aus wirtschaftlichen Gründen und aus persönlicher Eitelkeit unablässig pflegen, zahlen Unternehmen viel Geld.

Beim elektronischen Lebenslauf ist indes Vorsicht geboten, denn diese Daten entwickeln rasch ein Eigenleben. Schreiben Sie deshalb nie private Daten wie Geburtsdatum oder gar ihre Steuer- oder Sozialversicherungsnummer in einen Lebenslauf, den Sie auf eine Vermittlungsplattform oder Jobdatenbank hochladen wollen (in immer mehr Ländern ist es glücklicherweise verpönt, nach Alter, Ethnie oder gar einem Foto zu fragen). Einmal im Netz, können solche Dateien, ohne Ihr Wissen oder Ihre Zustimmung, weiterverbreitet werden oder sogar in Suchmaschinen auftauchen. Es ist kaum zu glauben, dass es viele Menschen trotzdem tun, obwohl sie mit solch leichtsinnigem Verhalten dem Identitätsdiebstahl Tür und Tor öffnen.

So praktisch soziale Medien als Werkzeug für die Arbeitssuche sein können, können sie also genauso schlimme Folgen haben, wenn man seine Onlinepräsenz nicht ständig im Auge behält. Arbeitgeber sind zudem natürlich bestrebt, nicht nur Ihre Schokoladenseiten zu kennen, sondern suchen viel lieber die Leichen im Keller. Dafür greifen sie auf Firmen zurück, die sich auf *social intelligence* spezialisiert haben.

Eines dieser Unternehmen trägt genau diesen Namen – Social Intelligence. Es gräbt sich durch Jahre Ihres Onlinelebens, um alles, was sich finden lässt, zu einem Dossier für den potenziellen Arbeitgeber zusammenzustellen. Das Unternehmen nutzt dazu die üblichen sozialen Netzwerke sowie längst vergessen geglaubte Einträge auf Internet- oder Diskussionsforen und sogar Kleinanzeigen. Nicht nur positive Dinge und persönliche Leistungen landen in dieser Hintergrunddatei, sondern vor allem die unangenehmen Details.

In der nachfolgenden Liste finden Sie Themen und Stichwörter, nach denen die automatischen Datenhäscher suchen und die Sie sich deshalb lieber verkneifen sollten:

- Beschwerden über Kunden, Ihren Chef oder ehemalige Kollegen in einer Firma, für die Sie gearbeitet haben
- Oversharing (Können Sie wirklich etwas vertraulich behandeln, oder warum müssen Sie alles über sich verraten? Sind Sie vielleicht eine Plaudertasche und behandeln Informationen nicht diskret?)
- Rassistische Äußerungen
- Bezug zu Drogen
- Sexuell explizite Fotos, Nachrichten oder Videos
- Darstellung von Waffen oder gewalttätigen Aktivitäten
- Homophobe oder andere diskriminierende Äußerungen
- Dubiose Freunde (Wer gibt schon gerne mit schlechtem Einfluss an?)
- Ständige Nörgelei (Sie sind ein negativ denkender Typ, ein Bremser, demotivierend für die Kollegen)
- Bilder von Betrunkenen
- Bilder, die Sie mit einem Bier in der Hand oder beim Rauchen zeigen, oder Bilder, auf denen Sie ein T-Shirt mit einem Aufdruck tragen, der missverstanden werden könnte
- Formulierungen wie »Ich hasse das« oder »Das ist wirklich doof« (Dies gilt als Indiz, dass Sie zu den Menschen gehören, die sich oft beschweren und keinen Sinn für das Positive haben)

Ihre Vergangenheit ist käuflich

Kinder und Jugendliche, die mit Social Media aufwachsen, werden sich schon bald um eine Stelle bewerben und bis dahin eine Spur digitaler Informationen hinterlassen haben, die viel detaillierter ist, als sich das die Generation ihrer Eltern vorstellen konnte. Selbst Arbeitnehmern, die schon älter sind und bereits mit beiden Beinen im Berufsleben stehen, bereiten die unendlichen Speicher- und Suchoptionen im Web zunehmend Sorgen. Was auch immer Sie im Laufe der Jahre veröffentlicht und getwittert haben, lebt in Datenbanken fort, bis irgendwann ein Personalchef oder ein Headhunter beschließt, eine Suche durchzuführen. Die Frage, ob solche Fischzüge legal sind, lassen wir hier einmal außen vor, denn wer kann schon beweisen, was ein Manager in seiner Mittagspause auf dem Handy anstellt? Beiträge auf Facebook oder Twitter verblassen vielleicht nach ein paar Tagen oder Wochen, weil wir sie buchstäblich nicht mehr auf dem Schirm haben. Aber das bedeutet nicht, dass Ihr nächster Arbeitgeber keinen Zugang zu ihnen haben wird. Ihre Mitteilungen, Witze und Frotzeleien lagern irgendwo auf einer Festplatte und warten nur darauf, durch die richtige Software ausgegraben zu werden.

Es ist alles eine Frage des richtigen Werkzeugs – und des richtigen Preises. Firmen wie Datasift aus Großbritannien haben den Weg in eine erschreckend transparente Arbeitswelt gewiesen. Datasift war eine der ersten Firmen, die im Frühjahr 2012 Zugriff auf das gesamte Archiv aller Kurznachrichten bei Twitter gekauft haben, zunächst nur bis 2010 zurückreichend.[86] Bis 2015 vermietete der Microblogging-Dienst aus San Francisco den Zugang zu seinem Archiv an Dutzende von Firmen in aller Welt, bis Twitter den wahren Wert seiner Datenpipeline erkannte und den Hahn zudrehte. Zumindest der normale Twitter-Nutzer hat jetzt genauso viel Einsicht in seine Tweets, wie das Unternehmen in einem persönlichen Archiv zur Verfügung stellt. Datasift war nur der Anfang des Geschäfts mit der häppchenweisen Vergangenheitsanalyse, denn Unternehmenskunden, die direkt mit Twitter einen Deal abschließen, können weiterhin den Redeschwall von rund 330 Millionen aktiven Nutzern und mehr als 500 Millionen täglichen Kurznachrichten auswerten.

Stellen Sie sich vor, Sie gehen zu einem Vorstellungsgespräch und Ihr Gegenüber zieht zwei besonders delikate Tweets aus dem Ärmel: »Sie wollen in unsere Stadt ziehen, nannten sie aber 2010 ein langweiliges Kaff. Wirklich? Und Sie haben Ihren alten Vorgesetzten bei der Firma XY schlechtgemacht. Warum sollten wir so jemanden einstellen?« Die verheerende Wirkung solcher Recherchen liegt in ungeahnten Kombinationen: Alle Veröffentlichungen, die an einen bestimmten Benutzernamen gebunden sind, lassen sich ebenso aufrufen wie eine Visualisierung Ihres Netzwerks von Freunden und Ihrer Mobilitätsmuster.

Das Einloggen und die Auszeichnungen bei *Social Games* und die Veröffentlichung von Bildern eigener kleiner Kinder im Netz erzählen eine Geschichte über die Fähigkeiten eines Menschen: Ist er unstet und bringt nichts zu Ende? Ist er bereit, abends auch einmal länger zu arbeiten, oder immer auf dem Sprung nach Hause zur Familie? Ein Gesprächspartner mag diese Details einordnen und gewichten können, aber er verlässt sich immer öfter auf eine Vorsortierung durch Software. Und diese Systeme sind so gut oder so schlecht wie ihre Programmierer. Daten in einem solchen automatisierten Puzzle entfalten ihre eigene Erklärungsmacht, denn Algorithmen, die Ihre Vergangenheit durchforsten und auf einen Report eindampfen, ist der Kontext vollkommen gleichgültig, weil unverständlich.

Dabei ist sogenannte HR-Tech, die Menschen maschinenlesbar machen und ihre Bewertung von der Einstellung bis zur Beförderung automatisieren soll, ein wachsendes Geschäft. Eine Aufstellung der Marktforscher von CB Insights kam Mitte 2019 auf mindestens 145 Firmen, die Unternehmen ihre Analysedienste anbieten. Dabei geht es keineswegs nur um Ihre Facebook-Vergangenheit. Einige lassen Bewerber kleine Geschicklichkeitsspiele auf dem Handy spielen, um ihre Fähigkeiten einzustufen, andere werten die Körpersprache und den Wortschatz in Videointerviews aus, wieder andere analysieren, wie sich Mitarbeiter untereinander austauschen, und können aus dem Engagement herauslesen, wer bereits gedanklich ausgeschaltet hat und innerhalb der nächsten Monate kündigen wird.[87]

Mindestens ebenso bedenklich wie die genannten Softwarebeispiele sind Arbeitgeber, die ihre Macht vorsätzlich missbrauchen, um Zugriff auf private Daten zu gewinnen. Im US-Bundesstaat Maryland etwa mussten sich Arbeitsuchende, die sich für eine Stelle im Strafvollzug bewarben, während des Vorstellungsgesprächs in ihre Facebook-Konten einloggen, damit ihnen ein Beamter über die Schulter schauen konnte, während sie sich durch ihre Einträge, Freunde und Fotos klickten. Diese dreiste Überwachung sollte verhindern, dass Freunde von Bandenmitgliedern als Gefängnispersonal eingestellt wurden. Nach ersten Medienberichten reagierten die Gesetzgeber. Die Praxis wurde nicht nur in Maryland, sondern gleich in mehreren US-Bundesstaaten verboten. So dürfen Arbeitgeber und Bildungseinrichtungen in Kalifornien per Gesetz keine Social-Media-Passwörter mehr verlangen.

Ähnliche Angriffe auf unser angeblich »privates« Leben in den sozialen Medien fahren Schulen und Hochschulen, die ihre Schüler zwingen, sich mit einem Trainer oder Lehrer »anzufreunden«, damit dieser ihr Onlineverhalten überwachen kann.

Widerstand formiert sich

Der zunehmende Trend hin zu elektronischen Lauschangriffen auf Mitarbeiter und Bewerber hat die Gewerkschaften auf beiden Seiten des Atlantiks dazu veranlasst, sich zu Wort zu melden. Einige haben damit gedroht, Unternehmen wegen Diskriminierung zu verklagen, wenn sie Mitarbeiter über soziale Medien ausspionieren, um Parameter zu einer etwaigen Beschäftigung aufzustellen.

Ihr Argument lautet wie folgt: Ein Geschäftsführer würde einem Mitarbeiter nicht in die Bar an der Ecke folgen, um zu überprüfen, was er oder sie Freunden über ihren Tag bei der Arbeit erzählen. Nur weil sie dies jetzt online tun können, bedeutet das noch lange nicht, dass sie es auch dürfen sollten. Gewerkschaften warnen Unternehmen außerdem davor, dass das Ausspionieren von Mitarbeitern im Netz schlechte Reputation generiert und damit dem Firmenimage und der Rekrutierung von Arbeitnehmern schadet.

Pam Dixon, die Geschäftsführerin des World Privacy Forum, sieht im Nachspionieren von Bewerbern und Angestellten einen Teufelskreis in Gang kommen, der nicht nur einem Unternehmen, sondern der Gesellschaft insgesamt schadet. »Das ist ungefähr so unangebracht, wie einen Menschen zu fragen, ob man sein Tagebuch lesen könne. Es schreckt von der freien Meinungsäußerung ab. Wenn jeder denkt, er müsse ein blitzsauberes Social-Networking-Profil haben, um einen Job zu bekommen, wird niemand mehr den Mund aufmachen.«[88] Damit legt die Datenschützerin aus San Diego den Finger in die Wunde: Wer Kandidaten mithilfe von Software aussiebt und seine Mitarbeiter qua Algorithmen rund um die Uhr und quer durchs Land verfolgt, wird dem Menschen in seiner Authentizität am Arbeitsplatz nicht mehr gerecht. Wer als Bewerber von einer Software beurteilt wird, wird zu oft pauschal bewertet und ist nicht in der Lage, die Entscheidung anzufechten oder Fehler zu korrigieren, die etwa auf längst vergessenen Social-Media-Einträgen beruhen. Wenn undurchschaubare und durch Geschäftsgeheimnisse geschützte Algorithmen herrschen, landen wir in einer *Black Box Society*, also einer Black-Box-Gesellschaft, wie es der amerikanische Rechtswissenschaftler Frank Pasquale in seinem gleichnamigen Buch eindrücklich beschreibt.[89]

Früher oder später ist der Gesetzgeber gefragt, um neue Grenzen zu ziehen. Je nach Land sind bestimmte Praktiken entweder bereits verboten oder werden in Zukunft für rechtswidrig erklärt werden. Politiker und Arbeitsrechtler in Deutschland etwa denken seit Jahren darüber nach, Arbeitgebern zu verbieten, Social-Media-Netzwerke zu durchforsten, wenn es um Personalentscheidungen geht. Eine Neuregelung des Arbeitnehmerdatenschutzes ließ bis 2017 auf sich warten, als eine Reform wegen der anstehenden Datenschutzgrundverordnung nicht länger aufzuschieben war. Dennoch sind die Probleme damit nicht aus der Welt. Es ist schwer nachzuweisen, dass ein Manager die Linie zwischen einer professionellen Aktivierung des Netzwerks, dem Einsatz einer Suchmaschine und dem aktiven Ausspähen eines sozialen Netzwerks überschritten hat. Darüber hinaus riskieren wir in dieser Grauzone ein konstantes Katz-und-Maus-Spiel zwischen dem, was arbeitsrechtlich erlaubt, und dem was technisch möglich ist.

Der Personalchef, der gesetzlich verpflichtet ist, Bewerber nicht zu googeln oder kein Social-Media-Dossier über sie auf dem Firmenrechner zu erstellen, geht möglicherweise nur in die Mittagspause, um Nachforschungen auf seinem eigenen Tablet anzustellen. Oder er spioniert während seiner Freizeit zu Hause. Viel Glück, wenn Sie beweisen müssen, dass diese Art der digitalen Diskriminierung nie stattgefunden hat. Viele berufstätige Frauen machen sich bereits Sorgen, dass die Veröffentlichung alberner oder niedlicher Babybilder im Netz ihrem Image und ihrer Wahrnehmung in einem Unternehmen schadet – und dadurch auch ihrem beruflichen Aufstieg. Auch wenn sie nicht direkt mit einem Vorgesetzten verbunden sind, irgendjemand im Betrieb ist es bestimmt – und Nachrichten oder Klatsch ziehen immer Kreise.

Die Devise für weniger digitalen Stress rund um den Job lautet deswegen: so datensparsam wie möglich zu sein. Erst denken, dann posten, bleibt die prägnanteste Faustregel. Wer wenige digitale Brotkrumen zurücklässt, kann nur schwer verfolgt werden. Es greifen die Grundsätze der digitalen Selbstverteidigung: Verweigern Sie, wo nur möglich, Ihre Daten, verschleiern Sie sie und verschlüsseln Sie sie, wo es angebracht ist.

Sind Sie auf der Suche nach einer neuen beruflichen Herausforderung und scrollen sich unterwegs auf dem Tablet durch Angebote, oder Sie überprüfen Bewerber auf Ihrem Smartphone? Vielleicht benutzen Sie die App eines professionellen Networks, um die Suchergebnisse schneller eingrenzen zu können? Da mobile Geräte zunehmend die Funktion von Desktoprechnern übernehmen und mit ihnen an vielen Punkten bereits verschmolzen sind, winken jede Menge neue intelligente Dienstleistungen für unterwegs. Insbesondere auf Smartphones werden wir ständig verfolgt – mit ungeahnten Konsequenzen, die das nächste Kapitel aufdeckt.

Tipps und Tricks (siehe Kapitel 13)

- Verwenden Sie Google-Datenschutz-Werkzeuge und vermeiden Sie es, zu häufig Google zu nutzen (I-2)
- Diese Informationen gehören nicht in soziale Netzwerke (I-3)
- Verwenden Sie mehrere Browser (I-4)
- Verwenden Sie Pseudonyme für Ihr privates Ich (I-5)
- Grundlegende Sicherheit bei Facebook (I-6)
- Verwenden und merken Sie sich sichere Passwörter (I-9)
- Sicherheit bei Facebook für Fortgeschrittene (II-15)
- Säubern Sie Ihre Reputation (II-18)
- Gönnen Sie sich eine Pause von der digitalen Welt (V-48)

KAPITEL 4

UNTERWEGS: MEIN SMARTPHONE GEHÖRT MIR

Der Technologieriese Apple wollte seinen Konkurrenten von Amazon bis Google auf der Elektronikmesse CES, die jährlich im Januar in Las Vegas stattfindet, eins auswischen. Anfang 2019 streute er dazu eine ordentliche Portion Salz in die offene Wunde des Datenschutzes: »Was auf Ihrem iPhone passiert, bleibt auf Ihrem iPhone«, verkündete ein provokantes Werbeplakat in Hochhausgröße. Aber lässt sich dieses Versprechen der unbedingten Diskretion wirklich noch einhalten, wenn geschätzte vier Milliarden Menschen ein Smartphone besitzen, sich vernetzen und kaum noch ohne ihr Handy leben wollen?[90]

Denn so sieht unser Alltag aus: Jeder von uns zückt am Tag ungefähr 150-Mal das Smartphone, sogar mitten in der Nacht und beim Überqueren des Zebrastreifens. Warum auch nicht, denn es gibt immer etwas zu entdecken, das wir sonst zu verpassen fürchten. Beispiel: Sie laufen in einer unbekannten Stadt eine Straße entlang. Ihr Telefon vibriert, und auf dem Bildschirm erscheint das Foto eines Mannes, den Sie vor einiger Zeit kennengelernt haben. Sie erinnern sich nicht an seinen Namen, aber das Bild ist mit seinem Profil verbunden. Ach ja, es ist Paul, der Typ, den Sie auf der Technologiekonferenz in Paris im vergangenen Jahr kennengelernt haben. Paul ist ganz in der Nähe, und er kann wahrscheinlich auch Ihr Profil sehen. Möchten Sie mit ihm chatten? Vielleicht kennt er die Stadt besser als Sie und kann ein Restaurant empfehlen. Sie überprüfen seine Kontakte auf Ihrem Handy. Vielleicht könnte ja sogar einer von ihnen hilfreich für Ihr bevorstehendes Geschäftstreffen sein?

Anderes Beispiel: Sie gehen in Ihrer Heimatstadt spazieren. Ihr Telefon klingelt, Sie sehen nach. Ein tolles Angebot für genau das Hemd, das Sie gesucht haben, erscheint auf Ihrem Handy. Sogar die Farbe stimmt, und der Laden gleich links hat es im Sortiment. Wenn Sie es jetzt kaufen, bekommen Sie außerdem 30 Prozent Rabatt, lockt die Annonce.

Handys sind streng genommen keine Telefongeräte mehr, sondern tragbare Hochleistungsrechner, vollgepackt mit Sensoren, auf denen immer intelligentere Dienste laufen. Standortbezogene Anwendungen geben uns Einblicke und Informationen, die wir oft genau dort brauchen, wo wir gerade sind, aber sie bringen uns auch in große Gefahr, da wir damit rund um die Uhr für ein uns unbekanntes Publikum sichtbar sind. Das mag ein Einzelhändler sein, der Sie anhand der eindeutigen MAC-Adresse Ihres Telefons in seinem Geschäft verfolgt und Ihnen das Hemd anbietet. Es kann aber auch die Polizei sein, die so etwa die Teilnehmer an einer Demonstration überwacht. Die schlimmsten Folgen können Einbrüche oder Überfälle sein, weil Kriminelle Ihr Bewegungsmuster auswerten.

Dank der Smartphones sind wir zu gläsernen Bürgern und Verbrauchern geworden, denn Unternehmen kopieren unsere höchst privaten Daten wie Adressbücher und Fotoalben und laden sie hoch, ohne uns zu fragen. Mobilfunkbetreiber erfassen unsere Daten und handeln damit – angefangen bei den Webseiten, die wir besuchen, bis hin zu unseren Ortsdaten. Da es nahezu unmöglich ist, diese Daten zu entfernen, wenn sie erst einmal auf einem Server irgendwo auf der Welt gelandet sind, sollte man vor dem Herunterladen einer App über Datenschutzeinstellungen und das eigene Onlineverhalten nachdenken. Unterwegs gibt es keinen Grund, die digitale Selbstverteidigung schleifen zu lassen, ganz im Gegenteil.

Ich bin gerade bei …

Die Apps, die Sie erst zu Paul und dann in Kaufversuchung des reduzierten Hemdes geführt haben, basieren auf GPS- und Wi-Fi-Technologie. Das heißt, Sie müssen die Standortfunktion Ihres Telefons aktiviert haben, damit solche Programme funktionieren können. Eine der ersten standortbezogenen Apps war Foursquare, ein Dienst, bei dem Sie manuell »einchecken« können und so Ihre Freunde auf Facebook oder Twitter darüber informieren, wo Sie gerade sind: in Café X, am Flughafen Y oder beim Bekannten Z zu Hause. Foursquare hat sich seit seiner Gründung 2009 von einer neuartigen Spielerei für Angeber zu einem handfesten Geschäft gemausert, das die Standortdaten von zig Millionen Menschen erntet und meistbietend an Hunderte von Partnern weiterverkauft. Dazu gehören beispielsweise Spotify und Apple. Das Unternehmen wertet gleich mehrere Datensätze von Ihrem Handy aus: Bluetooth, WLAN, GPS und die Funkzellen, an denen sich Ihr Gerät einloggt. Da Foursquares Technologie in Zehntausenden von Apps eingebaut ist, bekommen Sie von der konstanten Verpeilung Ihres Lebens so gut wie nichts mit. Deswegen brüstete sich auch CEO Jeff Glueck Ende 2018 damit, dass seinem Unternehmen bei der präzisen Ortung von Menschen nur Facebook und Google das Wasser reichen können.[91]

Warum also machen Millionen Menschen bei einer derartigen Schnitzeljagd mit und gewähren Apps permanent Zugang zu ihrem Standort, selbst wenn die entsprechende Anwendung gar nicht geöffnet, also in Gebrauch, ist? Weil sie dadurch gleich mehrfach belohnt werden: Sie können den Alltag in ein endloses virtuelles Spiel verwandeln. Und sie können sich als unheimlich modernen, mobilen Zeitgenossen rühmen lassen, denn wer ständig seinen Standort in die Welt hinausposaunt, hat einen imposanten Feed und kann umgekehrt live mitverfolgen, wo sich seine Bekannten gerade befinden.

Viele Social-Media-Dienste haben Foursquares Idee rasch kopiert, denn so lassen sich wertvolle Daten über das Bewegungsprofil und die Vorlieben der Nutzer sammeln – und zwar ohne dass der Einzelne irgendetwas beitragen muss. Nehmen Sie Facebook, wo Sie Orte aktivieren und ebenso wie bei Instagram oder Twitter Ihren Standort automatisch kundtun können, wenn Sie etwas veröffentlichen. Auch Google sprang auf den Zug auf und erwarb einen Konkurrenten von Foursquare, um die Technologie in seinen Maps-Dienst zu integrieren. Wer Google-Dienste benutzt, stimmt automatisch zu, dass persönliche Standortdaten dauerhaft erhoben und gespeichert werden, ohne dass man sich irgendwo einchecken müsste. Das kostenlose Schleppnetz ist zum Standard geworden, und um es abzuschalten, muss man die passenden Einstellungen erst einmal finden.

Bei vielen Apps wird räumliche Nähe zum Kriterium, um Freunde und neue Bekannte zu finden. Jeder, der eine derartige App ebenfalls installiert hat, taucht auf Ihrem persönlichen Taschenradar auf – bereit fürs professionelle Networking auf einer Veranstaltung oder zum Flirten in der Bar. Und wer sich bei Google Maps einloggt, kann sein Bewegungsmuster über Jahre hinweg zurückverfolgen.

Das alles ist wunderbar bequem, birgt aber jede Menge kurz- wie langfristige Risiken in Bezug auf Ihre persönlichen Daten und Ihre Identität. Wir haben, salopp formuliert, immer ein Fadenkreuz auf unserem Rücken, sobald wir unser Handy einschalten.

Wissenschaftler der Washington State University haben die Gefahren eindrücklich in einem Experiment dokumentiert, das sie »ADINT« – kurz für Anzeigenspionage – nennen: Für knapp 1000 US-Dollar kann jeder gezielte Anzeigen schalten, die nur auf die Gerätekennnummer eines Individuums geschickt werden. Allerdings dienen die Annoncen nicht dazu, bei dieser Person wirkliche Produkte zu bewerben, sondern sie sind nur ein Trick, um den Standort der Person auf ein paar Meter genau zu verfolgen. Dazu muss das Opfer nicht einmal auf eine dieser Anzeigen klicken. Es reicht, die Werbung in einer der diversen Apps auftauchen zu lassen.[92] Glücklicherweise lassen sich diese MAID genannten Kennnummern in Handys mittlerweile zurücksetzen und die Gefahr, exakt geortet zu werden, bannen. Doch die wenigsten Menschen tun dies, geschweige denn schalten sie bei ihren Apps oder Google-Diensten den Zugriff auf den Standort ab.

Bitte rauben Sie mich aus

Diebe, Entführer und jede Menge anderer Krimineller lesen selbstverständlich mit. Auch in den sozialen Medien, um auf einfachste Weise herauszufinden, wo Menschen ihren Aufenthaltsort oder Reisepläne bekannt geben. Viele Leute laden Bilder von ihrem Skiurlaub, vom Strand oder von ihrem Kind am ersten Tag im Ferienlager hoch, sodass jeder weiß, wo sich ihr Kind jetzt und in der kommenden Woche aufhalten wird. Sie müssen Ihren Freunden gar nicht detailliert beschreiben, wo Sie unterwegs oder in Urlaub sind, ein paar Schnappschüsse genügen. Das Foto, eine Bildunterschrift sowie die mit der Datei verbundenen Metadaten beschreiben präzise genug, wann und wo es aufgenommen wurde. Das Gleiche gilt übrigens für Tweets, die Sie vom Handy senden.

Kurz nachdem ortsbezogene Dienste bei technikaffinen Anwendern beliebt wurden, entstand 2010 die Website pleaserobme.com (»Bitte rauben Sie mich aus«) als sarkastischer Kommentar zum modernen Exhibitionismus. Sie zeigte einen Live-Feed aller Menschen, die gerade irgendwo einchecken und dabei Stichwörter wie »unterwegs« oder »zu Hause« erwähnen. Die Seite war eine provokante Performance, die erschreckenderweise längst von der Wirklichkeit überholt wurde, denn heute wissen Fahrtendienste wie Uber genau, wer wo wohnt und arbeitet und wer sich mit wem zum Essen trifft. Manche scheint diese Transparenz nicht zu stören. Wer Angst vor der Sintflut an Ortsdaten hat, lebt einfach in der Vergangenheit, so das Argument. Früher habe man sich über die ersten Anrufbeantworter aufgeregt, die ebenfalls lesbar machten, wer nicht zu Hause ist – was soll's?

Die meisten Versicherungen sehen das anders. Auch sie verfolgen unser Verhalten über soziale Medien und interessieren sich brennend dafür, ob wir während unseres groß angekündigten Urlaubs ausgeraubt werden oder vor den Ferien mit gefährlichen Sportarten prahlen. Es ist eine ziemlich böse Überraschung, nach Hause zu kommen und eine ausgeräumte Wohnung vorzufinden. Aber das ist gar nichts im Vergleich dazu, wenn sich Ihre Versicherung weigert, für den Schaden aufzukommen. Es gibt erste Fälle, in denen Unternehmen im Sinne dieser Argumentationslinie verfahren sind. Wer seinen Urlaub quasi bewirbt, handelt ihrer Ansicht nach genauso fahrlässig wie jemand, der ein Plakat mit der Aufschrift »Hey, wir sind nicht zu Hause« an seiner Haustür aufhängt.

Auch wenn Sie nicht selbst einchecken, ist Vorsicht geboten, denn Ihre Freunde verraten mehr, als Sie denken. Forscher an der Rochester University im Staat New York haben ein System entwickelt, mit dem man den Standort eines Twitter-Nutzers vorhersagen kann, indem man einfach abliest, wo sich seine Freunde aufhalten. Das Programm kann einen Nutzer mit einer Genauigkeit von bis zu 85 Prozent innerhalb eines 100-Meter-Radius orten. Auch jemand, der noch nie seinen Standort auf diese Weise preisgegeben hat, kann mit 47-prozentiger Genauigkeit gepeilt werden. Die Standortangaben von nur zwei Onlinefreunden reichen dazu aus.[93]

Die Anbieter moderner Apps und Betreiber von Werbenetzwerken haben dazugelernt und verhalten sich beim Ausspähen Ihres Lebens inzwischen viel diskreter. Da sie den Standort immer im Hintergrund erfassen, ist von Ihrer Seite kein Handschlag nötig, sobald Sie einmal den Nutzungsbedingungen zugestimmt haben. Dabei ist jedes Detail brauchbar: Kompass, Gyroskop, Beschleunigungsmesser, Thermometer oder sogar das Mikrofon. Einer App allzu leichtsinnig Zugang zu den eigenen Datenströmen zu gewähren wird einem oft unter dem Vorwand der Bequemlichkeit schmackhaft gemacht, frei nach dem Motto: »Ich erwarte, dass mein Handy versteht, wenn ich frage: ›Wie komme ich nach Hause?‹ oder wissen will, wo das Benzin gerade am billigsten ist.«

Google hat sich auch hier wieder als effizientester Datenstaubsauger hervorgetan. Was 2012 als Google Now startete, ist inzwischen Teil seines intelligenten Assistenten geworden, in den so gut wie jede Interaktion mit einem Google-Dienst einfließt. Er greift auf eine Fülle privater Daten und Bewegungsmuster zu und verknüpft sie mit aktuellen Ergebnissen aus dem Netz. So weiß das Handy oder Tablet nach ein paar Tagen, wo Sie tagsüber die meiste Zeit verbringen, und schließt daraus, dass Sie dort arbeiten. Wo das Gerät nachts und am Wochenende liegt, muss Ihr Zuhause sein. Google weiß im Handumdrehen mehr über Sie oder Ihre Familie als Sie selbst und registriert sogar, wo Ihr Psychotherapeut ist, auch wenn sie niemandem davon erzählt haben.

Neueste Smartphones zeigen, wohin die Reise bei permanent vernetzten Geräten geht. Googles Assistant oder Apples Siri reagieren auf Sprachkommandos, auch wenn sie sich im Ruhezustand befinden, und können aufgrund ihrer Sensoren und des Einblicks in den privaten Kalender erkennen, ob man sich gerade in einer Besprechung befindet oder welches Lied im Radio läuft. Experten prophezeien solchen stets aufmerksam lauschenden Butlern für die Westentasche eine glänzende Zukunft – insbesondere wenn sie mit neuen, am Körper getragenen Geräten wie der Apple Watch verbunden sind.[94]

Wem gehört mein Adressbuch?

Ob wir wollen oder nicht: Mit unseren Smartphones werden wir ständig verfolgt, und der Trend wird sich noch verstärken. Früher mussten wir nur in Kauf nehmen, dass sich unsere Mobiltelefone ständig bei umliegenden Funkmasten anmelden, um die Verbindung zu halten. Heute wollen immer mehr Apps Zugang zu unserer Gerätenummer, möglichst zu unserem Klarnamen und zu anderen Informationen, die wir aktiv speichern oder passiv generieren.

Ordentlich Aufsehen erregte das Thema Anfang 2012, als bekannt wurde, dass Path – ein beliebtes Programm, das dazu diente, Fotos und Aufenthaltsorte mit einem kleinen Kreis von Freunden zu teilen – die kompletten Adressbücher seiner Nutzer auf seine Server hochgeladen hatte.[95] Path-Anwender hatten keine Ahnung, was los war, da die App sie noch nicht einmal fragte, ob sie den Zugriff gewähren oder verweigern wollten. Path erwies sich nur als die Spitze des Eisbergs, denn eine ähnliche Sicherheitslücke klaffte in Geräten mit dem Android-Betriebssystem. Die Werkseinstellung von Google ermöglichte es neu auf diesen Geräten installierten Apps, Fotoalben abzuernten.[96] Nutzer der Karriereseite LinkedIn riskierten sogar, dass ihre persönlichen Kalendernotizen, die sie zu Besprechungen eingetragen hatten, auf den Servern des Anbieters landeten.[97]

Die an den Pranger gestellten Unternehmen gelobten Besserung, um heimliche oder illegale Datenraubzüge in Zukunft zu unterlassen. Und tatsächlich gewährt Apple App-Entwicklern schon länger keinen Zugriff mehr auf die individuelle ID-Nummer eines Handys und listet zudem in den Geräteeinstellungen auf, welche Programme welche privaten Daten wie etwa den Standort einsehen. Aber die Technologie gleicht einem ständigen Wettrüsten, bei dem Softwareentwickler und Werbetreibende stets neue Methoden entwickeln, um jeden mobilen Nutzer auch weiterhin und möglicherweise noch lückenloser zu verfolgen.

Das gilt leider auch für Apple, womit das eingangs erwähnte lautstarke Versprechen des Unternehmens, den Schutz privater Daten – wie etwa beim iPhone – großzuschreiben, obsolet wird. Tests von Experten und Journalisten belegen, dass die Wirklichkeit etwas komplizierter ist, einfach weil ein Gerät immer nur so sicher ist wie die Summe der darauf installierten Software. Als ein Reporter der *Washington Post* etwa sein Smartphone auswerten ließ, stellte er Erschreckendes fest: Jeden Abend, nachdem er sein iPhone ans Ladekabel angeschlossen hatte und schlafen gegangen war, schickten versteckte Softwarestückchen, sogenannte Tracker, in diversen Apps Rückmeldungen an Rechenzentren in aller Welt. Insgesamt 5400 Meldungen in einer Woche. Das würde in einem normalen Monat nicht nur 1,5 Gigabyte an Datenvolumen fressen, sondern ist sicherlich nicht im Sinne des Kunden.[98] Ebenso stellten Reporter des *Wall Street Journal* fest, dass fast alle Apps auf Apples Geräten höchst persönliche Details an Facebook und viele andere Firmen übermitteln.[99] Das trojanische Pferd ist hierbei eine vermeintlich nützliche App, mit der sich Dritte Zugang zu Ihrem Standort und vielen weiteren Daten verschaffen.

Französische Sicherheitsexperten der staatlichen Datenschutzbehörde CNIL kamen zu einem ähnlich ernüchternden Ergebnis: In einer dreimonatigen Studie stellten sie fest, dass ein Drittel aller installierten Apps die Ortsdaten abfragte.[100] Wer ein Android-Handy benutzt, muss sich obendrein im Klaren sein, dass Google über Jahre hinweg die Passwörter für WLAN-Netze und Zugangsdaten zu anderen Apps unverschlüsselt auf seinen Servern in den USA ablegt beziehungsweise sie an Behörden auf Anfrage weitergeben kann.[101]

Gegen diesen laxen Umgang mit Kundendaten regt sich immer mehr Widerstand. Verbraucher in den USA gingen als Reaktion auf das Path-Datendebakel vor Gericht und forderten per Sammelklage Schadenersatz. Im texanischen Austin wurde eine Klage mit der Begründung eingereicht, dass 20 App-Hersteller – einschließlich Facebook, Foursquare, Instagram, Yelp und Twitter – Adressbücher von Millionen Nutzern ohne deren Wissen oder Zustimmung gestohlen haben sollen. In anderen Fällen sind Unternehmen wie Facebook, YouTube und Uber beschuldigt worden, auf Textnachrichten und Bewegungsmuster ihrer Nutzer zugegriffen zu haben.[102]

Wenngleich einige Firmen die Fehltritte zugaben, Schadensbegrenzung in Aussicht stellten oder Lecks stopften, geht die Arbeit an möglichst umfassender Datensammlung hinter den Kulissen ungebremst weiter. So entdeckten Datenschützer nach einer Sicherheitspanne, dass Facebooks Mobil-App die Adressbücher seiner Nutzer auf seine Server lädt und sich als sogenannte »Schattenprofile« die E-Mail-Adressen und Telefonnummern von zig Millionen Menschen einverleibt, die diese Angaben entweder für sich behalten wollen oder überhaupt kein Facebook-Konto haben. Auf diese Weise landen selbst vertrauliche Rufnummern oder Adressen in einer der größten Onlinedatenbanken der Welt, möglicherweise mit der postwendenden Weitergabe an Nachrichtendienste.[103]

Wem können Sie angesichts dessen überhaupt noch vertrauen? Der Telefongesellschaft oder dem Gerätehersteller, die in den meisten Fällen ebenfalls Ihre Daten sammeln, sie über Monate hinweg speichern, analysieren und verkaufen – angeblich als anonymisierte Datenmasse? In Deutschland etwa wollte die Telefónica-Tochter O2 den Zugang zu den Bewegungsdaten ihrer Kunden vermieten, zog das Vorhaben namens »Smart Steps« nach einem öffentlichen Aufschrei aber schnell wieder zurück. Die Verbindungsdaten sind dabei brisanter, als sie auf den ersten Blick erscheinen. Nachrichtendienste wie die NSA müssen ein Gespräch gar nicht mitschneiden, um sich ein detailliertes Bild eines Bürgers zu machen. Wie belgische Forscher nachwiesen, genügen die Verbindungs- oder Metadaten von gerade einmal vier Gesprächen, um 95 Prozent aller Kunden eines Mobilfunknetzes mit 1,5 Millionen Abonnenten eindeutig zu identifizieren.[104]

Ebenso wenig können sie den Tausenden von App-Entwicklern vertrauen, denn sie wollen an ihrer Software verdienen. Das weite Feld der Apps für Android-Geräte etwa ist im Vergleich zu Apple nur wenig reglementiert. Diese Programme sind neben dem offiziellen Google Play Store auf Hunderten weiteren Marktplätzen weltweit erhältlich, und bei den meisten ist größte Vorsicht geboten. Selbst Apps für Apples iOS-Betriebssystem sind zuweilen mit Schadsoftware belastet, wenn auch in weitaus geringerem Maße. Laut einer Studie der Firma G Data aus dem Jahr 2017 finden Sicherheitsexperten jeden Tag rund 8400 neue bösartige Android-Apps, die blockiert oder unschädlich gemacht werden sollten.[105] Mindestens genauso alarmierend ist die Tatsache, dass App-Entwickler ständig neue Mittel und Wege finden, um Nutzer auszutricksen, die ihnen ausdrücklich keine Zustimmung gegeben haben, auf Daten wie die GPS-Koordinaten jedes mit dem Handy gemachten Bildes zuzugreifen. Datenschutzexperten entdeckten unlängst mehr als 1000 Android-Apps mit derart betrügerischen Einstellungen – ein Problem, das Google erst mit dem Betriebssystem Android Q beheben will.[106]

Beachten Sie deshalb ein paar simple Vorsichtsmaßnahmen, bevor Sie eine neue App herunterladen und benutzen:

- Wenn Sie die Datenschutzrichtlinien des Unternehmens auf dessen Webseite oder dem Startbildschirm einer App nicht finden können, wenn Sie etwas in den Richtlinien nicht verstehen oder Ihnen Aussagen zum Umgang mit Ihren Daten zweifelhaft erscheinen, fragen Sie nach.
- Verlangen Sie Auskunft darüber, wie der Anbieter Ihre Daten behandelt.
- Bitten Sie um Auskunft, wer im Unternehmen und darüber hinaus Zugriff auf Ihre Daten hat, ob die Firma den Zugriff auf Ihre Daten an Dritte weiterverkauft, vermietet oder tauscht.
- Stellen Sie sicher, dass Ihnen die Möglichkeit geboten wird, ein Konto nicht nur zu deaktivieren, sondern Ihre Benutzerdaten auch permanent zu löschen, und dass Ihnen das schriftlich oder per E-Mail bestätigt wird.

Die User der vernetzten Welt sitzen in einer Zwickmühle: Sie müssen einer wachsenden Anzahl von Firmen vertrauen, wenn sie erreichbar und mobil informiert bleiben wollen. Die Mehrheit will das eindeutig. Je mobiler wir allerdings sind, desto zahlreicher und größer werden die Sicherheitslücken, die sich auftun. Deshalb ist es immer eine gute Idee, die Zugriffsrechte zu lesen, die eine neue App fordert. Sind sie sinnvoll und notwendig für den Zweck, den das Programm erfüllen soll? Muss eine Wecker-App wirklich die Erlaubnis besitzen, auf das Handymikrofon zuzugreifen, oder Ihren aktuellen Standort kennen? Was hat ein elektronisches Kochbuch mit Gratisrezepten in Ihrem Adressbuch zu suchen? Sagen Sie im Zweifelsfall einfach Nein. Das tun übrigens dankenswerterweise immer mehr Verbraucher, weil sie mobilen Apps misstrauen.

Soziales Reisen und kostenloses WLAN

Wenn Sie auf Reisen sind, sollten Sie besonders auf Ihre Daten aufpassen. Fluggesellschaften und neuartige Reisedienste wie TripIt haben das Reisen zu einer Social-Media-Angelegenheit gemacht. Wenn Sie einem solchen Anbieter Zugriff auf Ihre Informationen auf Facebook oder LinkedIn gewähren, werden diese Daten mit Ihren Reiseplänen kombiniert und dazu verwendet, Sie beispielsweise mit einem etwaig idealen neuen Bekannten zusammenzubringen, entweder als Sitznachbar im Zug oder am Zielort. British Airways hat als erste Fluggesellschaft getestet, wie lukrativ es sein kann, Passagiere anzusprechen, indem man frei erhältliche Informationen über sie aus Onlinequellen wie Twitter oder Facebook sammelt, um den Kundendienst zu verbessern. Man kann nur hoffen, dass die Fluggesellschaft Ihnen nicht das Upgrade verweigert oder Sie gar aus dem Flugzeug wirft, weil die automatische Social-Media-Recherche in Ihrem »KnowMe«-Programm ergeben hat, dass Sie öfter einen über den Durst trinken oder gerne bei wilden Partys auftauchen.

Immer mehr Flughäfen und einzelne Airlines bieten eine kostenlose WLAN-Verbindung an, ebenso Cafés und Hotels. Es ist ohne Frage höchste Zeit, überall gratis online gehen zu können, noch dazu, wenn man horrende Zimmerpreise und Fluggebühren bezahlt. Es bedarf allerdings nur einer minimalen Menge an Fachwissen und der richtigen Schnüffelsoftware, um Mitmenschen in offenen drahtlosen Netzwerken auszuspionieren und ihre Passwörter und andere persönliche Daten einzusammeln. Sofern Sie keinen VPN-Dienst verwenden, der eine sichere Verbindung für Ihren Rechner, Ihr Tablet oder Smartphone schafft, können Sie sich darauf verlassen, dass Dritte mithören und mitlesen. Ohne diese Schutzvorkehrung sollten Sie im Café oder am Gate lieber nicht Ihren Kontostand überprüfen oder Überweisungen vornehmen.

Wenn Sie mit Handy, Tablet oder Laptop unterwegs sind, gelten also die folgenden Vorkehrungen:

Behandeln Sie Ihre elektronischen Geräte wie Ihr Portemonnaie und tragen Sie sie immer bei sich. Lassen Sie sie nicht im Hotelzimmer liegen. Verbinden Sie Ihr Handy nicht per Bluetooth mit einem Mietwagen, denn oft bleiben private Daten im System, auch nachdem Sie das Gerät entkoppelt haben. Verwenden Sie keine öffentlichen USB-Ladestationen an Flughäfen oder Hotels, denn sie sind ein beliebter Angriffspunkt für Nachrichtendienste und Hacker, um Schadsoftware einzuschleusen und Daten abzusaugen. Verkneifen Sie es sich, in Einkaufszentren und anderen Orten WLAN und Bluetooth einzuschalten, denn das macht Ihre Ortung zu einem Kinderspiel.

Wo ist mein Handy?

Es passiert auch den Aufmerksamsten unter uns: Plötzlich ist das Handy weg. Im Zug vergessen, aus der Tasche gerutscht oder vom Tresen gestohlen. Das Gerät mag oft verschwunden bleiben, aber es gibt eine ganze Reihe von Werkzeugen, um es ausfindig zu machen oder zumindest die Daten zu retten und ihre unerlaubte Verwendung zu verhindern. Der erste Schritt sollte darin bestehen, Ihr Gerät mit einem vierstelligen, besser noch sechsstelligen Zugangscode zu schützen und einzustellen, dass es sich nach ein paar Minuten automatisch verriegelt und komplett gelöscht wird, wenn jemand wiederholt den falschen Code eingibt. Um ein verschollenes Gerät zu orten, bieten sich Dienste wie Apples »Mein iPhone suchen« an.

Orten, sperren, löschen

Nach einem langen Abend umarmt Lena ihre Freunde zum Abschied. Plötzlich sieht sie, dass ihre Tasche weit offen steht, keine Spur vom Handy. Sie eilt nach Hause, öffnet ihren Laptop und lädt die Ortungswebseite. Das Mobiltelefon ist offline und taucht daher nicht auf der Stadtkarte auf. Aber Lena aktiviert die Funktion »Telefon sperren« und schreibt eine Nachricht an den neuen »Besitzer«, die auf dem Bildschirm des Mobiltelefons angezeigt wird, sobald es jemand das nächste Mal einschaltet. In der Nachricht bietet sie sogar eine Belohnung an. Außerdem lässt sie ihre SIM-Karte beim Betreiber sperren.

Eine Woche später bekommt Lena eine E-Mail von der Telefongesellschaft, ihre Handynummer sei gesperrt worden, nachdem ein Unbekannter ihr Telefon eingeschaltet hatte und benutzen wollte. Zehn Tage später erhält sie ein neues Handy und installiert ihre alten Dateien und Apps, die sie über Apples iCloud-Dienst regelmäßig gesichert hatte.

Dann kommt die Überraschung: »Alles läuft wie geplant, bis ich meinen Foto-Stream überprüfe. Da tauchen plötzlich fünfzehn Bilder auf, die ich nie gemacht habe«, erzählt Lena. »Mir ging ein Licht auf. Ich hatte vergessen, das Kennwort für meine Apple-ID zu ändern, die mit meinem iCloud-Konto verknüpft ist. Die Diebe haben Fotos mit meinem Handy gemacht, die postwendend über iCloud synchronisiert wurden – die besten belastenden Beweise, die man sich wünschen kann. Fast musste ich lachen.«[107]

Die Polizei hat die Täter nie ausfindig gemacht, aber jeder Handynutzer kann aus diesem Beispiel lernen: Wer sein Smartphone verliert, sollte sofort versuchen, es zu orten, es sperren und die darauf befindlichen Daten aus der Ferne löschen. Sie sollten ebenso umgehend die meisten, besser noch alle Passwörter ändern, um zu verhindern, dass Unbekannte auf Ihre Apps zugreifen. Sorgen Sie dafür, dass die Synchronisierung mit Ihren verschiedenen Clouddiensten gestoppt wird, sonst könnten Sie am nächsten Morgen eine böse Überraschung erleben, wenn Sie Ihre Aktivitäten auf Ihren Social-Media-Kanälen ansehen.

Wer fliegt, landet in Datenbanken

Es lohnt sich, die Binsenweisheit des Netzzeitalters in jedem Kapitel zu wiederholen: Erst denken, dann posten. Denn es gibt jede Menge Software, die nicht nur im Verborgenen Ihre Bewegungsmuster, Adressbücher und Handyfotos sammelt und auswertet, sondern sie bündelt und daraus die erstaunlichsten Schlussfolgerungen über jeden noch so kleinen Onlinekommentar zieht. Telekomunternehmen und Regierungen in Europa, Amerika und anderswo speichern schon heute Verbindungsdaten über Gespräche, SMS, Standorte und Social-Media-Updates. Die rechtliche Grundlage für diese Vorratsdatenspeicherung ist in Parlamenten und vor Gerichten höchst umstritten, aber der allgemeine Trend ist klar: Alles, was man für Bruchteile eines Cents speichern und im Handumdrehen in eine Datamining-Software einspeisen kann, wird auch gespeichert und eingespeist, ja auch ausgewertet werden. Das Netz vergisst im Zweifelsfall nichts und eilt seinen Nutzern stets voraus.

Zwei Briten bekamen das auf höchst unangenehme Weise zu spüren, als sie am Flughafen von Los Angeles landeten. Aus Jux und Tollerei hatten sie an ihre Freunde getwittert, dass sie »Marilyn Monroe ausgraben« und »Amerika zerstören wollten«. Gemeint waren Bezeichnungen für wilde Partys, aber die Software las und verstand terroristische Ambitionen. Das Department of Homeland Security schlug Alarm, nahm die beiden fest und verhörte sie fünf Stunden lang. Nach einer Nacht in der Zelle wurden sie nach England zurückgeschickt.[108]

Das ist kein absurder Einzelfall. Der US-Heimatschutz sammelt seit geraumer Zeit insgesamt 19 verschiedene Daten über jeden Fluggast aus Europa in seinen Rechenzentren, vom Sitzplatz über den Vielfliegerkontostand bis zum Essenswunsch. Diese Daten werden mindestens

15 Jahre lang gespeichert. Die verschiedenen amerikanischen Regierungsbehörden und Sicherheitsdienste haben darüber hinaus ein privates Unternehmen beauftragt, Social-Media-Dienste nach Hunderten von Begriffen zu durchforsten, die sie als verdächtig erachten. Dazu gehören so abstruse Schlüsselwörter wie »Schweinefleisch« oder »beobachten«.

Um Visaanträge für die USA zu bearbeiten, verlangen US-Behörden neuerdings die Social-Media-Nutzernamen, um diese Quellen nach kompromittierendem Material zu durchforsten. Im Jahr sind das rund 15 Millionen Anträge, aber Software schafft dieses Volumen problemlos.[109] Künftig werden auch die biometrisch aufbereiteten Gesichtsscans aller US-Reisenden erfasst und bleiben 75 Jahre lang gespeichert.

Polizeibehörden machen zudem aggressiv von ihrem Recht Gebrauch, die elektronischen Geräte von US-Bürgern und ausländischen Besuchern an der Grenze zu beschlagnahmen und den gesamten Inhalt zu kopieren. Das passierte allein im Jahr 2017 nach Auskunft der US-Grenzschutzbehörde CBP 30200-mal. Nicht nur die Bürgerrechtsorganisation ACLU klagt dagegen.[110] Gerichte und Anwälte streiten sich um die Frage, was Ermittlungsbehörden von unbescholtenen Bürgern verlangen dürfen, um Zugang zu ihren Geräten zu erlangen: das Passwort, den Fingerabdruck oder den Gesichtsscan, wenn es sich um ein modernes Gerät handelt? Auch in der EU laufen Bestrebungen, immer umfangreichere Passagierdaten grenzüberschreitend zu übermitteln.

Die Bestandsaufnahme der Mobilität von morgen wäre unvollständig, ohne vernetzte Fahrzeuge zu erwähnen. Autos sind längst Supercomputer auf Rädern geworden, und das Aufziehen halbautonomer oder komplett selbstfahrender Pkw wird diesen Trend nur noch verstärken. Schätzungen gehen davon aus, dass ein vollständig autonomes Fahrzeug am Tag rund vier Terabyte an Daten produziert, von denen ein erheblicher Teil irgendwo in der Cloud landen wird.

Teile dieser Zukunft sind bereits Realität: Fahrer sichern sich gegen jede Eventualität mit Dashcams ab und erleichtern sich das Einparken. Fahrzeughersteller bieten ihre eigenen vernetzten Infotainment-Dienste. Autos kommunizieren mit »intelligenter« Infrastruktur im Vorbeifahren. Stadtplaner, Versicherungen und viele Marken wollen die kleinteiligen Daten von Millionen Fahrzeugen auswerten. Fast-Food-Restaurants identifizieren loyale Kunden am Drive-through-Schalter mit dem Nummernschild. Bisher ist unklar, wem diese Datenströme gehören, die Sie als Fahrer oder Passagier sekündlich erzeugen. Experten warnen aber eindringlich, dass der moderne Pkw eine perfekte Überwachungsmaschine ist und sich große Unternehmen schon intensiv darauf vorbereiten, mit »Ihren Daten davonzufahren«, wie es etwa die IT-Berater von Booz Allen Hamilton in einer Bestandsaufnahme formulieren.[111]

Die Welt steuert unaufhaltsam auf eine Ära des maschinenlesbaren Menschen zu, der immer weniger für sich behalten darf, ohne verdächtig zu erscheinen. Es mag unterhaltsam und bisweilen sogar spannend sein, unsere Daten und damit unsere gesamte Identität online offenzulegen, ohne über die Folgen nachzudenken. Ebenso mag es herrlich bequem und befreiend sein, alle personenbezogenen Informationen einfach in der Hosentasche mit sich herumzutragen und von fast jedem Ort aus abrufen zu können. Aber die Reisefreiheit Ihrer Daten hat Schattenseiten: Die Informationen kumulieren sich zu einem Eigenleben, das in der Öffentlichkeit ein Zerrbild Ihres Selbst entstehen lässt. Ihre Bewegungsfreiheit wird damit unterm Strich sogar eingeschränkt. Aber kann man seinen (guten) Ruf im Netz schützen oder reparieren? Das nächste Kapitel beschreibt, wie das geht.

Tipps und Tricks (siehe Kapitel 13)

- Grundlegende mobile Sicherheit (I-7)
- Verwenden Sie Google-Datenschutz-Werkzeuge und vermeiden Sie es, zu häufig Google zu nutzen (I-2)
- Verwenden und merken Sie sich sichere Passwörter (I-9)
- Sicherheit für mobile Apps (II-16)
- Verbergen Sie Ihre IP-Adresse mit einem VPN (II-17)
- Beugen Sie Identitätsdiebstahl vor (II-19)
- Sichern Sie Ihre Fotos (III-21)
- Verschlüsseln Sie Ihre Chats (III-24)
- Verschlüsseln Sie Ihre Kommunikation von A bis Z (IV-33)
- Verzichten Sie auf Ihr Smartphone (III-39)

KAPITEL 5

KOMMUNIKATION: MEIN NAME GEHÖRT MIR

Lisa ist unzufrieden. Wie viele andere tippt sie ab und zu ihren eigenen Namen in eine Suchmaschine ein. Aber seit langem hat sie das Gefühl, dass die Ergebnisse ein verzerrtes Bild von ihr darstellen. Sie hat eine Ahnung, warum: Vor Jahren hatte sie im Auftrag der Behörde, für die sie arbeitete, eine Konferenz organisiert. Eine rassistische Organisation, der das nicht passte, verlinkte auf die Veranstaltung, und seitdem taucht Lisas Name regelmäßig in einem Atemzug mit der radikalen Gruppe auf. »Ich habe es bisher immer ignoriert, weil ich nicht wusste, was ich dagegen tun sollte. Aber die Sache ärgert mich unwahrscheinlich. Ich wünschte, ich könnte etwas daran ändern.«[112]

Eine ähnliche Situation bei zwei Spaniern: Ein Schönheitschirurg war empört, dass die spanische Zeitung *El País* vor bald drei Jahrzehnten einen Artikel über einen Streit wegen einer Operation zwischen ihm und einer Patientin veröffentlichte und diese Geschichte seitdem stets an erster Stelle bei Google-Suchen zu seinem Namen auftauchte. Der Arzt verlangte die Entfernung dieser Links. Google hingegen stellte sich auf den Standpunkt, das Unternehmen sammle lediglich Informationen im Netz, aber könne sie nicht kontrollieren.

Der Fall landete ebenso vor dem Europäischen Gerichtshof wie eine Klage des spanischen Juristen Mario Costeja, der Suchergebnisse über seine finanziellen Probleme entfernt sehen wollte. Der Gerichtshof gab Costeja im Mai 2014 recht und erklärte, Google sei zum Löschen von Links verpflichtet, wenn sie die Persönlichkeitsrechte betroffener Personen verletzen. Google schaltete noch im Mai 2014 ein Webformular live, um Einspruch zu erheben.[113]

Auch die Frau des ehemaligen Bundespräsidenten, Bettina Wulff, kann ein Lied davon singen, was passiert, wenn die Suchergebnisse zum eigenen Namen ein Suchmaschinenleben entwickeln. Sie erhob sogar Klage gegen Google, um der angeblichen Verleumdung qua Suchmaschine einen Riegel vorzuschieben.

Alle diese Beispiele zeigen, dass Ihr Name, Ihre Reputation und Ihre Identität im Netz nicht mehr unbedingt nur Ihnen gehören beziehungsweise Sie diese Parameter nicht mehr unbedingt kontrollieren können. Wir alle sind auf die Gnade des Google-Algorithmus angewiesen und fallen möglicherweise beleidigenden oder falschen Suchergebnissen zum Opfer. Die Suche nach Ihrem eigenen Namen kann schockierende Resultate ans Licht bringen, die Sie zum Handeln zwingen. Seit der Europäische Gerichtshof das »Recht auf Vergessenwerden« bestätigte, haben sich bis Mitte 2019 mehr als 811 000 Menschen an Google gewandt, um die

Entfernung von knapp 3,2 Millionen Links zu verlangen. In knapp 45 Prozent der Fälle waren sie erfolgreich.[114]

Kein Wunder, dass Onlinereputationsmanagement zu einer neuen und boomenden Branche geworden ist, die sich ihre Arbeit allerdings teuer bezahlen lässt. Unternehmen in diesem Bereich versprechen Einzelpersonen oder Organisationen, ihre Onlineerwähnung permanent zu überwachen und sie bei Problemen zu warnen. Man kann noch einen Schritt weiter gehen und die entsprechenden Dienste beauftragen, unerwünschte oder falsche Suchergebnisse zu entfernen und sie durch gute Resultate zu ersetzen, um die eigene Onlinepräsenz zu polieren. Geht es hingegen um Hate Speech, als handfesten Hass oder Hetze, haben Länder von Deutschland bis Frankreich inzwischen die Initiative ergriffen und können Plattformen zur raschen Entfernung solcher Inhalte zwingen.[115]

Identitätsdiebstahl dagegen ist eine weitaus kompliziertere Angelegenheit, bei der der Staat nicht so einfach eingreifen kann. Nicht nur der finanzielle Schaden kann enorm sein, auch Ihr Ruf kann lädiert oder auf Dauer zerstört werden. Die herkömmliche E-Mail ist immer noch einer der wichtigsten Wege für Hacker und Gauner, um Menschen dazu zu bewegen, ihnen entscheidende Informationen preiszugeben, mit deren Hilfe ein Identitätsdiebstahl erst möglich wird.

Reputationsmanagement

»Wenn Ihnen jemand online schaden will, ist das sehr, sehr einfach«, sagt Mathias Klang, der sich an der Universität Göteborg auf Datenschutz und Rechtsinformatik spezialisiert hat.[116] Seiner Meinung nach kann der Einzelne nicht viel dagegen tun und sollte deswegen das Risiko akzeptieren, dass Informationen über uns im Netz verzerrt und aus dem Zusammenhang gerissen werden. Mit der richtigen Vorgehensweise, sagt er, könne man solche Fehlinformationen zumindest neutralisieren oder in andere Bahnen lenken.

Ironischerweise wird diese Art der Schadensbegrenzung umso einfacher, je prominenter man ist. »Wenn Sie ein bestimmtes Niveau an Berühmtheit erreicht haben, können Sie die schlechten Dinge ignorieren oder sogar zu Ihrem Vorteil nutzen«, argumentiert Klang. »Für alle anderen ist es schwer, denn man muss jedes Mal zu einer großen Erklärung ausholen, wenn man neue Leute kennenlernt.«[117]

Google ist da wenig hilfreich. Die Rechercheergebnisse des Unternehmens basieren auf proprietären, sorgfältig gehüteten Algorithmen, die darüber hinaus regelmäßig geändert werden. Ein Suchalgorithmus ist nichts anderes als eine mathematische Formel, mit der sich ein Objekt in einer gewaltigen Sammlung finden lässt. Googles sogenannte Page-Rank-Formel basiert vor allem auf der Idee, dass eine Webseite umso wichtiger sein muss, je mehr Links von anderen Seiten auf sie verweisen, unabhängig vom eigentlichen Inhalt oder Kontext. Aber das ist nur die Grundlage, denn sonst ließen sich Suchergebnisse allzu leicht manipulieren.

Die tatsächliche Formel ist ein Geschäftsgeheimnis und beinhaltet viele andere Kriterien. Experten zufolge verändert Google seinen Suchalgorithmus im Durchschnitt alle 17,5 Stunden, seit er im Jahr 1998 entwickelt wurde. Damals waren die Suchergebnisse mehr oder weniger benutzerneutral, während sie heute fast immer von unserem eigenen bisherigen Verhalten abhängen und somit hochgradig personalisiert sind. Ich bekomme deswegen vollkommen anders gewichtete Suchergebnisse zu sehen als mein Freund beziehungsweise mein Arbeitskollege. Auch wenn ich anonym im Netz unterwegs bin, sind die Ergebnisse andere. Tatsächlich wird die Internetsuche immer stärker an den User angepasst, etwa wenn Anfragen mit Einsichtnahmen aus unserem E-Mail-Schriftverkehr, unserem Standort und unseren bisherigen Einkäufen verknüpft werden. Es ist nur eine Frage der Zeit, bis solche Ergebnisse in neuartigen, zukunftsträchtigen Brillen oder anderen Wearables eingeblendet werden, anstatt als spröde Liste im Handy oder Browser aufzutauchen. Das zwar mäßig erfolgreiche, aber reale Experiment Google Glass hat vorgemacht, wie das gehen könnte. Die freundliche Bevormundung ruft neue und noch beunruhigendere Bedenken bei Datenschützern hervor – denn meist wissen wir gar nicht, was wir nicht zu sehen bekommen. Googles US-Homepage erklärt schlicht und einfach:

»Unser Ziel ist es, die Informationen dieser Welt zu organisieren und sie allgemein zugänglich zu machen. Es gibt jedoch auch Fälle, in denen wir Inhalte aus den Suchergebnissen löschen [...]. Wir löschen folgende Inhalte aus den Suchergebnissen:

- Darstellungen des sexuellen Missbrauchs von Kindern
- Außerdem löschen wir Inhalte als Antwort auf gültige rechtliche Ersuchen, beispielsweise auf Mitteilungen über Urheberrechtsverletzungen, die die Anforderungen des US-amerikanischen Urheberrechtsgesetzes (Digital Millennium Copyright Act) erfüllen.

Wir löschen möglicherweise bestimmte Arten sensibler personenbezogener Daten aus Google-Suchergebnissen.«[118]

Die Betonung liegt auf »möglicherweise«, denn Google argumentiert, dass die Firma nicht die Hoheit über das Internet besitzt und deshalb auch nicht einfach beliebig Inhalte aus seinen Suchergebnissen entfernen und damit für viele Nutzer praktisch unsichtbar machen kann. Wenn Suchmaschinen und andere Plattformen für den von ihnen indexierten oder gehosteten Inhalt verantwortlich wären, so die Tech-Branche, würde dies zu noch viel größeren Problemen führen, etwa zum Vorwurf der Manipulation oder Zensur. Deswegen prallen bei der Forderung zur Entfernung von rechtsextremen oder nazistischen Links und Inhalten immer wieder europäische und amerikanische Rechtsvorstellungen aufeinander.

Mit der Gefahr der angeblichen Internetzensur argumentieren auch Gegner des europäischen »Rechts auf Vergessenwerden«. Sie übersehen dabei, dass gewinnorientierte Firmen wie Google oder Facebook schon seit langem hinter verschlossenen Türen entscheiden, was online erscheinen darf oder nicht. Facebook etwa beschäftigt weltweit Tausende von (meist freien) Mitarbeitern, um die Plattform von anstößigen Inhalten und Hasskommentaren zu säubern. Das geschieht nach Kriterien, die sich ständig ändern, sowie in eigenem Ermessen.[119] Ein extrem belastender Job, der viele der schlecht bezahlten Angestellten in Depressionen treibt.[120] Die Konsequenzen dieses Meinungschaos lassen sich bei der Frage beobachten, ob und wie schnell Links zu Videoaufnahmen des antimuslimischen Terroranschlags in Neuseeland im Frühjahr 2019 entfernt wurden.[121]

Aber wie können sich Menschen im Netz wehren, die sich als Opfer von Verleumdungen oder falschen Darstellungen sehen? Wenn Sie Informationen aus dem Netz entfernen wollen, bieten sich zwei Wege an: Kontaktieren Sie den Webmaster der Seite direkt und bitten Sie ihn, die monierten Inhalte zu löschen. Sobald das passiert, werden Sie früher oder später aus den Google-Suchergebnissen verschwinden, nämlich dann, wenn das Unternehmen seinen Index turnusmäßig aktualisiert. Wenn Sie damit keinen Erfolg haben, ist die zweite Methode gefragt: Verdrängen Sie die schlechten Suchergebnisse mit positiven. Auf dieses Vorgehen, das »Reputationsmanagement«, haben sich Dienstleister spezialisiert. An sie sollten auch Sie sich wenden, da sie sich außerdem mit Suchmaschinenoptimierung (*search engine optimization,* abgekürzt mit

SEO) auskennen. Der spanische Schönheitschirurg etwa hätte die unangenehmen Links mit positiven Berichten über seine Arbeit »übertönen« können, anstatt sich auf einen langen Streit mit Google einzulassen.

SEO-Experten sorgen dafür, dass schlechte oder unerwünschte Suchergebnisse auf der Ergebnisliste nach unten wandern und die besten Plätze durch positive Ergebnisse aufgefüllt werden – zumindest für den Moment. Denn Propagandisten und Hassprediger jeder Couleur, Suchmaschinen und SEO-Firmen liegen in einem ständigen Tauziehen, wer wen wie lange überlisten kann. Oft werden die positiven Inhalte erst produziert, wenn der gute Ruf des Klienten schon ramponiert ist. Um ein Image aufzupolieren, können neue Webseiten oder Blogs aufgesetzt werden, Lebensläufe auf LinkedIn aktualisiert – und die obendrein in mehreren Sprachen. Sie können auf Ihrer eigenen Webseite Artikel veröffentlichen, Einträge in verschiedenen Personenverzeichnissen oder in den *Gelben Seiten* vornehmen sowie allerlei nutzergenerierte Inhalte für sich arbeiten lassen. Hinter der Fleißarbeit steckt Methode, denn jedes Informationshäppchen sollte suchmaschinenoptimiert sein, sodass es die unerwünschten Ergebnisse mit der Zeit tatsächlich verdrängt.

Vollständig unter den Teppich kehren kann man unerwünschte Informationen niemals – genau wie im analogen Leben. Aber man kann sehr wohl kontrollieren, was Normalverbraucher über uns im Internet sehen. »Man kann die schlechten Suchergebnisse in einer Flut von guten Nachrichten und Details ertränken, sodass Sie die schlechten Dinge nicht auf der ersten Seite der Suchanfrage finden. Denn die meisten Menschen kommen sowieso nicht über die ersten zehn Links hinaus«, sagt etwa der Reputationsmanager Paw Hellegaard aus Dänemark.[122] Was allerdings nicht heißt, dass die beanstandeten Seiten wirklich verschwinden. Sie tauchen lediglich nicht mehr prominent im Index unserer Zeit namens Google auf.

Reputationsmanagement ist ein Geschäft mit der Angst, bei dem viele Kunden mit dem Argument angeworben werden, sich gegen alle Eventualitäten abzusichern. Man weiß nie, ob Google einem helfen wird, den Ruf zu schützen, oder ob es umgekehrt Mitmenschen gibt, die eine eigene niederträchtige SEO betreiben, um sicherzustellen, dass sich die schlechten Einträge über jemanden ganz oben auf der Liste festsetzen. Einen Versuch ist es jedoch immer wert, noch dazu, da viele dieser Monitoring-Dienste eine kostenlose Probezeit anbieten, in der man einen besseren Überblick über das bekommt, was zum eigenen Namen oder dem des Unternehmens im Netz kursiert.

Darüber hinaus gibt es durchaus probate Alternativen zu Google oder dem bedeutend kleineren Konkurrenten Bing von Microsoft: Kleine Suchmaschinen, die einzelne Nutzer und ihren Standort via IP-Adresse des Geräts ausdrücklich nicht verfolgen und kein Archiv Ihrer Vorlieben, Wünsche oder Schwächen anlegen. Denn wenn jede Suchanfrage mit genauem Ort und unter Ihrem Namen gespeichert wird, dann ist dieses Archiv eine offene Einladung an Ermittlungsbehörden, sich Zugang dazu zu verschaffen. Zu den Alternativen gehören die amerikanische Firma DuckDuckGo, die in Holland ansässige Suchmaschine StartPage sowie Qwant und Cliqz aus Deutschland (letztere Firma hat die private Suche in einen eigenen Browser integriert). Sie haben alle seit den NSA-Enthüllungen im Sommer 2013 rapiden Zulauf erfahren und verdienen an harmloser Werbung Geld. DuckDuckGo lässt sich inzwischen sogar als Standard bei den Browsern Chrome, Safari und Firefox auswählen. Dennoch machen diese Alternativen immer noch einen verschwindend kleinen Anteil aller Suchanfragen aus.

Warum sollten Sie sich für eine Suchmaschine entscheiden, die Ihre privaten Angelegenheiten und damit Ihre Identität besser schützt? Alle Ihre Anfragen und ausgewählten Antworten sind wertvolle Puzzleteilchen, um Ihr detailliertes Nutzerprofil ständig zu verfeinern. »Unser größter Feind ist die Ignoranz der Verbraucher. Die Leute wissen nicht, oder wollen nicht wissen, dass die meisten Suchmaschinen Ihre IP-Adresse erfassen und Cookies setzen, um meine Anfragen, den Zeitpunkt meines Besuchs und die angeklickten Links zu speichern«, erklärt Robert Beens, Geschäftsführer von StartPage. »Diese Suchverläufe enthüllen ein erschreckend hohes Maß an persönlichen Details, da man seiner Suchmaschine wie einem Freund vertraut und seine intimsten Gedanken und Interessen preisgibt.«[123]

Die auf Anonymität bauenden Suchmaschinen gehen anders vor. Sie entfernen persönlich identifizierbare Details von einer Anfrage und reichen die Suchbegriffe stellvertretend bei verschiedenen Webdiensten ein – inklusive Google –, aber ohne dass Google & Co. verfolgen können, welcher Nutzer wonach sucht. »Wir sitzen in Holland und unterliegen nicht der US-Rechtsprechung. Wir haben noch nie mit Spionageprogrammen wie PRISM kooperiert«, versichert Beens, »und haben außerdem gar keine Nutzerdaten.« Der Jurist ist ebenso wie seine Kollegen bei DuckDuckGo der Überzeugung, dass eine Suchmaschine sehr wohl auf die ständige Verfolgung ihrer Kunden verzichten und dennoch Geld mit Werbung verdienen kann, solange die sich ausschließlich am gerade eingetippten Suchbegriff ausrichtet. »Man verdient weniger Geld, aber wir schreiben seit 2004 schwarze Zahlen.«[124]

Identitätsdiebstahl

Es ist schlimm genug, wenn Ihr Name im Internet angeschwärzt wird und Sie um Richtigstellung oder gar Löschung von Einträgen kämpfen müssen. Es kann jedoch noch schlimmer kommen, nämlich dann, wenn ein Unbekannter Ihre Identität einfach übernimmt.

Karen, eine prominente Geschäftsfrau, verblüfft eines Tages alle Kontakte in ihrem Adressbuch mit einer seltsamen E-Mail. Sie beschreibt darin, wie schrecklich sie sich fühlt und wie sehr sie viele Dinge, die sie in ihrem bisherigen Leben getan hatte, bedauert. Die Botschaft ist in einer ungewöhnlichen Art verfasst, die ihrem Schreibstil so gar nicht ähnelt. Viele der Empfänger denken trotzdem, die Nachricht sei echt. Schließlich war Karen ja die Absenderin. Am nächsten Tag bemerkt Karen, dass jemand ihr E-Mail-Konto gekapert hatte, und schickt eine zweite Nachricht an alle ihre Kontakte. Diesmal war es eine echte Nachricht der wahren Karen, in der sie vom Identitätsdiebstahl berichtet und sich entschuldigt.

»Es war eine schreckliche Erfahrung«, erinnert sich die Managerin. »Was das Ganze noch schlimmer gemacht hat, war die Tatsache, dass niemand bei Hotmail auf meine Hilferufe reagierte und mein Konto sperrte.«[125] Die Polizei hat nie herausgefunden, was genau passierte. Nur so viel steht fest: Karens E-Mail wurde über einen Server und über das Konto einer älteren Frau aus einem osteuropäischen Land gehackt.

Karen ist noch glimpflich davongekommen, wie das nächste Beispiel zeigt.

Die Sozialversicherungsnummer wird in vielen Ländern Europas und in den USA bei der Geburt zugewiesen und dient im täglichen Leben als Ersatz für den Personalausweis. Dienstleister wie Banken, Telefongesellschaften, Versicherungen oder selbst Wohnungsverwaltungsgesellschaften verwenden diese Nummer als die wichtigste Angabe, um die Identität und Bonität einer Person zu überprüfen, etwa bevor sie ein Konto eröffnen oder einen Vertrag abschließen kann. Erhält ein Unbefugter Zugang zu dieser persönlichen Nummer, sind Betrug und Diebstahl Tür und Tor geöffnet.

Onlinediebe stahlen auch Sylvias Sozialversicherungsnummer. In diesem Fall verwendete jemand ihre Nummer, um acht Mobilfunkkonten einzurichten. Außerdem hatte sich der Dieb Kundenkarten bei Tankstellen und Videotheken in ihrem Namen besorgt. Die Frau wurde unwissentlich Mitglied einer politischen Partei und erhielt aus heiterem Himmel eine Zahlungserinnerung nach der anderen für überfällige Gebühren, die sie nie verursacht oder autorisiert hatte. Sylvia war nahe dran, auf der schwarzen Liste eines Schuldnerregisters zu landen, was ihre Kreditwürdigkeit auf Dauer beschädigt hätte.

Die Diebe gingen sogar so weit, Sylvias Anschrift zu ändern. Das Opfer wurde stutzig, als sie einen Brief von ihrer Versicherung bekam, die eine Erhöhung der Prämie ankündigte, weil sie angeblich in ein Viertel mit einer höheren Einbruchsrate gezogen sei. »Leider machen sich viele Menschen Vorwürfe, wenn ihnen jemand die Identität stiehlt. Sie glauben, sie hätten etwas falsch gemacht«, sagt Sylvia rückblickend. »Man merkt erst, wenn man mittendrin steckt, dass man langsam paranoid wird. Man beginnt, seine Beziehungen zu allen Bekannten und Freunden zu hinterfragen. Vielleicht will mir jemand aus dem Bekanntenkreis schaden?«[126]

Vom materiellen Schaden einmal abgesehen, ist Identitätsdiebstahl eine heimtückische Angelegenheit. Millionen Menschen auf der ganzen Welt wird jedes Jahr die Identität gestohlen – nicht immer, aber immer häufiger online. Allein in den USA wurden im Jahr 2018 rund 14,4 Millionen Menschen Opfer eines Identitätsdiebstahls. Knapp jeder Vierte musste selber für den entstandenen Schaden aufkommen.[127] Besonders im Trend liegt dabei, Nutzerkonten über Mobiltelefone zu kapern. Massive Sicherheitspannen oder Hackerangriffe legen dabei regelmäßig Millionen von Kundendaten auf einen Schlag offen, die dann ihren Weg auf den Schwarzmarkt finden. So registrierte die Tech-Firma Gemalto in ihrem halbjährlichen Report von Datenpannen rund 3,4 Milliarden Datensätze, die Hacker zwischen Januar und Ende Juni 2018 in 944 bekannt gewordenen Fällen stahlen. Je größer das Opfer, umso reicher die Beute, wie Gemalto festhält: »Sechs Social-Media-Datenpannen, einschließlich des Cambridge-Analytica-Facebook-Vorfalls, waren dabei für 56 Prozent der gefährdeten Datensätze verantwortlich.«[128]

Experten veranschlagen den Schaden der gestohlenen Datensätze pro Kunde in den USA auf 233 US-Dollar und in der Bundesrepublik auf 188 US-Dollar.[129] Identitätsdiebstahl ist ein so gravierendes Problem, dass es in Kanada ein nationales Hilfszentrum für Betroffene.

Einem Identitätsdieb zum Opfer zu fallen ist eine schockierende Erfahrung, vergleichbar mit einem Einbruch in Ihre Intimsphäre. Als ob Fremde die eigene Wohnung auf den Kopf gestellt und statt Wertgegenständen alle persönlichen Dinge mitgenommen hätten, um sie gegen Sie zu verwenden, schlimmer noch, um sie so zu verwenden, als wären sie Sie. Wie bei einem Einbruch in der analogen Welt müssen Sie als Erstes eine Bestandsaufnahme vornehmen und versuchen, das herauszufinden, was kompromittiert sein könnte. Das ist bei digitalen Werten gar nicht einfach, denn ein Datensatz lässt sich unbemerkt und beliebig oft kopieren. Bis Sie ahnen, welche Details Ihres Privatlebens der Dieb entwendet haben könnte, sind Kopien davon bereits im Dark Web in Umlauf.

Gestohlene Kreditkarten, Passwörter und andere sensible Informationen können so schnell auf Hackernetzwerken im Sonderangebot auftauchen. Gekaperte E-Mail-Konten sind wie in Karens Fall etwas einfacher zu erkennen, etwa wenn jemand Ihr Facebook- oder Gmail-Konto übernimmt und Ihre Freunde mit einem der üblichen Schauermärchen belästigt: »Ich bin in London ausgeraubt worden, habe keine Kreditkarten oder Papiere, bitte überweist mir Geld an folgende Western-Union-Filiale.« Dann heißt es in Aktion treten und die üblichen Maßnahmen ergreifen: Ändern Sie Ihre Passwörter, aktivieren Sie die Legitimation mit zwei Faktoren, die immer mehr Dienste anbieten oder sogar verlangen. Sperren und wechseln Sie Ihre Bank- und Kreditkarten und halten Sie die Augen offen, ob Sie seltsame E-Mails bekommen oder unerklärliche Abbuchungen vorgenommen werden. Auch wenn es Zeit kostet: Es ist ein großer Schritt in die richtige Richtung, dass europäische Banken seit September 2019 beim Einloggen, bei Überweisungen und anderen Transaktionen im Netz mehr als nur eine einzige iTAN oder mTAN verlangen.

Ich erkenne mich nicht wieder

Soziale Medien basieren auf der irrigen und gefährlichen Annahme, dass der einzelne Verbraucher seine persönlichen Daten mit anderen bereitwillig teilen will und so eine bessere Welt entsteht. Von der Kehrseite dieser Utopie war bislang viel zu selten die Rede.

Nehmen Sie Facebook, das mit Abstand größte und einflussreichste soziale Netzwerk, das allein in Deutschland im März 2019 rund 32 Millionen aktive Nutzer besaß (weitere 3,9 Millionen in Österreich und 3,8 Millionen in der Schweiz). Sofern Sie sich nicht immer die Mühe machen, bei den ständig wechselnden Datenschutzeinstellungen auf dem neuesten Stand zu bleiben, riskieren Sie, sich gegenüber wildfremden Menschen und Unternehmen zu exponieren. Seit neuestem wirbt Facebook mit dem Versprechen, die Plattform auf verschlüsselte Kommunikation in kleinen Gruppen umzustellen. Aber bis dahin hat es der Einzelne schwer, sich gegen einen »Vermieter« wie Facebook zu wehren, der bei seinem »digitalen Haus« ab Werk bei allen Türen die Schlösser und bei allen Fenstern die Gardinen entfernt. Datenhäscherei wird dort als buntes Spiel getarnt, um mit den eigenen Freunden in Kontakt zu bleiben.

Außerdem ist nicht jeder Freund wirklich Ihr Freund. Betrüger versuchen gezielt, Sie mit einem falschen Profil zu überlisten. Bei solchen Fakes handelt es sich übrigens fast immer um eine junge Frau mit ungewöhnlich vielen Freunden. Sind Sie erst einmal mit einem Phantom befreundet, können die Diebe Ihre Beiträge lesen, Ihre Bilder und andere Ihrer Aktivitäten sehen und dank der zugänglichen Chronologie tief in Ihre Vergangenheit eintauchen. Beliebt ist auch der Trick, Sie auf Twitter zu erwähnen, gepaart mit einem erstaunten »Wie siehst du denn auf diesem Bild aus?«. Wer wird da nicht von der Neugier gepackt und klickt auf den mysteriösen Link, der nur einem einzigen Zweck dient: Ihr Twitter-Konto zu kapern und als Nächstes Ihre Kontakte zu attackieren.

Wie so oft, wenn es um Privatsphäre und Identität geht, liegt die wirkliche Gefahr in der Fülle kleiner Informationen über Ihre Person und Ihr Leben, denn die machen die Angriffe über Social Media so ergiebig. Tausende von Puzzleteilchen einer Identität lassen sich in beliebig vielen Varianten zusammensetzen, ohne dass dabei immer das wahre Spiegelbild Ihrer Persönlichkeit entsteht. Was Ganoven und Schnüffelsoftware über Sie zusammentragen und irgendwo im Netz ablegen, kann jederzeit zu einer fehlergespickten Collage werden.

Gar nicht online zu gehen oder an keinem der Dienste teilzunehmen macht Sie nicht unbedingt sicherer, denn moderne Analysesoftware greift dann einfach auf Informationen zurück, die aus Ihrem Umfeld stammen, um indirekt mehr über Sie herauszufinden. Forscher an der Universität Heidelberg haben es vorgemacht: Sie konnten anhand von Informationen, die Mitglieder eines sozialen Netzwerks veröffentlichten, mit hoher Wahrscheinlichkeit vorhersagen, wer ihre Offlinefreunde waren.[130] Mit anderen Worten: Was Ihre Bekannten auf Facebook posten, ist Ihr Sicherheitsleck. Denn diese Einträge erlauben jedem, der

Zugang zu diesen Daten hat, Rückschlüsse über Sie zu treffen, selbst wenn Sie sich nie online zeigen.

Die Indizien mehren sich, dass sich immer mehr Menschen Gedanken über die Datenlecks machen, die in ihrem Onlinealltag klaffen. Forscher des Polytechnic Institute der New York University ermittelten bereits 2012, dass die Mehrheit der Facebook-Nutzer die Liste ihrer Freunde vor der Öffentlichkeit versteckt.[131] Frauen sind demnach mehr auf ihre Privatsphäre bedacht als Männer, und die Sorge um die eigenen Daten steht in Korrelation zur Höhe des Einkommens.

Eines der extremsten Beispiele dafür, wie Informationen über Sie ein Eigenleben entwickeln können, ist der Internetdienst Spokeo. Gegründet im Jahr 2006, vermarktet sich das amerikanische Unternehmen als eine von vielen Personensuchmaschinen, um »Menschen zu suchen und sich wiederzufinden«. Spokeo kriecht durchs Netz und sammelt Informationen aus »Tausenden« sozialen Netzwerken und anderen Diensten zusammen, um daraus automatisch digitale Identitäten zu erzeugen, angefangen beim Alter, den aktuellen und früheren Adressen, gelisteten und nicht gelisteten Telefonnummern, dem Familienstand und Stammbaum, den Vermögensverhältnissen, Hobbys, religiösen und politischen Ansichten bis hin zum Musikgeschmack, zu Fotos und etwaigen Vorstrafen der Personen. Laut Unternehmen lagern in seiner Datenbank zwölf Milliarden solcher Einträge, die Tag für Tag 500 000-mal befragt werden.

Der Basisdienst mit eingeschränkten Funktionen ist kostenlos, aber für nur 95 Cent pro Suche oder 24,95 US-Dollar im Monat kann jeder den digitalen Spuren, die wir alle hinterlassen, nachspionieren. Von den Fotos, die wir auf Flickr veröffentlicht haben, bis hin zu den Produkten auf unserer Amazon-Wunschliste und den Petitionen, die wir online unterschrieben haben. So hatten wir uns das sicher nicht gedacht, als wir auf diversen Seiten und Diensten aktiv waren. Noch schlimmer ist, dass Ihre digitale Identität, die Spokeos Algorithmen zusammenstellen, fehlerhaft sein kann. Genau wie ein Suchergebnis ist sie aus vielen bruchstückhaften und voneinander unabhängigen Einzelteilen zusammengesetzt, breitet sich aber im gesamten Netz aus – und der Datensammler Spokeo übernimmt für die Aussagekraft dieser Versatzstücke ausdrücklich keine Gewähr.

Der Einzelne hat wenig bis gar kein Widerspruchsrecht, um sich aus dieser Art der Datenerfassung entfernen zu lassen. Spokeo argumentiert, sein Dienst sei nur zur Unterhaltung gedacht (»die Informationen könnten Sie schockieren«). Sollten Sie nicht amüsiert sein, werden Sie auf der Seite lange nach einem gut versteckten Menüpunkt suchen müssen, um Ihr wie von Geisterhand erstelltes Profil zu korrigieren oder zu entfernen. Sie können zwar ein Formular ausfüllen, mit dem jeder der zusammengetragenen Links einzeln entfernt wird, aber das wirkt sich noch lange nicht auf die Webseiten aus, von denen Spokeo die Angaben zusammengeklaubt hat.

Diese Art der höchst dubiosen Datensammlung hat die amerikanischen Aufsichtsbehörden auf den Plan gerufen, ohne dieser Praxis Einhalt gebieten zu können. Die Federal Trade Commission verurteilte das Unternehmen im Sommer 2012 zu einer Geldstrafe, da es gegen geltende Antidiskriminierungsgesetze verstoße, wenn es Datenprofile an Arbeitgeber verkauft, die damit Bewerber überprüfen. Das Unternehmen umschifft dieses Problem, genau wie andere Anbieter, indem es schlicht warnt, man sollte die Ergebnisse nicht verwenden, um auf ihrer Grundlage über die Kreditwürdigkeit, Versicherungspolicen, ein Beschäftigungsverhältnis oder einen Mietvertrag zu entscheiden. Viel Glück damit!

Nicht einmal Ihre E-Mails sind sicher

Wenn es um sensible Daten wie Ihre Kontonummer, Kreditkarten oder Ihre Sozialversicherungsnummer geht, ist nichts im Internet sicher – nicht einmal Ihre E-Mails. So sortiert Google etwa jeden Ihrer Einkäufe, zu dem Sie Ihre Gmail-Adresse angegeben haben, in eine endlose Datenbank – auch die Kaufbelege von Gmail-Nutzern an Schulen und anderen Bildungseinrichtungen sowie von Unternehmenskunden, die für G-Suite bezahlen, werden so gesammelt.[132]

Auf Nummer sicher gehen Sie, wenn Sie einen Anbieter verwenden, der Ihre Nachrichten sowohl beim Versenden als auch in der Ablage verschlüsselt. Ein solches Konto jedoch einzurichten und vor allem alle seine Bekannten und Arbeitskollegen zur Nutzung desselben sicheren Werkzeugs zu bewegen geht oft über das technische Verständnis der meisten von uns hinaus. Verschlüsselung ist jedoch einer der wichtigsten und wirksamsten Schritte zur digitalen Selbstverteidigung, den Sie ergreifen können. Auch Whistleblower Edward Snowden bestätigte das in einem Chatinterview auf der Webseite des *Guardian*: »Verschlüsselung funktioniert. Starke Krypto-Systeme, richtig angewendet, sind eines der wenigen verlässlichen Dinge.«[133] Dabei sollte man sich allerdings vor Augen halten, dass die Metadaten, also der virtuelle Umschlag der E-Mail, nicht verschlüsselt ist, sodass neugierige Dritte immer noch Absender, Empfänger sowie die Betreffzeile im Klartext lesen können.

Besonders kostenlose E-Mail-Dienste im Netz scannen oft Ihren Posteingang nach Begriffen, um gezielte Werbung einzublenden. Google tat das jahrelang für kostenlose Gmail-Konten, hat die Praxis angeblich inzwischen eingestellt, und auch Microsoft versichert, private E-Mails in Outlook.com nicht zu scannen. Wer sich darauf nicht verlassen will, findet in Kapitel 13 Alternativen, die von vornherein Ihre Privatsphäre respektieren. Innerhalb einer Social-Media-Plattform wie LinkedIn, Xing oder Facebook versteht es sich fast von selbst, dass die Kommunikation darin nicht sicher ist. Private oder brisante Themen haben in deren Messaging-Apps nichts verloren!

Wenn eine Bank, ein Unternehmen oder eine Regierungsbehörde Sie in einer Mail um persönliche Informationen bittet, seien Sie wachsam. Vertrauenswürdige Unternehmen würden Sie nie im Messenger und auch nicht per E-Mail nach solchen Angaben fragen. Deshalb tarnen sich sogenannte »Phishing-Angriffe« als legitime Korrespondenz. Einer der folgenreichsten Hacks der Gegenwart begann mit einer fingierten E-Mail, in der russische Hacker den Wahlkampfmanager von Hillary Clinton anschrieben, sein Gmail-Konto sei gehackt worden und er müsse sich neu einloggen.[134]

Dabei kann man solche Attacken meist leicht erkennen. Sie sehen zwar wie ein echtes Anschreiben aus und enthalten Logos und Links zum Anklicken, damit man sich auf den vermeintlich echten Webseiten einloggt. Etwa um eine Transaktion zu bestätigen, sein Passwort nach verdächtigen Aktivitäten zurückzusetzen oder um eine Datei herunterzuladen. Doch wer seine Maus über die Absenderadresse und die Links bewegt, wird schon in den jeweiligen kleinen Pop-up-Fenstern merken, dass sie in Wirklichkeit auf ganz andere Adressen verweisen als die der angeblichen Absenderfirma. Wenn Sie Zweifel haben, rufen Sie das Unternehmen an, von dem die Nachricht stammen soll – aber verwenden Sie nicht die in der Mail gelistete Nummer. Tippen Sie die reguläre Webseite der Firma auf jeden Fall händisch ein, anstatt auf einen der verdächtigen Links zu klicken.

Selbst wenn sie legitim sind und unser Arbeiten und unseren Alltag nachhaltig revolutioniert haben: E-Mails sind immer noch eine der wichtigsten Möglichkeiten, um uns Informationen über uns und unsere Geräte zu entlocken. Firmen verstecken unsichtbare Tags in Bilddateien einer Mail. Diese Pixel melden einem Server, wer die E-Mail geöffnet hat und von welcher Internetadresse er kommt. E-Mails können auch Cookies – also kleine Dateien, mit denen Sie identifiziert werden können, genauer erklärt im folgenden Kapitel – auf Ihrem Computer einrichten. Diese Risiken lassen sich minimieren, indem Sie Ihr E-Mail-Programm so einstellen, dass bei allen Nachrichten nicht automatisch Bilddateien geladen werden.

Auch Geheimdienste und die Polizei von den USA über China bis Deutschland können raffinierte Überwachungswerkzeuge per E-Mail auf Rechnern platzieren. Sie tun das mittels einer einzigen Nachricht, die angeblich von jemandem stammt, dem der Empfänger vertraut (deswegen auch »Spear Phishing« genannt). Deshalb sollten Sie scharf nachdenken, bevor Sie E-Mail-Anhänge öffnen, die aus heiterem Himmel in Ihrem Posteingang auftauchen – selbst dann, wenn sie von Personen kommen, mit denen Sie befreundet sind. Und selbst wer nicht auf solche fingierten Nachrichten hereinfällt, sieht sich der Gefahr ausgesetzt, dass seine Kommunikation gleich an der Quelle abgezweigt und ausgewertet wird – sei es durch Geräte, die Nachrichtendienste an Glasfaserkabeln oder in Rechenzentren installieren, oder durch Softwarehintertüren, die Anbieter – ohne das Wissen ihrer Kunden natürlich – freiwillig oder durch verdeckten Druck einrichten. Dieser Praktiken wird keineswegs nur das chinesische Unternehmen Huawei verdächtigt, auch US-Hersteller sollen sich ihrer bedienen.

Sicherheitslücken und Gefahren, wohin man sieht. Was bedeutet das nun für unseren Alltag zwischen Suchmaschinen und Social Media? Die bittere Wahrheit ist: Es ist unmöglich, bei seinem Onlinedomizil alle Türen und Fenster sicher zu verschließen. Streng genommen gehört Ihnen der Ort, an dem Sie sich online bewegen, noch nicht einmal. Daher ist es äußerst ratsam, jede Kommunikation im Netz mit bestimmten Schutzvorkehrungen zu versehen, die Sie im letzten Kapitel ausführlich beschrieben finden. Es geht immer darum, so viele Daten wie möglich zu verweigern, zu verschleiern, zu verschlüsseln und, wenn möglich, einfach keines der Geräte zu nutzen.

Konkret heißt das: Geizen Sie mit Ihren persönlichen Informationen, so harmlos die Fragen nach Details aus Ihrem Leben und Ihren Hobbys auch erscheinen mögen. Nehmen Sie sich die Freiheit, Angaben zu fingieren. Mit Ausnahme jener wenigen Webseiten, auf denen Sie finanzielle und andere wichtige Transaktionen abwickeln. Andere Seiten oder

Apps haben in Ihrem Privatleben und Ihrer Brieftasche nichts zu suchen und sollten deswegen mit einem Pseudonym, einem imaginären Alter, Geschlecht, Geburtstag und Adressen abgespeist werden.

Und machen Sie sich die Mühe, Einsicht in die über Sie gesammelten Daten und gegebenenfalls ihre Entfernung zu verlangen! Dieses Recht auf Auskunft und Löschung steht Ihnen dank der neuen europäischen Datenschutzgrundverordnung zu! Wobei auch diese Möglichkeit mit einigen Sicherheitsbedenken zu genießen ist: Wenn Firmen nicht rigoros die Identität der Antragsteller prüfen würden, etwa mit Angaben zum Ausweis, könnten unbefugte Dritte Ihre Daten anfordern und sich so mit Ihrer Identität aus dem Staub machen. Eine Anfrage von einer fingierten Mailadresse an den Dienstleister genügt, wie ein findiger Forscher der Universität Oxford nachgewiesen hat.[135]

Kommunikation, das sollten wir bei allen technischen Details nicht vergessen, ist ein Austausch unter Menschen und nicht die Verpflichtung, seine Identität als maschinenlesbare Einheit mit aller Welt zu teilen und andere damit Missbrauch treiben zu lassen. Aber wie wir im nächsten Kapitel sehen werden, machen es uns die Innovationen der Werbewirtschaft und ihrer Dienstleister verdammt schwer, einen der wichtigsten Vorteile des Netzes zu genießen: ohne ständige Spionage und Manipulation einkaufen zu können.

Tipps und Tricks (siehe Kapitel 13):

- Verwenden Sie Google-Datenschutz-Werkzeuge und vermeiden Sie es, zu häufig Google zu nutzen (I-2)
- Diese Informationen gehören nicht in soziale Netzwerke (I-3)
- Schützen Sie Ihre E-Mails (I-8)
- Verwenden Sie und merken Sie sich sichere Passwörter (I-9)
- Sicherheit bei Facebook für Fortgeschrittene (II-15)
- Verbergen Sie Ihre IP-Adresse mit einem VPN (II-17)
- Säubern Sie Ihre Reputation (II-18)
- Beugen Sie Identitätsdiebstahl vor (II-19)
- Sichern Sie Ihre Fotos (III-21)
- Verschlüsseln Sie Ihre Korrespondenz – die Grundlagen (III-22)
- Entfernen Sie Ihre digitalen Spuren (III-28)
- Bereiten Sie Ihr digitales Erbe vor (V-49)

KAPITEL 6

KONSUM: MEIN COOKIE GEHÖRT MIR

Peter ist ein Technik-Nerd, der sich mit allen Themen rund ums Internet gründlich auskennt. Man könnte ihn auch als paranoid bezeichnen, weil er sich online extrem vorsichtig verhält. Er würde entgegnen, dass jemand, der paranoid wirkt, nur einfach die Gefahren kennt. Deswegen geht er nur über den Browser Tor ins Web, wenn er ein Flugticket kaufen will. Anonym zu bleiben gibt ihm die Gewissheit, auch wirklich den günstigsten Preis angeboten zu bekommen.

Sie fragen sich, ob Ihnen nicht alle Reisewebseiten und Metasuchmaschinen den günstigsten Preis anbieten, wenn Sie die Offerten aller möglichen Fluggesellschaften durchkämmen und obendrein die Angebote diverser Reiseseiten abfragen? Doch, das tun Sie in vielen Fällen. Aber wenn Sie Ihren Standort und Ihre Identität als Kunde enthüllen und zu erkennen geben, ob Sie etwa schon einmal nach derselben Verbindung gesucht und nicht zugeschlagen haben, gehen Sie stets das Risiko ein, für Produkte und Dienstleistungen mehr als nötig zu bezahlen.

Ein Beispiel: Suche nach einem Flug von New York nach San Francisco, Reiseantritt am Freitag, Rückflug am nächsten Sonntag. Mit Tor, einem kostenlosen Programm, das ironischerweise als Open-Source-Projekt mit Geldern des US-Verteidigungsministeriums entwickelt wurde, können Sie Ihren Standort und Ihre IP-Adresse kaschieren. Das Programm leitet Ihren Datenverkehr durch ein Labyrinth von zufälligen Internetadressen auf der ganzen Welt, um Datenschnüffler abzuschütteln. Und im Zweifelsfall führt mehr Anonymität zu einem niedrigeren Preis.

Tor ist einer der bekanntesten Dienste, der Anonymisierung und ein virtuelles privates Netzwerk (VPN) bietet. Solche Dienste werden in der Regel Internetnutzern empfohlen, die in autoritären Staaten leben, aber sie erfreuen sich auch unter Verbrauchern in Nordamerika und Europa wachsender Beliebtheit. Unter dieser elektronischen Tarnkappe ermitteln wir den Preis von 613 US-Dollar für ein Ticket mit American Airlines. Der normale Browser verrät der Webseite der Fluggesellschaft unsere IP-Adresse, sodass der Server am anderen Ende weiß, dass wir von Europa aus suchen. Jetzt wird uns für genau die gleiche Reiseroute ein Preis von 868 US-Dollar angezeigt. Das mag ein Zufall sein, aber Tests bei weiteren Suchabfragen ergaben immer ein ähnliches Preisgefälle. Im besten Fall erzielte eine Routenplanung über Tor einen identischen oder sogar einen niedrigeren Preis. Nie umgekehrt. Man kann also mit ziemlicher Sicherheit sagen, dass die anonyme Suche nach Flugtickets zumindest einen Versuch wert ist. Generell sollten Sie sich angewöhnen, Ihre Identität beim virtuellen Schaufensterbummel zu verschleiern, bevor Sie auf »Kaufen« klicken und Ihre Adresse und Zahlungsdetails eingeben.

Der Grund liegt in der variablen und dynamischen Preisgestaltung, bei der Algorithmen entscheiden, wer was zu welchem Preis gezeigt bekommt. Anstelle von festen Preisen sehen wir zunehmend Produkte und Preise, die sich an unserem Standort und unserem Konsumverhalten in der Vergangenheit orientieren. Dank auf dem Rechner platzierter Cookies und ständiger Erfassung der verwendeten Geräte samt IP-Adresse wird jeder Verbraucher intensiv beobachtet, sodass Händler und Werbefirmen Ihr Kaufverhalten rasch besser kennen als Sie selbst. Sie servieren Ihnen in Sekundenbruchteilen Inhalte, Anzeigen und Preise für Produkte, die auf die bekannten wie unbewussten Vorlieben und Wünsche jedes Einzelnen zugeschnitten sind. In einem Aufsatz des österreichischen Datenschutzexperten Wolfie Christl, der in Wien das unabhängige Forschungsinstitut Cracked Labs betreibt, lässt sich eindrücklich und leicht verständlich nachlesen, wie Tracking funktioniert.[136]

Natürlich klingt diese Art der Personalisierung auf den ersten Blick nach einem komfortablen Einkaufserlebnis für Gestresste, doch wie bei allen Onlinediensten gibt es eben auch die andere Seite der Medaille. Es gibt kaum ein Entkommen vor dem permanenten Tracking, wenngleich die Branche hin und wieder vordergründig Maßnahmen, wie etwa eine Einstellung namens *Do Not Track* im Browser, akzeptiert. Inzwischen hat sich deutlich gezeigt, dass die freiwillige Selbstkontrolle der Web- und Werbewirtschaft bei weitem nicht ausreicht, um Verbraucher zu schützen, da die ständige Verfolgung gleich mehreren gefährlichen Trends Vorschub leistet: Preisdiskriminierung, soziale Diskriminierung, mangelnde Transparenz und Manipulation von Suchergebnissen.

Große Unternehmen nutzen immer raffiniertere Verfolgungstechnologien, um die insbesondere für ihre Offerten jeweils anfälligsten Verbraucher ins Visier zu nehmen, etwa werdende Mütter, depressive Menschen oder einfach Verbraucher, die gerade kurz vor einer Kaufentscheidung stehen. Und das ist erst der Anfang. Werbung auf der Grundlage Ihrer Erbanlagen zeichnet sich bereits am Horizont ab, wenn Angaben zu Ihrem Erbgut mit anderen Teilen Ihrer Identität und Webprotokollen verknüpft werden können. Ebenso verdient die Art und Weise, wie wir Kreditkarten und andere Zahlungsmittel online verwenden, besondere Aufmerksamkeit. Denn wer will etwa einer Plattform wie Facebook neben seinen privaten Daten auch Einblick in alle finanziellen Details seines Lebens gewähren?

Der Technologievisionär Sam Altman hatte dafür schon vor Jahren eine kurze und knappe Antwort parat: »Ein fester Preis ist immer ein falscher Preis.«[137] Der Mann muss es wissen. Mit neunzehn gründete er eine Social-Networking-App namens Loopt, dann leitete er den im Silicon Valley legendären Innovationsbrutkasten Y Combinator und ist jetzt Chef von OpenAI, eines Forschungsinstituts für künstliche Intelligenz, in das Industriegrößen wie Elon Musk und Microsoft mehr als eine Milliarde US-Dollar gesteckt haben. Altman ist überzeugt, dass ein gleichbleibender Preis für alle bald der Vergangenheit angehören wird. Stattdessen werde jedem von uns ein Preis genannt, der sich am Individuum und dessen Konsumprofil ausrichtet. Im Laden der Zukunft werden vielleicht noch die vertrauten Preisschilder prangen, aber ebenso gut kann die Ware auch ohne Etikett auskommen. Denn sobald Sie das Handy zücken oder auch nur an einem vernetzten Regal vorbeilaufen, weiß ein Rechner, dass Sie Interesse haben, und spuckt Ihren ganz persönlichen Preis zu dieser Tages- und jener Uhrzeit aus.

Laut Verbraucherorganisationen und Einzelhandelsexperten ist die Antwort auf die Frage, wer wie viel im Internet bezahlt, schon heute geheimnisumwoben. Es gibt regionale Preisunterschiede, und es gibt verschiedene Preismodelle, die sich etwa danach richten, ob man etwas online oder offline kauft. Genau blickt da niemand mehr durch. Was die Branche deshalb brauche, argumentiert Sam Altman, ist mehr Transparenz. Solange ein Unternehmen offen mit seiner Preispolitik umgeht, kann es sie auch anwenden, weil Verbraucher in der Lage sind, sie zu überprüfen. Sie wissen, warum sie zahlen und was sie zahlen.

Transparenz und vollständige Informationen für alle Marktteilnehmer – so weit die Theorie. Aber Werbung auf diese Formel zu bringen ist kompliziert. Die meisten Webseiten und Apps finanzieren sich ausschließlich oder überwiegend durch Werbung. Je relevanter eine Anzeige für den jeweiligen Besucher ist, desto mehr kann die Webseite für deren Platzierung verlangen. Daher muss der Anbieter so viel wie möglich über Sie in Erfahrung bringen – und verkauft diese Informationen für ein hübsches Sümmchen weiter, damit die nächste Runde Annoncen noch besser gesteuert werden kann. Im Idealfall durch die Praxis des Retargeting, weil das System genau weiß, wonach Sie andernorts gesucht oder bereits geklickt haben.

Das Sammeln von Informationen auf Webseiten geschieht durch die Verwendung von Cookies – kleine Dateien, die auf Ihrem Gerät platziert werden und Ihr Surfverhalten im Internet dokumentieren. Cookies wurden bereits Mitte der 1990er-Jahre entwickelt, als der erste Browser namens Netscape herauskam. Diese Dateien werden auf einem Computer angelegt, wenn Sie zum ersten Mal eine Webseite besuchen. Ein Cookie weist Ihrem Computer eine eindeutige ID-Nummer und ein (meist irrelevantes) Ablaufdatum zu, das oft weit in der Zukunft liegt. Später, wenn Sie wieder auf diese Webseite gehen oder eine andere Seite besuchen, die mit dem gleichen Trackingdienst verbunden ist, kann der Server erkennen, wann Sie das letzte Mal zu Gast waren und wo Sie vorher gesurft haben, und diese Informationen mit Ihren früheren Besuchen und Einkäufen verknüpfen. Auf diese Weise kann ein Unternehmen im Laufe der Zeit ein stabiles Profil von Ihnen erstellen. Betrachten Sie Cookies als eine dauerhafte Spur aus digitalen Brotkrumen oder, besser, Kekskrümeln.

Genau genommen gibt es zwei Arten von Cookies: Sogenannte First-Party-Cookies werden von der Seite angelegt, die Sie gerade besuchen. Man könnte sie auch als »gute« Cookies bezeichnen, da sie Ihnen oft praktische Einkaufshilfen bieten oder die Navigation zu bestimmten Voreinstellungen für den einzelnen Nutzer vereinfachen. Sie besitzen einen durchaus nützlichen Wiedererkennungswert, der uns Zeit spart, weil meine Bank oder Amazon weiß, dass ich Bestandskunde bin.

Die überwiegende Mehrzahl der Cookies sind allerdings weniger freundliche Softwarestückchen. Sie stammen von Drittanbietern, meist von Datenmaklern wie der Google-Tochter DoubleClick. Sie dienen einzig dazu, Sie als Ware »Mensch« zu identifizieren und quer durchs Netz zu verfolgen. Diese Dateien haben nichts mit Komfort zu tun, sondern mit automatischer Spionage zu Werbe- und Marketingzwecken. Und diese Unsitte boomt. Branchenkenner Scott Brinker erstellt seit 2011 eine jährliche Landkarte aller Firmen, die Technologie zum Onlinemarketing anbieten und einsetzen und damit auf derartige Tracker angewiesen sind. 2011 waren es noch 150 Firmen, 2019 ist ihre Zahl auf mehr als 7000 angeschwollen.[138]

Der mit Abstand schlimmste Datenstaubsauger heißt Google. Das liegt daran, dass das Kerngeschäft des Unternehmens Werbung ist – und deren Platzierung funktioniert über die Verfolgung von Nutzern quer über alle Onlinedienste sowie andere Software und Hardware des Konzerns. Tun Sie sich selbst einen Gefallen und machen Sie einen Bogen um den Browser Chrome, der sich nicht nur nach Meinung des renommierten Technologiejournalisten Geoffrey Fowler zu »Spyware« entwickelt hat. In einem von Fowlers Tests platzierte Chrome innerhalb einer einzigen Woche rund 11200 Tracker-Cookies, die von anderen Browsern, wie etwa Firefox, blockiert würden.[139]

Verhaltens-Targeting

Während einige Ihrer Suchanfragen nur eine große Datenbank der Absichten bilden, entsteht durch die Verfolgung Ihrer tatsächlichen Webseitenbesuche eine dicke Mappe Ihrer Bewegung von A bis Z und weit darüber hinaus. Mit der Zeit entsteht ein detailliertes Logbuch, als hätte Ihnen jemand einen GPS-Chip unter der Haut eingepflanzt. Die Verfolgung geschieht nämlich in einem passiven Modus: still, ungesehen und damit heimlich und vor allem permanent dank der oben erwähnten Cookies oder über andere Methoden. Diese Technologien ermöglichen immer mehr Firmen sogenanntes *behavioral targeting*, also Werbefeldzüge, die sich am Verhalten jedes Einzelnen ausrichten.

Früher wurden Verbraucher nur grob sortiert, etwa nach Geschlecht, Alter und Postleitzahl. Die moderne Segmentierung will jeden einzelnen Menschen vermessen, um dem Ideal der Werbeindustrie näher zu kommen – einer eindeutigen Zuweisung zu einer von zwei Zielgruppen: entweder zu denjenigen, die es wert sind, beobachtet und beworben zu werden, oder zu denen, die »Abfall« darstellen, also Verbraucher sind, die es sich nicht leisten können oder wollen, etwas zu kaufen. Wer sie umwirbt, verschwendet Zeit und Geld.

Werbeexperten argumentieren, es gebe für jeden Verbraucher zu jedem Zeitpunkt in seinem Leben einen sinnvollen Ansatzpunkt, ihn zu bewerben. Man muss nur wissen, womit man ihn wo und wann erwischen kann. Die Technik ist fast so weit, diese beunruhigende Vision in die Wirklichkeit umzusetzen.

Die meisten Verbraucher haben keine Ahnung, wer in ihrem digitalen Leben herumstöbert und sie manipuliert. In einer Umfrage von Forschern der University of California in Berkeley zum Thema »Mobile Payment: Vorteile für Verbraucher und neue Datenschutzbedenken« sagten 96 Prozent der Befragten, sie würden einem Onlinegeschäft »definitiv nicht« oder »wahrscheinlich nicht« erlauben, Informationen über sie mit Dritten zu teilen.[140] Doch genau auf dieser Praxis fußt der Großteil der Internetwirtschaft.

Wie bereits angedeutet, sind nicht alle Cookies schlecht. Es ist ganz hilfreich, einige dieser Dateien auf dem Rechner zu haben, mit deren

Hilfe Ihnen Webseiten personalisierte Inhalte bieten oder helfen, ein Geschäft daran zu erinnern, dass Sie ein bekannter Kunde sind. Viele Menschen betrachten dies als nützliche Dienstleistung. Nehmen Sie Amazon, einen Pionier des *behavioral targeting* innerhalb seines eigenen schier endlosen Supermarktes. Seine Software weiß, was Sie suchen, welche Elemente auf einer Seite Sie angeklickt und welche Sie in den Einkaufswagen gelegt und dort vergessen haben. Suchen Sie einmal nach einem Produkt oder heben es für später auf. Siehe da, ein paar Tage später trudeln freundliche Erinnerungen per E-Mail oder auf der Homepage ein, dass Amazon tolle Angebote für Sie parat hält. Die Einsichten aus dem wirklichen oder beabsichtigten Konsumverhalten von zig Millionen Kunden sind umso wertvoller, als Amazon inzwischen Google als Standardadresse für die Suche nach Produkten im Netz abgelöst hat.

Diese Art der gezielten Werbung innerhalb einer E-Commerce-Seite wie Amazon ist noch gar nichts im Vergleich zum Tracking quer durch das gesamte Web. Ein Paradebeispiel ist Facebooks ausgefeiltes Arsenal an Spionagewerkzeugen: Die Plattform ermöglicht es Werbekunden, Facebook-Anzeigen zu platzieren, die explizit auch das Surfverhalten von Mitgliedern jenseits des sozialen Netzwerks berücksichtigen. Das geht nur, weil Facebook Sie mit eigenen Trackingcodes von Webadresse zu Webadresse und von App zu App verfolgt, lange nachdem Sie das Netzwerk verlassen haben und zu anderen Seiten weitergesurft sind. Sogar wenn Sie gar kein Facebook-Konto besitzen, landen Ihre Verhaltensdaten auf den Servern des Unternehmens. Die Namen der Programme, mit denen möglichst jeder Mensch verfolgt und mit Werbung bespielt wird, haben sich über die Jahre geändert, sodass heute von Facebook Custom Audiences gesprochen wird. Doch die systematische Verletzung Ihrer Privatsphäre und Ihr Ausverkauf an Dritte sind gleich geblieben.

In der Vergangenheit konnte man sich vor Werbung und Cookies schützen, indem man seinem Browser untersagte, Cookies zu akzeptieren, und die schon angelegten regelmäßig löschte, am besten nach jeder Sitzung. Wenn Sie das ausprobieren, werden Sie Hunderte solcher Spionagedateien auf Ihrer Festplatte entdecken und sie entfernen. Aber sobald Sie erneut surfen, sprießen die Cookies wieder – wie Unkraut, das nicht vergeht. Deswegen ist inzwischen eine ganze Reihe weiterer Maßnahmen zur digitalen Selbstverteidigung sinnvoll: Installieren Sie Werbe- und Trackingblocker, benutzen Sie VPN-Software und schalten Sie, je nachdem, was Sie online erledigen wollen, zwischen mehreren Browsern hin und her. Haben Sie außerdem ein wachsames Auge auf Browsererweiterungen wie angebliche Werkzeuge zum Preisvergleich. Denn sie saugen unter Umständen alle Seiten und Dokumente in Ihrem Browser ab.[141]

Es kommt noch schlimmer

Die großen Werbenetzwerke oder *ad networks* leben davon, gezielte Werbung auf einer Vielzahl von Webseiten zu platzieren, sobald sie Sie und niemand anderen dort entdecken. Dieser Prozess, der Ihre augenblicklichen Klicks, Ihr Surfverhalten und viele demografische Merkmale berücksichtigt, dauert nur Sekundenbruchteile. Wenn Sie eben noch nach einer neuen Couch gesucht und die Adressen von Möbelhäusern nachgeschlagen haben, erscheinen plötzlich haargenau dazu passende Anzeigen auf der Homepage Ihrer Tageszeitung, bei der Sie schnell noch die Sportmeldungen lesen.

Es gibt Hunderte solcher Netzwerke, einige davon sind Tochterunternehmen von Industriegrößen wie Google oder Microsoft, und die meisten Nutzer würden staunen, wenn sie wüssten, wie groß die Armee automatischer Spione ist, die ihnen rund um die Uhr über die Schulter schaut. Der ehemalige Google-Ingenieur Brian Kennish hat nachgerechnet: Allein Google hat seinen Trackingcode auf 97 der 100 beliebtesten Webseiten installiert, um Besucherdaten zu sammeln. Selbst auf öffentlichen Webseiten wie der des US-Finanzamts oder der Post, ganz zu schweigen von Versicherungen, schaut der Suchmaschinenriese oder Facebook mit. Kennish wertete auch die Spionagesoftware für die beliebtesten 1000 Webseiten aus und war über das, was er fand, sehr erstaunt: »Es gibt 350 verschiedene Dienste, die mindestens ein Prozent Ihres persönlichen Surfverhaltens im Netz sammeln.«[142]

Diese Art der Onlineverfolgung ist flächendeckend und umspannt die ganze Welt. Eine normal große Webseite ist im Schnitt mit dem Code von 75 Dritten angereichert, deren unsichtbare Stolperdrähte wir auslösen, wenn wir die Seite aufrufen. Rund 95 Prozent aller Seiten, die der durchschnittliche deutsche Internetnutzer besucht, sind mit solchen Trackern gespickt, ergab eine Studie von Experten der deutschen Firma Cliqz, die einen auf Datenschutz bedachten Browser anbietet.[143] US-Experten kamen 2019 zu einem ähnlich schockierenden Ergebnis. Und da sich Trackingtechnologien ständig weiterentwickeln, schlüpfen selbst bei gängigen Abwehrwerkzeugen wie Disconnect immer noch ein Viertel oder gar mehr dieser Spionagepäckchen durch.[144]

Was kann schon passieren, mögen Sie einwenden, wenn uns Werbenetzwerke verfolgen? Banneranzeigen übersieht man einfach oder kann sie mit einem Adblocker sperren. Doch das greift zu kurz. »Zeige mir, wo du klickst, und ich sage dir, wer du bist«, so lautet das Resultat einer Untersuchung mit dem seltsamen Titel »Warum Hänschen nicht in Frieden surfen kann«, die das französische IT-Institut INRIA gemeinsam mit Google verfasste.[145] Die Forscher werteten das Surfverhalten von fast 370 000 Internetnutzern aus und stellten dabei fest, dass 70 Prozent davon eine einzigartige Onlinechronik besitzen, die uns wie unser Fingerabdruck identifiziert. Fast jeder Einzelne kann von automatischer Software identifiziert werden, nachdem er oder sie nur vier Webseiten besucht hat. Wenn Sie online gehen und sich nicht gründlich schützen, können Sie Ihre Anonymität also vergessen, sie wird sofort attackiert.

Tracking im Maßstab 1:1 und in Echtzeit ist der Traum jeder Werbeagentur, auch wenn das nur noch wenig mit den Werbeformen gemein hat, die wir bisher gewohnt sind. Die neue Technologie erlaubt es sogar, Tracking aus der Online- mit dem der Offlinewelt zu verschmelzen. Auch daran sollten Sie denken, wenn Sie sich für ein Bonusprogramm anmelden, an der Kasse Ihre Kundenkarte durchziehen oder ein Sonderangebot mit einem Strichcode einlösen. Facebook etwa ist schon vor Jahren Partnerschaften mit mehreren großen Anbietern von Kassensystemen eingegangen, um jeden Einkauf in der physischen Welt anhand von Bezahlvorgängen und Standortdaten mit dem Onlineprofil seiner Nutzer verknüpfen zu können.[146] Dazu passt, dass immer mehr Läden mit sogenannten Beacons ausgestattet sind, die jeden Kunden mit Handy erfassen, beim Rundgang durch die Regale auf wenige Zentimeter genau verfolgen – und die Verknüpfung mit dessen Onlineprofil ermöglichen. Diese kleinen Geräte sind nicht nur in Geschäften, sondern in Museen und sogar Plakatwänden und Bushaltestellen, also an immer mehr Orten unseres Alltags, versteckt. Facebook, Google und auch Apple betreiben ihr eigenes Programm für Bluetooth-Beacons. Nur wer sein Telefon bei Besorgungen konsequent ausschaltet, kann sich gegen diese Art der stillen Ausspähung wappnen.[147]

Zurück zum Einkaufsbummel im Netz: Cookies sind inzwischen fast altbackene Formen des Onlinetrackings, denn Programmierer machen keine Pausen. Zum einen tarnen sie zunehmend Drittcookies als vermeintlich harmlose First-Party-Cookies, um Sperren im Browser zu umgehen. Zum anderen gibt es ständig neue Technologien wie Log Files, Beacons, ETags, Web-Bugs, Flash-Cookies, HTML5-Dateien und Evercookies, die weitaus anspruchsvollere Formen der Verfolgung ermöglichen. Sie alle dienen grundsätzlich demselben Zweck: einen einzelnen Benutzer auf Lebenszeit durch das gesamte Netz und quer über verschiedene Geräte zu markieren, ohne dass er seine Verfolger abschütteln kann. Beacons zum Beispiel können auch als unsichtbare Bilddateien auftauchen, üblicherweise nicht größer als 1 x 1 Pixel, die sich auf einer Seite oder Mail einbetten lassen und einem Server irgendwo auf der Welt signalisieren, dass ein Benutzer eine Webseite oder E-Mail öffnet.

Besonders perfide sind die neuesten Errungenschaften der Werbewirtschaft namens HTML5-Dateien und Evercookies. Erstere haben im Gegensatz zu traditionellen Cookies kein Verfallsdatum, sondern müssen aktiv gelöscht werden und können außerdem ein Vielfaches an Daten über den Nutzer, seinen Rechner und sein Surfverhalten speichern. Das Evercookie war ursprünglich nur das Experiment eines Datenschutzexperten, aber es zeigt anschaulich, wohin die Reise geht. Dieses Cookie ist streng genommen eine Kombination aus mehreren Technologien, die redundante Identifizierungsmerkmale anlegen. Wenn eines davon gelöscht wird, können die restlichen Teile den Schaden beheben und so das Tracking aufrechterhalten – wie ein Tumor, der auch nach der Operation durch Metastasen zurückkehrt.

Nicht unerwähnt bleiben sollte auch das *Device Fingerprinting*, wobei Software die Einstellungen Ihres Rechners oder Mobilgeräts und des verwendeten Browsers analysiert. Diese Konfiguration ist so einzigartig, dass sich damit ein einzelner Mensch online aus einem Heer von Millionen herausfischen lässt. Experten erwarten, dass dieser Art der feinmaschigen Verfolgung die Zukunft gehört. Wer sich davor schützen will, muss gleich eine ganze Reihe von Technologien ausschalten, die inzwischen unverzichtbarer Bestandteil moderner Webseiten geworden sind, etwa JavaScript und Flash-Animation. Eine amerikanische Firma namens Blue Cava (die inzwischen zu Qualia gehört) hatte so bereits 2010 die »Fingerabdrücke« von rund 200 Millionen Geräten ermittelt und vermietete diese Datenbank zu Werbezwecken.[148] Apple-Rechner und Handys sowie der Firefox-Browser besitzen inzwischen ab Werk eingebaute Schutzvorkehrungen gegen Fingerprinting, zumindest das ist eine kleine gute Nachricht.

Bösartig jedoch sind auch Session Replay Scripts, mit denen Hunderte namhafte Firmen ihre Webseiten gespickt haben. Wie ein unsichtbarer Rekorder zeichnen solche Programme jede Ihrer Handlungen auf, also selbst wohin Ihre Maus zeigt oder welchen Text Sie eingetippt, aber vor dem Absenden wieder gelöscht haben. Gerechtfertigt wird diese Überwachung damit, die Funktionalität von Webseiten und das Kundenerlebnis zu verbessern.[149]

Verbraucher haben glücklicherweise auch immer mehr Auswahl unter den Abwehrmaßnahmen, um die digitale Ausspähung vom Cookie bis zum Fingerabdruck ihres Rechners oder Mobilgerätes zu verhindern. Reine Ad-Blocker sind dabei nur von sehr begrenztem Nutzen, da sie lediglich Anzeigen entfernen, aber keineswegs alle auf einer Seite versteckten Tracking-Scripts blockieren. Zudem können sich bestimmte Werbekunden wie Google oder Amazon bei Anbietern wie der deutschen Firma Eyeo, die AdBlock Plus entwickelt hat, auf eine weiße Liste setzen lassen und von der Blockade »freikaufen«.[150] Eine aktuelle Studie, die das Einkaufsverhalten von Websurfern mit und ohne Blocker verglich, kam zu dem Ergebnis, dass reine Werbeblocker hinsichtlich der Ladegeschwindigkeit der Seiten und des bezahlten Preises keinen statistisch nennenswerten Vorteil bringen.[151]

Wer sich richtig schützen will, sollte daher größer denken. Da Trackingtechnologien meist an einen Browser gekoppelt sind, empfiehlt es sich, mehrere Browser zu installieren, die den Datenschutz großschreiben, etwa Firefox, Safari, Cliqz oder Brave, und dann bestimmte Aufgaben – etwa Facebook – konsequent nur mit einem dieser Browser zu erledigen und nicht im Standardbrowser in einem unter zahlreichen neuen Tabs, also Extrareitern. Eine Handvoll Unternehmen bietet zudem kostenlose Scriptblocker als eigene App oder Browsererweiterung an, darunter Disconnect.me, uBlock Origin, Better oder Ghostery.

Dennoch zieht der Verbraucher oft den Kürzeren, denn angesichts des technischen Wettrüstens wird es immer unübersichtlicher, sich über die neuesten Abwehrwaffen und Updates zu informieren und sie dann auch konsequent zu installieren.

Das Feigenblatt namens »Do Not Track«

Auf Druck von Verbraucherverbänden und Politikern haben einige große Unternehmen reagiert. Die große Frage lautet, ob sie es damit wirklich ernst meinen oder nur Ablenkungsmanöver initiieren – sichtbar etwa am Beispiel von *Do Not Track* in den USA, dem bislang größten Internetmarkt: Mittels einer Browsereinstellung sollten Verbraucher die Möglichkeit bekommen, Werbenetzwerken und anderen Datenhäschern zu signalisieren, dass ihre Spur im Netz nicht verfolgt werden darf. Anfang 2012 kündigte der Branchendachverband Digital Advertising Alliance gemeinsam mit dem Suchriesen Google an, diese mit DNT abgekürzte Technologie in ihre Produkte einzubauen, um Verbrauchern mehr Mitspracherecht bezüglich ihrer Daten einzuräumen.

Inzwischen haben alle gängigen Browser wie Firefox, Safari und Chrome eine solche DNT-Funktion eingebaut. Allein – sie bringt nichts, denn kaum eine Webseite muss die Präferenz, in Ruhe gelassen zu werden, zwingend befolgen oder interpretiert sie einfach anders. Experten des Thinktanks Future of Privacy Forum formulieren den Stand der Dinge so: »Es gibt noch keinen Konsens, wie Firmen DNT auslegen sollen. Als Resultat ändern die meisten Webseiten ihre Praktiken nicht, wenn Sie ein DNT-Signal empfangen.«[152]

Do Not Track war demnach zwar eine gute Idee von Datenschützern, aber sie erwies sich in der Praxis ungefähr so wirksam wie die Vorstellung, einem Spion freundlich zuzuwinken und ihn um Diskretion zu bitten. Anfang 2019 entschieden deshalb Experten des Weltweiten Internet Konsortiums (W3C), das Standards für das Netz festlegt, die Arbeit an DNT wegen mangelnder Akzeptanz einzustellen. Wenig später entfernte Apple die Einstellung aus seinem Safari-Browser.[153]

Das Internet ist tatsächlich ein endlos verzweigtes Netz, bei dem es keinen einfachen Ein- und Ausschaltknopf gibt. Datenhäscher werden weiterhin munter Ihre Informationen einsammeln und speichern, getarnt mit der schwammigen Ausrede, sie für Aufgaben wie »Produkterfüllung« oder »Marktforschung und Produktentwicklung« zu verwenden. Wagen Sie einmal das Experiment und verfolgen Sie die Ausspähung live, indem Sie eine Browsererweiterung für Firefox namens Lightbeam installieren, die mit jeder besuchten Webseite und jedem Ihrer Klicks ein Labyrinth allzu neugieriger Firmen zeichnet. So können Sie innerhalb kurzer Zeit sehen, in wie vielen falschen Händen Daten über Ihr Surfverhalten landen.

Soziale Diskriminierung

Das immer effektivere und effizientere Verfolgen und gezielte Bewerben von einzelnen Verbrauchern hat nicht nur eine kommerzielle Dimension, sondern birgt erhebliche gesellschaftliche Risiken. Joseph Turow, Professor an der Annenberg School for Communication der University of Pennsylvania, warnt daher vor »sozialer Diskriminierung«.[154] Wenn Ad Networks, Datenmakler und Datamining-Firmen die persönlichen Angaben von Hunderten von Millionen Menschen nach Belieben aufbereiten und mit anderen Informationsquellen kombinieren, entsteht ein explosives Gemisch. Details Ihres Privatlebens, die Sie auf sozialen Netzwerken wie Facebook oder Twitter kundtun, werden mit Kreditauskünften, Volkszählungsdaten und Einkäufen im Supermarkt um die Ecke kombiniert.

Wie schon ausgeführt, sind diese Daten für sich genommen oft harmlos oder nur von begrenztem Nutzen. Aber die richtige Mischung macht sie zu gefährlichen Werkzeugen, um Verbraucher in immer kleinere Grüppchen zu sortieren, die entweder mit Werbung bombardiert oder eben ausgegrenzt werden – je nachdem, ob sie krank sind, in einem »schlechten« Viertel wohnen oder hin und wieder ihr Girokonto überziehen. Moderne Software kennt die Straße, in der Sie wohnen, das Auto, das Sie fahren, und weiß, wann es abbezahlt ist. In Ländern mit löchrigem Datenschutz wie den USA lässt sich sogar eine Liste Ihrer Nachbarn und Freunde kaufen, die bestimmte verschreibungspflichtige Medikamente einnehmen. Am Ende formt sich daraus eine digitale Identität, anhand derer Algorithmen entscheiden, wie hoch Ihr Kreditzins liegen sollte oder ob Sie einen Rabatt auf Ihr nächstes Handy verdienen. Wer arm oder suspekt ist, hat das Nachsehen. Und wie die jüngsten Wahlkämpfe gezeigt haben, nutzen politische Parteien, Scharfmacher jeder Art sowie Nachrichtendienste dieselben Werkzeuge, um Wähler in kleinen Gruppen oder individuell aufzuhetzen beziehungsweise einzuschüchtern. Der schon erwähnte Aktivist Wolfie Christl hat das Gefahrenpotenzial sehr eindrücklich in seinem Essay zum Thema »Microtargeting« beschrieben.[155]

Es darf als Ironie des Schicksals bezeichnet werden, dass das Internet als der große Gleichmacher und als Demokratisierungsmedium gefeiert wurde. Unternehmen setzen es zunehmend für das genaue Gegenteil ein, nämlich um herauszufinden, wen sie lieber aus ihrer Kundenkartei entfernen sollten oder wem sie etwas mehr Geld aus der Tasche locken können. An abschreckenden Beispielen herrscht kein Mangel. Finanzdienstleister ermuntern ihre Kunden, ihre Kreditkarte mit ihrem sozialen Profil und ihren Bewegungsmustern zu verbinden. Wer sich so beobachten lässt und brav postet, dem winken Rabatte. Dem Onlinereisebüro Orbitz wurde nachgewiesen, dass es Kunden mit Mac-Rechnern Suchergebnisse für teurere Hotels zeigt als solchen, die mit einem Windows-Computer surfen, denn man hatte festgestellt, dass Apple-Fans bis zu 30 Prozent mehr pro Übernachtung ausgeben. Wer vom Handy shoppt, kriegt vom selben Anbieter zuweilen höhere Preise als auf dem Desktop angezeigt. Immer mehr Versicherungen experimentieren mit Policen, deren Prämien ans Fahrverhalten gekoppelt sind. Ein Sensor im Auto dokumentiert dazu die gefahrenen Kilometer, die durchschnittliche Geschwindigkeit und andere Messgrößen. Der Fahrdienst Uber saugt von seinen Kunden den Ladezustand ihrer Handys ab, um denen mehr Geld abzuverlangen, deren Akku gleich leer ist.[156]

Tracking und Datamining sind eine Schlacht mit ungleichen Waffen. Die Unternehmen gewinnen einen beispiellosen Einblick in das Leben und die Gedanken jedes einzelnen Verbrauchers. Für uns hingegen machen die neuen Technologien den Markt weniger transparent, sodass viele Menschen benachteiligt oder unnötig zur Kasse gebeten werden. Nur die technisch sehr Versierten werden hier gewinnen.

Der dänische Sicherheitsexperte Stephan Engberg meint sogar, wir werden von den großen Unternehmen gründlich zum Narren gehalten: »Google manipuliert unser Weltbild, indem es jedem von uns individuelle Suchergebnisse vorsetzt, die auf unserem bisherigen Verhalten basieren. Aber welcher Mensch ist schon so vollkommen, dass er sein eigenes Verhalten wirklich begreifen und nachvollziehen kann. Weil Google so viele Informationen über uns gesammelt hat, weiß es mehr über uns als wir selbst. Das erlaubt es dem Unternehmen, uns genau das anzubieten, von dem es sicher ist, dass wir es mögen werden. Sie werden denken, eine Liste von Suchergebnissen selbst bestimmt zu haben. Dabei entscheidet Google, was wir zu sehen bekommen und was nicht.«[157]

Engberg plädiert deshalb für das Recht, Bürger und Verbraucher das Internet für ihre alltäglichen Transaktionen wie Einkäufe oder in Behördenangelegenheiten anonym nutzen zu lassen: »Sich zu identifizieren ist etwas, das wir uns für den Kontakt zwischen zwei Menschen vorbehalten sollten. Es ist sehr wohl möglich, viele Onlinedienste anonym zu nutzen, ohne irgendwelche Abstriche beim Kundenerlebnis oder der Funktionsfähigkeit zu machen.« Gerichte in Deutschland sehen das übrigens genauso wie Engberg, und der Gesetzgeber hat nach langer Debatte entschieden, dass der Betreiber eines WLAN-Hotspots bei der Registrierung keine Klarnamen verlangen darf.[158] Wenn Kommunikationssysteme auf der vollen Identifizierung eines Nutzers beharren, so Engberg, dann dienen sie dazu, Verbraucher und Bürger ihrer Eigentums- und Mitspracherechte zu berauben.

Im Visier: Schwangere, Depressive und Erbkranke

Dabei stehen wir bei der datengetriebenen Manipulation erst am Anfang. Stellen Sie sich vor, Sie könnten die gesamte Bandbreite des Verbraucherverhaltens im Netz mit fast allen Gewohnheiten und Handlungen offline kombinieren und obendrein den aktuellen Gefühlszustand eines Menschen bestimmen. Unternehmen entwickeln schon längst derartige Modelle, um unser zukünftiges Verhalten vorherzusagen. Sie meinen zu wissen, wann jemand am ehesten ein neues Auto oder einen Kinderwagen kaufen wird. Sobald eine Marke weiß, dass Sie ein bestimmtes Produkt mögen, kann sie den Preis entsprechend anpassen. Das Unternehmen kann auch Informationen aus Ihrem Tagesablauf verwenden, um Ihnen genau dann ein Angebot für Junkfood zuzuschicken, wenn Sie der Hunger plagt. Firmen, die sich auf solche *predictive analytics* spezialisiert haben, bringen zuweilen Dinge über Sie und Ihre Familie in Erfahrung, bevor Sie als Betroffener selbst davon wissen.

Der US-Journalist Charles Duhigg berichtet über ein solches Geschäftsmodell in seinem Buch *The Power of Habit* (Die Macht der Gewohnheit).[159] Ein Mann geht in eine Filiale der amerikanischen Supermarktkette Target außerhalb von Minneapolis und verlangt, den Geschäftsführer zu sprechen. Er zeigt ihm wütend Rabattgutscheine, die an seine Tochter adressiert waren. »Meine Tochter bekam die mit der Post. Sie ist noch in der Highschool, und Sie senden ihr Gutscheine für Babykleidung und Babybetten. Wollen Sie das Mädchen etwa dazu verleiten, schwanger zu werden?«[160]

Der erzürnte Vater wusste nicht, dass seine Tochter tatsächlich ein Kind erwartete, der Supermarkt wusste es sehr wohl. Weil Target ein Modell zur Schwangerschaftsvorhersage entwickelt hatte. Dazu wertet der Konzern umfassend die Daten seiner Kunden aus. Und das jedes einzelne Mal, wenn sie etwas kaufen, eine Umfrage ausfüllen, etwas umtauschen, den Kundendienst anrufen, eine E-Mail öffnen oder seine Webseite besuchen. Diese personenbezogenen Angaben werden mit Daten verknüpft, die Target bei Datenmaklern über jeden Verbraucher zukauft: Ethnie, Zeitschriftenabonnements, wann jemand sein Haus gekauft oder neu finanziert hat, Veränderungen im Familienstand, beruflicher Werdegang, Einträge bei sozialen Medien. Mit diesem Modell gelang es Target, alle Frauen, die mit hoher Wahrscheinlichkeit schwanger waren, zu identifizieren und ihnen entsprechende Werbung zuzuschicken.

Duhigg traf mit dem Titel seines Buches den Nagel auf den Kopf. Laut einer Studie der Duke University in North Carolina prägen Gewohnheiten und nicht die bewusste Entscheidungsfindung fast die Hälfte aller Kaufentscheidungen, die wir jeden Tag treffen.[161] Gewohnheiten entstehen immer dann, wenn uns ein großes Ereignis ins Haus steht, das unser Leben verändern wird. Dazu gehört die Geburt eines Kindes, eine Hochzeit, der Kauf des ersten Eigenheims oder der Studienbeginn. Und dazu gehören auch unschöne Dinge wie eine Trennung, der Tod eines Familienmitgliedes oder der Verlust des Arbeitsplatzes. In solchen Momenten, so Verhaltensforscher, sind wir am ehesten bereit, unsere Einkaufsgewohnheiten zu ändern und diese später beizubehalten. Wer seine Kunden also optimal ausbeuten und an sich binden will, muss solche Wendepunkte möglichst identifizieren und entsprechend bewerben. So unheimlich es klingt, dazu gehört auch, die Aufmerksamkeit seiner Kunden zu wecken, bevor sie überhaupt wissen, dass sie neue Gewohnheiten entwickeln oder die alten ändern werden.

Amazon hat hierbei einen großen Vorteil, denn die Firma gibt seinen Kunden die Möglichkeit, Wunsch- und Geschenklisten anzulegen und mit ihren Bestellungen und Abonnements genau kundzutun, was wann ansteht. Walmart, der größte Einzelhändler der Welt, musste sich solche Infohäppchen en masse einkaufen. Das Unternehmen aus Arkansas erwarb etwa 2012 die beliebte Facebook-App Social Calendar, in der rund 15 Millionen Nutzer besondere Ereignisse wie Geburtstage, Jubiläen oder Reisen eintragen und mit Freunden teilen. Wer den Dreißigsten seines besten Freundes oder den Sommerurlaub in Mexiko vermerkte, hatte wohl kaum bedacht, dass diese sehr persönlichen Ereignisse in den Händen eines Discounters landen würden.

Da Verhaltens-Targeting schon zum Standard gehört, experimentieren Firmen bereits mit noch gewagteren Konzepten: Werbung, die sich an der momentanen Gemütsverfassung eines Verbrauchers orientiert. Wer in Stimmung ist oder eine Aufmunterung braucht, wer schwitzt oder friert, kann von der Werbewirtschaft prompt bedient werden. Google zum Beispiel hat schon vor Jahren ein Patent angemeldet, um Anzeigen basierend auf aktuellen Umweltbedingungen wie Temperatur, Luftfeuchtigkeit, Geräuschkulisse oder Lichtverhältnissen zu schalten. Das könnte dazu führen, dass wir Anzeigen für Daunenmäntel sehen, sobald wir mit dem Handy vor die Tür treten, oder eine Getränkewerbung direkt nach dem Sport auftaucht.[162] Amazon arbeitete 2019 nach Medienberichten an einer tragbaren Version seines Sprachassistenten Alexa, der aus der Stimme den Gemütszustand des Users ableiten kann.[163]

Tracking, das unsere Stimmung oder Laune zu analysieren versucht, zieht ganz klar noch mehr Manipulationsregister. Verhaltensforscher haben festgestellt, dass Menschen mehr online kaufen, wenn sie betrunken sind oder unter Depressionen leiden.[164] Experten nennen diese Art der Beeinflussung *persuasion profiling*. Es wird weiter an Bedeutung gewinnen, denn Soziologen bei Facebook und anderen Firmen haben längst herausgefunden, dass man aus menschlichem Glück und Unglück Gewinn schöpfen kann. So prahlte die Plattform vor ihren Werbekunden, dass Nutzer, die gerade eine Trennung hinter sich haben, im ersten Monat ihres Singledaseins 25 Prozent mehr für Reisen ausgeben und deutlich öfter ausgehen.[165] Selbst die renommierte *New York Times* ist auf den Zug aufgesprungen. Unter dem Arbeitstitel »Project Feels« verkauft die Zeitung erfolgreich Anzeigen gegen Aufpreis, die zum Gefühlszustand passen, den ein bestimmter Artikel beim Leser oder der Leserin hervorruft.[166]

Eli Pariser, der Autor von *The Filter Bubble*, macht sich große Sorgen über diese neuen Verführungsprogramme: »Man bemerkt kaum, dass man dem *persuasion profiling* unterzogen wird, und ehe man sich's versieht, wird dieses Profil dazu benutzt, das eigene Verhalten zu beeinflussen. Unternehmen, denen wir die dazu notwendigen Daten preisgeben, unterliegen keinen Gesetzen, diese für sich zu behalten. Einmal in den falschen Händen, gibt *persuasion profiling* einem Unternehmen die Möglichkeit, Ihre rationalen Entscheidungen zu umgehen, Ihre Psyche auszuloten und Sie an Ihren Schwachstellen auszunutzen. Ganz nach dem Motto: Wer sich in eine Person wirklich hineindenken kann, kann auf einmal ihr Handeln beeinflussen.«[167] Damit entwickelt sich das Internet zur perversen Fernbedienung für alle jene Unternehmen, die sich eine umfassende Datenanalyse leisten können.

Die Gefahren dieser Manipulationen werden durch die rasanten Fortschritte bei künstlicher Intelligenz (KI) noch verstärkt. Deep Fakes, also täuschend echte Fälschungen von Bildern, Audio- und Videodateien, lassen sich inzwischen vergleichsweise einfach mit frei erhältlicher Software anfertigen, um einem anderen erfundene Handlungen und Worte in den Mund zu legen. Selbst wenn der rationale Teil unseres Gehirns solche Fakes erkennt, lassen sie sich gezielt einsetzen, um Sorgen oder Bedürfnisse zu schüren, Vorurteile zu stärken und Menschen von Handlungen abzuhalten. Was etwa, wenn ein renommierter Akademiker oder ein Fernsehstar in einem Video die Vorzüge eines Produktes anpreist?

»Diese Systeme werden so gut sein, dass sie genau wissen, was wir hören wollen, und werden uns genau das servieren. KI wird uns anlügen, weil sie weiß, welche Lügen jeder von uns am liebsten hören möchte. Und wir werden sie akzeptieren. Selbst wenn ich weiß, dass etwas eine Fälschung ist, kann ich mich von seinem Effekt nicht freimachen, nachdem ich es gesehen habe. Das ist eine emotionale Cyberattacke, die genauso Schaden anrichtet wie der Diebstahl von Datensätzen«, erklärt Steven Weber, Professor an der University of California in Berkeley, der das dortige Center for Longterm Cybersecurity leitet.[168]

Noch ein weiterer beunruhigender Trend zeichnet sich am Horizont ab, denn auch vor der Idee, die genetischen Informationen oder die DNA einer Person für Marketing- und Werbezwecke zu erschließen, schrecken Firmen nicht zurück. Kapitel 8 wird näher darauf eingehen, sodass an dieser Stelle der Hinweis genügt, dass kluge Köpfe in der Technik- und Werbewirtschaft bereits über »genetisches Marketing« nachdenken, darüber also, wie man das Erbgut eines Verbrauchers online zu klingender Münze machen kann. Wenn Sie etwa wissen, dass Person X mit hoher Wahrscheinlichkeit an Altersdiabetes oder einem degenerativen Augenleiden erkranken wird, bietet es sich an, gezielt Werbung auf diese Lebensphase auszurichten. Das heißt: frühzeitig Bewusstsein für das Risiko erzeugen und Sorgen einflüstern, um dann jede Menge Lösungen anzubieten. Versicherungsgesellschaften wären sicher auch sehr interessiert an den genetischen Profilen. Millionen von Menschen stellen schon jetzt ihre Speichelprobe und die Ergebnisse der genetischen Auswertung leichtfertig bei Diensten wie 23andMe.com online. Meist in der Hoffnung, entfernte Verwandte zu finden oder die Wahrscheinlichkeit zu erfahren, an einem bestimmten Leiden zu erkranken. Diese Praxis hat Fragen zum Datenschutz aufgeworfen, die selbst Experten die Haare zu Berge stehen lassen.

Genetisches Targeting wäre das ultimative Cookie: die eine Trackingdatei, die wir nie löschen können, da sie von der Natur auf der Festplatte unseres Lebens installiert wurde. Schon bald werden Firmen – mit Risikokapital im Rücken und von wenigen Skrupeln geplagt – versuchen, auch diese biologischen Cookies maschinenlesbar zu machen, damit sie sich analysieren und weiterverkaufen lassen.

Wer hat das bestellt?

Bei aller berechtigten Sorge vor der fast unausweichlichen kommerziellen Überwachung sollten Sie sich nicht den Spaß am Einkaufen im Netz nehmen lassen. Es ist bequem, das Angebot ist endlos, und die Chance zum Bummeln und Preisevergleichen ist verlockend. Nur sind, wie immer, gewisse Schutzvorkehrungen geboten.

Wenn Sie die Entscheidung getroffen haben, etwas auf einer Webseite zu kaufen, müssen Sie im Zweifelsfall Ihre Bank- oder Kreditkarteninformationen herausgeben. Deutsche Verbraucher wie Händler sind beim Umgang mit Kreditkarten traditionell eher zurückhaltend. Das hat internationale Internetfirmen gezwungen, bei ihren deutschen Ablegern auch Lastschriftverfahren anzubieten, was den Diebstahl Ihrer Finanzdaten erschwert. Die Kreditkarte ist trotzdem immer noch die Standardwährung im Netz. Sie trägt Ihren Klarnamen und ist mit Ihrer Bonität eng verbunden. Sie verdient, kurz gesagt, ganz besondere Beachtung und sollte sparsam eingesetzt werden. Wenn Sie Bezahlplattformen wie PayPal oder Apple Pay benutzen, können Sie beispielsweise Ihre Daten vor Onlinehändlern abschirmen.

Grundsätzlich sollten Sie immer eine kleine Checkliste im Kopf durchgehen, bevor Sie auf »Kaufen« klicken: Hat Ihnen ein Bekannter die Seite empfohlen? Haben Sie die Webseite zuvor schon einmal verwendet? Was sagen die Bewertungen im Netz? Sind die über den Browser gesendeten Informationen verschlüsselt – was sich an dem Kürzel »https« und einem Schlosssymbol im Adressfeld ablesen lässt? Hat ein unabhängiger Dritter bestätigt, dass Sie der Webseite mit Ihren Zahlungsangaben und anderen persönlichen Daten vertrauen können? Und wird eine solche Bestätigung durch das Logo einer vertrauenswürdigen Organisation angezeigt, etwa das TÜV-Logo oder der schwarz-hellgrüne Bogen des TRUSTe-Konsortiums?

Kreditkartenunternehmen verfolgen aus gutem Grund jeden Kauf, den Sie tätigen, mit hochkomplexen Softwaresystemen. Sie werden Ihnen oft innerhalb weniger Minuten nach einer verdächtigen Transaktion eine E-Mail schicken, in der Sie gefragt werden, ob Sie wirklich eine

Jacke bei Onlinegeschäft X erstanden oder an einem ungewöhnlichen Ort beziehungsweise in einer ungewohnten Währung eingekauft haben. Um eine Transaktion als verdächtig einzustufen, ist eine Fülle von Informationen über Ihre Person notwendig: Kaufgewohnheiten, Bewegungsmuster und andere Details. Wenn Sie noch nie in Griechenland waren und auch keine Goldmünzen oder Teppiche kaufen, ist die Wahrscheinlichkeit relativ hoch, dass ein teurer Einkaufsbummel in Athen von einem Hacker stammt, der Ihre Kreditkartendetails besitzt und sie online weiterverkauft hat.

Was nicht heißen soll, dass man auf die Kreditkartenunternehmen vertrauen und jeder Bezahlplattform im Netz leichtfertig begegnen sollte. Venmo etwa, ein beliebter Ableger von PayPal, sendet qua Voreinstellung Namen und Beträge jeder Transaktion (ohne den Betreff) in sein millionenstarkes Netzwerk von Nutzern aus. »Soziales Bezahlen« nennt sich dieser finanzielle Exhibitionismus, den man händisch abstellen muss. Facebook will ab 2020 eine eigene Währung namens Libra einführen, an der sich Dutzende große Unternehmen beteiligen werden. Angeblich sollen die Transaktionen durch ein digitales Portemonnaie namens Calibra nicht mit dem Profil der Nutzer verknüpft und zu Werbezwecken ausgenutzt werden können. Doch wer das Kleingedruckte liest, wird reichlich Schlupflöcher finden, wie Facebook über kurz oder lang genau diese zwei Datensätze zusammenführen dürfte.[169] Ähnlich leere Versprechungen hatte das Netzwerk schon beim Kauf des Nachrichtendienstes WhatsApp gemacht und anschließend gebrochen. Insofern sollte man sich dreimal überlegen, ob man seinen Zahlungsverkehr einem US-basierten Unternehmen mit einem chronisch schlechten Ruf beim Datenschutz anvertrauen will.

Doch sind wir ehrlich: Die engmaschige Verfolgung eines Verbrauchers über Webseiten und Apps über Jahre hinweg wäre nicht möglich, wenn wir nicht freiwillig viele dieser wertvollen Informationen preisgäben. Wir sind süchtig danach, uns online unterhalten zu lassen, und haben Angst, etwas zu verpassen (auch FOMO, kurz für »Fear Of Missing Out« genannt). Doch jedes Lied, das wir hören, jeder Film, den wir streamen, jedes Foto, das wir hochladen, kommentieren oder taggen, jeder Befehl, den wir Alexa oder Google zurufen, ist ein Steinchen im Puzzle unserer Onlineidentität. Marketingspezialisten haben den Unterhaltungswert unserer Daten längst erkannt und nutzen unsere Lust auf Ablenkung nach allen Regeln der Kunst aus. Mit den Schattenseiten des vernetzten Entertainments beschäftigt sich das nächste Kapitel.

Tipps und Tricks (siehe Kapitel 13)

- Löschen Sie Ihre Cookies und Ihr Webprotokoll (I-1)
- Verwenden Sie Google-Datenschutz-Werkzeuge und vermeiden Sie es, zu häufig Google zu nutzen (I-2)
- Diese Informationen gehören nicht in soziale Netzwerke (I-3)
- Verwenden Sie mehrere Browser (I-4)
- Grundlegende Sicherheit bei Facebook (I-6)
- Grundlegende mobile Sicherheit (I-7)
- Schützen Sie Ihre E-Mails (I-8)
- Verwenden und merken Sie sich sichere Passwörter (I-9)
- Kaufen Sie sicher mit Ihrer Kreditkarte ein (I-10)
- Verwenden Sie Blocking-Werkzeuge in Ihrem Browser (II-11)
- Verbergen Sie Ihre IP-Adresse mit einem VPN (II-17)
- Beugen Sie Identitätsdiebstahl vor (II-19)
- Surfen Sie mit Verschlüsselung (III-23)
- Machen Sie einen Bogen um Alexa und andere Sprachassistenten (III-25)
- Säubern Sie Ihre Browsererweiterungen (V-44)

KAPITEL 7

UNTER-HALTUNG: DAS IST MEINE PARTY

Manchen Menschen muss man es deutlich sagen, wenn man sie einlädt: »Bitte nichts posten, wenn ihr bei mir auf einer Feier seid!« Einige Prominente und um ihre Privatheit besorgte Zeitgenossen tun das bereits, und es steht zu hoffen, dass auch Sie bald dazugehören werden, wenn Sie die nächste Einladung verschicken oder mailen. Unser Zuhause ist einer der wenigen Orte, an dem wir noch ein gewisses Maß an Kontrolle über unsere Privatsphäre praktizieren und steuern können, was mit unseren persönlichen Daten und im weiteren Sinne mit unserer Identität geschieht.

Wir begegnen diesem Problem fast täglich. Wenn wir unsere Freunde und Kollegen auf ein Bier treffen oder unsere Kinder bei einer neuen Schule anmelden. Viele Eltern meinen, dass es völlig normal sei, die Gepflogenheiten der analogen Welt ins heutige, komplett vernetzte Zeitalter zu übernehmen. Was soll schon dabei sein, einen Dreijährigen beim Stochern in einem Stück Torte zu fotografieren und das Bild samt der darauf abgebildeten Freunde sofort hochzuladen, sodass das Geburtstagskind mit allen Gästen gleich entsprechend getaggt ist? Und sollten Sie Ihren Bekannten beim nächsten gemeinsamen Abendessen nicht besser sagen, dass alles, was sie in Ihrem Haus sagen, von Amazon oder Google aufgezeichnet wird?

Es geht hier nicht nur um die Frage der »Netiquette«, des höflichen Verhaltens im Netz, im Zeitalter von Smartphones und ständiger Erreichbarkeit. Es geht um den unaufhörlichen, schleichenden Verrat an den eigenen Verwandten und Bekannten, der sich als Spaß und Unterhaltung tarnt. Wer seinen Status ständig aktualisiert, Schnappschüsse macht und alle Bekannten in ihnen taggt, wer seine Umwelt mit Meldungen über jedes gehörte Lied und jeden betrachteten Film nervt, der beraubt sich nicht nur seiner eigenen Privatsphäre, sondern höhlt sie auch für die Menschen in der eigenen Umgebung aus – von der Unverfrorenheit einmal abgesehen, die medialen Opfer nicht einmal um ihre Erlaubnis zu fragen.

Teilen, Oversharing und das, was Social-Media-Fanatiker als »reibungs- oder nahtloses« Teilen beschönigen, sind Schlagworte, die diese Generation prägen werden. Die meisten Onlinedienste locken Sie mit auf der irrigen Annahme, dass Sie nur dann wirklich gut unterhalten werden können, wenn Sie die Auswahl Ihrer Lieder, Filme, Fernsehsendungen, Fotos, Bücher oder Spiele möglichst in Echtzeit öffentlich machen, bis zur einzelnen Szene, bei der Sie auf Pause gedrückt haben, oder jeder Passage, die Sie markieren. Dabei ist schon jetzt klar, dass viele Menschen ihre Mitteilsamkeit bedauern werden, die aus Versehen vertrauliche oder intime Details preisgegeben oder andere verletzt hat. Den Anbietern ist diese ungezügelte Plauderlust hingegen höchst willkommen, da es ihnen detaillierten Einblick in Konsum und Freizeitverhalten der Nutzer gewährt. Sie können sich so obendrein den Zugang zu den Menschen in unserem Freundeskreis erschleichen.

Erneut muss man zwischen zwei Ebenen der Datenhäscherei unterscheiden: Es gibt einmal das absichtliche Teilen, bei dem der Nutzer eines sozialen Netzwerks eine Information an einen anderen weiterreicht. Weit weniger bewusst ist Ihnen jedoch, dass noch viel mehr Details Ihres Unterhaltungsprogramms gesammelt werden, nämlich heimlich. Sogenannte *social widgets* sind auf fast allen gängigen Webseiten eingebettet, die vor allem als stille Spione dienen, auch wenn wir sie nicht anklicken. Gesichtserkennung ist ein weiterer problematischer Trend, gegen den sich endlich eine immer lautere Gegenbewegung formiert. Es ist vielleicht auf den ersten Blick von Vorteil, wenn Geräte und Dienste Sie automatisch erkennen, aber es wirft im selben Atemzug erhebliche Fragen zum Datenschutz auf. Weder die gegenwärtigen Gesetze noch die Gesellschaft sind auf eine Zukunft vorbereitet, in der Maschinen jeden Menschen ständig buchstäblich im Visier haben.

Teilen bis zum Anschlag

Das Teilen von Informationen online ist ein Geben und Nehmen, bei dem man neue Dienste entdecken kann, Neuigkeiten erfährt und unerwartete Erfahrungen machen kann. Wenn die Grundeinstellung »teilen« lautet, kann man schwer widerstehen, all das in die Welt zu senden, was man tut, sich anhört oder ansieht. Das Mikrofon und die Kamera sind immer eingeschaltet – bei den Smartphones der Zukunft sogar dann noch, wenn sie im Ruhezustand sind. Wir sind süchtig danach, uns selbst und uns miteinander in aller Öffentlichkeit zu amüsieren, beklagt der Technologiekritiker Andrew Keen in seinem Buch *Digital Vertigo*.[170]

Rund um die Uhr gesprächig, so wünschen sich Onlinefirmen ihre Kunden. Sie haben ein ureigenes Interesse daran, dass wir so viel wie möglich teilen, ohne lange darüber nachzudenken. Wenn das Teilen zur nicht hinterfragten Alltagsangelegenheit wird, liefern wir einen endlosen Strom von höchst detaillierten Daten über unser Leben und das unserer Bekannten und Verwandten, der sich zu Geld machen lässt.

Es gibt in der Tat so viel Geld zu verdienen, dass die Anzahl der großen Technikfirmen kontinuierlich wächst, die Heerscharen von Lobbyisten von Berlin über Brüssel bis Washington bezahlen um bei Politikern und in der Öffentlichkeit für ihre allzu weit gefasste Definition von *sharing* zu werben. Eine Arbeitsgruppe in Washington etwa bezeichnet sich vermeintlich neutral als »Forum für die Zukunft der Privatsphäre«. Diese Gruppe setzt sich in Wirklichkeit für genau das ein, was Google und Facebook wollen: »Die Menschen bevorzugen reibungsloses Sharing«, behauptete Christopher Wolf, ein Rechtsanwalt und Vorstandsmitglied der Lobbying-Gruppe, in einem Zeitungsinterview.[171]

Was genau verbirgt sich hinter dem Begriff »Reibung«? Gemeint ist eine Metapher für den gesunden Menschenverstand und die digitale Selbstverteidigung, die wir einsetzen sollten, bevor wir ein Update veröffentlichen oder einem Spiel Zugriff auf private Daten auf unserem Handy geben. Alles, was dieses automatische Megafon der sozialen Medien dämpft oder zum Verstummen bringen könnte, stellt in den Augen der Technologiebranche einen unnötigen Reibungsverlust dar.

Je mehr sich Verbraucher und Gesetzgeber mit den offenkundigen Verletzungen des Datenschutzes und der Persönlichkeitsrechte im Netz beschäftigen, desto mehr Geld stecken die betroffenen Firmen in gezielte Lobbyarbeit. Google, Amazon, Facebook, Apple und Microsoft verwendeten zwischen 2005 und 2018 rund 582 Millionen US-Dollar auf politische Lobbyarbeit in Washington.[172] Die vier Erstgenannten, auch GAFA abgekürzt, beschäftigten Anfang 2019 rund 238 Interessenvertreter in der US-Hauptstadt – unter anderem getrieben von der Angst vor neuen Gesetzen, die ihre ständig wachsende Marktmacht beschneiden könnten.[173]

Sollte die Datenhäscher-Lobby mit ihrem Versuch erfolgreich sein, das ungefragte und undurchdachte Teilen als neuen Standard gesellschaftlicher Interaktion zu etablieren, werden viele von uns über kurz oder lang große Schwierigkeiten bekommen. Auch der selektive Austausch von Klatsch und Tratsch, den wir heute bereits praktizieren, löst häufig ernste Reue aus. Forscher der Carnegie Mellon University veröffentlichten bereits 2011 eine Studie mit dem Titel »Es tat mir leid, sobald ich auf Teilen geklickt hatte«.[174] Danach würden viele Facebook-Nutzer gerne zahlreiche ihrer Updates und Kommentare zurücknehmen.

Die echte Gefahr des Oversharings liegt wohl weniger darin, sich selbst zu blamieren, als vielmehr Bekannte und Verwandte in Schwierigkeiten zu bringen. Nehmen Sie beispielsweise Bilder von einer wilden Fete, die ungewollt den anderen Gästen schaden könnten.

Das mag ein banales Beispiel sein, ist aber als gesellschaftliches Problem nicht zu unterschätzen. Eben Moglen, Juraprofessor und Datenschutzaktivist an der Columbia University, meint sogar, wir fügten einander durch zu viel Sharing nicht wiedergutzumachenden Schaden zu. Er vergleicht die sozialen Netzwerke mit Hackern, die sich zwischen zwei Teilnehmer eines Gesprächs mogeln und alles mitschneiden.

»Facebook führt dazu, dass jeder von uns erhebliche ›Umweltschäden‹ anrichtet, indem wir alle gemeinsam die Privatsphäre unserer Mitmenschen zerstören«, so Moglen. »Durch den Austausch mit unseren tatsächlichen Freunden über einen Mittelsmann im Netz, der alles speichert und auswertet, machen wir die Privatsphäre unserer Mitmenschen kaputt. Nicht das Sharing an sich ist das Problem, sondern die Art und Weise, wie es abläuft, da ein Dritter in der Mitte alle Daten abschöpfen kann. Das ist nicht nur an Dummheit schwer zu überbieten, sondern auch extrem gefährlich.«[175] Selbst wenn Facebook sein Versprechen wahrmachen sollte und vom allzu öffentlichen Newsfeed zu privaten Gruppenchats wechselt, sind immer genug alte Details in Umlauf und werden neue ihren Weg in die Öffentlichkeit finden, um den Unterschied zwischen »veröffentlichter« und »öffentlich zugänglicher« Information zu verwischen. In der Tat behaupten Facebooks Juristen hartnäckig, dass es zwischen beiden Dingen keinen Unterschied gebe und unsere Privatsphäre damit, genau genommen, aufhört zu existieren, sobald wir online aktiv werden.[176]

Unternehmen lesen gerne mit

Datenschützer mögen klagen, doch alle möglichen Unternehmen haben den Wert des unbedachten Sharings für sich entdeckt, um die Gewohnheiten ihrer Kunden automatisch und unbemerkt zu überwachen und Einsichten daraus weiterzuverkaufen. Wer auf Social Media ständig mit seinem vermögenden Alltag prahlt, erledigt für Datenmakler gleich die Vorarbeit zu einer virtuellen Bonitätsprüfung. Ganz zu schweigen von Nachrichtendiensten in aller Welt, die bei den freiwillig hochgeladenen Informationen aus dem Vollen schöpfen können. Satiriker und Zyniker liegen gar nicht so falsch, wenn sie Facebook als CIA-Operation verspotten, denn einfacher lassen sich wohl kaum so detaillierte Profile möglichst vieler Menschen, ihrer Vorlieben und ihres Freundeskreises abgreifen.

Ein abschreckendes Beispiel für den geistlosen Umgang mit sozialen Medien ist ein hier ungenannt bleibender Zeitgenosse, der online ständig mit seinem neuen Auto prahlte. Er gab sogar zu, regelmäßig das Tempolimit zu ignorieren – Spaß müsse sein! Als er einen Unfall hatte, zahlte die Versicherung für einen neuen Wagen. Auch das konnten seine Freunde auf einer Seite für Autoliebhaber nachlesen. Dumm nur, dass er ihnen auch verriet, dass der zu Schrott gefahrene Wagen gar nicht über ihn, sondern über seine Großmutter versichert war.[177]

»Soziale Medien sind ein großartiges Werkzeug für unsere Nachforschungen. Wir freuen uns, dass Menschen so mitteilsam sind«, sagt Bernhard Lindholm, Manager der dänischen Versicherungsgesellschaft Tryg. »Wir nutzen das Internet, um Realitätskontrollen durchzuführen, da Leute online eher die Wahrheit sagen, als wenn wir sie fragen.«[178] Der angeberische Raser bekam übrigens eine Haftstrafe von 60 Tagen wegen Versicherungsbetrugs.

Auch in Deutschland ist dieses Thema umstritten. Als etwa die Schufa im Jahr 2012 das Hasso-Plattner-Institut damit beauftragte herauszufinden, ob und wie sich öffentlich zugängliche Angaben auf Facebook, Twitter oder Xing für die Bonitätsprüfung nutzen ließen, brach ein Sturm der Entrüstung los. Die Auskunftei musste ihren Auftrag kündigen.[179]

Gleichwohl geben auch andere Unternehmen offen zu, sich auf sozialen Medien umzusehen, um Preise und Risikoprofile für Kunden zu berechnen. Der Versicherer Axa Global Direct etwa wertet nach eigenen Angaben bis zu 50 Variablen aus, um die individuelle Prämie zu ermitteln: von Browsercookies und dem Einkaufsverhalten bis zu Einträgen über Partys auf Facebook.

Der Konsum und der Austausch unterhaltsamer Häppchen ist auch deswegen so verlockend, weil sich dessen Entwickler eines psychologischen Spiels bedienen. Wer neue Dinge entdeckt und empfiehlt, sammelt Punkte bei seinen Bekannten und steigt in deren Achtung als Trendsetter. Jede dieser Handlungen wird selbstverständlich erfasst und ausgewertet.

Insofern sind Webseiten und Apps alle Teil eines perfiden globalen Experiments, bei dem Programmierer mit Soziologen und Verhaltenspsychologen ausgetüftelt haben, unsere digitale Sucht zu bedienen. Wenn Sie auf Facebooks »Gefällt mir« oder einen anderen Button klicken, um Ihren Freunden von einer coolen Band oder einem neuen Film zu berichten, oder sich mit ihrem Kennwort von Facebook oder Twitter einloggen, geben Sie Informationen über Ihr Verhalten an diese Firmen weiter.

Die Datenhäscherei läuft auch dann ab, wenn Sie niemals auf auftauchende Widgets klicken. Dank des Codes, den Anbieter wie Facebook oder Google anderen Webseiten zur Verfügung stellen, ist nämlich gar keine explizite Handlung des Besuchers nötig, um ausspioniert zu werden. Die Seite sendet identifizierbare Informationen über Ihren Besuch, sobald sie geladen wird, selbst wenn Sie sich vom Dienst abgemeldet haben oder noch nie dort Kunde waren. Die Debatte, ob diese Praxis legal ist, hält bis heute an und hat nach Inkrafttreten der europäischen Datenschutzgrundverordnung neue Nahrung erhalten.

Der Streit um heimliches Tracking hatte auch in Deutschland unmittelbare Folgen: Die ehemalige Bundesverbraucherschutzministerin Ilse Aigner machte sich bereits 2011 dafür stark, dass Ministerien und Politiker auf einen Facebook-Button verzichten. Behörden aus Niedersachsen bis Bremen entfernten ihre Facebook-Verknüpfungen und auch Fanseiten auf Facebook selbst, da sonst Bürgerdaten in die USA übertragen werden.[180] Die Rechtslage blieb weiterhin ungeklärt, bis der Europäische Gerichtshof im Juli 2019 entschied, dass Webseiten für die Aufklärung über und die Zustimmung zu solchen *social widgets* verantwortlich sind.[181]

Im Visier der Gesichtserkennung

Unsere Leidenschaft fürs Teilen dreht sich zu einem großen Teil um Bilder von uns selbst, Freunden und Verwandten. Dank maschinellen Lernens kann Software immer zuverlässiger Gegenstände und Gesichter in diesen Fotos erkennen. Solche KI-Systeme versprechen, Sie von der lästigen Arbeit zu befreien, die Bilder in Ihren Alben mit Namen zu versehen, alle Schnappschüsse mit Hund zu finden oder Fotos nach Reisen und Zielorten zu sortieren. Mit ein paar Bildern als Bezugsmenge errechnet die Software einen sogenannten Gesichtsabdruck einer Person. Diese Datei kann mit nicht immer einwandfreier, aber zunehmend besserer Treffsicherheit auf andere Bilder angewendet werden, sobald sie hochgeladen werden – und vermag sogar zu erkennen, wie aus einem Baby ein Kind und dann ein Jugendlicher wird.

Entwickelt wurde die Gesichtserkennung von Behörden, die damit verschiedene Sicherheitsaufgaben abwickeln – von der Zugangskontrolle in einem Gebäude über die Identifizierung von Straftätern bis zur blitzschnellen Überprüfung eines Führerscheins oder Ausweises. Da sie inzwischen immer billiger und leistungsfähiger geworden sind, verbergen sich schon jetzt verschiedene Varianten der Gesichtserkennung in den meisten Ihrer Geräte und in fast jeder modernen Fotobearbeitungssoftware.

Wenn das Smartphone oder die Digitalkamera automatisch auf mehrere Gesichter scharf stellt und sie mit einem gelben Quadrat markiert, ist Gesichtserkennung der einfachsten Art im Spiel. Diese Software weiß zumindest, was ein menschliches Gesicht ist, und fokussiert entsprechend. Programme wie Apple Photos und Google Photos oder Photoshop Elements von Adobe sind längst einen entscheidenden Schritt weiter: Sie lernen, wer wer auf einem Bild ist – vom Baby bis zum Greis.

Man kann das Angebot der Hilfestellung bei der Verschlagwortung ablehnen, weil es einem unheimlich vorkommt. Aber was tun, wenn die automatische Kennzeichnung Ihrer gesamten Familie oder Ihres Freundeskreises standardmäßig passiert? Wer weiß schon genau, was ein Anbieter mit diesen *face prints* und dem Index der abgelichteten Gegenstände plus Ortsdaten anfängt? Es kommt zumindest nicht von ungefähr, zu befürchten, dass Ihre Ferienpläne und Haustiere zu Werbezwecken bei Datenmaklern landen.

Selbst wenn Sie irgendwann Bilder löschen oder die Kennzeichnungen entfernen, heißt das noch lange nicht, dass die zugrunde liegenden Gesichtsabdruckdateien, was Experten als Metainformationen bezeichnen, nicht auf den Servern des Anbieters verbleiben oder bereits anderen Diensten zur Verfügung gestellt wurden.

Eine Kopie Ihres Gesichtsabdrucks kann irgendwo lagern und jederzeit wieder eingeschaltet werden, um sie auf die Bilder von anderen Nutzern irgendwo im Netz anzuwenden, selbst wenn es sich dabei um Filme auf YouTube oder Facebook handelt. Verschiedene Unternehmen, von kleinen Start-ups bis Microsoft, haben günstige und zuverlässige Gesichtserkennung für Videos hergestellt – angeblich, um Verbrauchern dabei zu helfen, die Szenen mit ihren Lieblingsstars oder mit Verwandten und Kindern in einem längeren Video schneller zu finden.

Die Datenbanken, die diese Dienste ermöglichen, wachsen rapide, ohne den Millionen Menschen, auf denen sie basieren, ein Mitspracherecht einzuräumen. Das israelische Unternehmen Face.com zum Beispiel war früher Marktführer bei der Gesichtserkennung. Es stellte seine Algorithmen zur Gesichtserkennung anderen Firmen als Dienstleistung zur Verfügung. In den ersten beiden Jahren seines Bestehens hatte Face.com nach Auskunft seines Chefs mehr als 24 Milliarden Bilder eingescannt und darauf mehr als 65 Millionen Menschen identifiziert, in den meisten Fällen, ohne sie zu kennen.[182] Bis Mai 2012 war die Anzahl der gescannten Bilder auf 41 Milliarden gewachsen.[183] Kein Wunder, dass Facebook das Unternehmen 2012 kaufte, um seine globale Identitätsdatenbank auszubauen.

Google hat ebenfalls über Jahre hinweg massiv in Gesichtserkennung investiert und unter anderem schon 2006 die Firma des deutschen Softwareentwicklers Hartmut Neven gekauft. Das Unternehmen entschied sich allerdings nach eigenen Angaben, diese Art der Suche vorerst nicht zu aktivieren – eingedenk der massiven Datenschutzprobleme, die das mit sich brächte. »Wir haben diese Technologie entwickelt, aber nicht auf den Markt gebracht«, verriet der damalige Vorstandsvorsitzende Eric Schmidt. »Soweit ich weiß, ist das bisher das einzige Mal, dass Google etwas gebaut, begutachtet und dann gestoppt hat.«[184]

Auch Facebook musste seine Ambitionen für die automatische Gesichtserkennung vorerst zurückschrauben. Nach deutlichem Protest von europäischen, insbesondere deutschen Datenschützern stellte das Netzwerk die Funktion erst heimlich ein und kündigte dann im September 2012 an, sie für alle Nutzer in der EU zu deaktivieren und darüber hinaus bereits bestehende biometrische Daten zu löschen. Pünktlich zum Start der Datenschutzgrundverordnung schaltete das Netzwerk das Feature im April 2018 wieder ein, allerdings müssen europäische Nutzer jetzt explizit der erkennungstechnischen Behandlung ihrer Bilder zustimmen.

Microsoft steuert einen etwas vorsichtigeren Kurs und entfernte im Frühling 2019 eine öffentlich zugängliche Datenbank von rund zehn Millionen Gesichtsprofilen namens MS Celeb. Nach Angaben des Unternehmens war es das größte – aber keineswegs einzige – Trainingsset seiner Art, um künstlicher Intelligenz die Identifizierung von Gesichtern beizubringen. Microsoft hatte diese Datenbank aus online frei erhältlichen Fotos von 100 000 Prominenten zusammengeklaubt, ohne die Betroffenen um ihre Einwilligung zu fragen. An diesem Datensatz hatten sich viele Unternehmen bedient, von IBM und Nvidia bis zu chinesischen Firmen wie Alibaba, Sensetime und Megvii. Kritiker werfen letzteren beiden Firmen vor, ihre Technologie zur staatlichen Überwachung der Minderheit der Uiguren zu verkaufen.[185]

Gesichtserkennung bietet auf den ersten Blick zahlreiche Vorteile und regt so viele neue Geschäftsideen an, dass ihre Nutzung trotz aller Widerstände gegen einen möglichen Überwachungsstaat schon jetzt zu explodieren droht:

Neue Smartphones wie das iPhone X benutzen Ihr Gesicht, um entsperrt zu werden und Einkäufe zu tätigen. Wenn Sie vor einem Fernseher oder einer Spielkonsole mit eingebetteter Gesichtserkennung sitzen, kann auch dieses Gerät Sie identifizieren und das Programm entsprechend anpassen – je nachdem, was Sie in letzter Zeit angeschaut oder aufgezeichnet haben. Oder Sie können das Gerät programmieren, um bestimmte Sender für Ihre Kinder zu sperren, sobald die davorsitzen.

Hotels und Luxusgeschäfte in Europa, den USA und Asien experimentieren bereits mit Gesichtserkennung, um Stammkunden und Prominente zu identifizieren und ihrem Personal eine Alarmmeldung aufs Handy oder Tablet zu schicken, die relevante Daten wie Kleidungsgröße, bevorzugtes Zimmer oder die Summe ihrer bisherigen Einkäufe anzeigt.[186]

Die vernetzte Google-Brille namens Glass war ein gnadenlos verspotteter Prototyp, als sie 2014 auf den Markt kam. Wie sich rasch zeigte, müssen Programmierer erst herausfinden, wozu das tragbare Display eigentlich taugt, und sowohl Hersteller als auch Verbraucher und Politiker müssen erst noch Umgangsregeln und Vorschriften entwickeln. Erste Verbote für das Tragen der Brille in einer Bar, im Kino oder hinter dem Steuer machten Schlagzeilen, und Google erklärte schnell, dass die Gesichtserkennung kein Standardfeature für Glass-Apps sein sollte.[187] Doch die langfristigen Vorteile liegen auf der Hand: Mit Gesichtserkennungssoftware in Ihrer Brille können Sie eine Person, die Sie treffen, schnell scannen und zum Beispiel einen Hinweis erhalten, wen Sie vor sich haben, sollten Sie etwa den Namen vergessen haben oder die Person wirklich nicht kennen. Die Brille oder das Smartphone kann Ihnen auch gleich sagen, ob Sie gemeinsame Freunde in Ihren sozialen Netzwerken haben. Im Beruf könnte ein vernetztes Display direkt vor den Augen durchaus nützlich sein, etwa um relevante Kundendaten oder Patientenbefunde präsent zu haben.[188]

Wollen Sie Geld von einem Geldautomaten abheben, oder eine neue automatische Passkontrolle am Flughafen passieren, könnte eine Kamera Ihr Gesicht zur Identifizierung überprüfen. Weiteren kommerziellen Anwendungen sind keine Grenzen gesetzt. Beim Vorbeigehen an einer digitalen Plakatwand auf der Straße werden Sie bald personalisierte Werbung sehen, da eine Kamera im Rahmen Ihr Alter und Geschlecht erkennen und beurteilen kann, ob Sie gerade hinschauen. Wenn Sie ein Mann sind, werden Sie einen Rasierapparat oder Sportwerbung zu sehen bekommen, aber keine Anzeige für Damenparfüm oder Tampons. In Japan arrangieren die Prototypen neuer Getränkeautomaten nach diesem Prinzip bereits ihr Sortiment im Display um, wenn ein Käufer davorsteht.

Moderne Gesichtserkennung wird nicht nur ständig schneller, sondern auch treffsicherer und preiswerter, denn sie kann das gesamte Netz als Trainingsparcours benutzen. US-Forscher testeten ein Programm mit Fotos von 200 zufällig ausgewählten Collegestudenten.[189] Dank der bei Facebook frei zur Verfügung stehenden Informationen wurde ein Drittel von ihnen sofort erkannt. Die Forscher fanden außerdem auch allein anhand der anonymen Fotos die Sozialversicherungsnummern von vielen der Studierenden heraus. Während die eindeutige Identifikation eines Gesichts bisher eine Frage der Speicher- und Rechengeschwindigkeit war, wird sie dank Cloudcomputing immer einfacher und läuft schon auf Smartphones erschreckend präzise. Der japanische Elektronikriese Hitachi etwa sorgte mit einem Kamerasystem für Aufregung, das ein Gesicht aus 36 Millionen in einer Sekunde herausfischen kann.

Die technischen Möglichkeiten lassen die Grenzen zwischen kommerzieller und staatlicher Erkennung verschmelzen. Polizeibehörden in den USA schicken Beamte in Zivil auf Demonstrationen und lassen sie mit einem Handy mitschneiden, während ein Server im Netz nach aktenkundigen Gesichtern sucht. Da die Vorratsspeicherung nichts kostet, werden die Aufnahmen zur späteren Auswertung jahrelang aufbewahrt. So landet früher oder später das Antlitz fast jedes einzelnen Passanten in einer Datenbank. Nach Presseberichten lagern in verschiedenen Datenbanken in den USA bereits rund 400 Millionen Gesichtsabdrücke, auf die örtliche wie Bundesbehörden bereits zugreifen und die sie bei Bedarf mit den Fotos aus sozialen Netzwerken abgleichen können.[190] Fluggesellschaften wie Delta haben bereits damit begonnen, zum Check-in und Boarding Gesichtserkennung einzusetzen – allerdings ohne den Passagieren zu erklären, dass sie dabei keineswegs mitmachen müssen. Und wer die USA als Tourist besucht, muss sich – wie bereits erwähnt – darauf einstellen, dass sein Gesichtsabdruck für 75 Jahre gespeichert wird.

Das Problem der Gesichtserkennung gewinnt noch an Brisanz, wenn man sich vor Augen hält, dass immer mehr Bestandteile des vernetzten Haushalts, insbesondere Millionen von schlecht gesicherten Webcams, nicht nur den Anbietern wie der Google-Tochter Nest, sondern auch Hackern und Nachrichtendiensten zugänglich sind. Amazon etwa hat sich Anfang 2018 die Firma Ring einverleibt, die Türklingeln mit eingebauter Videokamera herstellt. Damit kann man einem Gast oder Kurierdienst kontrollierten Zugang zum Haus gewähren, um nicht draußen warten oder Pakete deponieren zu müssen. Software namens Neighbors, mit der das Bespitzeln der Nachbarn zum paranoiden Zeitvertreib wird, und eine zweite Software namens Rekognition zur automatischen Gesichtserkennung bietet Amazon selbstverständlich auch an.[191] Oder man kann, wie es in bereits 50 Kommunen in den USA der Fall ist, eine Kamera »geschenkt« bekommen und seinen Kamerafeed der örtlichen Polizei zur Verfügung stellen, die auf diese Weise ein preiswertes Überwachungsnetz aufbaut.

Die Kombination aus Sharing und allgegenwärtiger Gesichtserkennung kann harmlose Unterhaltung schnell in einen Albtraum verwandeln, der an düstere Science-Fiction erinnert. Das Panoptikum von morgen, in dem jeder jeden filmt, kann sich auf dienstbereite Software im Netz verlassen, die in der Lage ist, jede Person zu erfassen. Wie die Extremversion dieser Zukunft aussieht, lässt sich in China besichtigen. Die Sicherheitsorgane dort benutzen automatische Gesichtserkennung, um gesuchte Personen bei Großveranstaltungen wie etwa in einem Stadion ausfindig zu machen oder um Passanten, die bei Rot über die Straße gehen, gleich den Strafzettel aufs Handy zu schicken.[192]

Johannes Caspar, der Hamburgische Beauftragte für Datenschutz und Informationsfreiheit, ist einer von vielen Experten, die seit langem von Anbietern wie Facebook fordern, bei ihren Nutzern eine eindeutige Zustimmung zur Gesichtserkennung einzuholen. Nutzer sollten ebenso ein Anrecht darauf haben, aus jeder Datenbank mit derartigen biometrischen Daten gelöscht zu werden: »Gesichtserkennung ist viel schlimmer als Google Street View. Es hat größere Auswirkungen auf den Datenschutz als das Fotografieren von Häusern. Gesichtserkennung und biometrische Identifikation führen zu einer Welt, die mit Kameras überflutet ist. So kann eine neue Art von Kastensystem via Gesichtserkennung entstehen, in dem ein Algorithmus bestimmt, wer hineindarf und wer draußen bleiben muss.«[193]

Caspar steht mit seiner Kritik an einer Technologie mit unabsehbaren Konsequenzen nicht alleine da. In den USA warnen das Electronic Privacy Information Center (EPIC) und die Bürgerrechtsorganisation ACLU vor einem Zeitalter schlecht bis gar nicht regulierter »Roboter-Überwachung.«[194] Auf beiden Seiten des Atlantiks versuchen Politiker auf Druck von engagierten Bürgern und Datenschützern, angemessene Schutzmaßnahmen und Datenschutzstandards zum Schutz der Bürger zu entwickeln. Zumindest bewegte sich im Sommer 2019 in den USA eine Sammelklage gegen Facebook durch die Instanzen – mit einer potenziellen Schadenssumme von 35 Milliarden US-Dollar.[195] Doch während Expertenrunden tagen, entwickeln sich Kameras und Auswertungssoftware unaufhörlich weiter.

Sie hören und sehen, was Sie hören und ansehen

Auch wenn Sie nicht eifrig Ihre Schnappschüsse für jedermann sichtbar hochladen, sind andere Formen der Unterhaltung, wie Musik oder Filme, nicht länger ihr Privatvergnügen. Streng genommen ist *jede* Unterhaltung nicht mehr ihr Privatvergnügen, wenn sie in Hörweite eines digitalen Butlers wie Alexa oder Google Assistant stattfindet. Auch wenn Menschen Bedenken haben, steigt die Zahl vernetzter Lautsprecher rapide an. Alleine im Jahr 2018 wurden 78 Millionen dieser Geräte verkauft. Den größten Marktanteil hält Amazon mit 70 Prozent, gefolgt von Google. Rechnet man alle anderen sogenannten »smarten Geräte« dazu, etwa Fernbedienungen mit Mikrofon zur bequemen Suche der Lieblingssendung, kommt man auf weltweit 450 Millionen Apparate mit eingebautem Sprachassistenten. Und das ist erst der Anfang. Bis 2023 sollen jährlich 240 Millionen vermeintlich intelligente Lautsprecher abgesetzt werden. Sie werden in erster Linie dazu benutzt, um sich Musik und Radiosender aus aller Welt ins Haus zu holen.

Fast alle diese Streams sind das Rohmaterial für kleinteiliges Tracking und Datamining. Da ist zum Beispiel der beliebte Musikstreaming-Dienst Spotify aus Schweden. Wer sich bei ihm anmelden will, musste dies in Deutschland bis Juni 2012 mit einem Facebook-Konto tun. Nach massiver Kritik von Datenschützern genügt nun lediglich eine gültige E-Mail-Adresse. Wer Spotify und andere Streamingdienste nutzt, sollte genau hinschauen, ob die privaten Vorlieben und Playlisten nicht Song für Song ins Netz hinausposaunt werden oder auch noch ganz andere Details wie Standort, IP-Adresse und Uhrzeit bei Datenmaklern landen. Dahinter steckt Kalkül: Spotify liefert sich mit Amazon Music und Apple Music einen erbitterten Wettkampf um Marktanteile, bei dem jeder zahlende Abonnent und jeder Datensatz bares Geld wert ist.

Vorbei sind die Zeiten, als Musikhören oder Fernsehen eine anonyme Aktivität war. Heutzutage hören und sehen die Anbieter aufmerksamer zu als Sie selbst! Werbefirmen, Datenmakler, Musiklabels und sogar einzelne Bands hatten schon immer Interesse daran, genaue Publikumszahlen zu ermitteln, und neue Dienste wie Spotify wissen fast alles: wer was wann und wo wie lange hört – und sie machen diese Informationen in unterschiedlichen Details auch Dritten zugänglich. Zum Glück können Sie sich als EU-Bürger Ihre Daten von Anbietern wie Spotify einfordern, und werden sicherlich überrascht sein, dass jedes auch noch so kleine Detail erfasst wird – selbst von welcher Marke Ihr Kopfhörer ist und wo in einem Lied Sie die Lautstärke ändern.[196]

Es gibt zahlreiche andere Musikstreamingdienste, und es lohnt die Mühe, die Datenschutzeinstellungen bei jedem dieser Dienste genau unter die Lupe zu nehmen und notfalls eine Beschwerde beim Bundesbeauftragten für den Datenschutz und die Informationsfreiheit einzureichen.[197] Leider sind immer noch zu viele dieser Dienste ab Werk so eingestellt, dass sie Ihre Identität verraten und verkaufen.

Ähnliche Datenhäscherei spielt sich bei Videos ab. Google, die Muttergesellschaft von YouTube, weiß bereits besser als jedes andere Unternehmen oder jeder Fernsehsender über seine Zuschauer Bescheid. Die Webseite streamt weltweit pro Minute 4,5 Millionen Videos aus seinem Fundus von mehr als fünf Milliarden Dateien. Nutzer laden im Durchschnitt in jeder Minute rund 300 Stunden Video auf YouTube hoch. Inzwischen sind es nicht mehr nur Amateurfilme über Babys und Katzen, sondern professionell produzierte Streifen, die man mieten kann.

YouTube ist eine großartige Fundgrube und Medienplattform, aber der Dienst ist das Gegenteil der alten Mattscheibe: Er ist superhelle. YouTube kennt Ihre Gewohnheiten und Vorlieben besser denn je, da alle Dienste von Google seit März 2012 über gemeinsame, höchst umstrittene Datenschutzbestimmungen miteinander verbunden sind, gegen die europäische Datenschützer vorgegangen sind.[198] Wenn Sie also 22 Jahre alt sind und sich viele Clips über Rennwagen und Autotuning auf YouTube ansehen, können Google-Algorithmen Wiedergabelisten mit Nachrichten in Ihrem Gmail-Konto und Suchabfragen und Einkäufen im Google Play Store abgleichen. So lässt sich herausfinden, ob Sie männlich oder weiblich sind, ob Sie tatsächlich 22 Jahre alt sind, wo Sie leben und über welche Marken Sie online sprechen, um etwa Autowerbung besser zu verkaufen. Genauso verfährt auch Hulu, die Videoplattform mehrerer großer US-Networks. Sie wurde für ihre ungebremste Sammelwut und den Verkauf von Informationen über die Sehgewohnheiten ihrer Nutzer bereits verklagt.[199]

Die beteiligten Firmen wollen komplette Transparenz und Pflicht-Sharing als voreingestellte Werkskonfiguration. Allen voran der Pionier des Videostreamings im Netz – Netflix. Das kalifornische Unternehmen hatte Mitte 2019 rund 150 Millionen Abonnenten und war außer in den USA in 189 anderen Ländern präsent. Ein Siebtel des gesamten Internetverkehrs weltweit geht inzwischen auf das Konto von Netflix. Einen fast identischen Dienst bietet Amazon Prime Video an.

Um die Sehgewohnheiten seiner Kunden zu einer quasi öffentlichen Angelegenheit zu machen, sorgte die Tech-Lobby sogar dafür, ein Gesetz zu ändern: Ein Videodatenschutzgesetz aus dem Jahr 1988 sollte Bürger der USA ursprünglich davor schützen, dass Unbekannte ihnen in Büchereien und Videotheken nachspionieren. Welche Bücher und Filme man in seinen eigenen vier Wänden genießt, galt mit Recht als höchst private Angelegenheit. Im Netz scheinen diese Gebote des gesunden Menschenverstandes plötzlich außer Kraft gesetzt zu sein. Nach hartnäckigem Lobbying von Netflix lockerte der US-Kongress das Gesetz, sodass Abonnenten von Streamingdiensten zwar weiterhin das Recht haben zu entscheiden, ob sie den Stream ihrer Filme freigeben – aber nur einmalig für die Dauer von zwei Jahren.[200]

Videoplattformen wie YouTube haben zudem noch ein viel größeres Problem der datengetriebenen Onlineunterhaltung zutage gefördert: Die Algorithmen, die uns vermeintlich so gut kennen und die passenden nächsten Clips empfehlen, sind oft so schlecht programmiert, dass sie Kindern regelmäßig jugendgefährdende Videos vorschlagen und Erwachsenen schnell extremistische Inhalte servieren, die der Manipulation Tür und Tor öffnen und für Radikalisierung sorgen.[201]

Schon wenn Sie Filme online »nur« anonym bewerten, um bessere Empfehlungen zu bekommen, geben Sie Ihre Identität preis. Das zeigte sich vor ein paar Jahren, als Netflix einen Wettbewerb unter Experten veranstaltete, um seinen Empfehlungsalgorithmus zu verbessern. Die Kunden benoteten schon seit geraumer Zeit jeden Film mit ein bis fünf Sternen. Diese vermeintlich anonyme Datenbank stellte das Unternehmen den Tüftlern zur Verfügung, und die Findigen unter ihnen wiesen schnell nach, dass die Benotungen von sechs Filmen und das Datum der Bewertung ausreichen, um 99 Prozent der Netflix-Kunden zu identifizieren.[202] Der Schlüssel zur sogenannten Re-Identifikation liegt in den digitalen Krumen, die wir alle sorglos im Netz liegen lassen: Kommentare über einen Schauspieler unter Ihrem Klarnamen, Einträge auf Facebook zu den Wochenendplänen, Unterhaltungsfeeds, in denen Sie sich den Soundtrack zum Film am Tag danach anhören, ein neues Buch auf dem Amazon-Wunschzettel. Machen Sie den Datenhäschern nicht so viele kostenlose Geschenke, wenn Sie sich online unterhalten lassen!

Womit wir wieder bei den neugierigen Lautsprechern in Ihrem Haus sind. Alexa ist das abschreckendste Beispiel, wie man einer Technologieplattform aus fauler Bequemlichkeit und naiver Sorglosigkeit zu viel Einblick ins Privatleben gewährt. Die Liste der Fehltritte ist lang: Mitschnitte von Familiengesprächen landen bei unbeteiligten Dritten, Heerscharen freier Mitarbeiter irgendwo auf der Welt werten Ton- oder sogar Videodateien aus, um die Genauigkeit der Spracherkennung zu steigern, Behörden verlangen für ihre Ermittlungsarbeit immer öfter Zugriff auf die Alexa-Daten. Auch wenn man seine Anfragen bei Amazon seit 2019 lesen und löschen kann, trifft das nicht für die Skripte zu, die in Alexa-Geräten gespeichert sind. Immer mehr Menschen beschleicht deshalb das ungute Gefühl, nicht zu wissen, ob die Mikrofone vielleicht doch ständig mithören und nicht nur dann, wenn man ihnen das »wake word« zuruft. Forscher und Tüftler arbeiten bereits an der nächsten Generation von Sprachassistenten. Durch Crowdfunding finanzierte Marken wie Mycroft oder akademische Projekte wie Almond versprechen, Ihre digitale Identität zu respektieren, Anfragen vor Ort verarbeiten zu können und nicht jede Ihrer Äußerungen in die Cloud zu einer großen Plattform zu schicken.[203]

Bis es so weit ist, tun Sie sich selbst einen Gefallen und sperren Sie Alexa & Co. aus. Es ist eine unnötige Art der Überwachung, die man leicht vermeiden kann.

Auch Bücher und Spiele verraten viel

Selbst das einsame Vergnügen, ein Buch zu lesen und sich in einer großartigen Geschichte zu verlieren, ist vom Aussterben bedroht. Digitale Lektüre macht Sie zum Opfer des Sharing-Wahns. Beliebte E-Reader beziehungsweise deren Software wie etwa Amazons Kindle oder Books für das iPhone und iPad verfolgen sekundengenau, wo Sie in einem Buch sind und welche Passagen Sie markiert oder kommentiert haben. An wen Sie welche elektronischen Bücher verleihen, wird selbstverständlich auch erfasst.

Diese Funktionen sind teilweise nützlich, etwa um die Lektüre eines langen Textes später oder auf einem anderen Gerät wieder aufzunehmen. Ebenso können Sie Ihre Lesezeichen und Notizen synchronisieren. Aber es ist zugleich ein ernster Eingriff in Ihre Privatsphäre, der weit über die Angst hinausgeht, dass Ihre Leseliste von einem unbekannten Beobachter überwacht wird. Hier liest die Software bei jedem einzelnen Wort mit.

Im Falle von E-Books sind die jeweiligen Hardwarehersteller und möglicherweise auch die Verleger und sogar die Autoren in der Lage zu sehen, was ihre Leser in den Büchern lesen, überfliegen und markieren. Der Kindle zeigt Ihnen heute schon, welche Passagen in einem Buch wie viele andere Leser ebenfalls markiert haben. Es ist nur eine Frage der Zeit, bis Verlage bei der Vermarktung bestimmter Titel auf sozialen Netzwerken etwa Nutzer ermutigen, ihre Notizen und Markierungen aus jedem Buch automatisch zu posten.

Webseiten, auf denen man der Welt seine gesamte Bibliothek zu Zwecken des »sozialen Lesens« vorführen kann, gibt es ebenfalls – was auch immer das sein soll. Aber Vorsicht: Anbieter wie Google machen ein neu angelegtes virtuelles Regal per Voreinstellung ab Werk für alle Welt sichtbar. Erst im Nachhinein können Sie die Einstellungen verändern. Einigen Unternehmen wird die Idee gefallen, sehen zu können, wer eine Sammlung an Ratgebern über Schuppenflechte, Allergien oder den Eigenheimbau angelegt hat.

Schließlich verdienen die Datenlecks in Computerspielen besondere Aufmerksamkeit, egal ob es sich um sogenannte *Social Games* handelt, also die minutenweise Ablenkung online, oder um Onlinespiele auf Konsolen, mit denen man ganze Nächte verbringen kann.

Personenbezogene Daten aus Gaming-Netzwerken wie »World of Warcraft«, »Fortnite« oder von Konsolen wie Microsofts Xbox und Nintendo Wii sind eine Fundgrube für das Datamining von Firmen und Geheimdiensten sowie für Hacker. Sonys PlayStation Network etwa wies bereits 2011 erhebliche Sicherheitslücken auf, sodass Unbekannte die Daten von 77 Millionen Spielern stehlen konnten.[204] Zahlreiche Verbraucher haben überdies vergessen, dass viele ihrer Daten auf alten Konsolen, die sie wegwerfen, verkaufen oder recyceln, noch gespeichert sind. Bevor Sie ein neues Gerät kaufen, sollten Sie also nachschlagen, wie Sie das alte säubern oder den Speicher permanent zerstören. Wirklich sicher sind Sie nur, wenn Sie zu Hammer und Nägeln greifen.

Selbst wenn Sie die üblichen Vorsichtsmaßnahmen treffen – Ihre Passwörter regelmäßig ändern und ein altes Gerät ordnungsgemäß entsorgen –, werden Onlinespiele mehr denn je zu einem Spielplatz der

Datenhäscher. Einige Firmen bieten Werbekunden an, Rabattcoupons direkt in Spiele für Facebook oder das Smartphone einzubauen. Wer sich heute in die nächste Ebene kegelt oder schießt, darf zur Belohnung gleich seine Daten preisgeben.

Bei *Social Games* ist es ungemein schwer, eine angemessene digitale Selbstverteidigung zu praktizieren, also seine Daten zu verweigern, zu verschleiern und zu verschlüsseln. Spiele, die in ein soziales Netzwerk eingebettet oder eine eigenständige App sind, saugen Ihre persönlichen Informationen ab, eine Prämie oder eine Ebene nach der anderen – unaufhörlich und definitiv. Am besten greift hier deshalb das vierte V der digitalen Selbstverteidigung: Es ist ratsam, solche Spiele ganz zu meiden, denn insbesondere die kostenlosen Entertainmenthäppchen enthalten notorische Datenlecks.

Fußballfans in Spanien können davon ein Lied singen, denn der dortige Fußballbund wurde 2019 für seine offizielle App La Liga mit einer Geldbuße von 250 000 Euro belegt. Die bei Millionen Fans beliebte App saugte heimlich den Standort ab und hörte per Handymikrofon mit, wenn Fans ein Spiel schauten. Die fadenscheinige Begründung für die Lauschattacke: Man wollte Bars ausfindig machen, die Matches illegal ausstrahlten.

Selbst wenn eine App von Google Play oder dem Apple App Store durchgewunken wurde, heißt das noch lange nicht, dass sie nicht permanent auf Ihren Standort und diverse Sensordaten Ihres Handys zugreift und sie weitermeldet – etwa um Datenmaklern die Möglichkeit zu geben, Ihren Standort mit Details wie dem Einkaufsverhalten oder der täglichen Wegstrecke offline abgleichen zu können. Wer einem Spiel lediglich verbietet, auf Fotos oder Adressbuch zuzugreifen, ist damit keineswegs auf der sicheren Seite. Enthaltsamkeit beim Download oder eine moderne Firewall fürs Handy wie PrivacyPro sind die besten Optionen.

Wir sind alle unsere eigenen Herausgeber

Zurück zur Einladung zu unserer eingangs erwähnten Party, von der man nichts posten darf: Wirksame digitale Selbstverteidigung fängt beim gesunden Urteilsvermögen an. Jeder professionelle Journalist lernt zu Beginn seiner Karriere, Gesprächspartner stets um Erlaubnis zu fragen, ob er ihre Namen und Bilder veröffentlichen darf. Dank sozialer Medien ist jeder plötzlich sein eigener Journalist. Doch die meisten Menschen scheinen nicht bereit zu sein, professionelle Standards oder die Gebote des gesunden Menschenverstandes einzuhalten.

Es ist, als ob die Diktatur des Sharings, die einige Kritiker als »partizipatorischen Totalitarismus« bezeichnen[205], im Gewand eines Spiels alle kulturellen Barrieren und Hemmungen hinweggefegt hat. Zu viele Menschen veröffentlichen Fotos von anderen ohne deren Wissen und vielleicht sogar gegen deren Willen. Darum sind wir alle gefragt, eine neue Art der Medienkompetenz zu entwickeln, die im Elternhaus und in der Schule vermittelt werden muss.

Ob es um das Auslaufmodell des allzu öffentlichen Feeds à la Facebook geht oder um die eher geschlossenen Chatgruppen auf neueren Diensten wie Instagram oder Snapchat und was immer als neuester Konkurrent auf den Plan treten wird: Seien Sie immer umsichtig und bitten Sie stets um Erlaubnis, bevor Sie etwas posten, das nicht nur Ihnen, sondern auch jemand anderem gehört – etwa das Recht am eigenen Bild. Clay Shirky, Internetforscher und Professor an der New York University, formuliert das folgendermaßen: »Früher war es schwer, etwas zu veröffentlichen, aber leicht, etwas für sich zu behalten. Heute ist es schwer, etwas für sich zu behalten, aber leicht, etwas zu veröffentlichen.«[206]

Um gesund und fit zu bleiben, schwören immer mehr Menschen auf Geräte und Dienste, die sie überallhin mitnehmen können und die ihre Vitaldaten verfolgen. Das nächste Kapitel zeigt, welche ungesunden Datenspuren Sie hinterlassen, wenn Sie joggen oder Rad fahren.

Tipps und Tricks (siehe Kapitel 13)

- Löschen Sie Ihre Cookies und Ihr Webprotokoll (I-1)
- Verwenden Sie Google-Datenschutz-Werkzeuge und vermeiden Sie es, zu häufig Google zu nutzen (I-2)
- Verwenden Sie mehrere Browser (I-4)
- Verwenden Sie Pseudonyme für Ihr privates Ich (I-5)
- Grundlegende Sicherheit bei Facebook (I-6)
- Schützen Sie Ihre E-Mails (I-8)
- Verwenden Sie Blocking-Werkzeuge in Ihrem Browser (II-11)
- Sicherheit für mobile Apps (II-16)
- Machen Sie einen Bogen um Alexa und andere Sprachassistenten (III-25)
- Manchmal hilft nur der Hammer (III-29)
- Verkneifen Sie sich Webkameras (V-41)

KAPITEL 8

LEBEN: DAS IST MEIN KÖRPER

Marianne ist eine passionierte Läuferin, die oft schon im Morgengrauen aus dem Haus geht, um vor der Arbeit ihre täglichen Kilometer zu schaffen. Ihr Training will sie natürlich genau protokollieren, um zu sehen, auf wie viel Strecke und Kalorien sie es bringt – und um festzuhalten, ob sie für den nächsten Marathon schneller geworden ist. Anfangs verfolgte sie alle ihre Läufe mit einem Nike+-Sensor im Schuh und später mit einer Smartphone-App derselben Marke. Die Resultate teilte sie fast in Echtzeit mit ihren mehr als 20 000 Twitter-Anhängern. Marianne erzählt, dass sie daraus eine Menge Motivation und positives Feedback gewonnen hat.

Eines Tages jedoch zog sie den Stecker bei Nike und Twitter. »Es gibt drei Gründe, warum ich aufgehört habe, alles automatisch zu übertragen. Das Jogging nahm die meisten meiner Updates in Anspruch. Ich hatte Angst, die Leute würden denken, ich sei vollkommen besessen vom Sport. Außerdem fühlte ich mich nicht wohl dabei, ständig meinen Standort zu enthüllen, vor allem meine Privatadresse, von der ich die meisten meiner Läufe startete«, erinnert sich die Geschäftsfrau.[207] Und manchmal wollte Marianne einfach nur die Tatsache vor ihren Freunden verbergen, dass sie zu langsam war.

Jetzt benutzt sie ein Gerät der Marke Garmin, um ihre Trainingsfortschritte für sich selbst zu dokumentieren, und teilt ihre Daten mit einem viel kleineren Netzwerk von engagierten Läufern, aber weder auf Twitter noch auf Facebook.

Tragbares Zubehör wie mit Sensoren gespickte Armbänder oder Schuhe und Apps für das Smartphone, die Ihre Geschwindigkeit, Ihren Puls und andere Trainingsparameter verfolgen, sind für viele Hobbyathleten und professionelle Sportler ein fester Bestandteil des täglichen Lebens geworden. Sie finden nichts dabei, ihre Ergebnisse mit dem Rest der Welt zu teilen. Dabei sind Fitness- und Vitaldaten oder sogenannte Lifelogging-Dateien aller Regungen Ihres Körpers die wohl wertvollsten persönlichen Daten, für die sich Versicherungen, Arbeitgeber und natürlich Werbekunden brennend interessieren.

Nicht nur die vielen persönlichen präventiven Dienstleister können diese Daten verwerten, sondern es geht bei diesem Thema auch um einen Beitrag zur öffentlichen Gesundheitsforschung mittels Crowdsourcing. Wenn Experten und vor allem ihre Softwaresysteme die Vitaldaten und Bewegungsmuster von Hunderttausenden oder gar Millionen von Menschen auswerten können, so das Argument, würden sie wertvolle Einsichten gewinnen, um etwa frühzeitiger auf eine Epidemie aufmerksam zu werden oder die Risikofaktoren für bestimmte Erkrankungen in einer großen Population zu identifizieren.

Es versteht sich von selbst, dass das unbedarfte Aussenden von Fitnessdaten aber erhebliche Nachteile besitzt. So konnte man auf dem jährlichen weltweiten Trainingsatlas von Strava, einer beliebten Trainings-App aus San Francisco, die detaillierten Umrisse und Straßenmuster von Militärstützpunkten in Afghanistan, Dschibuti und anderswo ablesen. Zusammengetragen hatten die brisanten Karten Hunderte von Soldaten, denen nicht bewusst war, dass jeder ihrer Läufe per Voreinstellung »öffentlich« war, einschließlich ihres vollen Namens.[208] Und es gibt bereits die ersten Mordfälle, bei denen die Tatverdächtigen anhand eines Fitbit-Trackers überführt wurden.[209]

Mit Trainingsdaten prahlen

Die Liste der Programme und Geräte zur Aufzeichnung und zum Sharing Ihrer Trainingsaktivitäten, Vitalfunktionen und sogar Ihres Schlafrhythmus ist schier endlos und wächst beständig. Sobald man sich einmal an sie gewöhnt hat, fragt man sich, wie man ohne sie leben konnte – einfach weil sie funktionieren. Wie Verhaltensexperten wissen, geschieht etwas Erstaunliches, sobald Sie sich selbst sehen können und wissen, dass Sie beobachtet werden. Der einfache Akt der Überwachung des eigenen Verhaltens übt sanften Druck aus und ermutigt Sie, achtsam zu sein und neue Gewohnheiten zu entwickeln – mehr Treppen zu steigen, mit dem Fahrrad statt mit dem Auto zu fahren oder einfach ein bisschen schneller zu laufen, um die Statistik aufzubessern.

Die heutigen Fitnessgadgets werden neue Innovationen hervorbringen, um mehr Daten mit weniger Sensoren und möglichst wenig menschlichem Zutun zu erfassen – die Apple Watch ist das beste Beispiel für diesen kontinuierlichen Prozess. Erst konnte sie nur den Puls messen, heute kann sie ein EKG aufzeichnen, dessen Genauigkeit die medizintechnische Billigung der US-Zulassungsbehörde FDA fand und von Akademikern sogar für Langzeitstudien von Herz-Kreislauf-Erkrankungen eingesetzt wird.

Jason Jacobs, der die App RunKeeper startete und an die Sportmarke Asics verkaufte, ist der Meinung, dass wir in ein paar Jahren nicht einmal darüber nachdenken müssen, unser Leben aufzuzeichnen. »Es wird automatisch passieren. Sie trinken einen Schluck Wasser, und das System weiß es. Die Datenerhebung wird passiv, unaufdringlich und kostenlos sein, Teil eines intelligenten Systems. Die Pflege Ihrer Gesundheit wird so sein, als hörte man den Anweisungen eines Navigationssystems zu: Zeit zum Aufwachen. Trinken Sie ein Glas Wasser. Zeit zum Schlafengehen. Sie sind fertig mit Trainieren. Sie haben einen Donut gegessen. Die Route wird neu berechnet«, schrieb er schon vor Jahren in einem Technologieblog.[210]

Ihre Fitnessaktivitäten aufzuzeichnen ist jedoch nur selten eine Privatangelegenheit, da viele Anwendungen und Dienste immer noch eine Standardeinstellung haben, die jede Ihrer Aktivitäten über Dienste wie Twitter oder Facebook veröffentlicht oder intimste Details hinter Ihrem Rücken an Dritte weiterleitet. Experten stellten Anfang 2019 fest, dass eine beliebte Puls-App nach jeder erfolgten Messung die Daten automatisch an Facebook überspielte, sogar wenn der Nutzer gar kein Facebook-Konto hatte. Eine weitere App, mit der Frauen ihren Zyklus vorfolgen, tat das ebenfalls.[211]

Selbst wenn eine Gesundheits-App Sie nicht derart verrät und verkauft, sind die Datenschutzeinstellungen in der Regel nicht sehr ausführlich, meist geben sie Ihnen nur die Möglichkeit, das Teilen ein- oder auszuschalten. Zu wenige Gedanken werden an die Frage verschwendet, wer welche Details über Ihre Aktivitäten oder deren Fehlen zu sehen bekommt oder ob diese Daten irgendwann jetzt oder in Zukunft Dritten zugänglich gemacht werden könnten – etwa wenn ein Anbieter aufgekauft wird oder das Geschäft aufgibt und seine Datenbank bei einer anderen Firma landet.

Laufen Sie immer vom Standort A los, so wie Marianne? Dann wohnen Sie wahrscheinlich an dieser Adresse und sind zu bestimmten Tageszeiten nicht zu Hause. Haben Sie wie die meisten Menschen Probleme, ein Trainingspensum einzuhalten? Oft fängt man mit Begeisterung an, bevor Frust, Stress und schlichter Alltag ihren Tribut fordern. Das sind perfekte Ansatzpunkte für gezielte Werbung, die Sie in einer Schwächephase antrifft.

Ein besonders lukratives Feld sind Apps, mit denen Frauen ihre Periode und fruchtbaren Tage verfolgen können – sie sind gleichzeitig besonders perfide, da sie aus der Unsicherheit, den Sorgen und Freuden der Nutzerinnen Kapital schlagen. Bei den meisten dieser Apps klaffen erhebliche Sicherheitslücken, sodass Dritte mitlesen können und der Weg für Werbung für Babykleidung, Windeln und andere Produkte frei wird. Eine rühmliche Ausnahme ist die in Berlin gegründete App Clue.[212]

Die allzu sorglose Angabe Ihrer Vitalfunktionen, ganz zu schweigen von Informationen zum Zustand Ihrer inneren Organe, hat ihren Preis. Facebook etwa erntete öffentliches Lob, als es seinen Nutzern anbot, sich als Organspender einzutragen oder Posts, die Anzeichen für Selbstmordgefahr enthielten, automatisch zu orten. Warum sollten Sie allerdings einem der größten Datenhäscher freiwillig noch mehr gesundheitliche Details preisgeben? Auf der anderen Seite ist selbst die Abwesenheit von Fitnessdaten wertvoll. Sie weist auf einen Mangel an Disziplin hin, wenn es um körperliche Aktivität geht, oder kann ein Indiz für gesundheitliche oder psychische Probleme sein. Mit diesen Erkenntnissen ausgerüstet, können Werbefirmen oder eine Versicherung Ihr Kundenprofil vervollständigen. Die anderen Puzzleteilchen unserer Identität haben wir ihnen ja schon bereitwillig über soziale Medien und Apps geliefert. Wenn Sie nicht konsequent Ihre Vitaldaten verweigern und Ihre Aktivitäten verschleiern, bringen Sie sich möglicherweise um die günstige Police, riskieren eine Preissteigerung oder gefährden sogar Ihre gesamte (private) Krankenversicherung.

Verfolgung im Schlaf

Gestresste, überarbeitete Menschen haben sich mit dem Gedanken angefreundet, ihren Schlafrhythmus zu verfolgen – in der Hoffnung, ausgeruhter aufzuwachen. SleepCycle ist eine von vielen Apps, die Ihren Schlaf überwacht. Legt man sich das iPhone neben das Kopfkissen, soll diese iOS-App erkennen können, wann Sie wach oder im Tiefschlaf waren. Sie weckt Sie auf, wenn Sie gerade nur leicht schlafen, weil dies angeblich die beste Art ist, morgens aufzuwachen.

Andere Programme oder Schlafsensoren verfolgen auch Ihre Herzfrequenz, Atmung und Bewegung. Ihre Hersteller werben damit, dass sie beispielsweise in Pflegeheimen eingesetzt werden können. Dort können die Tracker verhindern, dass Senioren nachts aus dem Bett fallen oder im Gebäude umherirren.

Ein weiteres Beispiel für die *consumerization* der Medizintechnik ist die schon erwähnte und mit Sensoren gespickte Apple Watch, die sich mit diversen Programmen nutzen lässt, sofern man den jeweiligen Apps Zugriff auf seine Vitaldaten gewährt. So entsteht rasch eine minutiöse Statistik Ihrer Aktivitäten inklusive Herzfrequenz und der Arten von Bewegung, die Sie bevorzugen. Apps können diese Signale auswerten und als virtueller Coach aktiv werden: Plagt Sie Stress? Sollten Sie besser zu bestimmten Tageszeiten trainieren? Oder vielleicht früher schlafen gehen?

Solches Biotracking ist längst kein Zeitvertreib mehr von Einzelpersonen. Umfragen zufolge erfassen bereits mehr als die Hälfte aller Besitzer von Smartphones in den USA ihre Gesundheitsdaten mit Apps – ohne zu ahnen, dass viele dieser Programme keine genauen Angaben zur Verwendung Ihrer Vitaldaten machen und diese sensiblen Informationen unverschlüsselt übertragen.[213]

Große Unternehmen experimentieren bereits damit, derartige Geräte zu Hunderten oder Tausenden an ihre Mitarbeiter auszugeben. Zum Beispiel den Fitbittracker, dessen Hersteller nach eigenen Angaben 70 der Fortune-Global-500-Unternehmen mit seinem intelligenten Armband beliefert und ihnen das Tracking folgendermaßen schmackhaft macht: »Gesundheits- und Wellnesslösungen, die rund um die Uhr sieben Tage die Woche laufen, können für mehr Engagement, bessere Ergebnisse und positive Erträge für Ihre Organisation sorgen.«[214]

Firmen haben handfeste Gründe für diese Großzügigkeit. Wenn Mitarbeiter auf spielerische Weise stärker motiviert werden, aktiv zu sein, kann das den allgemeinen Gesundheitszustand und die Zufriedenheit der Belegschaft steigern, was wiederum die Produktivität ankurbelt und sogar die Versicherungsprämien senkt.

Aber wem gehören solche höchst persönlichen Daten, die Aussagen über Ihre Gesundheit treffen, wenn Sie ein Gerät benutzen, für das die Firma bezahlt hat? Liegt der Fall analog zu E-Mails und Dokumenten, die am Firmenrechner verfasst wurden? Dann hat der Arbeitgeber das Recht, Ihr Training zu verfolgen, zu analysieren und zu speichern. Das ist in groben Zügen ohnehin schon möglich, wenn man mit seiner Magnetkarte das Firmenfitnessstudio aufschließt oder sein persönliches Trainingsprogramm auf einem Gerät hochfährt. Zudem stellt sich die Frage, wie die Hersteller der Geräte mit diesen Daten umgehen, denn aggregiert können sie für den Weiterverkauf an Dritte höchst wertvoll sein. In den USA sind solche Geräte und die mit ihnen gewonnenen Daten bislang nicht durch das Gesetz zum Schutz von Patientendaten namens HIPAA abgedeckt. Um Ängste in dieser Richtung jedoch zu zerstreuen, verarbeitet Fitbit die Daten seit September 2015 nach den Grundsätzen dieses Gesetzes – zumindest für Unternehmenskunden.[215]

Aber auch wenn Firmen behaupten, ihr Dienst teile keine individuellen Datenprotokolle mit Arbeitgebern oder Versicherern, die die Geräte für Mitarbeiter oder Kunden sponsern, sondern erstelle lediglich anonyme Statistiken des gesamten Nutzerpools: Informatiker sind der Meinung, dass es nur eines geringen Aufwandes bedarf, um gesammelte und angeblich entpersonalisierte Daten wieder in persönlich identifizierbare Informationen zurückzuverwandeln.

Fitnesstraining und Schlaf sind nicht die einzigen Dinge, die Menschen am eigenen Leib beobachten und teilen. Wenn Sie einen Artikel über Brustkrebs in einer Tageszeitung online lesen, wird das von diversen Trackern auf der Seite registriert, selbst wenn Sie die Geschichte nicht über Facebook & Co. teilen. Damit signalisieren Sie, dass Sie Krebs haben könnten oder Angst davor haben oder dass Sie vielleicht eine Bekannte haben, die an Krebs leidet. Je öfter Sie online etwas über eine bestimmte Krankheit lesen, desto höher ist die Wahrscheinlichkeit, dass Sie mit ihr direkt oder indirekt konfrontiert sind. Facebook kann so einzelne Nutzer mit jeder derartigen Geschichte verknüpfen, auch wenn Sie diese auf einer Webseite lesen, die nichts mit dem Netzwerk zu tun hat.

Wenn Sie auf Ihrem Computer oder Smartphone ohne Schutz, wie Blockern oder permanenter SSL-Verschlüsselung, nach einem medizinischen Fachausdruck oder Medikament suchen, lassen Sie Ihren Netzbetreiber, Google sowie Dutzende von Datensammlern wissen, welche Gesundheitsthemen Sie interessieren, Ihnen Sorgen machen oder an welcher Erkrankung Sie vielleicht leiden. Pharmafirmen lecken sich die Finger nach solchen Surfmustern. Das Stigma gesundheitlicher Probleme wird Teil Ihrer digitalen Identität und folgt Ihnen durchs Netz. Es bestimmt, welche Suchergebnisse, Anzeigen und andere Inhalte Sie künftig zu Gesicht bekommen werden.

Menschen verbringen in der Tat sehr viel Zeit damit, online nach Symptomen, Krankheitsbeschreibungen und Therapien zu suchen. Laut einer Erhebung unter Google-Nutzern in den USA vom Mai 2017 waren die drei am häufigsten gesuchten Krankheiten: Diabetes, Depressionen und Angstzustände.[216] Man muss noch einmal betonen: Jeder dieser Suchbegriffe und jede besuchte Webseite zu diesen Themen können nicht nur von Google und Facebook jederzeit mit Ihnen als Person verbunden werden, sondern auch von vielen anderen Datenhäschern und Werbenetzwerken – selbst wenn diese Suche schon viele Jahre in der Vergangenheit liegt.

Millionen von Patienten sind auf Geräte angewiesen, die sie entweder am oder im Körper tragen, von einer Insulinpumpe bis zum Herzschrittmacher. Für sie ist der Zugang zu ihren eigenen lebenswichtigen Daten komplizierter. Beispiel Herzdefibrillatoren. Sie verfolgen die Signale des wichtigsten Muskels im Körper und halten das Herz so unter Kontrolle. Sie sind überlebenswichtig, weshalb es geradezu pervers ist, dass die Patienten, die diese Geräte im Brustkorb tragen, bislang weder die Möglichkeit noch das Recht haben, die Daten, die ihr eigener Körper erzeugt, einzusehen oder auszuwerten. Die Gerätehersteller sind im Besitz dieser Vitaldaten und weigern sich, eine Abbildung oder den Export der Daten zu erlauben.[217]

Unter Patienten mit einer Leidenschaft für Informatik und Netzkultur regt sich Widerspruch. Einer von ihnen ist der Exilbrasilianer Hugo Campos. Er wurde prominent, weil er sich mit der Medizintechnikindustrie und Regulierungsbehörden anlegte, um Zugriff auf seine ureigenen Körperdaten zu erhalten.[218]

Während andere Patienten gespannt darauf warten, wie dieser Streit ausgehen wird, haben einige die Geduld verloren und »hacken« sich in ihren eigenen Körper. Wieder andere haben beliebte und gut besuchte Internetforen wie PatientsLikeMe gegründet, auf denen man sich je nach Krankheit oder Therapieansatz zusammenfinden und diskutieren kann – als Patient oder Angehöriger eines Kranken. Diese Seiten sind Teil der »Verbürgerlichung« des Medizinbetriebes. Grundsätzlich ist die Genese jedes Bürgers zum Datensammler, Forscher oder zum sogenannten *citizen scientist* zu begrüßen, da damit die Idee des informierten Patienten in die Praxis umgesetzt wird. Doch diese Foren reißen zugleich große Löcher in die Privatsphäre von Patienten und deren Familien. PatientsLikeMe hat inzwischen so viel kritische Masse gewonnen, dass die US-Krankenversicherung United Health die Plattform aufgekauft hat – was bei vielen Nutzern die berechtigte Sorge ausgelöst hat, in welchen Händen ihre Daten landen werden.

Gewiss, es geht bei implantierten Geräten wie Insulinpumpen um brisante Sicherheitsfragen und Geschäftsgeheimnisse der Hersteller. Aber das Recht an den eigenen Vitaldaten ist ein Thema, das weiter an Bedeutung gewinnen wird. Allein deswegen, weil immer mehr Menschen mit Sensoren ausgestattet werden, die früher oder später fast alle unsere biologischen Parameter protokollieren und überwachen können.

Für und Wider des Teilens von biometrischen Daten

Betrachten wir nicht nur die negativen Seiten: Die Verfolgung und Überwachung sowie das Teilen von Vitalfunktionen bringen viele positive Aspekte mit sich, wenn der Datenschutz ernst genommen wird. Sich mit anderen zu messen motiviert viele Menschen, aktiver zu sein sowie gesunde Gewohnheiten zu entwickeln und vor allem beizubehalten. Das mag auch positive finanzielle Folgen haben: Wenn Sie all Ihre biometrischen Daten mit Ihrem Arzt oder Ihrer Versicherungsgesellschaft teilen, könnten Sie bessere therapeutische Beratung und sogar einen Rabatt für die Erhaltung Ihrer Gesundheit bei der Versicherung bekommen.

Diese Idee gewinnt bereits an Zugkraft. So belohnt der Dienst GymPact die Benutzer der Fitness-App Runkeeper mit barem Geld, wenn sie regelmäßig aufs Laufband oder Spinning-Rad steigen. All jene Mitglieder, die ihr Pensum in der vergangenen Woche nicht eingehalten haben, bezahlen dafür. Dank Standortbestimmung weiß das Programm, wo und wann Sie wirklich laufen, und kann eine wunderbare Mitgliedersegmentierung für die angeschlossenen Fitnessstudios und viele andere Datenmakler anbieten. Auf der Grundlage solcher demografischen Profile errechnen etwa Versicherungen ihre Prämien. Die Versicherung Generali arbeitet seit 2014 daran, für Lebens- und Krankenversicherungen die Fitnessdaten ihrer Kunden zu sammeln. Wer Mitglied ihres Vitality-Programms wird und den Nachweis für einen gesunden Lebensstil erbringt, verdient sich Gutscheine und Rabatte »rund um Reisen, Versicherung und Shopping«.[219]

Man sollte sich allerdings stets vor Augen halten, dass diese Szenarien der informationellen Glückseligkeit immer davon ausgehen, dass der Kunde gesund, jung und aktiv ist, damit er einen Rabatt erhält. Aber natürlich altern und verfallen unsere Körper. Viele Zipperlein oder Leiden stören uns mit fortschreitendem Alter, doch wir kämen nie auf den Gedanken, sie allen Bekannten, dem Arbeitgeber oder gar der Krankenversicherung haargenau mitzuteilen. Selbst wenn es sich um ernste Leiden handelt, dann geht das in erster Linie den Patienten und die behandelnden Ärzte etwas an, aber nicht neugierige soziale Netzwerke, Suchmaschinen oder App-Hersteller.

Jedes Angebot, bei dem ein Unternehmen ein Gerät zum biometrischen Tracking sponsert, sollte daher mit gehörigem Argwohn betrachtet werden: Wem nützt die Datenhäscherei? Jede Firma oder Institution, die sich als zentrale Sammelstelle für Ihre lebenswichtigen Daten anbietet, muss Ihnen glaubhaft nachweisen können, dass Ihre Informationen in sicheren Händen sind und ausschließlich Berechtigte jetzt und in Zukunft darauf zugreifen dürfen. Das fängt auch bei den Mitarbeitern eines Krankenhauses an, die plötzlich mit ein paar Klicks die gesamte Krankengeschichte jedes Patienten einsehen können, wenn sie eine Begründung, wie zum Beispiel einen Notfall, vorschützen.

Es ist kein Wunder, dass der seit bald einem Jahrzehnt verfolgte Plan, eine elektronische Gesundheitsakte in der Bundesrepublik einzuführen, von anhaltenden Diskussionen begleitet ist. Wer sich zu diesen Datensätzen Zugang verschafft, bekommt Einblick in elektronisch erstellte Rezepte und andere intime Details. Das kann Irrtümer vermeiden, aber auch neue Probleme schaffen, wie Ärzte immer wieder bemängeln. Schwierig wird es vor allem, wenn kommerzielle Anbieter offerieren, Gesundheitsdaten in der Cloud zu verwahren und zu verwalten, die keineswegs eine blütenweiße Weste in Fragen des Datenschutzes tragen.

Dies war der Fall beim »Gesundheitsschließfach« (Health Locker) von Google, das Datenfeeds von vielen Geräten mit manuellen Eingaben ihrer Nutzer kombinieren sollte. Es erwies sich als Flop. Ein ähnlicher Dienst von Microsoft namens »Health Vault« hielt sich bedeutend länger am Markt, nämlich von 2009 bis Ende 2019.[220] Spätestens seit der Apple Watch schickt sich auch ein dritter Tech-Riese an, alle unsere Gesundheitsdaten an einem zentralen Ort zu sammeln. Selbstverständlich sind Anwälte bereits dabei, diese Daten als Indizien für Prozesse einzufordern.[221]

Ein weiterer positiver Effekt von aktivem und passivem Tracking unserer Gesundheitsdaten ist die vorausschauende Datenmodellierung: Expertensysteme können Millionen von Datenpunkten nahezu in Echtzeit bündeln, um Trends im Gesundheitswesen vorherzusagen. Inzwischen schlagen Algorithmen ihre menschlichen Kollegen beim Lesen von Röntgenbildern oder der Identifizierung von Krebszellen. Anhand von aktuellen Influenzaschätzungen können Gesundheitsexperten besser auf saisonale Epidemien reagieren, Kapazitäten planen oder Seren ausliefern. Wenn man diese Analysen mit anonymisierten Bewegungsmustern von Millionen Handys anreichert, lässt sich der nächste Ausbruch einer ansteckenden Krankheit wie SARS oder Ebola auch weltweit besser vorhersagen.

Insofern liegt der Wert von selbst trivialsten Gesundheits- und Fitnessdaten in der Masse. Gesundheitsexperten können den Aktivitätsgrad oder die Ernährungsgewohnheiten der Bevölkerung auswerten, um der

Politik Hinweise zu geben. Sie persönlich können auch von diesen Internetdiensten profitieren, nämlich dann, wenn Sie Ihre erfassten Vitaldaten an Ärzte und andere Experten weiterleiten, anstatt sie auf einem sozialen Netzwerk zu posten. Mit solchen Experten auf Abruf wird das Bewusstsein der Patienten gegenüber der eigenen Gesundheit geschärft und die sogenannte Compliance, die Anpassung des Verhaltens an die soziale Umgebung, erhöht.

Wenn wir schon den eigenen Körper unter die Lupe nehmen, warum dann bei der Herzfrequenz und den zurückgelegten Kilometern aufhören? Erste Firmen mit Namen wie MC10, Proteus Digital Health und Sano Intelligence sind bereits am Start und entwickeln elektronische Pflaster, vernetzte Sensorpillen und Mikronadeln, die alles – vom Feuchtigkeitsgehalt der Haut und der Körpertemperatur bis zum Blutbild – im Visier haben. Zum Geschäftsmodell dieser Firmen gehört es, Nutzerdaten für die hauseigene Produktentwicklung und für interessierte Dritte zugänglich zu machen.[222] Selbstverständlich ist Google hier mit von der Partie. In einem Pilotversuch namens Baseline Project, der von der Google-Tochter Verily Life Sciences betrieben wird, speisen Freiwillige seit 2017 ihre gesamten Vitaldaten samt Erbanlagen in eine neue Datenbank ein.[223]

Noch größere Hoffnungen setzen Technologen in die preiswerte und vernetzte Analyse unseres Erbgutes. Einer der Vorreiter in diesem Bereich ist 23andMe.com, gegründet von Anne Wojcicki, der ehemaligen Ehefrau des Google-Mitgründers Sergey Brin. Das Geschäftsmodell könnte man kurz als DNA-Datenhäscherei bezeichnen. Die Kunden schicken eine Speichelprobe ein, zahlen 99 US-Dollar und erhalten ein paar Wochen später per E-Mail einen Link zu ihren Testergebnissen. 23andMe konzentriert sich auf die Auswertung von ausgesuchten Bereichen Ihres genetischen Codes und verspricht Einblicke in Risikofaktoren von 93 Krankheiten, Unverträglichkeitsreaktionen auf bestimmte Medikamente sowie in die geografische Herkunft Ihrer Vorfahren.

Das Unternehmen gibt Ihnen auch die Option, ob Sie einen Teil Ihres Profils teilen und in Kontakt mit anderen bereits gescannten Mitgliedern treten wollen, mit denen Sie genetisch entfernt verwandt sind. Die US-Arzneimittelaufsicht Food and Drug Administration hat 23andMe und seine Mitbewerber wie Ancestry.com wegen irreführender Werbung wiederholt ins Visier genommen, doch das Geschäft mit der genetischen Analyse als Verbraucherdienstleistung boomt. Bis Anfang 2019 hatten mehr als 26 Millionen Menschen ihr Erbgut von den vier führenden Anbietern in den USA auswerten lassen und ermöglichen damit statistisch eindeutige Rückschlüsse auf die gesamte Bevölkerung von rund 330 Millionen. In den kommenden zwei Jahren soll die Zahl der Ausgewerteten sogar auf 100 Millionen ansteigen.[224]

Nach Anlaufschwierigkeiten haben einige der Tests inzwischen sogar eine medizinische Zulassung erhalten. 23andMe, das muss betont werden, verkauft die Tests unter Wert, da es viel mehr Geld mit dem Weiterverkauf der Datenbank an Pharmafirmen verdient.

Bei Verbrauchern stiftet ein DNA-Test vor allem Verwirrung. Was die Empfänger der Informationen mit den Ergebnissen tun, ob sie sie verstehen und interpretieren können, bleibt offen. In manchen Fällen finden Kunden plötzlich Geschwister, von denen sie nie wussten. Und Ermittlungsbehörden haben gemerkt, dass die freiwillig hochgeladenen DNA-Profile von Millionen Bürgern ein wunderbarer Daten-Steinbruch sind, um Algorithmen auf ungelöste Fälle anzusetzen. Das mag den einen oder anderen Mord lösen, aber schafft auch erhebliches Missbrauchspotenzial, da Unbefugte Zugriff auf die komplette Genomanalyse bekommen. Denn im Gegensatz zu einem Test beim Arzt sind diese Daten in der Regel nicht denselben Schutzbestimmungen unterworfen.

Genetische Diskriminierung

Genetische Profile und der Austausch von Gesundheitsdaten bergen viele Risiken für den Einzelnen. Die Nützlichkeit für diagnostische oder präventive Zwecke einmal außen vor gelassen, stellt sich die Frage, ob Ihre hochsensiblen DNA-Profile irgendwo auf einem Server gespeichert werden sollen, geschützt mit einem einzigen Passwort? Was passiert mit den Daten, wenn der Anbieter wechselt, der Service abgeschaltet wird oder an einen Partner oder Eigentümer übergeht, der vom Datamining oder von Werbung lebt? Selbst wenn man sein Konto bei einem dieser Dienste auflöst, führen die genetischen Daten längst ein Eigenleben und können nicht wirklich verlässlich gelöscht werden. In den USA etwa ist die Löschung von DNA-Daten aus Gründen der medizinischen Qualitätskontrolle sogar ausdrücklich verboten.[225]

Eine noch größere Gefahr solcher Profile besteht in der medizinischen oder genetischen Diskriminierung. Was passiert, wenn Unternehmen Menschen auf der Basis ihrer Erbanlagen auswählen oder überprüfen?

Die Kaffeetasse vom Bewerbungsgespräch liefert bereits genug Material für eine heimliche Analyse. Arbeitgeber könnten Gendatenbanken auswerten, um Bewerber einzustellen oder gar nicht erst zum Gespräch einzuladen. Einzelhändler könnten bestimmten Kunden ein besseres Angebot machen, weil sie eine langfristige Umsatzquelle sind. Partner würden einander den Laufpass geben, wenn sie herausfinden, dass er oder sie ein erhöhtes Risiko hat, an Krebs zu erkranken oder ein Alkoholproblem zu entwickeln. Dabei handelt es sich lediglich um Wahrscheinlichkeitsrechnungen: Viele Menschen, für deren Profil ein solcher Dienst ein höheres Risiko berechnet, werden diskriminiert, obwohl eine bestimmte Krankheit bei ihnen nie ausbrechen wird.

Wir werden in Zukunft ziemlich sicher mit der Auswertung genetischer Analysen zu Marketingzwecken konfrontiert werden, da die dazu erforderliche Technologie immer billiger und zu einem Massenprodukt wird. Tatsächlich arbeiten Unternehmen und Forscher bereits an Ideen, wie sie die genetischen Informationen potenzieller Kunden verwerten können. Beispielsweise könnte ein Hersteller von Verbrauchsgütern Hautschuppen, die Kunden in einem Supermarkt hinterlassen, wenn sie die Produktverpackungen anfassen, sammeln und analysieren. Einige Visionäre behaupten, dass genetisches Marketing unausweichlich auf dem Vormarsch ist. Deshalb sei es unmöglich, seine DNA für sich behalten zu wollen. Tag für Tag und Schritt für Schritt hinterlassen wir DNA-Spuren, die nur darauf warten, mit unseren »digitalen Abgasen« kombiniert zu werden. Mindestens eine neue Firma namens Miinome hat dafür schon eine Geschäftsidee vorgestellt: Sie bietet einen Maklerdienst für Verbraucher an, der genetische Informationen mit Angaben aus sozialen Medien abgleicht, sodass Verbraucher sie gegen bare Münze vermieten können.[226]

Bis es so weit ist, drohen uns reichlich herkömmliche Gefahren. Man kann bereits viel über das Leben und die Gesundheit seiner Mitmenschen herausfinden, wenn man nur aufmerksam die sozialen Medien verfolgt. Peter Leone, Professor an der University of North Carolina, hat herausgefunden, dass sich der Freundeskreis und die Sexualpartner hervorragend eignen, um das Infektionsrisiko für Geschlechtskrankheiten zu berechnen. Menschen aus demselben sozialen Umfeld schlafen oft mit ihren Bekannten und neigen zu ähnlich riskantem Verhalten, so Leone.[227] Es braucht nicht viel Fantasie, sich von hier aus vorzustellen, dass wir eines Tages in der Lage sein werden, eine Facebook-App zu benutzen, die die Updates und Pinnwand unserer Freunde auswertet, um unser Infektionsrisiko zu berechnen. Eine Anwendung versuchte bereits, genau solche Risiken für Grippeerkrankungen zu berechnen.[228]

Immer offen: die »Health Hacker«-Bewegung

Dennoch: Das Positive scheint die Risiken noch immer aufzuwiegen: Es gibt sogar eine eigene Bewegung, die »Health Hacker«, deren Anhänger dafür plädieren, die Chance der ständigen und lückenlosen Datenerfassung beim Schopf zu packen. Wer sich dem Gedanken des »quantifizierten Ich« *(quantified self)* verschreibt, ist bereit, seine Ärzte von ihrer Schweigepflicht zu entbinden und parallel zu Experten seine eigenen Gesundheitsdaten zu sammeln, auszuwerten und vor allem zu teilen. Manche Anhänger der Bewegung stellen detaillierte Informationen über ihre Gesundheit, die Familiengeschichte und sogar genetische Testergebnisse ins Netz, andere sehen es nur als persönliches Unterfangen zur privaten Analyse. So hatten bis 2018 bereits rund eine Million Menschen ihre rohen DNA-Daten auf eine von Freiwilligen betriebene US-Webseite namens GEDmatch hochgeladen, um ihre Erbanlagen mit den Daten Unbekannter zu vergleichen.

Was die »Gesundheitshacker« verbindet, ist die Überzeugung, dass zu viel Wissenschaft hinter verschlossenen Türen praktiziert wird und die Medizin offener mit ihrer Forschung und ihren Patienten umgehen sollte. Wenn nur mehr Menschen über bessere Informationen verfügten, so das Argument, erwarte sie ein erfüllteres und gesünderes Leben.

Einer dieser begeisterten Gesundheitshacker ist Jeff Jarvis, Professor an der Journalistenschule der City University of New York und Autor von *Public Parts*. Der Untertitel des Buches bringt seine Meinung auf den Punkt: »Wie das Teilen von Informationen im digitalen Zeitalter die Art, wie wir arbeiten und leben, verbessert«. Jarvis redet gerne und detailliert über sein Krebsleiden: »Ich erzähle gerne über meinen Prostatakrebs und meinen anschließend nicht mehr voll funktionsfähigen Penis, und über meinen Schilddrüsenkrebs [...]. Ich tue das, weil ich Unterstützung und Informationen erhalte und weil ich andere unterstützen und informieren kann. Ich tue das, weil ich glaube, dass wir offen und ehrlich über Krankheiten sprechen müssen [...]. Warum auch nicht, es ist nur eine Krankheit [...], es sind nur Daten.«[229]

Wer weiß, vielleicht würde mehr Ungezwungenheit im Umgang mit unseren Gesundheitsdaten – sei es aufgrund eigener Motive, aufgrund des Drucks von Bekannten oder Unternehmen – wirklich etwas Gutes bewirken. Wir könnten bislang unerkannte Zusammenhänge zwischen Erkrankungen und Lebenswandel oder der Umwelt aufdecken und zur Entwicklung oder zu Tests neuer Therapien beitragen.

Warum sollten Sie dennoch vorsichtig sein? Weil Sie dabei Ihre Krankenversicherung oder Ihren Arbeitsplatz verlieren könnten und weil Menschen auch in Zukunft Angst haben müssen, stigmatisiert zu werden. Vor diesem Hintergrund sollten Sie die Argumente für oder gegen die Geheimhaltung beziehungsweise Offenlegung Ihrer Gesundheit abwägen, während die Debatte um neue Gesetze und gesellschaftliche Normen tobt.

Gesundheitsdaten werden künftig im Wert steigen. Es werden immer mehr Produkte, Geräte und Dienstleistungen entwickelt, die uns »helfen« wollen. Wir werden Teil des Netzes, eine Art *body-areanetwork*, bei dem der Körper nur einer von vielen Hotspots ist. Mit im Netz hängen auch Geräte wie die Toilette, die Ihre Harnwerte liest, und die Waage, die neben Ihrem Gewicht auch Ihre Fettwerte direkt in die Gesundheitsakte in der Cloud hochlädt. Alles Geräte und Tresore, die sich knacken und deren Messungen sich manipulieren oder ausspionieren lassen. So warnte die US-Gesundheitsbehörde FDA im Juni 2019, dass Insulinpumpen der Firma Medtronic drahtlos gekapert werden könnten, um die Dosis bis auf tödliche Werte zu erhöhen.[230]

Bis der Traum der personalisierten Medizin näher rückt, bis bessere Standards zum Umgang mit Vitaldaten ausgearbeitet sind und bis Sie wissen, wer Einsicht in und Kontrolle über Ihre Informationen hat, sollten Sie deshalb möglichst viel von diesem Datenstrom des Lebens für sich behalten.

Im nächsten Kapitel wenden wir uns wieder der Gegenwart zu und werden einen kritischen Blick auf die Frage werfen, wie wir die digitale Welt zur Partnersuche und zum Flirten nutzen.

Tipps und Tricks (siehe Kapitel 13)

- Diese Informationen gehören nicht in soziale Netzwerke (I-3)
- Verwenden und merken Sie sich sichere Passwörter (I-9)
- Sperren Sie Social Widgets (II-14)
- Sicherheit für mobile Apps (II-16)
- Sicherheit bei Facebook für Fortgeschrittene (II-15)
- Verschlüsseln Sie Ihre Daten im Ruhezustand (IV-32)
- Verzichten Sie auf Ihr Smartphone (IV-39)
- Gönnen Sie sich eine Pause von der digitalen Welt (V-48)
- Bereiten Sie Ihr digitales Erbe vor (V-49)

KAPITEL 9

VON DER PISTE IN DIE KISTE: ES IST MEIN LIEBESLEBEN

David hatte sich ein Facebook-Konto eingerichtet, als das Netzwerk noch in den Kinderschuhen steckte. Ein Freund sagte ihm, dies sei die richtige Adresse, um Frauen kennenzulernen. Zu dieser Zeit war David Single und hatte nur eines im Kopf: flirten. Er erklärt: »Facebook ist prima: informell und entspannt. Da haben Frauen keine Probleme, Männer zu fragen, ob sie sich zu einem Kaffee treffen wollen. Im Klartext: ein Date vereinbaren. Das habe ich auch reichlich getan!« So beschreibt David seine Strategie für die Anmache online: »Auf Facebook kann ich ein Profil anlegen, das viel attraktiver ist, als wenn mich eine Frau Freitagnacht um drei betrunken in einer Bar trifft.«[231]

Doch das Onlineflirten hat auch seine Schattenseiten: Seit bald drei Jahren hat der Online-Don Juan eine feste Freundin, sodass seine Vergangenheit auf Facebook nicht mehr zu seinem neuen Leben passt. Also versuchte David, einige der offenherzigen elektronischen Nachrichten zu tilgen. Aber immer wenn ihm eine seiner früheren Eroberungen wieder schreibt, erscheint der gelöschte Dialog aufs Neue. David könnte sein Profil natürlich komplett deaktivieren oder löschen, aber das will er auch nicht. Die erotische Trophäensammlung ist ihm etwas wert, solange sie unter Verschluss bleibt. »Einige der heißen verbalen Vorspiele mit den verschiedenen Frauen IRL (im realen Leben) sind zu gut, um gelöscht zu werden«, gesteht David.

Stattdessen hat er seine aktuelle Freundin in seinem Facebook-Profil »blockiert«. Sie hat keine Erlaubnis, in seiner Vergangenheit zu stöbern. »Wir teilen uns ein iPad und einen Computer zu Hause, aber wir haben uns daran gewöhnt, uns abzumelden, bevor der andere sich bei seinem Facebook-Konto einloggt.« So lange, bis das Passwort vom Browser gespeichert wird ...

Partnersuche ist eine der Hauptattraktionen sozialer Netzwerke und vieler Apps – sei es für einen One-Night-Stand oder eine langfristige Beziehung. Inzwischen lernen sich 40 Prozent aller heterosexuellen Paare in den USA online kennen.[232] Es mag jede Menge schlüpfriger wie ernst gemeinter Dating-Dienste geben, aber Facebook ist allein aufgrund der Mitgliederzahl der größte Anbieter auf dem Romantikmarkt. Die Firma kann dabei Daten über die intimsten Bereiche unseres Lebens sammeln. Nach Kandidaten, die diese Angaben gegen uns verwenden, muss man nicht lange suchen. Es gab – und gibt immer noch – peinliche Apps wie »Girls Around Me«, um wildfremde Frauen, die sich gerade in der Nähe aufhalten, per Smartphone ausfindig zu machen. Und da sind Scheidungsanwälte, die Zugriff auf jedes Detail auf Ihrem Social-Media-Konto bekommen können. Keine noch so gute Einstellung der Privatsphäre kann dies verhindern. Wer online flirtet, steht vor der ständigen Herausforderung, solche Dienste zu verwenden, um neue Abenteuer zu erleben, aber dabei trotzdem ein gewisses Maß an Anonymität zu wahren – nicht nur gegenüber seinen potenziellen Partnern, sondern auch gegenüber dem Rest der Welt. Ironischerweise sind Pornoseiten in dieser Hinsicht sehr viel sicherer. Nur der Grund mag vielleicht überraschen: Es sind in der Regel Sie selbst oder Ihre Freunde, die Details über Ihr Sexualleben im Netz offenbaren. Aber Millionen Menschen benutzen Stalkerware, um ihren Partnern direkt auf deren Handy hinterherzuspionieren.

Facebook will alles

Facebook, der Gigant unter den sozialen Netzwerken, hat den zuvor sehr lukrativen Dating-Seiten das Wasser abgegraben. Das Netzwerk hat einen entscheidenden Vorteil: Jeder kann einen schnellen Check mit dem Mobiltelefon durchführen, ob der oder die Neue vielleicht Dreck am Stecken hat oder sogar noch in einer Beziehung ist. Der Gang auf die Toilette im Club reicht, und schon ist Ihre Lügengeschichte aufgeflogen.

Obendrein ist Facebook im Vergleich zu vielen spezialisierten Seiten ein »Gratisdienst«, weil kein Geld den Besitzer wechselt. Sie können in der Regel tief in persönliche Informationen über Ihre Zielperson eintauchen, da die meisten immer noch allzu großzügig viele private Details aus seinem oder ihrem Leben teilen. Die Chronik leistet diesem Datenleck noch Vorschub – teilweise mit absurden Folgen, so wie bei einem Mann, der auf einem Bild neben einer Frau – und einer Hochzeitstorte – zu sehen war. Seine Ex-Frau, von der er noch nicht geschieden war, nutzte dieses Bild, und ihr Noch-Ehemann auf Flirtkurs auf Facebook wurde in den USA wegen Bigamie zu einer Geldbuße und einer Haftstrafe verurteilt.

Facebook will so viel wie möglich über Ihre Beziehungen wissen, denn Klatsch und Tratsch sind seit jeher wichtigste Kommunikationsthemen in jeder Gesellschaft. Facebooks eigene Geschichte fußt darauf, denn es ging aus einem Jahrbuch für Collegestudenten hervor, in dem die »heißesten« Frauen bewertet werden sollten. Auf dieser Neugier basieren auch Tausende von Apps, mit deren Hilfe man Partner oder Gleichgesinnte finden oder einfach nur andere Mitglieder beäugen kann. Und hier setzt die Psychologie der gezielten Werbung an: Eine Änderung im

Beziehungsstatus ist oft ein lebensverändernde Erlebnis, das Sie viel anfälliger dafür macht, tief in die Tasche zu greifen und Ihre Einkaufsgewohnheiten zu ändern. Verlobungen, Hochzeiten und Geburten rangieren ganz oben auf der Liste der Ereignisse, für die Menschen über Gebühr Geld ausgeben. Wenn man Verbraucher im richtigen Moment erwischt, kann man eine lukrative Beziehung für die kommenden Jahre zementieren. Diese Art der Interessentengewinnung oder »Leadgenerierung« und kostenlosen Kundensegmentierung ist Vermarktern und Werbetreibenden viel wert.

Aber Facebook prahlt auch gerne mit seinen Kenntnissen über unser Liebesleben, um sich als ultimative Adresse für demografische Einblicke und Datamining zu präsentieren, die nicht nur Werber, sondern auch Akademiker ernst nehmen sollten. Soziologen können beispielsweise vom Zugriff auf solche Datenmengen sonst nur träumen oder müssen für teures Geld Testkandidaten auftreiben. Netzwerkdaten zeigen zum Beispiel, dass die besten Tage, um Beziehungen zu starten, der 14. und der 15. Februar sind – also um den Valentinstag herum – oder der 24. und der 25. Dezember. Die Sommermonate sind in der Regel für neue Beziehungen schlecht, während Sonntag und Montag Spitzenzeiten für neue Romanzen sind.[233] Selbst welche Lieder Verliebte hören, bleibt der Firma nicht verborgen.

Facebook behauptet, mit 33-prozentiger Wahrscheinlichkeit vorhersagen zu können, wann Sie mit Ihrem Partner Schluss machen werden.[234] Wer weiß, vielleicht tragen auch Ihre Meldungen zu diesen Erkenntnissen bei? Doch vermitteln sie wirklich sinnvolle Informationen darüber, wie wir Menschen flirten und uns binden? Oder sind es nur Daten, die um ihrer selbst willen aufbereitet und analysiert werden, weil eine Statistik attraktiv ist und als Rechtfertigung für ganz andere Punkte auf der Tagesordnung eines gewinnorientierten Unternehmens dient? Das ganze Ausmaß der möglichen Manipulation wurde deutlich, als Facebooks Experimente mit den Nachrichtenfeeds von rund 700 000 Nutzern ans Licht kamen, mit denen hauseigene Wissenschaftler probeweise und ohne Einwilligung den Gemütszustand ihrer Kunden manipulierten.[235]

Viele Menschen verraten offensichtlich viel über ihre Romanzen. Sie meinen, alte Nachrichten und Liebesbriefe seien sicher in ihrem Posteingang oder »Gesendet«-Fach gespeichert. Alte Statusupdates sind aus den Augen und damit aus dem Sinn. Wenn Sie meinen, Sie seien auf der sicheren Seite, wenn Sie alle Datenschutzeinstellungen für Ihr Profil aktiviert haben, denken Sie daran, dass das Titelbild auf Ihrer Chronik und Ihr Geschlecht immer öffentliche Informationen sind.

Genauso können vermeintlich vergängliche Posts in Diensten wie Snapchat ein unerwartetes Eigenleben entfalten – etwa weil der Empfänger einen Screenshot speichert und sich damit später rächen möchte. Oder weil eine Funktion namens SnapMap den eigenen Standort an Ihre gesamte Freundesliste aussendet – inklusive Personen, die man eigentlich nicht mehr treffen möchte.

Warum also sind wir so unvorsichtig? Weil wir nicht anders können, sagen Neurowissenschaftler. Die Offenlegung von Informationen über uns selbst löst das gleiche Gefühl der Ekstase und Freude in unserem Gehirn aus, das uns sonst Essen, Geld oder Sex schenken. Es ist natürlich eine Frage der Abstufung, aber die wissenschaftliche Untersuchung macht deutlich, dass unser Gehirn ein gewisses Maß an Exhibitionismus als eine lohnende Erfahrung abspeichert.[236] Selbst die Programmierer, die solche Apps bauen, geben inzwischen zu, dass sie darauf angelegt sind, uns süchtig zu machen und in Abhängigkeit zu halten.[237]

Beweise für Ihre romantischen Verwicklungen auf Facebook zu hinterlassen oder sie dort sogar offenzulegen ist eine ausgesprochen schlechte Idee, warnt Christopher Soghoian, ein Sicherheits- und Datenschutzexperte in Washington: »Scheidungsanwälte benutzen Facebook routinemäßig«, erklärt er. »Wenn ein Paar sich scheiden lässt und einer von ihnen denkt, der andere betrügt ihn, dann holt sich der Anwalt als Erstes eine gerichtliche Anordnung und kontaktiert Facebook, um herauszufinden, wer Ihre Freunde sind, wie Sie Nachrichten austauschen. Dabei kommen auch viele andere Details ans Tageslicht, etwa wo genau Sie sich an einem bestimmten Morgen eingeloggt haben: wirklich zu Hause oder vom Haus eines anderen.«[238]

Laut Soghoian verschaffen sich Anwälte ebenso Zugang zu den Daten von Mautstationen, Suchanfragen oder anderen Daten bei Google und überall sonst im Internet. Regierungsbehörden sind genauso sammelwütig, Anwälte haben also nur gleichgezogen und festgestellt, wie viel belastendes Material ihnen frei Haus geliefert wird.

Um eine der wichtigsten Warnungen dieses Buches noch einmal eindringlich zu wiederholen: Unternehmen mögen ihre »Datenschutzrichtlinien« ins Netz stellen, aber letzten Endes ist so gut wie nichts im Internet wirklich privat. Eine Studie von X1 Discovery, einem amerikanischen Unternehmen, das sich auf Datamining von sozialen Medien für Anwälte spezialisiert hat, belegt, dass aus diesen Medien abgegriffene

Informationen als Grundlage für Zivilklagen auf dem Vormarsch sind. X1 Discovery fand alleine zwischen 2010 und 2011 fast 700 Fälle, in denen Beweise aus nur vier großen Social-Media-Diensten eine entscheidende Rolle spielten.[239] Eine zweite Erhebung aus Großbritannien förderte zutage, dass bereits mehr als ein Drittel der Scheidungen, die im Jahr 2011 eingereicht wurden, das Wort »Facebook« in den Unterlagen enthielt.[240]

Hüten Sie sich vor Dating-Apps

Zu den größten Risiken für Ihre Identität gehören Datenlecks in Tausenden von sogenannten *social apps*, die auf Facebook oder eigenständig auf Ihrem Handy laufen. Wenn Sie diese installieren, werden Sie um Erlaubnis gefragt, auf bestimmte Angaben von Ihnen zugreifen zu dürfen. Wer aber liest wirklich das Kleingedruckte, wenn man begierig darauf ist, sich durchzuklicken, um zu sehen, womit sich ein Freund bereits amüsiert, was eine Bekanntschaft Kokettes geschickt hat oder wer in der unmittelbaren Umgebung auf ein Abenteuer aus ist? Deswegen heißt die an dieses Prozedere angelehnte Form der Kundenakquise auch virales Marketing – sie infiziert einen nach dem anderen.

Seien Sie skeptisch gegenüber allen Facebook-Apps, schon bevor Sie sie herunterladen. Das Flirtspiel für Freunde oder alle tollen Jungs und Mädchen in einer Stadt stellt schon ein Risiko dar, wenn man sich nur mit seiner Facebook-Kennung auf dessen Seite anmeldet.

Wenn Sie es bereuen, sich irgendwo eingeloggt zu haben, oder eine App entfernen wollen, liegt ein mühsamer Prozess vor Ihnen: Sie können die Informationen, deren Zugriffe sie erlaubt haben, nur entfernen, indem Sie den App-Hersteller kontaktieren und ihn bitten, sie zu löschen. Die Anbieter sind theoretisch dazu verpflichtet, diesem Wunsch nachzukommen. Facebook wird Ihnen bei diesen digitalen Aufräumarbeiten aber nicht helfen.

Ein besonders krasses Beispiel dafür, was passiert, wenn große und kleine Datenlecks zusammenkommen, ist eine App namens Girls Around Me, die im Frühjahr 2012 eine Welle des kollektiven Abscheus auslöste. Vorwiegend Männer luden sie auf ihr Smartphone und verknüpften sie mit ihrem Facebook-Konto. Plötzlich erschienen wie von Zauberhand die Profile und Details von Frauen in ihrer unmittelbaren Umgebung. Sie waren wildfremd, aber erfüllten ein paar Bedingungen: Sie hatten ebenfalls ein Facebook-Konto, tranken ein Bier in derselben Bar oder saßen auf der anderen Straßenseite im Café und hatten sich bei dem standortbasierten Dienst Foursquare eingecheckt. Die implizite Botschaft war klar: Diese Damen suchten bestimmt ein bisschen Action, wenn sie in der App erschienen!

Keine der dort gelisteten Frauen hatte allerdings irgendeine Bereitschaft kundgetan, einen Mann kennenlernen zu wollen, sondern fielen einer Software zum Opfer, die automatisch ein Mash-up aus den ungeschützten Datenströmen mehrerer Dienste bastelte. Wie genau funktionierte diese Verknüpfung? Die App sammelte Profilbilder und andere persönliche Angaben von zwei anderen Diensten ein und missbrauchte sie dann für einen völlig anderen Zweck – ohne Wissen oder Zustimmung der betroffenen Nutzer. Wer seine Privatsphäre-Einstellungen vernachlässigt, steht – wie in diesem Fall – am Ende als vermeintliches Flittchen da. Man habe lediglich öffentliche Angaben verwendet, verteidigte sich die russische Firma SMS Services O, die die App entwickelt hatte und schnell wieder vom Markt nehmen musste.[241]

Facebook hat versucht, diese Datenlecks etwas einzudämmen, indem es im Mai 2018 einen eigenen Dating-Dienst startete, bei dem man ein separates, weniger mitteilsames Profil anlegen kann, ohne dass Bekannte mitbekommen, dass man auf der Suche nach einem Partner oder einer Partnerin ist. Facebook selbst hat natürlich Zugriff auf die Daten beider Welten und will Ihnen beispielsweise mögliche Partner vorschlagen. Das Ziel dabei: der enorm erfolgreichen Dating-App Tinder das Wasser abzugraben.

Porno ist kaum sicherer als Flirten

Sind Sie nun vom größten Spielplatz für Männer und Frauen, die in Stimmung sind, abgeschreckt worden, wäre es vielleicht besser, eine explizite Dating-Seite oder App wie Tinder zu verwenden. Einige dieser Anbieter verlangen einen Mitgliedsbeitrag, sind aber leider genauso riskant, wenn man anonym bleiben will – trotz Bezahlung. Wie eine Studie der Stanford University ergab, teilen viele dieser Partnervermittlungsseiten Namen und Nutzernamen mit anderen Webseiten. Eine der untersuchten Dating-Webseiten gab sogar Geschlecht, Alter, Postleitzahl und Beziehungsstatus seiner Mitglieder an Dritte weiter.[242]

Diese Daten sind eine Goldgrube, denn die Informationen lassen sich zu wertvollen Bündeln schnüren. Wer mit großen Datenmengen, *big data*, hantiert, geht in Daten-Supermärkten, *data marts*, einkaufen, wo die Hochregale mit Petabytes unseres Lebens gefüllt sind. Infochimps ist einer von vielen Datenmärkten, bei denen andere Unternehmen große Datensätze erwerben können – auch von Flirt-Seiten. So musste die Berliner Organisation Tactical Tech gemeinsam mit der Künstlerin Joana Moll gerade einmal 153 US-Dollar ausgeben, um im Mai 2018 eine Million Dating-Profile zu kaufen – einschließlich Alter, Geschlecht, sexueller Orientierung etc.[243] Dänische Forscher, die es mit dem Datenschutz nicht so genau nahmen, klaubten von OkCupid, einer beliebten Seite für Dating-Spiele, rund 70 000 Nutzerprofile zusammen und veröffentlichten sie im Netz.[244]

Datenschutzexperten sehen OkCupid aus verschiedenen Gründen als eine höchst riskante Adresse im Netz, um Intimes auszuplaudern. Die Liste der Mängel sollte Ihnen zu denken geben, da diese immer wieder auftauchen: Die Dating-Seite verwendete nicht das allgemein übliche verschlüsselte Übertragungsprotokoll HTTPS, sodass Nutzerdaten ebenso wie Antworten und Suchanfragen während der Übermittlung völlig exponiert sind. OkCupid verkaufte Nutzerdaten zudem an mindestens neun verschiedene Trackingunternehmen und Werbenetzwerke, sagte dem Nutzer aber nicht, an welche. Darüber hinaus speicherte es persönliche Daten auf unbestimmte Zeit, nachdem man Quizfragen über sexuelle Gewohnheiten oder Drogenkonsum beantwortet hatte.[245]

OkCupid wurde von Match.com übernommen, einem der größten Kontaktportale im Web, was der Geschichte die Krone aufsetzt. Match.com wiederum ist ein Teil der IAC/Interactive Corp., ein amerikanischer Internetmischkonzern, der Benutzerinformationen von einem Dienst munter an seine mehr als 50 Tochterfirmen und Webseiten weiterreicht. Was also wie ein lustiger Flirt oder ein anzügliches Quiz daherkommt, ist an das sechstgrößte Werbenetzwerk der Welt angeschlossen. Aus dieser Beziehung kommt keiner so schnell wieder heraus.

Ähnlich beängstigend ist, wie die Dating-App Tinder (auch Teil von IAC) mit den Daten ihrer mehr als 50 Millionen Nutzer umgeht. Als eine Journalistin des britischen *Guardian* ihre persönlichen Daten anforderte, wurde ihr ein 800 Seiten langes Dokument geschickt, einschließlich aller 1700 Nachrichten, die sie über den Dienst verschickt hatte, samt der Standortdaten. Es war eine Sammlung ihrer »Hoffnungen, Ängste, sexuellen Vorlieben und größten Geheimnisse«.[246] Tinder sammelt sogar, wer wie lange welche Bilder eines potenziellen Dates ansieht – alles unter der Maßgabe, die Daten für »gezielte Werbung« zu verwenden.

Es wird Ihnen in diesem Bereich auch nicht viel helfen, wenn Sie Ihren richtigen Namen nicht preisgeben, da sich online fast immer genügend andere Informationen finden lassen, um Ihre Identität aus verschiedenen Quellen wieder zusammenzusetzen. Der schon erwähnte Ökonom und Datenschützer Alessandro Acquisti nutzte für eine seiner Studien Profilfotos von einer Dating-Webseite, auf der Menschen Pseudonyme benutzten, um ihre Identität zu schützen. Dann verglich sein Team diese Bilder mithilfe von Gesichtserkennungssoftware mit frei zugänglichen Fotos auf Facebook. Die Forscher mussten sich noch nicht einmal bei dem Netzwerk anmelden, um einen erheblichen Anteil der Menschen auf der vermeintlich anonymen Dating-Webseite in Windeseile mit Namen identifizieren zu können.[247]

Online zu flirten ist das eine. Brisant wird es, wenn es um Pornoseiten geht – und immerhin ist ein Drittel des gesamten Internetverkehrs der Tatsache geschuldet, dass Männer und Frauen solche Seiten besuchen. Forschungsergebnisse deuten darauf hin, dass gut ein Achtel aller Webseiten Pornografie in der einen oder anderen Form anbietet. Pornoseiten stehen ganz oben auf der Liste der 100 beliebtesten Webadressen, und viele von ihnen bieten nackte Tatsachen gratis an, um Werbung zu verkaufen und vor allem, um Kunden für gebührenpflichtige Seiten zu ködern.

Das virtuelle Rotlichtmilieu gibt Anlass zur Sorge, dass es die Privatsphäre ihrer Besucher besonders gefährdet. Laut einer Untersuchung des International Secure System Lab aus dem Jahr 2010 war zwar nur eine von 30 Pornoseiten mit Adware, Spyware und Viren vermint, sodass ein großer Teil der Sexseiten weniger gefährlich als vermutet ist. Aber diese Webseiten betreiben sehr lästige Praktiken, die Softwarenutzer vom Verlassen der Webseite abhalten, unzählige Popups öffnen oder auf andere Seiten zwangsumleiten.

Viele Pornonutzer wissen immer noch nicht, wie sie sich selbst schützen können. Sie denken meist, dass der Privat- oder Inkognitomodus ausreicht. Diese Einstellung verhindert allerdings nur, dass Ihre Webgeschichte auf Ihrem Rechner gespeichert wird und Sie so zu Hause oder im Büro keine Datenspuren hinterlassen. Die Pornoseiten schauen Ihnen weiterhin über die Schulter. Genau wie jede Menge Dritte – inklusive alter Bekannter, die sich auf ihren eigenen Plattformen als prüde Moralapostel geben. Als Forscher 22 484 Pornoseiten auf Tracker abklopften, stellten sie fest, dass 93 Prozent von ihnen Nutzerdaten an Dritte weitermelden und weniger als ein Fünftel seine Seiten mit HTTPS verschlüsselt, sodass jeder Datenhäscher und selbst Ihr Mobilnetzbetreiber oder Kabelanbieter höchst verräterische URLs im Klartext mitlesen kann. Pornhub und YouPorn, zwei der größten Sexseiten der Welt, die derselben Firma gehören, schalteten erst Anfang 2017 ihr Protokoll auf Verschlüsselung mit HTTPS um.

Wer interessiert sich für die Pornopräferenzen der Welt und speichert sie zur möglichen späteren Verwendung? Allen voran Google, Facebook und der Datenkrake Oracle, den die meisten Verbraucher gar nicht kennen. Google-Tracker sind auf 74 Prozent aller in der zitierten Studie untersuchten Pornoseiten präsent, gefolgt von Oracle (24 Prozent) und Facebook (10 Prozent).[248]

Was gegen die Bespitzelung hilft, ist eine ganze Reihe von Gegenmaßnahmen: Pop-ups blockieren, Cookies und andere Tracker mit einem Dienst wie Disconnect blockieren und ein VPN einsetzen, um die IP-Adresse zu verschleiern und den Datenverkehr zu verschlüsseln. Kleben Sie außerdem Ihre Kamera ab, um Erpressungsversuchen vorzubeugen.

Flirtwebseiten und Apps können auch aus anderen Gründen problematisch oder sogar gefährlich sein, denn sie ziehen schwarze Schafe und Kriminelle an. Ein Beispiel ist die Flirtapp Skout, die inzwischen von einem Konkurrenten namens MeetMe geschluckt wurde. Das 2007 in San Francisco gegründete Unternehmen verbindet Menschen mit Unbekannten in derselben Stadt und hat nach eigenen Angaben Nutzer in 180 Ländern.

Als das Unternehmen herausfand, wie viele Minderjährige die App benutzten, erstellte es einen separaten, angeblich besonders geschützten Service für 12- bis 17-Jährige. Die gut gemeinte Idee verfehlte leider ihr Ziel. Der Teenagertreff stellte sich als Magnet für Onlinekriminelle heraus und führte zu drei Vergewaltigungsfällen von einem Jungen und zwei Mädchen im Alter von 12 bis 15 Jahren. Da Pädophile den geschützten Bereich missbraucht hatten, musste Skout vorübergehend stillgelegt werden, um seine Sicherheitseinstellungen zu überprüfen und die automatische Standortangabe für minderjährige Mitglieder zu entfernen.

Das weist auf ein grundsätzliches Problem hin: Da die Altersangaben nicht nur bei Flirt- und Dating-Diensten freiwillig sind, sollten Eltern immer ein sorgsames Auge darauf haben, welche Apps ihre Kinder installieren und benutzen dürfen. Denn erst ab 18 ist man rechtlich »tinderjährig«, wie es zynische Zeitgenossen formulieren.

Hacker vergreifen sich natürlich besonders gerne an den sensiblen Daten aus Dating-Diensten. Prominente kann man so »doxen«, also ihre intimen Details ins Netz stellen, und andere Mitmenschen vielleicht erpressen. Schlagzeilen machte ein Datendiebstahl beim US-Dienst Ashley Madison, der speziell auf verheiratete Mitglieder abzielt, die einen Seitensprung suchen. 2015 stahlen Hacker die Datensätze von 32 Millionen Mitgliedern und veröffentlichten sie, was nach Presseberichten zu mindestens drei Selbstmorden führte. Ein Jahr später war der Swinger-Dienst Friendfinder dran, dem die Datensätze von sage und schreibe 412 Millionen Nutzern entwendet wurden.[249]

Manchmal wird die Suche nach dem schnellen Sex sogar zur Staatsaffäre. Als ein chinesisches Unternehmen namens Kunlun den in der LGBTQ-Community beliebten Dating-Dienst Grindr aufkaufte, wollte Washington den neuen Eigentümer zwingen, die App aus Gründen der nationalen Sicherheit bis Anfang 2020 wieder abzustoßen. Nachrichtendienste machten sich Sorgen, dass die amourösen Abenteuer von Soldaten und anderen US-Staatsdienern früher oder später in Peking landen würden.[250]

Geben Sie sich lieber zugeknöpft

Wenn Informationen über das Sexualleben von Personen online enthüllt werden, geschieht dies keineswegs nur, weil Hacker zugeschlagen haben, sondern meist aufgrund des eigenen Fehlverhaltens oder vorsätzlich böswilliger Handlungen von Menschen aus ihrem Umfeld. Das zeigen diese vier wirklich geschehenen Beispiele, bei denen die Namen und Orte absichtlich weggelassen wurden:

- Eine Frau filmte die ersten Schritte ihres Kindes. Sie teilte den Clip auf Facebook und meldete sich ab. Am nächsten Tag bemerkte sie, dass sie aus Versehen auch ein weiteres Video von ihrer Festplatte veröffentlicht hatte, das sie und ihren Mann beim Sex zeigte. Ihre Pinnwand wurde mit Kommentaren von seinen Freunden und Kollegen überflutet.
- Frisch verliebt hatte sich eine Frau nackt, gefesselt und mit gespreizten Beinen von ihrem Freund fotografieren lassen. Jahre später, nachdem sie sich getrennt hatten, nahm ihr Ex-Partner Rache. Er verteilte die alten Bilder als »Revenge Porn« im Internet und auf Flugblättern, die er an Fahrrädern und anderen Orten rund um ihren Arbeits-

platz anbrachte. Solche besonders perfiden Formen der Onlinerache haben bereits Gesetzgeber auf den Plan gerufen, aber es passiert immer wieder.

- Ein homosexueller Student sprang von einer Brücke in den Tod, nachdem ein Mitbewohner ein heimlich gefilmtes Video von ihm veröffentlicht hatte, das ihn beim Sex mit einem anderen Mann zeigte. Noch schlimmer war, dass der Mitbewohner Twitter verwendet hatte, um den Film auch noch zu bewerben. Er wurde zu 30 Jahren Haft verurteilt. Das Entsetzen über den Selbstmord, den der Missbrauch sozialer Medien maßgeblich mitverursachte, löste immerhin eine breite Bewegung gegen diese (homophobe) Art des Cybermobbings aus.
- Am Ende des Schuljahres begingen 500 Eltern und Lehrer mit den Schülern die Abschlussfeier. Auf der Leinwand auf der Bühne wurde ein Film gezeigt, der einen Schulabgänger beim Sex mit einem Mädchen zeigte. Sie hatte weder die Schule besucht, noch hatte sie zugestimmt, den Clip zu veröffentlichen. Wie sich herausstellte, wusste das Paar nicht einmal, dass es gefilmt worden war.

Leider gibt es auch eine Reihe von Spionage-Apps mit schönen Namen wie mSpy, TheTruthSpy und FlexiSpy, mit denen Männer oder Frauen ihre Partner auf deren Smartphone bespitzeln können, von Ortsdaten über Anruflisten bis hin zu Chats. Das National Network to End Domestic Violence in den USA ermittelte, dass mehr als die Hälfte aller Täter in Fällen häuslicher Gewalt ihr Opfer elektronisch verfolgte. Der einzig wirksame Schutz gegen solche Stalkerware besteht darin, sein Handy mit Sicherheitssoftware von Anbietern wie Certo oder Kaspersky Labs nachzurüsten und obendrein seine mit der Cloud synchronisierten Handydaten wie etwa Fotos und Textnachrichten über einen zweiten Sicherheitsschritt (»Two Factor Authentication«) vor dem unerlaubten Zugriff im Web zu schützen.[251]

Die Idee eines Onlineflirts ohne Konsequenzen oder Zeugen können Sie vergessen. Dating- und Verkupplungsdienste und Apps versuchen zwar, die Illusion einer dunklen, anonymen Ecke zu schaffen. Wer vor seinem Bildschirm oder am Handy sitzt, fällt leicht darauf herein. Wenn wir online gehen, bleiben deshalb viele der Vorsichtsmaßnahmen auf der Strecke, die wir im analogen Leben ganz selbstverständlich anwenden würden. Bevor Sie sich offline einem völlig Fremden öffnen, nehmen Sie sich Zeit, die Person zu beurteilen, sich ein Bild von ihrem Charakter, ihrer Aufrichtigkeit und Vertrauenswürdigkeit zu machen. Niemand verrät einem Flirt an der Bar im ersten Satz, wo er zur Schule gegangen ist, dass er an diversen Allergien leidet und frisch geschieden ist. Und selbst wenn keine anderen Menschen zusehen, mit wem Sie online flirten, lesen der Anbieter und fast immer andere Datenhäscher bei jedem Ihrer Worte oder Bilder mit.

Das Netz stellt somit Entscheidungsprozesse des gesunden Menschenverstandes auf den Kopf, weil diese den Geschäftsmodellen der Datensammler zuwiderlaufen. Wenn jeder per Firmendekret zum »Freund« degradiert und geduzt wird, wenn alle »teilen« müssen, wird das Konzept des Vertrauens zerstört, und wir alle werden zu schnell zu leichtsinnig. So unterminieren soziale Medien gesellschaftliche Konventionen, die über Jahrtausende Gestalt angenommen haben. Das ist der Grund, warum Sie sich zugeknöpft geben sollten, wenn es um Dating-Apps geht. Das heißt konkret: Seien Sie online mit mehreren Identitäten unterwegs. Geben Sie persönliche Angaben so sparsam wie möglich preis. Wenn Bilder sein müssen, sollten Sie nur solche Porträts von sich verwenden, bei denen Sie erstens die EXIF genannten Metadaten wie Datum und Standort entfernt haben (eine Option ist das simple und kostenlose Dienstprogramm GIMP), und zweitens Gesichtserkennungssoftware keine Chance geben: schlechte Lichtverhältnisse, seltsame Blickwinkel, Grimassen, Masken und Kopfschmuck wirken Wunder, um Menschen anzuziehen, aber Algorithmen abzuschütteln. Oder probieren Sie es mit einer verfremdeten Zeichnung, einem Avatar als Ausdruck Ihrer Persönlichkeit.

Dieses Kapitel ist aus gutem Grund »Von der Piste in die Kiste« überschrieben. Es macht immer noch am meisten Spaß, andere Menschen in der analogen Welt kennen-, begehren und lieben zu lernen. Die britische Autorin Zadie Smith bringt das Problem in ihrem Essay *Generation Why* auf den Punkt: Sie nimmt darin den Facebook-Film »The Social Network« zum Anlass für die Frage, warum so viele junge Menschen süchtig nach einem Dienst sind, der sie unterm Strich entmenschlicht: »Ein Mensch, der auf einer Webseite wie Facebook zu einem Datensatz wird, verliert an Gehalt. Alles schrumpft. Der individuelle Charakter. Freundschaften. Sprache. Die Vernunft.«[252] Zur ihrer Liste der Schrumpfungen könnte man die Geschlechtsteile hinzufügen.

Vom individuellen Charakter bis hin zu Freundschaften: All dies ist auch wichtig für die Erziehung Ihrer Kinder, um ihnen einen gesunden Menschenverstand und moderne Medienkompetenz zu vermitteln und alle Tools und Techniken der digitalen Selbstverteidigung mit auf den

Weg zu geben. Wie man in einer Welt aufwachsen kann, in der Privatsphäre und Identität von Geburt an unter Beschuss sind, untersucht das folgende Kapitel.

Tipps und Tricks (siehe Kapitel 13)

- Verwenden Sie Pseudonyme für Ihr privates Ich (I-5)
- Grundlegende Sicherheit bei Facebook (I-6)
- Verwenden Sie Blocking-Werkzeuge in Ihrem Browser (II-11)
- Verwenden Sie privates Surfen (II-12)
- Verwenden Sie Firefox zum Porno-Surfen (II-13)
- Verbergen Sie Ihre IP-Adresse mit einem VPN (II-17)
- Surfen Sie mit Verschlüsselung (III-23)
- Verschlüsseln Sie Ihre Chats (III-24)
- Verkneifen Sie sich Webkameras (V-41)
- Gönnen Sie sich eine Pause von der digitalen Welt (V-48)

KAPITEL 10

ERZIEHUNG: ES IST MEINE ZUKUNFT

Vier Jungen treffen sich zum Kartenspielen, zu dem sie auch ein Mädchen aus ihrer Klasse eingeladen haben. Das Spiel der 14-Jährigen läuft aus dem Ruder, und die Jungs beginnen, das Mädchen zu kitzeln. Während sie sie auf dem Boden festhalten, ziehen sie ihre Bluse hoch, reißen ihr die Hose herunter und machen mit ihren Handys Bilder von ihr, die sie dann mit ihren Freunden teilen. Was als Spiel begann, wurde zu sexueller Nötigung, auch wenn dieses Beispiel nicht auf dem Polizeirevier oder vor Gericht endete. Die Teenager wurden der Schule verwiesen, um das Mädchen zu schützen und den jugendlichen Übeltätern eine Chance zu geben, von vorne zu beginnen.

Auch in einem anderen Fall bekamen zwei Jugendliche eine zweite Chance: Sie hatten eine Hassseite auf Facebook gebaut, die eine Person ins Visier nahm: ein Mädchen aus der niedrigeren Klassenstufe. Die Onlinerüpel wollten ihre Mitschüler dazu bewegen, auf dieser Seite auf »Gefällt mir« zu klicken, um das Mädchen damit weit und breit bekannt zu machen. Sobald die Schule davon erfuhr, schloss sie die Seite und suspendierte die beiden vom Unterricht. Nach einem Treffen mit den Eltern entschuldigten sie sich förmlich bei dem gemobbten Mädchen.

Ein dritter Fall wiegt schwerer: Die dänische Polizei erhob Anfang 2018 Anklage gegen mehr als 1000 Jugendliche zwischen 15 und 20 Jahren wegen Weiterverbreitung von Kinderpornografie, weil sie zwei Sexvideos und ein Foto eines Mädchens über Facebooks Messenger-App geteilt hatten. Nachdem Facebook die US-Behörden informiert hatte, fand das Material über Europol seinen Weg zurück nach Dänemark. Rund die Hälfte der Fälle wird voraussichtlich vor Gericht enden und zumindest zu Geldstrafen führen.[253]

Cyberbullying oder -mobbing ist zu einem Lieblingsthema der Medien geworden. Nach Ansicht von Experten ist es ein ernst zu nehmendes Problem, das aus mehreren Gründen sichtbarer geworden ist. Cybermobbing und zweifelhafte virtuelle Bekanntschaften (oder Cybergrooming) sind einige der sehr realen Gefahren, denen Kinder und Jugendliche online ausgesetzt sind. Kinder unter 13 Jahren dürfen und sollten sich generell nicht auf sozialen Netzwerken anmelden, doch viele lügen bei der Altersangabe – schlimmer noch, ihre Eltern helfen ihnen sogar dabei.

Eltern dulden die Onlinepräsenz ihres Nachwuchses, weil sie die damit verbundenen Risiken meist nicht verstehen. Es geht nicht nur darum, dass Kinder und Teenager nach Smartphones und Apps förmlich süchtig werden. In kindlicher Unbedarftheit teilen sie auch zu viel

Privates, was ihnen später persönlich wie beruflich schaden kann. Onlineanbieter, Unternehmen und Werbenetzwerke sind so in der Lage, schon über Kinder und Heranwachsende persönliche Profile anzulegen. Einige Schulen in Amerika sind bereits dabei, Informationen im Netz zu sammeln und auszuwerten, nicht nur, um über Studienplatzbewerbungen und Stipendien zu entscheiden, sondern auch, um aus übertriebenem Sicherheitsdenken den gesamten Jahrgang zu überwachen und potenzielle Störenfriede oder Straftäter zu identifizieren.

Es gibt viele gute Gründe, Kinder von sozialen Netzwerken so lange wie möglich fernzuhalten, bis sie selber die Kompetenz haben, eine Entscheidung über den Umgang mit ihrer digitalen Identität zu treffen. Immer stehen Eltern dabei vor der enormen Herausforderung, ihre Sprösslinge überwachen zu müssen, ihnen aber zugleich vertrauen zu wollen.

Wer mit den digitalen Medien aufwächst, muss eine grundlegend neue Art von Medienkompetenz entwickeln, die auf der Erkenntnis fußt, dass digitale Selbstverteidigung im Kindergarten und allerspätestens in der Schule beginnen sollte. Kinder und Jugendliche, da sind sich Experten weitgehend einig, sollten frühzeitig einen achtsamen Umgang mit den glitzernden Verheißungen der Onlinewelt lernen, der weder auf radikalen Verboten noch elterlicher Kapitulation und Laissez-faire beruht. Man muss keineswegs so weit gehen wie Familien in den USA, die Screentime-Coaches anheuern, also Trainer engagieren, die den Kindern das richtige Verhalten am Bildschirm beibringen. Besser, man informiert sich selbst auf den umfangreichen Webseiten von technologiekritischen Initiativen wie dem Center for Humane Technologies in Kalifornien oder klicksafe und Schau Hin in Deutschland und leitet daraus Ratschläge für die eigene Familie ab.[254] So paradox es auf den ersten Blick aussieht: Um den Gefahren des World Wide Web die Stirn zu bieten und die eigenen Kinder davor zu schützen, hilft es Eltern am meisten, sich im Web zu bewegen und sich darin umfassend zu informieren. Und vor allem, nicht dem »Sharenting« zu verfallen, also dem Trend, ungefiltert zu viel über den eigenen Nachwuchs zu teilen. Sonst wird, das stellen Experten ein ums andere Mal fest, Ihr Kind dem Netz ungeschützt ausgesetzt sein und die Sucht nach ständiger digitaler Unterhaltung über kurz oder lang in Depressionen münden.[255]

Mobbing ist sichtbarer als früher

Bevor die kollektive Panik angesichts all dieser Gefahren im Allgemeinen und Cybermobbing im Besonderen ausbricht, lohnt es sich, danah boyd zu Wort kommen zu lassen (sie schreibt sich tatsächlich mit Kleinbuchstaben). Sie ist Soziologin in der Forschungsabteilung von Microsoft und eine der renommiertesten Experten für Jugendkultur online. »Eltern kommen regelmäßig zu mir und fragen, was sie tun können, um für die Sicherheit ihrer Kinder zu sorgen. Sie wollen eigentlich etwas hören wie: ›Lassen Sie nicht zu, dass sie sich auf Facebook anmelden‹ oder ›Geben Sie ihnen kein Handy‹. Die Eltern sorgen sich nur um neue Technologien«, so boyd und überrascht die Eltern regelmäßig mit dieser Antwort: »Lassen Sie sie nicht in ein Auto einsteigen«, schreibt sie in ihrem Blog danah.org und erklärt: »Für Eltern wirkt das Auto sicher. Da glauben sie, alles unter Kontrolle zu haben. Bei Dingen wie dem Internet sind sie unsicher, weil sie das Gefühl haben, keine Kontrolle zu besitzen, und nicht wissen, wie diese neumodischen Dinge funktionieren.«[256]

Im Gegensatz zu dem, was die Presse uns allen weismachen will, sei auch Cyberbullying nicht auf dem Vormarsch, sagt boyd. Was sich gegenüber dem Mobbing in der analogen Welt geändert hat, sei seine unmittelbare Sichtbarkeit: »Social Media haben die Dynamik des Mobbings nicht radikal verändert, sondern sie nur für mehr Menschen sichtbarer gemacht«, resümiert die Soziologin in ihrem Buch zum Thema vernetzte Teenager.[257] Im analogen Leben weihen Kinder und Jugendliche ihre Eltern sehr oft nicht in das ein, was ihnen auf dem Weg zur Schule oder auf dem Heimweg passiert. Das bleibt eine Sache zwischen ihnen und vielleicht ihren engsten Freunden. Online hinterlassen alle Interaktionen jedoch Spuren, die Eltern und Lehrer auch noch viel später entdecken können. Nicht nur, dass Erwachsene im Netz zu Zeugen von wirklich schrecklichen Streitereien werden, sie können auch Hänseleien, Dramen und sexualisierte Demütigung quasi live miterleben. Das Netz bietet neue Möglichkeiten, andere Kinder aufs Korn zu nehmen, und wirkt zugleich wie ein Megafon.

Diese neue Sichtbarkeit ist für viele Eltern beängstigend. Mädchen sind nackt auf YouTube gelandet, nachdem sie unschuldige private Stripteaseshows veranstaltet hatten, die ohne das Internet nie an die Öffentlichkeit gelangt wären. Das Gleiche gilt für Jugendliche, die sich selbst filmen (oder von Freunden gefilmt werden), während sie Sex haben. Wenn sie merken, dass ein Freund, Rivale oder Ex-Partner das Video oder die Fotos veröffentlicht hat, ist es zu spät: Sie und auch ihre Eltern sind kompromittiert. Und das Netz wird das nicht so schnell vergessen.

Das bedeutet natürlich nicht, dass schlechtes oder geschmackloses Verhalten online vollständig transparent ist und immer ans Licht kommt. Wahrscheinlich sehen wir nur die Spitze des Eisbergs.

Laut einer britischen Studie, die 2011 mehr als 1500 Kinder im Alter zwischen 11 und 16 Jahren befragte, sind vier von zehn Teens online drangsaliert worden, doch ein Drittel hatte niemandem davon erzählt.[258] Eine Erhebung von Forschern der Universitäten Münster und Hohenheim unter 5600 Schülern an 33 Schulen kam zu ähnlichen Resultaten. Ein Drittel der Befragten erklärte sich von Cybermobbing betroffen, entweder als Opfer, Täter oder beides gleichzeitig. Die beliebteste Waffe der Mobber seien beleidigende Nachrichten, gefolgt vom Weiterleiten vertraulicher Nachrichten. Die Autoren der Studie stellten außerdem fest, dass Mobbing an Hauptschulen weiter verbreitet ist als an anderen Schulformen und die Bereitschaft, anderen davon zu erzählen, mit zunehmendem Alter steigt. Während nur jeder zwölfte Siebtklässler zugab, gemobbt zu werden, war es bei Zehntklässlern schon jeder achte. Das könnte ein Hinweis darauf sein, dass Jugendliche mehr Medienkompetenz – im Guten wie im Schlechten – entwickeln.[259] Trotzdem bleibt Cybermobbing eine Gefahr. So fand die JIM-Studie von 2018 heraus, dass sich unter den Befragten jeder fünfte Jugendliche von Onlinehänseleien betroffen sieht. Mit zunehmendem Alter steigt die Wahrscheinlichkeit, dass das Mobbing in Form von kompromittierenden, weil peinlichen oder privaten Bildern geschieht.[260] Selbst beim Online-Gaming ist der Umgangston rauer geworden. Die US-Bürgerrechtslobby Anti-Defamation League vermeldete im Sommer 2019, dass zwei Drittel aller Teilnehmer in Onlinespielen »schwere Belästigungen« erlitten hätten und bei knapp einem Drittel private Details gegen ihren Willen veröffentlicht oder »gedoxt« worden seien.[261]

Glücklicherweise kommt es eher selten vor, dass Kinder schlimmeren Vergehen als Mobbing ausgesetzt sind – dennoch passiert es. Sogar auf solchen Seiten, die eigentlich speziell für Minderjährige betrieben werden und sich besonderer Sicherheitsvorkehrungen rühmen. Journalisten des britischen Senders Channel 4 etwa fanden heraus, dass etliche Kinder auf der finnischen Spielewebseite Habbo Hotel sexuell missbraucht wurden. Einer der Produzenten von Channel 4 gab sich online als junges Mädchen aus, und andere Nutzer versuchten sofort, ihn vor laufender Webcam zum Ausziehen zu bewegen. Zwei Pädophile wurden dem Bericht zufolge wegen sexuellen Missbrauchs mehrerer Dutzend Kinder auf Habbo Hotel verurteilt. Einer von ihnen wurde zu sieben Jahren Gefängnis verurteilt, nachdem er versucht hatte, Kinder im Austausch für Geschenke, wie virtuelle Möbel, dazu zu bewegen, sich beim Spielen auszuziehen.[262]

Es gibt zwar Meldesysteme für Kinder, falls es zu Belästigungen oder Schlimmerem kommt, aber sie werden zu selten genutzt. Das fand das Forschungsnetzwerk EU Kids Online bereits 2012 heraus: Nach der Befragung von 25 000 Kindern zwischen 9 und 16 Jahren kamen die Experten zu dem Fazit, dass nur 13 Prozent der europäischen Kinder negative Erlebnisse anzeigten, in Deutschland sogar nur acht Prozent. Technische Filter und Jugendschutzprogramme werden nur von einem Drittel der Eltern benutzt, so der Bericht, in Deutschland liegt die Quote bei einem Viertel.[263]

Cybergrooming, Onlineschikanen und Erniedrigungen, die Schlagzeilen ernten, sind indes nur die Spitze des Eisbergs. Darunter spielt sich tagtäglich ein weiteres Drama ab, das erst in jüngster Zeit gebührende Beachtung findet, nämlich die Sucht nach digitaler Unterhaltung, die schon Kinder und Jugendliche dazu treibt, ihre Freunde und Familie links liegen zu lassen. Warum sich mit echten Konversationen abgeben und aus analogen Konflikten lernen, wenn man die inszenierten Abenteuer von Promis und vermeintlichen Freunden bei Instagram oder TikTok endlos konsumieren kann? Eltern gehen dabei sogar als schlechtes Beispiel voran.

Als Experten der kalifornischen Bildungsinitiative Common Sense Media Anfang 2019 Familien befragten, gab ein Drittel der Teenager an, dass sie mit ihrem Handy ins Bett gehen und obendrein mindestens einmal nachts nach Updates schauen. Während man Eltern oft klagen hört, der Nachwuchs sei süchtig nach mobilen Geräten, zeigte sich in dieser Studie fast die Hälfte Eltern selbst von dieser Sucht betroffen. Deswegen wünschten sich fast vier von zehn Jugendlichen, ihre Eltern würden weniger Zeit mit dem Handy verbringen.[264] Auch in Deutschland nehmen 94 Prozent aller 12- bis 13-Jährigen so gut wie täglich Onlinedienste in Anspruch, insbesondere den von Facebook geschluckten Messenger WhatsApp.[265]

Die zwanghafte Vorstellung, ständig online sein zu müssen, alarmiert auch Psychologen. So hat die Weltgesundheitsorganisation erstmals die »Spielsucht« *(Gaming Disorder)* als Krankheit eingestuft, und Sie müssen sicher nicht lange in Ihrer Familie oder im Bekanntenkreis herumfragen, bis Sie Anekdoten über Tobsuchtsanfälle alias *Ragequitten* wegen eines Videospiels zu hören bekommen.

Gerade unter Mädchen ab zwölf Jahren haben Depressionen und Selbstmorde seit der Einführung des iPhones drastisch zugenommen. Nur ein Zufall? Die Psychologin Jean Twenge von der San Diego State University ist anderer Meinung. In ihrem Buch *iGen*[266] legt sie Fallbeispiele und detaillierte Statistiken vor, dass sich insbesondere Mädchen vom ständigen Kampf um ihren virtuellen Status gestresst, vereinsamt und komplett überfordert fühlen – mit immer häufiger gesundheitlichen Schäden und sogar tödlichen Folgen.[267]

Facebook und Google wollen sie jung

Dank eines US-Gesetzes hat sich 13 als das magische Alter konstituiert, um sich bei einem sozialen Netzwerk anmelden zu dürfen. Doch überprüfen lässt sich das nur schwer. Viele Kinder schummeln beim Alter und können sogar auf die Komplizenschaft ihrer Eltern zählen.

Fast 40 Prozent aller Kinder auf Facebook seien unter zwölf Jahre alt, schätzte 2012 die Firma MinorMonitor, ein Dienst, der Eltern Überwachungsleistungen für ihre Kinder anbietet und die Schätzung demnach nicht ohne Eigeninteresse durchführte.[268] Wenn die Eltern das Konto eingerichtet haben, sinkt die Altersgrenze noch weiter: Vier Prozent dieser Kinder sind sogar unter sechs Jahre alt. Das stellt einen Verstoß gegen das US-Jugendschutzgesetz Children's Online Privacy Protection Act (COPPA) dar, das die Datenerhebung von Kindern unter 13 Jahren zu Werbezwecken ohne ausdrückliche Einwilligung der Eltern verbietet.

Seitdem Jugendliche und junge Erwachsene um Facebook selbst einen Bogen machen, hat sich die Plattform mit dem Zukauf von WhatsApp und Instagram wieder auf die jüngere Zielgruppe fokussiert, sodass die Zahlen inzwischen wieder deutlich höher liegen dürften. Nach anhaltender Kritik hat Facebook 2018 eine eigene App namens Messenger Kids eingeführt und geht zudem Hinweisen auf zu junge Nutzer in seinem normalen Netzwerk aktiver nach.

Viel interessanter ist die Frage, warum Eltern auf der ganzen Welt ihren minderjährigen Kindern helfen, eine richtige Facebook-Seite einzurichten, und damit der Datenhäscherei Vorschub leisten. Es gibt Fälle von Müttern, die ihren eigenen Töchtern einen herzlichen Willkommensgruß auf die Facebook-Wand schrieben, als diese gerade acht Jahre alt geworden waren. Dieses Verhalten ist von mehreren Faktoren getrieben, die für Eltern gleichermaßen gelten wie für den Nachwuchs: der Drang, beliebt sein zu wollen, dem anderen keinen Wunsch abschlagen zu können, nicht hinter Gleichaltrigen herzuhinken – all das, gepaart mit einer guten Portion Eitelkeit.

So ist durch den sorglosen Umgang mit der Onlineidentität von Kleinkindern ein weltweites bedenkliches Phänomen entstanden. Die Firma AVG, Hersteller von Sicherheitssoftware, nannte schon 2010 in einer internationalen Umfrage zur »digitalen Geburt« erschreckende Zahlen aus zehn Industrienationen. Danach besitzen bereits 81 Prozent aller Kinder unter zwei Jahren eine Onlinepräsenz, in erster Linie durch geteilte Fotos. In den USA fiel der Trend ausgeprägter (92 Prozent) aus als in der Bundesrepublik (71 Prozent). Jede dritte deutsche Mutter lädt Bilder ihres Neugeborenen hoch, fast jede siebte sogar schon Ultraschallaufnahmen vor der Geburt.[269] Ein paar Jahre später fällt der Hang zum »Sharenting«, wie Experten das zwanghafte Posting der Eltern nennen, nur etwas vorsichtiger aus. Die Webhosting-Firma GoDaddy vermeldete 2018, dass Mitglieder der Generation X im Vergleich zu Millennials nur noch halb so viele Bilder von ihren Kindern posten, bevor diese laufen können. Aber jeder fünfte Befragte zwischen 24 und 38 gab zu, Babynamen anhand verfügbarer Web-Domains auszusuchen.[270]

Es gibt drei wichtige Gründe, warum jüngere Kinder Facebook und andere Webseiten sowie mobile Apps so lange wie möglich meiden sollten: Erstens basieren soziale Netzwerke auf dem Modell, mit ihrer Identität möglichst viel Geld zu verdienen. Je aktueller und engmaschiger die Angaben über jedes Mitglied, desto wertvoller sind sie für die Werbewirtschaft und Datenmakler. Kinder und Jugendliche neigen dazu, ihre Profile nicht zu schützen und zu sorglos Informationen preiszugeben. Wer beispielsweise Fotos vom Nachwuchs ab der Geburt hochlädt oder an einem vermeintlich harmlosen Spiel namens »10 Year Challenge« auf Facebook oder Instagram mitmacht, hilft den Datenmaklern unentgeltlich, ihre Algorithmen zur Gesichtserkennung weiter zu verfeinern, und trägt so zur noch perfekteren Überwachung von morgen bei. Zweitens sind Onlineplattformen eine Basis für Cybermobbing, gegenüber dem vor allem junge Nutzer oft machtlos sind. Drittens weiß noch niemand, wie die langfristigen sozialen und emotionalen Folgen dieser oberflächlichen, mit Werbung gespickten Ersatzfreundschaften bei Heranwachsenden aussehen werden.

Sherry Turkle, Soziologin am Massachusetts Institute of Technology (MIT), beobachtet seit mehr als einer Generation, welche Veränderungen neue Technologie in den zwischenmenschlichen Beziehungen herbeiführt. In ihrem Buch – *Alone Together*, so der englische Originaltitel – beschreibt sie ausführlich, wie sich ihre minderjährigen Interviewpartner dazu bekennen, dass sie eine distanzierte Onlinebeziehung dem Kontakt mit echten Menschen vorziehen. »Wir erwarten mehr von der Technik und weniger voneinander«, lautet ihr Fazit.[271]

In der Tat sieht sich das Wort »Freund« inzwischen fast schon seiner eigentlichen Bedeutung beraubt. Ein zufälliger Klick ersetzt jahrelang aufgebauten menschlichen Kontakt. Ebenso unverbindlich und unpersönlich wird eine Beziehung durch »entfreunden« beendet. Bindungen im Zeitalter von Social Media werden getrennt, ohne dass es der andere überhaupt bemerkt, geschweige denn widersprechen oder es ausdiskutieren kann. Es darf bezweifelt werden, dass dieses Verhalten etwas Positives zur Sozialisierung Heranwachsender beiträgt. Wohl auch deswegen hat Turkle ihr jüngstes Buch als Aufruf formuliert, wie man »die Unterhaltung wieder an sich reißt«.

Immerhin scheinen einige Jugendliche die analoge Welt zu vermissen. Laut Common Sense Media wünschte sich schon 2012 fast die Hälfte, sie könnte »den Stecker ziehen«. Ein gutes Drittel sagte, es wolle in eine Zeit vor Facebook zurückkehren, und 45 Prozent gaben an, dass es sie frustriert, wenn ihre Freunde texten oder ihre Social-Media-Seiten checken, wenn sie mit ihnen zusammen sind.[272]

Internetunternehmen sind demgegenüber darauf angewiesen, Kinder möglichst jung an sich zu binden, da sie leicht beeinflussbar sind. Dabei ist ihnen in den USA vor allem das schon erwähnte COPPA-Gesetz ein Dorn im Auge. Es trat im Jahr 2000 in Kraft, um Kinder und Jugendliche vor Werbung zu schützen, aber das Sammeln von Informationen über ihre Benutzer ist der Kern des Geschäftsmodells der meisten Firmen im Netz. Wer dennoch die persönlichen Daten von Kindern einsammelt, muss mit empfindlichen Geldbußen rechnen. Der Betreiber mehrerer Fanseiten für Teenie-Stars wie Justin Bieber unterschätzte, dass das Gesetz greift, und zahlte im Sommer 2012 für derartiges Verhalten eine Strafe in Höhe von einer Million US-Dollar.[273] Die US-Aufsichtsbehörde FTC hat das COPPA-Gesetz zum 1. Juli 2013 verschärft und macht App-Anbietern und Webseiten seitdem strengere Auflagen, die Datenschützern allerdings nicht weit genug gehen. Es ist Firmen auch künftig keineswegs verboten, Daten über ein Mobilgerät zu sammeln und die Spielenutzung detailliert auszuwerten, solange sie das ausdrückliche Einverständnis der Eltern einholen. Es ist zu bezweifeln, dass Eltern die Konsequenzen ihres schnellen Klicks auf »Okay« verstehen, wenn der Nachwuchs das Buchstabieren oder Rechnen lernen will. So stehen Werbefirmen und anderen Unternehmen weiterhin Tür und Tor offen, um Millionen Nutzer oder deren gesamte Familie von Kindesbeinen an quer durchs Netz zu verfolgen und ein umfangreiches Profil anzulegen.

Als Reaktion auf die seit Jahren anhaltenden Skandale und Datenlecks hat sich eine lautstarke Bewegung von Aktivisten und Aufsichtsbehörden gebildet. Sie will große Plattformen zur Verantwortung ziehen für ihren allzu laxen Umgang mit COPPA, wie etwa die Google-Tochter YouTube, die bereits kleinen Kindern teilweise kindeswohlgefährdende Videos serviert und dabei ihre Daten abgreift. Auch Amazon als Betreiber der Sprachassistentin Alexa, die millionenfach die Unterhaltungen von Kindern mitschneidet, steht im Visier.[274]

Es liegt natürlich in Ihrer Entscheidungsverantwortung als Eltern, ob Ihre Kinder Instagram, Snapchat, einer Gamer-Community oder anderen Diensten beitreten dürfen. Wenn Sie das grundsätzlich als Teil einer modernen Sozialisierung bejahen, sollten Sie sichergehen, dass Ihre Kinder eines begreifen: Fast alle sozialen Netzwerke und Apps sind so löchrig wie ein Sieb, wenn es um persönliche Daten geht. Selbst wenn eine Handvoll Freunde nicht alles mitbekommt, kann und wird alles, was Jugendliche online tun, irgendwo gespeichert, analysiert und weitergereicht und kann Ihr Kind für den Rest seines Lebens verfolgen. Je früher es dem kollektiven Sharing-Wahn verfällt, desto weniger Kontrolle wird es über seine digitale Identität haben, wenn es eine Universität besuchen, einen Partner finden, sich für eine Stelle bewerben oder auch nur online einkaufen will. Jedes Jahr Aufschub zählt, um mehr Medienkompetenz zu entwickeln und Praktiken zur digitalen Selbstverteidigung zu erlernen, also seine Daten zu verweigern, zu verschleiern und zu verschlüsseln – und sich als Familie Refugien zu bewahren, in denen alle vernetzten Geräte nichts zu suchen haben.

Kinder teilen zu viel

Lassen Sie uns einige der Probleme näher beleuchten, die durch sorglosen Umgang mit den eigenen Daten entstehen. In Kapitel 8 wurde schon die Studie der Carnegie Mellon University über die Reue durch Oversharing zitiert, in der ein Viertel der 340 Befragten angab, dass ihnen ihre Gesprächigkeit auf Facebook leidtat. Eine weitere Studie, diesmal von der Columbia University, konzentrierte sich auf 65 Jugendliche zwischen 18 und 25 Jahren. Jeder einzelne von ihnen hatte schon einmal etwas geteilt, wofür er sich später schämte oder das er löschen wollte.[275] Um das Problem im Keim zu ersticken, haben erste Schulen und ganze Staaten Regeln erlassen, die definieren, ob sich Lehrer in sozialen Netzwerken mit Schülern anfreunden dürfen.

Wenn bereits Erwachsene Dinge veröffentlichen, von denen sie sich im Nachhinein wünschen, es nicht getan zu haben, was bedeutet das für die Sharing-Gewohnheiten von Kindern? Die Jüngsten sind sich naturgemäß noch wenig bewusst, was unkontrollierte Mitteilsamkeit anrichten kann, obwohl die überwiegende Mehrheit ihrer Erinnerungen bereits in digitaler Form angelegt ist und kein Verfallsdatum mehr hat. Wer von Kindesbeinen an Kurznachrichten verschickt, gewöhnt sich daran und glaubt, sie seien vor den neugierigen Blicken der Lehrer und Eltern geschützt. Doch selbst wenn man dem Versprechen einer App erliegt, dass Nachrichten sich von alleine löschen: Der Empfänger kann sie relativ einfach auf unbegrenzte Zeit speichern, die Mittelsmänner, die die Korrespondenz »gratis« abwickeln, können das sowieso. Das gilt erst recht für den Austausch von Nachrichten in einem sozialen Netzwerk, das seine Nutzer ermutigt, innerhalb seiner »vier Wände« frei von der Leber weg zu kommunizieren. Die Texte werden oft maschinell ausgewertet – nicht nur für den Jugendschutz, sondern auch für Analysezwecke. Sprechen Sie deshalb mit Ihren Kindern über die Einstellungen zur Privatsphäre! Gerade in beliebten Diensten wie TikTok, bei dem hochgeladene Videos standardmäßig als »öffentlich« eingestellt sind.

Oversharing kann auch schnell zum Anlass für einen kostspieligen Rechtsstreit wegen Urheberrechtsverletzungen werden. Dienste wie Instagram oder Pinterest, auf denen jeder Bilder kopieren und auf eine Pinnwand stellen kann, sind eine Fundgrube für Copyright-Abmahnungen.

Im Heimatland von Pinterest und Facebook gibt es eine sogenannte »Fair Use«-Klausel, die den geringfügigen und gelegentlichen Gebrauch urheberrechtlich geschützter Materialien erlaubt. Viele andere Länder, darunter die Bundesrepublik, kennen solche Schlupflöcher nicht, wenn es um die unerlaubte Wiederverwendung von urheberrechtlich geschützten Inhalten geht. Rechtsanwälte sind eifrig dabei, Abmahnungen für angebliche Vergehen zu versenden, die ohne Wissen der Eltern begangen wurden. Ein deutscher Rechtsanwalt schätzte in einem Gespräch mit dem *Spiegel* im Jahr 2012, die durchschnittliche Facebook-Pinnwand eines 16-Jährigen sei 10 000 Euro Abmahnkosten wert, wenn jede Urheberrechtsverletzung abgemahnt würde.[276]

Unbedachtes Sharing muss allerdings nicht erst zu einer Klage führen, um ernsthafte Probleme auszulösen. Im Netz stehen Kinder und ihre Familien unter ständiger Beobachtung. Ein vermeintlich harmloser Fehltritt hat schnell Folgen, die schlimmstenfalls eine permanente negative Spur im Lebenslauf und der digitalen Identität hinterlassen:

- Immer mehr Schulen verlangen von ihren Schülern und Eltern, über Onlinedienste wie Google Docs oder WhatsApp zu kommunizieren, um von Veranstaltungen zu erfahren, Aufsätze zu schreiben oder ihre Hausaufgaben hochzuladen. Damit vermitteln Sie Ihren Kindern nicht nur den falschen Eindruck, dass es neben diesen Quasimonopolen keine besseren Alternativen gäbe. Sie lassen auch zu, dass diese Firmen detaillierte Verhaltensprofile über Millionen Kinder und Jugendliche sammeln – etwa welche Schüler wie schnell und falsch oder richtig tippen oder rechnen.[277] Wer sich dem verweigert, kann im Extremfall nicht am Unterricht teilnehmen. Kein Wunder, dass der hessische Datenschutzbeauftragte im Juli 2019 die Benutzung von Microsofts Office 365 in Schulen als »datenschutzrechtlich unzulässig« untersagte.[278]
- Bildungseinrichtungen in den USA gehen den umgekehrten Weg und benutzen Webdienste wie Gaggle, die die privaten Onlineaktivitäten von Schülern auswerten, und installieren flächendeckend Mikrofone und Kameras mit Gesichtserkennung in ihren Gebäuden. Die *New York Times* kommt deswegen zu einer ernüchternden Einschätzung: »Eltern, eure Kinder leben in einem Überwachungsstaat vom Kindergarten bis zur 12. Klasse.«[279]

Die kleinen wie großen Konsequenzen lassen sich an ein paar konkreten Beispielen illustrieren:

- Ein zwölfjähriges Mädchen schrieb auf ihrer Facebook-Seite, dass ein Lehrer an ihrer Schule »gemein« zu ihr gewesen sei. Der Eintrag kursierte im Lehrerzimmer, woraufhin die Schule von der Schülerin die Herausgabe ihrer Facebook- und E-Mail-Passwörter verlangte, um künftig ein Auge darauf zu haben.[280]

- Bei einer Schulstunde mit einem Geschichtenerzähler sollten Fotos gemacht werden. Die Grundschullehrerin im Harz schloss sechs Schüler von der Stunde aus, weil deren Eltern keine Einverständniserklärung unterschrieben hatten, um Fotos auf Facebook zu vermeiden. Aufgrund der daraus resultierenden Aufregung fand die Veranstaltung am Ende ohne Fotografen statt.
- Skid-e-Kids, ein soziales Netzwerk für Kinder zwischen 7 und 14 Jahren, sammelte die persönlichen Informationen von Tausenden Kindern ohne elterliches Einverständnis.[281]
- Snapchat ist eine von mehreren Apps, die angeblich anonyme Konversationen erlauben oder sie automatisch löschen. Doch Experten dokumentieren regelmäßige Skandale, sodass darauf kein Verlass ist.[282]

Was Kinder mit ihren Eltern teilen wollen oder sollen

Kinder und Jugendliche sind nicht völlig rat- oder hilflos, wenn es um ihre digitale Selbstverteidigung geht. Für viele junge Menschen besteht Privatheit vor allem darin, entscheiden zu können, wer welche ihrer Informationen wann sehen kann. Viele wollen ihre persönlichen Angelegenheiten zwar mit Freunden, aber nicht mit ihren Eltern teilen. Deshalb verlassen immer mehr Jugendliche Facebook, wo ihre Eltern sind, und gehen zu vermeintlich hipperen Diensten wie Snapchat oder TikTok.

Jugendliche, die ihren Eltern im Netz bewusst aus dem Weg gehen wollen, finden einen Weg. Sie deaktivieren ihre Facebook-Konten – nur nachts nicht, wenn sich ihre Eltern wahrscheinlich nicht einloggen werden. Sie kommunizieren mit Codes, wechseln auf neue Webseiten, verwenden Pseudonyme oder chatten in Google Docs mitten im Unterricht, weil Lehrer diesen neuen Kommunikationskanal nicht bemerken oder abschalten. Dabei lernen sie zwar, wie man sich in der digitalen Welt verbirgt und unerkannt bewegt, wenn es darum geht, Eltern oder Freunde abzuschütteln. Den professionellen Datenhäschern, ihren Cookies und Handy- oder Browserprofilen können sie damit allerdings kein Schnippchen schlagen.

Wenn Sie oder Ihre Kinder online noch nicht mit Pseudonymen arbeiten, sollten Sie ab jetzt in allen sozialen Netzwerken und Apps, die

Ihre persönlichen Daten abgreifen wollen, einen fiktiven Namen verwenden. Aber dann können meine Freunde mich nicht finden, werden Sie einwenden, ist das nicht gerade die Idee hinter allen Netzwerken? Der Klarnamenzwang ist jedoch keineswegs notwendig. US-Forscher haben dokumentiert, dass sich 93 Prozent aller »Freunde« auf Facebook zuvor persönlich getroffen haben.[283] Es besteht also praktisch keine Notwendigkeit, sich online zu entblößen, um mit richtigen Bekannten in Kontakt zu bleiben.

Viele Menschen werden obendrein zugeben, dass sie gar nicht erpicht darauf sind, wahllos alte Klassenkameraden oder Arbeitskollegen im Netz zu treffen. Wenn man sich seit Jahren oder sogar Jahrzehnten nichts zu sagen hatte, sollte man vielleicht auch lieber keine privaten Details für den Rest seines Lebens mit ihnen teilen. Wenn die Enthüllungen von Edward Snowden und die anhaltenden Facebook-Skandale eines gezeigt haben, dann ist es der enorme Nutzen, den Dritte aus den sorglos ins Netz gestellten Verbindungen zu Freunden und Bekannten ziehen können. Alleine die Metadaten aus E-Mails, also Absender und Empfänger, erlauben es, ein kleinteiliges Bild eines Menschen und seiner sozialen Umgebung anzulegen. Wer es ausprobieren will, sollte ein kostenloses Werkzeug namens Immersion testen, das Informatiker am Massachusetts Institute of Technology entwickelt haben.[284] Das Programm untersucht lediglich die virtuellen Umschläge Ihrer E-Mail-Korrespondenz, nicht deren Inhalt, und zaubert in Minuten eine grafische Darstellung Ihres Lebens auf den Bildschirm (sofern Sie MS Exchange oder Yahoo verwenden). Genauso verfahren Werbefirmen und Geheimdienste, wenn sie automatisch auswerten, wer mit wem wie gut bekannt ist.

Die Verfolgung beginnt indes schon im Kinderzimmer, wenn unbedarfte Eltern millionenfach preiswerte Überwachungskameras aus chinesischer Herstellung installieren, um ein Auge auf ihren Nachwuchs zu werfen. Die meisten dieser IP-Kameras haben ab Werk mangelhafte Sicherheitseinstellungen (wie das Passwort »12345«) und lassen sich, wenn überhaupt, nur schwer updaten. Wenn Sie eine solche Kamera anschließen, können Sie davon ausgehen, dass Ihr WLAN-Passwort und damit der gesamte Datenfluss Ihres privaten Netzes in den Händen von Dritten und Hackern landet.

Sonys Roboterhund Aibo ist zwar mit einem Ladenpreis von fast 3000 US-Dollar kein billiges Spielzeug, aber zeigt, wohin die Reise im vernetzten Kinderzimmer geht. Der Vierbeiner hört immer zu und merkt sich nicht nur die Gesichter der Familie, sondern auch den Grundriss Ihrer Wohnung. Was genau mit diesen höchst intimen Daten passiert, wird vom Hersteller Sony nur lückenhaft erklärt.[285] Kein Wunder, dass die Bundesnetzagentur eine vernetzte Puppe namens »Cayla« als unerlaubte Sendeanlage verbot.[286]

Was tun, um die richtige Medienkompetenz zu fördern?

Die analoge Welt sollte die Messlatte für richtig verstandene Mitteilsamkeit sein. Dort würde kaum jemand der Vorstellung zustimmen, dass der einzige Weg, durchs Leben zu gehen, darin besteht, buchstäblich in der Öffentlichkeit zu leben. Dank des Internets sind zwei einst getrennte Konzepte miteinander verschmolzen: einerseits der öffentliche Raum und andererseits das, was veröffentlicht wird. All das, was Sie und Ihre Familie absichtlich oder aus Versehen mitteilen, wird über die Technologien umgehend veröffentlicht. Es entspricht der menschlichen Natur jedoch viel mehr, einen privaten Bereich zu definieren und Informationen selektiv denjenigen zu offenbaren, denen Sie Vertrauen schenken.

Diese Art der Selbstkontrolle ist ein zentrales Element unserer Identität und eine wichtige Lernerfahrung. Sie lässt uns denken, reifen, albern sein, aus Fehlern lernen, und sie schenkt uns die Möglichkeit, in gewissem Sinne neu zu beginnen. Das trifft erst recht zu, wenn wir über Kindheit und Jugend sprechen – jene frühe Phase des Lebens, in der wir noch den Freiraum haben, die Welt zu erkunden und uns unbekümmert an ihr zu reiben. Auf diesem Weg werden Kinder erwachsen und zu hoffentlich engagierten und kritischen Bürgern.

Experten wie der Hamburgische Datenschutzbeauftragte Johannes Caspar sehen das genauso: »Ein Pseudonym gibt einem die Chance, ein Stück weit man selbst zu bleiben. Man ist im Netz, aber andere sind nicht mit einem Schritt bei der realen Person: Ihr Alter, wo Sie leben, arbeiten oder zur Schule gehen.« Caspar argumentiert, dass niemand, nicht einmal Facebook-Gründer Mark Zuckerberg, als Teenager in der Lage gewesen wäre, die ständig wechselnden Nutzungsbedingungen und Datenschutzbestimmungen von Facebook zu verstehen. Deshalb hält er es für fragwürdig, von einer Einwilligung, wie die persönlichen Daten verwendet werden, zu sprechen.[287]

Der Jurist weiß natürlich, dass Facebook in seinen Nutzungsbedingungen einen Klarnamen verlangt. Aber er ignoriert diese Klausel und ermutigt andere Nutzer, dasselbe zu tun: »Ich habe ein Profil mit einem Pseudonym angelegt. Ich weiß, es verstößt gegen Facebooks Nutzungsbedingungen, aber nach dem deutschen Telemediengesetz sind sie unwirksam. Daher empfehlen wir jungen Leuten, sich mit Pseudonym anzumelden.« Der Streit um die Klarnamenpflicht bei Facebook wurde nach jahrelangem Hin und Her vom Landgericht Berlin 2018 im Sinne der Verbraucher entschieden. Danach muss die US-Plattform bei deutschen Nutzern Fantasienamen akzeptieren.[288]

Caspar ist einer von vielen deutschen Datenschutzexperten, die sich seit 2008 in Schulen für mehr Medienkompetenz und digitale Selbstverteidigung engagieren. In einem Stadtstaat wie Hamburg hat sich diese Initiative mit dem Titel »Meine Daten kriegt ihr nicht« etabliert. Auch in Rheinland-Pfalz werden Kinder und Jugendliche zur digitalen Selbstverteidigung ermutigt. Der ehemalige Datenschutzbeauftragte des Bundeslandes, Edgar Wagner, startete schon 2010 regelmäßige Workshops zum Thema »Datenschutz und Datenverantwortung«. Aufgrund der hohen Nachfrage und angesichts der Brisanz des Themas wurden die Veranstaltungen ausgeweitet und vom Ministerium der Justiz und für Verbraucherschutz mitfinanziert. Die Arbeitsgrundlage der jeweils vier Schulstunden langen Veranstaltungen liefert Youngdata.de, ein Jugendportal der unabhängigen Datenschutzbehörden des Bundes und der Länder sowie des Kantons Zürich. Alleine in Rheinland-Pfalz wurden bis 2019 mehr als 3000 solcher Workshops für mehr Medienkompetenz abgehalten.

Datenschützer aus der Wirtschaft haben die Dringlichkeit ebenfalls erkannt. Mitglieder des Berufsverbands der Datenschutzbeauftragten Deutschlands haben 2009 den Arbeitskreis »Datenschutz geht zur Schule« ins Leben gerufen. Rund 55 ehrenamtliche Experten besuchen Schulen, um Kinder der Jahrgangsstufe vier bis zur Berufsschule für »den sicheren und bewussten Umgang mit dem Internet und den sozialen Medien« zu sensibilisieren. Die Stoßrichtung dieser Aufklärungsarbeit schwankt je nach Jahrgang. »Fünftklässlern sagen wir, sich mit Pseudonym anzumelden, damit sie sich später nicht schaden. Bei Jugendlichen in den Klassen zehn bis zwölf geht es eher darum, das Profil in Ordnung zu bringen, bevor sie sich irgendwo bewerben«, so Thomas Floß, einer der Dozenten der ersten Stunde.[289] Das Feedback der Schüler ist ermutigend. So ändern 80 Prozent der Schüler danach ihre Passwörter und treffen andere Sicherheitsvorkehrungen. In einigen Fällen hat das Thema auch bereits Einzug in Schulbücher gefunden.

Angesichts des Siegeszuges sozialer Medien und des enormen Drucks, dem Kinder und Jugendliche von Gleichaltrigen ausgesetzt sind, sind diese Initiativen aber nur ein Tropfen auf den heißen Stein.

Hört man auf Fachleute, wird klar, dass digitale Selbstverteidigung möglichst schnell zum verbindlichen Bestandteil des Lehrplans werden muss, um wirklich alle Schüler zu erreichen, anstatt nur einmal im Jahr mit dem »Safer Internet Day« Beachtung zu finden. Wer schon in der Schule lernt, sich online umsichtig zu verhalten, hat weniger Grund, sich als junger Erwachsener über die Rettung der Reputation im Netz Gedanken zu machen. Der ehemalige Google-Chef Eric Schmidt fand das Problem bezeichnenderweise eher amüsant und schlug vor, Jugendliche sollten bei Erreichen der Volljährigkeit mit einer neuen, sauberen Identität beginnen können.[290] Darin steckt ein Körnchen Wahrheit. Wer den »Gratis«-Angeboten von Kindesbeinen an verfällt, hat bis zum 18. Geburtstag so viel digitalen Müll angehäuft, dass ein derartiger Informationskonkurs eine gute Idee wäre.

Bauen Sie Vertrauen auf, bevor Sie kontrollieren

Im Kapitel »Werkzeuge: Tipps und Tricks« finden Sie zahlreiche Hinweise und Werkzeuge, um sich selbst und Ihre Kinder zu schützen. Aber speziell für Sie als Eltern ist es das Wichtigste, Vertrauen aufzubauen. Natürlich können Sie die Aktivitäten Ihrer Kinder überwachen, es ist aber unmöglich, dies rund um die Uhr zu tun – und es ist außerdem kontraproduktiv.

Viel besser ist es sicherzustellen, dass Ihr Kind Ihnen genug vertraut, um Ihnen Bescheid zu sagen, wenn es unangenehme Onlineerfahrungen macht und Fragen zu Apps und Inhalten hat. Sie sollten immer wieder betonen, dass Sie Ihren Kindern im Netz vertrauen und dass Sie nicht wütend reagieren werden, was auch immer sie Ihnen erzählen. Ihre Kinder sollten Ihnen auch sagen, wenn sie andere beim Cybermobbing beobachten.

Vertrauen ist gut, Kontrolle ist besser – und das Netz lässt sich zum Glück hervorragend mit den eigenen Waffen schlagen: Wenn Sie sicher sind, dass es richtig und ethisch korrekt ist, können Sie mit diversen Onlinediensten ein wachsames Auge auf Ihren Nachwuchs haben. Das kann darin bestehen, einen Google Alert mit dem Namen des Kindes einzurichten, um jedes Mal eine Meldung zu erhalten, wenn dessen Name online fällt. Diese Alerts sind allerdings weder vollständig noch aktuell, da die Suchmaschine geschlossene Netzwerke nicht erfassen kann. Sie können sich auch automatisch auf Blindkopie bei allen E-Mails setzen, wenn Sie Ihrem Kind ein Mailkonto einrichten. Viele verantwortungsbewusste Anbieter erfordern eine explizite Freigabe durch die Eltern, bevor Kinder eine App wie Lego Life oder Animal Jam benutzen können.

Schließlich gibt es spezielle Dienste, die anbieten, Eltern in den USA und Europa bei einer intensiveren Überwachung ihrer Kinder zu helfen. Dazu muss ein Elternteil nicht die Herausgabe eines Passwortes verlangen, aber kann trotzdem einen Überblick darüber bekommen, was die Sprösslinge und deren Freunde auf ihren Seiten oder in Beiträgen auf der Facebook-Wand schreiben und in welchen Bildern sie getaggt sind. All das bedarf der Zustimmung Ihrer Kinder. Üben Eltern zu viel Druck aus, erreichen sie das Gegenteil und treiben ihren Nachwuchs in die Arme anderer Dienste, von deren Existenz Sie im Zweifelsfall noch nie etwas gehört haben.

Die Kontrolle des Onlineverhaltens Minderjähriger ist eine Gratwanderung zwischen berechtigter Besorgnis und Spionage in der eigenen Familie. Mobilfunkbetreiber, Handyhersteller und externe Dienste bieten eine Vielzahl von Überwachungsinstrumenten an, etwa um die Zeit mit bestimmten Apps auf einem iPhone oder Tablet zu beschränken. So können Eltern festlegen, welche Apps oder Inhalte der Nachwuchs herunterladen kann. Andere Dienste lösen einen Alarm aus, wenn Ihr Kind eine Textnachricht an eine unbekannte Nummer verschickt, und erlauben Eltern, den Standort ihres Kindes zu verfolgen. Es lassen sich inzwischen Radien und Routen definieren, innerhalb derer sich Ihr Sprössling bewegen kann. So kommt schnell heraus, wenn die Hausaufgaben beim Freund gelogen sind, um in Wirklichkeit skaten zu gehen.

Viele dieser Werkzeuge sind in Europa entweder nicht erhältlich oder verstoßen gegen Datenschutzbestimmungen. Zu Recht, denn: Vertrauen ist immer noch das beste Werkzeug. Lassen Sie Ihre Kinder daher Folgendes wissen:

- Niemals Informationen oder Details über den Gesundheitszustand ihrer Familienmitglieder, Geld und Vermögen, geplante Feiern oder Urlaubspläne online teilen.
- Passwörter regelmäßig ändern und sie niemals an andere weitergeben (einige Jugendliche scheinen zu glauben, dass es eine Art Liebeserklärung ist, wenn man Passwörter mit dem besten Freund teilt).

- Immer erst nachdenken, bevor sie etwas teilen oder veröffentlichen. Ihre Kinder sollten sich vorstellen, jeden Beitrag an der Schultafel zu sehen oder ihn über eine Lautsprecheranlage zu hören, bevor sie auf »Teilen« drücken.
- Unternehmen und Marken sind keine Freunde und werden es nie sein.
- Denken Sie daran, dass auch die Freunde Ihrer Kinder am Ende etwas öffentlich über sie mitteilen können, von dem sie dachten, es mit ihnen privat geteilt zu haben.
- Niemals andere online schikanieren.
- Niemals etwas teilen, wenn sie aufgeregt, wütend, traurig sind. Für Sie als Erwachsenen gilt das auch, wenn Sie betrunken sind.
- Nicht alle Freundschaftsanfragen akzeptieren, sondern nur die von Menschen, die sie im wirklichen Leben getroffen haben. Es ist kein Statussymbol, so viele Freunde wie möglich zu haben. Es geht darum, die richtigen Freunde zu haben.

Nehmen wir einmal an, Ihre Tochter wird Mitarbeiterin einer Menschenrechtsorganisation, deckt als investigative Reporterin Missstände bei Unternehmen auf oder will eine politische Laufbahn einschlagen. In all diesen Fällen wird sie Ihnen dafür dankbar sein, dass Sie ihren Onlineruf als Jugendliche geschützt haben. Wer in solchen Berufen arbeitet, ist darauf angewiesen, im Netz anonym bleiben zu können und zuweilen unerkannt zu arbeiten. Wieso das jeden kritischen und engagierten Bürger betrifft, beleuchtet das nächste Kapitel.

Tipps und Tricks (siehe Kapitel 13)

- Verwenden Sie Google-Datenschutz-Werkzeuge und vermeiden Sie es, zu häufig Google zu nutzen (I-2)
- Diese Informationen gehören nicht in soziale Netzwerke (I-3)
- Verwenden Sie mehrere Browser (I-4)
- Verwenden Sie Pseudonyme für Ihr privates Ich (I-5)
- Grundlegende Sicherheit bei Facebook (I-6)
- Säubern Sie Ihre Reputation (II-18)
- Verschlüsseln Sie Ihre Chats (III-24)
- Machen Sie einen Bogen um Alexa und andere Sprachassistenten (III-25)
- Verkneifen Sie sich Webkameras (V-41)
- Das ist nicht cool – Medienkompetenz für Ihre Kinder (V-47)
- Engagieren Sie sich! (V-50)
- Säubern Sie Ihr YouTube-Konto (IV-36)
- Gönnen Sie sich eine Pause von der digitalen Welt (IV-39)

KAPITEL 11

INKOGNITO: ES IST MEINE MEINUNG

»Google weiß, dass Sie und ich im Augenblick genau hier in diesem Café sitzen. Sie haben es selbst verraten, als Sie dieses Treffen in Ihrem Google-Kalender vermerkt haben.«[291] Die Frau am Tisch meint das todernst. Giselle bildet politische Aktivisten und Journalisten aus, damit diese ihr eigenes Onlineverhalten verstehen und die Folgen ihres Handelns im Netz begreifen. Sie bringt ihnen bei, wie sie ihre Privatsphäre online schützen, ihre Chats und E-Mails verschlüsseln, ihre Daten bereinigen und sichere Back-ups erstellen können.

Die 33-Jährige, die ihre eigenen Daten auf gesicherten Servern in Holland und Island speichert, nutzt ausschließlich Software und Dienste der höchsten Sicherheitsstufe. »Sonst werden Menschen verhaftet und können sterben«, sagt Giselle. Ein typisches Beispiel ist ein politischer Aktivist, der sein Büro verlässt, um nach Hause zu gehen. Als er am nächsten Tag zurückkehrt, fehlt die Festplatte aus seinem Computer. »Politische Journalisten müssen gründlich über die Konsequenzen nachdenken, wenn sie ihre E-Mails nicht verschlüsseln, die sie an politische Aktivisten und andere vertrauliche Quellen versenden.«

Wir erinnern uns: Zwischen 2009 und 2011 wurden soziale Medien als Kraft des Guten gefeiert, als Katalysatoren, die es Millionen von Menschen im Nahen Osten, Europa und Amerika ermöglichten, sich im Namen der Freiheit und der Demokratie zu organisieren und weitere Anhänger etwa für den kurzlebigen »Arabischen Frühling« zu mobilisieren. Aber wie sich schnell herausstellte, ist die Wahrheit weitaus komplizierter. Soziale Netzwerke, samt dem digitalen Exhibitionismus ihrer Nutzer, schlecht gesicherte Dienste und immer raffiniertere Schnüffelsoftware erlauben autoritären Regimes, Demonstranten zu verfolgen und sogar zu identifizieren. Selbst westliche Länder versuchen immer wieder, Zugriff auf private Kommunikation zu bekommen, indem sie etwa von Herstellern ein technisches Hintertürchen verlangen und mit Upload-Filtern, die eigentlich dem Urheberrechtsschutz dienen sollen, einer neuen Art von Zensur den Weg bereiten könnten. Menschen, die ihre – zuweilen radikale, aber freie – Meinung auf Onlineplattformen kundtun, werden nicht selten auch diskriminiert. Das Netz hat sich als alles andere als frei oder befreiend entpuppt.

Social Media – Saat und Ernte

Im Iran nutzten Aktivisten YouTube, um Videos zu zeigen, in denen Regierungstruppen auf unbewaffnete Demonstranten feuerten. In Tunesien und Ägypten verwendeten Aktivisten Facebook, um Demonstrationen zu organisieren. Mobiltelefone halfen unzähligen Aktionen und Demonstrationen, mehr Zulauf zu bekommen. Einer der am häufigsten verwendeten Twitter-Hashtags (unter dem #-Zeichen vor einem Wort werden heiß diskutierte Themen auf Twitter gebündelt und so geordnet) verwandelte Occupy in eine internationale Bewegung. Und als Zehntausende von Demonstranten 2019 in Hongkong gegen ein geplantes Auslieferungsgesetz auf die Straße gingen, sprachen sie sich über eine verschlüsselte App namens Telegram ab, bei der die Polizei und chinesische Sicherheitsbehörden nicht so einfach mitlesen konnten (wobei auch Telegram erhebliche Sicherheitslücken aufweist). Sie vermieden es, Fotos mit klar erkennbaren Gesichtern zu posten, und bezahlten für ihre Fahrten mit Bus oder U-Bahn in bar statt mit der in Hongkong sonst üblichen elektronischen »Octopus«-Karte.[292]

Regierungen versuchen natürlich, diese online gefeierten Protestbewegungen zu stoppen. Während die Entwicklungen in Hongkong abzusehen bleiben, fürchtete sich der damalige ägyptische Präsident Hosni Mubarak so sehr vor Twitter und Facebook, dass er das gesamte Land vom Internet abklemmte. In Syrien dagegen schaltete die Regierung Facebook wieder ein, um Demonstranten auszuspionieren und zu identifizieren und über eine regierungsnahe Hackerbewegung namens Syrian Electronic Army bekannte Webseiten und Twitter-Konten kapern zu können.

Es war noch nie leichter als heute, Menschen für eine Sache zu gewinnen und ein globales Publikum als Zeugen für gute sowie für Missetaten einzuladen. Und wer bietet nicht gerne Unterstützung, wenn er nur auf eine Taste klicken muss, statt auf die Straße zu gehen? An repressiven Regimes herrscht jedoch kein Mangel – im Gegenteil. Der Thinktank Freedom House beklagt in seinem jährlichen Report zur Lage der Welt, dass die »Demokratie in der Krise« steckt. Weniger als die Hälfte aller Länder können als »frei« bezeichnet werden. Knapp ein Drittel sind »teilweise frei«, und 25 Prozent aller Länder werden als »unfrei« eingestuft. Letztere Kategorie umfasst inzwischen mehr als ein Drittel der Weltbevölkerung, knapp die Hälfte davon in China.[293] Besonders die Verhältnisse in den USA hätten sich verschlechtert.

Engagierte Bürger, Aktivisten und Demonstranten haben immerhin die Auswahl unter einer Vielzahl von Onlinewerkzeugen und Diensten, um Unterstützung im eigenen Land und weltweit aufzubauen, miteinander zu kommunizieren und spontane Proteste zu organisieren und sie medienwirksam zu inszenieren.

Die Sache hat allerdings einen Haken: Die analoge Welt bietet viele Formen des Engagements und des Einsatzes für eine Sache, die Ihnen wichtig ist. Je nachdem, wie sehr Sie sich einbringen wollen, können Sie mitmarschieren, Unterschriften sammeln oder einfach nur Flugblätter auslegen. Aber nie ist dieses Engagement an die Verpflichtung gebunden, sich mit Ihrem echten, vollen Namen und anderen persönlichen Details anzumelden.

Facebook und Google wollen und fordern dies, sofern sie nicht, wie im Falle Deutschlands, gerichtlich daran gehindert werden. Verlangte aber jede Bewegung, jeder Protest, gar jede einfache Aufforderung, Zustimmung oder Ablehnung zu äußern, eine Art Log-in, hätte das fatale Folgen. Viele Debatten, die eine Zivilgesellschaft und demokratische Kultur kennzeichnen, würden dadurch unterbunden oder zerstört. Das kreative Chaos eines lebendigen Gemeinwesens wäre bedroht.

Manchmal reicht schon die Angst, nicht frei und unbehelligt sprechen zu können, aufgezeichnet und von allen möglichen bekannten wie unbekannten Zuschauern verfolgt zu werden, um eine lebhafte Diskussion abzutöten. Das ist es, was Kritiker der sozialen Medien als »partizipatorischen Totalitarismus« anprangern: Natürlich kann jeder mitmachen – solange er sich für Datenhäscher und Regierungssoftware ausreichend entblößt und aus vorauseilendem Gehorsam oder Angst nur noch Triviales beisteuert.

Auf der Straße hatte man Optionen: Sie konnten am Rande einer Demo mitlaufen und zusehen, statt zu skandieren, von einer lautstarken Gruppe, die von Sicherheitsorganen umringt war, konnten Sie sich fernhalten. Man konnte Kameras vermeiden, wobei auch diese inzwischen omnipräsent, weil preiswert, geworden sind. Die Präzision einer Videokamera vermag es heute, ein einzelnes Gesicht aus der Entfernung von 750 Metern zu identifizieren.[294]

Und schon in wenigen Jahren werden Drohnen millionenfach unterwegs sein, um Gebäude und andere Infrastruktur zu inspizieren und zu kontrollieren, Veranstaltungen und Straßen zu überwachen sowie Waren und sogar Passagiere zu transportieren. Bis 2035, schätzen Fachleute von Porsche Consulting, werden mehr als 22 Millionen kommerzielle Drohnen unterwegs sein, von zig Millionen kleinerer Hobbydrohnen einmal abgesehen. Die Chancen sind also hoch, dass Sie immer irgendwo gefilmt werden und eines dieser Fluggeräte sogar regelmäßig über Ihrem Haus oder Garten schweben wird.[295]

Wenn Sie glauben, Drohnen seien das bedenklichste Indiz dafür, wie kommerzielle Plattformen wie Amazon, Facebook und Google mit dem Überwachungsstaat verschmelzen, haben Sie sich getäuscht. In wenigen Jahren werden gewinnorientierte Betreiber gestochen scharfe Fotos und Videofeeds von Hunderten kleiner Satelliten an meistbietende Unternehmen und Behörden verkaufen. Ihre Kameras können Objekte und Gesichter in einem 20- bis 25-Zentimeter-Format in hoher Auflösung fotografieren oder sogar aus wenigen Metern Entfernung mit gestochen scharfer Auflösung filmen.[296] Und das Pentagon hat einen Laser entwickelt, der Menschen aus 200 Meter Entfernung alleine am Herzschlag identifizieren kann.[297]

Anonymität wird auch in freien Gesellschaften wie der Bundesrepublik oder den USA immer gefährdeter, da Regierungsorgane und private Dienstleister eine Politik der obligatorischen Offenlegung und Transparenz seitens ihrer Kunden oder Bürger erzwingen wollen. Die Kontrollmechanismen reichen von der automatischen Erfassung durch Sensoren, Kameras und Scanner bis zu einem Klarnamengebot, der Vorratsdatenspeicherung und der aggressiven Forderung, verschlüsselte Geräte und Programme zu entsperren.

Terrorist, Aktivist oder ein auf Datenschutz bedachter Bürger?

Einige Menschen sind der Meinung, dass die Verteidigung der Anonymität online nur Stalkern, Perversen und anderen Kriminellen oder sogar Terroristen Schutz bietet. Dass Amokläufer und Terroristen ihre Taten mit Manifesten auf unzensierten Plattformen wie 8chan ankündigen, heizt die Diskussion zusätzlich an.

Sie argumentieren wie der ehemalige US-Präsident Barack Obama nach den Enthüllungen von Edward Snowden, dass die Gesellschaft im Interesse der öffentlichen Sicherheit Abstriche bei der Privatheit hinnehmen müsse. Diese Logik kann man als mündiger Bürger nur entschieden ablehnen. Das Vertrauen der Menschen in ein Mindestmaß an Privatheit ist unabdingbare Grundlage eines gesunden Gemeinwesens. Die meisten Computer und mobilen Geräte sind über Logdateien und IP-Adressen identifizierbar, wenn ein Verbrechen begangen wird. Es dauert in der Tat in den meisten Fällen nicht lange, bis Behörden die involvierten Geräte und Nutzer ausfindig machen. Und eine ganze Industrie hat sich darauf spezialisiert, gesicherte Geräte wie iPhones zu knacken, und liefert sich ein ständiges Wettrüsten mit Herstellern wie Apple.[298]

Kritiker, die sich für eine Abschaffung der Anonymität starkmachen, argumentieren im Sinne der Souveränität des Bürgers: Die Grundeinstellung – oder *default* –, wenn Sie am Wochenende eine Bar besuchen oder in die Stadt gehen, sollte in der Gewissheit bestehen, dass Sie nicht von Dutzenden staatlichen und privaten Stellen auf Schritt und Tritt verfolgt werden. Gehen Sie in ein Geschäft oder Restaurant und händigen dem Angestellten an der Tür Ihren Personalausweis aus oder stellen sich mit vollem Namen, Geburtsdatum und den letzten zehn Transaktionen auf Ihrem Girokonto vor, bevor Sie ein einziges Wort mit ihm gewechselt haben? Wohl kaum. Aber genau das erwarten die Anbieter online von Ihnen. So weiß jede Webseite, woher Sie gerade kommen und wohin Sie als Nächstes gehen.

Da Plattformen wie Facebook, Google oder Chinas Tencent über die Jahre – meist ohne Kenntnis ihrer Kunden – eine gewaltige Identitätsdatenbank von Milliarden Menschen angelegt haben, bedienen sich Polizei und andere Behörden dort gerne und erhalten zuverlässig vollständige Datensätze. Etwa indem sie die Standortdaten aller Handys anfordern, die sich zu einem bestimmten Zeitpunkt an einer Straßenkreuzung aufgehalten haben. Das birgt nicht nur die Gefahr, dass Unschuldige verhaftet werden. Allein das Wissen um diese Praxis baut genug psychologischen Druck auf, um die Versammlungsfreiheit einzuschränken.[299]

Im Extremfall zwingen autoritäre Regime Touristen sogar, bei der Einreise ins Land Schnüffelsoftware auf ihren Handys zu installieren. So kann etwa China Zugriff auf Adressbücher, Fotos, SMS und Suchanfragen bekommen, wie die gemeinsame Recherche internationaler Journalisten für die Provinz Xinjiang dokumentierte.[300]

Es gibt eine Reihe legitimer Gründe, weshalb man sich online unerkannt und anonym bewegen können sollte, also ein Verhalten zu praktizieren, das der russische Internettheoretiker Evgeny Morozov als »Cyberflanieren« bezeichnete. Wer dies zurzeit mit technischen Hilfsmitteln tut, bringt sich allerdings automatisch in Verdacht, denn es sind oft dieselben Werkzeuge, die auch Kriminelle oder Terroristen einsetzen.[301]

Das FBI hat dazu ein erhellendes Dokument mit dem Titel »Potenzielle Indikatoren für terroristische Aktivitäten« verfasst.[302] Die Behörde verschickte es an Internetcafés, Heimwerkerläden, Flughafenbetreiber und Finanzinstitute und bat sie um Hilfe bei der Identifizierung potenzieller Terroristen. Laut diesem Rundbrief machen sich all jene des Terrorismus verdächtig, die

- übermäßig um den Datenschutz besorgt sind,
- Anonymisierungsdienste oder andere Software verwenden, um ihre IP-Adressen zu kaschieren, etwa den schon erwähnten Tor-Browser,
- Verschlüsselungssoftware oder solche Software verwenden, um verschlüsselte Daten in digitalen Fotos zu verstecken,
- verdächtige Kommunikationsmethoden verwenden, beispielsweise in einem Computerspiel chatten.

Genau dieselben Methoden zur digitalen Selbstverteidigung treffen auf jeden politischen Aktivisten oder unbescholtenen Bürger zu, der seine Identität im Netz schützen will. Der Fairness halber muss man erwähnen, dass selbst das FBI einräumt, dass diese Checkliste allein noch keinen hinreichenden Grund für einen Verdacht darstellt. Aber der Tenor ist klar: Wer sich aktiv gegen Datenhäscher und Werbekraken schützt, zappelt schnell in einem digitalen Schleppnetz seitens der Behörden und wird womöglich für späteres Datamining markiert. So gibt der US-Geheimdienst NSA in internen Dokumenten zu, dass elektronische Kommunikation, die verschlüsselt ist, als verdächtiger Datensatz gesondert gefiltert und aufbewahrt wird.[303]

Die im britischen *Guardian* und anderen Medien veröffentlichten Dokumente aus Edward Snowdens Enthüllungen belegen, dass die Grenzen zwischen privater und staatlicher Schnüffelei immer mehr verschwimmen. Bürger und Verbraucher stehen vor einem militärisch-industriellen Komplex, der sie am liebsten rund um die Uhr erfassen will. Nachrichtendienste bedienen sich sowohl aus frei zugänglichen Quellen als auch aus den vermeintlich privaten Nachrichten von Millionen ahnungsloser und unbescholtener Bürger in aller Welt – im Glauben, so ein paar zusätzliche Stecknadeln aus dem Heuhaufen Internet fischen zu können. Stimmen die Vorwürfe (und viele sind bis heute nicht zweifelsfrei entkräftet worden), dann sind große Internetdienstleister entweder unter dem Druck von Geheimdienstverfügungen oder aus freien Stücken bereit, Nutzerdaten in elektronischen Briefkästen zu hinterlegen, die

Verschlüsselung für Kommunikationsmittel wie Skype zu öffnen, Sicherheitslücken in beliebten Programmen wie Windows den Behörden vorab zu melden und selbst die Gerätekennung für Rechner in aller Welt weiterzugeben.[304]

Dabei sind viele dieser Entwicklungen seit Jahren im Entstehen und führen Daten aus der physischen Welt mit der Onlinewelt zusammen. In den USA etwa verwenden immer mehr örtliche Polizeibehörden automatische Nummernschildscanner, die auf Laternenpfählen, Straßenschildern oder Streifenwagen montiert sind und jedes vorbeifahrende Fahrzeug erfassen. Gleichzeitig scannen auch Privatfirmen völlig legal und ungehindert die Kennzeichen fast aller Pkws im Land. Einer dieser Anbieter namens Digital Recognition Network hatte im Sommer 2019 nach eigenen Angaben rund 6,5 Milliarden Kennzeichenscans samt Ortsdaten ohne Wissen und Zustimmung der Fahrzeughalter auf unbestimmte Zeit gespeichert. Die Firma gibt sie nicht nur an Ermittlungsbehörden weiter, sondern bietet sie auch Werbetreibenden an, um »Kunden wirksamer ins Visier zu nehmen«.[305] Diese technisch simple und flächendeckend betriebene Erfassung der Bewegungsmuster der gesamten Bevölkerung hat verheerende Konsequenzen für eine demokratische Gesellschaft, bemängelt die amerikanische Bürgerrechtslobby ACLU: »Wer weiß oder vermutet, dass er beobachtet wird, unterlässt bestimmte Handlungen, auch wenn sie vollkommen rechtens sind. Überwachung verändert die Art und Weise, wie wir alltägliche Entscheidungen treffen.«[306]

Ähnliches spielt sich in kleinerem Maßstab auch in Deutschland ab, wo Hunderte Betreiber von Parkhäusern, Firmenparkplätzen und Campinganlagen die Kennzeichen aller ein- und ausfahrenden Autos erfassen. Ein noch brisanteres Problem wirft die Erfassung und Auswertung von zig Millionen Fahrern durch neue Mautsysteme auf.[307]

Als Quertreiber, der es mit dem Schutz der eigenen Identität und Daten ernst nimmt, kommt man schnell auf die schwarze Liste. Das trifft nicht nur politische Aktivisten, die einer Behörde oder einem Konzern suspekt erscheinen. Es kann auch Informanten oder all jene erwischen, die bei ihrer Arbeit für öffentliche Institutionen oder Unternehmen regelmäßig mit Geschäftsgeheimnissen hantieren. Sie alle müssen außerordentliche Vorkehrungen treffen.

Wie zum Beispiel der Chinaexperte Kenneth G. Lieberthal. Schon seit Jahren lässt er, wenn er in die Volksrepublik reist, sein reguläres Handy und seinen Laptop zu Hause und bringt nur komplett saubere Geräte mit, auf denen absolut nichts gespeichert ist. In Besprechungen schaltet er das Telefon aus und entfernt die Batterie, aus Sorge, das Handymikrofon könnte per Fernsteuerung aktiviert werden. Wenn er online geht, benutzt er eine verschlüsselte, passwortgeschützte Verbindung. Zum Einloggen verwendet er ein Passwort, das auf einem USB-Stick gespeichert ist. Statt es einzutippen, markiert und kopiert er es auf dem Laptop.[308]

Klingt nach übertriebener Paranoia, aber tatsächlich sind gerade chinesische Hacker und Sicherheitsbehörden sehr raffiniert, was die Installation von Keylogger-Software auf Laptops angeht. Opfer dieser Art der Datenspionage kann jeder werden: wenn Sie den Laptop nur wenige Minuten in Ihrem Hotel oder einem Besprechungsraum stehen lassen oder einen bösartigen Code in einer sorglos angeklickten E-Mail oder einem PDF-Anhang aktivieren.

Es geht nicht nur um Diktaturen und autoritäre Regimes, auch westliche Regierungen haben Dreck am Stecken: Europäische Experten raten Reisenden auf dem Weg in die USA zu ähnlichen Sicherheitsvorkehrungen, wie sie der eben erwähnte Chinaexperte trifft, also insbesondere mit einem noch unbenutzten neuen Gerät einzureisen. Da Grenzbeamte in den USA vermehrt dazu übergehen, Besucher und sogar eigene Bürger stundenlang festzuhalten und von ihnen die Entsperrung von Geräten zu verlangen, ist es am besten, ein leeres Handy oder Tablet zu präsentieren, auf dem keine Daten oder Cloudkonten vorhanden sind. Anbieter wie die kanadische Firma 1Password haben für solche Szenarien sogar einen eigenen Modus, bei dem man seine gespeicherten Daten und Passwörter vorübergehend löschen kann.[309]

Es sind Fälle bekannt, in denen Aktivisten sogar ihre SIM-Karten, die sensible Daten wie Namen und Telefonnummern enthielten, verschluckt haben, um sie vor den Datamining-Werkzeugen der Behörden zu schützen. Was angesichts der kompletten Erfassung von Verbindungsdaten jedoch wenig nützt.[310] Da ist es eindeutig besser, sich nur über komplett verschlüsselte Dienste wie Signal oder Threema auszutauschen, bei denen Gesprächspartner nur durch eine Zahlen- und Buchstabenkombination zugeordnet werden und nicht einmal die Handynummer kenntlich ist. Westliche Regierungen, allen voran die USA, versuchen über Druck auf und Klagen gegen Internetdienste immer häufiger, Zugang zur privaten Kommunikation auf Plattformen wie Twitter und bei Telekomanbietern zu bekommen.

Im Fall von Birgitta Jónsdóttir, Mitglied des isländischen Parlaments, verlangte das amerikanische Justizministerium bei der Untersuchung der Aufklärungsseite WikiLeaks vom Microblogging-Dienst Twitter, das Unternehmen solle alle Informationen zu Jónsdóttirs Person und ihrem Konto aushändigen. Dazu gehören wohlgemerkt nicht die öffentlich sichtbaren Tweets, sondern IP-Adressen, die damit verbundenen Ortsdaten sowie private und gelöschte Nachrichten. Noch schlimmer wird dieser Fall durch die Tatsache, dass die ganze Anfrage per Dekret geheim bleiben sollte, unter anderem, um der bespitzelten Person die Chance zu nehmen, den Rechtsweg einzuschlagen oder die Öffentlichkeit für ihre Sache zu gewinnen.

Jónsdóttir allerdings ging an die Öffentlichkeit. In einem Blogbeitrag für die britische Zeitung *The Guardian* schrieb sie: »Es ist zu einfach für Regierungen, an online gespeicherte Informationen heranzukommen. Der Zugang zu ihnen kann zu leicht missbraucht werden. Wenn jemand meine gesamte Post durchgehen wollte, müsste er im Voraus einen Durchsuchungsbeschluss erwirken. Im Fall von Twitter ist nichts dergleichen passiert. Laut dem US-Justizministerium laufen gegen mich keine strafrechtlichen Ermittlungen, doch dessen Beamte forderten Twitter auf, ihnen meine persönlichen Nachrichten und IP-Adressen ohne mein Wissen zu übergeben. Noch nie war es so einfach für Big Brother, alle uns heiligsten Informationen auszuspionieren, ohne dass wir die leiseste Ahnung haben.«[311]

Ebenso wie Twitter stehen alle großen Dienste unter erheblichem behördlichem Druck, da jedes Land anders mit brisanten bis illegalen Themen wie Terrorismus, Hate Speech oder rechtswidrigen Inhalten umgeht. Sollen sie bei jeder Anfrage nachgeben, einen Transparenzreport veröffentlichen, die betroffenen Nutzer informieren und ihnen das Recht zum Einspruch geben? Die Electronic Frontier Foundation aus San Francisco untersucht jedes Jahr, welche Dienste die Privatsphäre ihrer Nutzer verteidigen, und veröffentlicht die Ergebnisse unter dem Titel »Wenn die Regierung anklopft. Wer steht für Sie ein?«. Der Report belegt, dass der Kampf darum, wer Zugang zu geschützten und eigentlich privaten Benutzerdaten hat, ständig eskaliert. Nur das Diskussionsforum Reddit bekommt dabei sechs von sechs möglichen Sternen. Facebook hingegen kooperiert zu bereitwillig und erhält nur zwei Sterne. Das Fazit der Bürgerrechtler: »Regierungen stellen beispiellose Forderungen an Onlineplattformen, die freie Meinungsäußerung zu kontrollieren, und viele Unternehmen machen eilfertig mit.«[312] Ebenso ernüchternd liest sich der Bericht »Ranking Digital Rights«, der 24 Tech-Firmen weltweit unter die Lupe nimmt.[313]

Es geht bei solchen Begehren nicht nur um den Zugriff auf Hunderte oder Tausende von Kurznachrichten mit gerade einmal 140 Anschlägen. Ein Onlinedienst kann einem Dritten ebenso gut Zugang zu Ihren Dokumenten, dem Protokoll verschickter E-Mails und Dateien verschaffen, er kann IP-Adressen weitergeben, mit denen Sie sich angemeldet haben, oder Logdateien von Webseiten, die Sie besucht haben, auch die eingegebenen Suchbegriffe kann er weitergeben.

Was die Weitergabe von Nutzerdaten angeht, liefern sich namhafte Webfirmen seit dem Abhörskandal der NSA einen bis heute andauernden Kampf mit der US-Regierung. Sie wollen den Vertrauensverlust ihrer Nutzer stoppen und mehr Details zu bislang geheimen behördlichen Anfragen veröffentlichen. Experten studieren insbesondere Googles Transparenzberichte aufmerksam, der entsprechende Begehren im Halbjahresrhythmus auflistet. Doch selbst diese Statistiken werden am Ende nur die Spitze des Eisbergs sein, da Geheimdienste viele und ständig neue Möglichkeiten suchen und nutzen, um den Verkehr im Netz anzuzapfen.

Noch alarmierender für viele Nutzer, die nicht in den USA leben, ist die Tatsache, dass die größten und beliebtesten Dienste einen Großteil ihres Datenverkehrs durch amerikanische Server leiten und die Daten ausländischer Nutzer auf Festplatten in diesem Land speichern. Selbst Anbieter, die ein Rechenzentrum in Europa unterhalten, legen so oft eine Sicherungskopie auf der anderen Seite des Atlantiks ab. Alle Anbieter mit einer derart unsicheren Infrastruktur setzen ein globales Publikum – von Privatpersonen bis zu Firmen – den Gefahren der automatischen Datensammlung durch Regierungen und Unternehmen aus. Erwähnen sollte man auch, dass die verschlüsselte Übermittlung per SSL nur den Transport – nicht aber den Gehalt – Ihrer Daten vor unbefugten Blicken schützt – sofern Geheimdienste wie die NSA nicht längst die Zertifikate für diesen Standard türken oder geknackt haben.[314] Immer noch gibt es große Anbieter, die Ihre Dateien in der Cloud schlimmstenfalls unverschlüsselt ablegen oder sie zumindest entschlüsseln und herausgeben können, wenn sie dazu angehalten werden. Der einzig wirksame Schutz ist eine Verschlüsselung Ihrer Daten auch im Ruhezustand, sodass der Anbieter keinen Zugriff auf Ihr Passwort hat und nicht einmal die Dateinamen, geschweige denn deren Inhalt sehen kann.

Experten bezeichnen das als »Zero Knowledge Privacy«. Mit anderen Worten: Was niemand außer Ihnen kennt, kann auch nicht preisgegeben werden – egal ob es sich um Geheimdienste, Hacker oder Wirtschaftsspione handelt.

Eigentlich sollte das *Safe Harbor*, also sicherer Hafen, genannte Abkommen seit 2000 dafür sorgen, dass die ungleichen Datenschutzbestimmungen in Europa und den USA aufeinander abgestimmt werden, wenn Daten von EU-Bürgern ins Ausland abgesaugt werden. Die Vereinbarung beruhte allerdings auf der freiwilligen Selbstverpflichtung von rund 3000 Firmen und ermöglichte es US-Anbietern, auf dem Papier ihre Zustimmung zu EU-Vorschriften zu geloben, um auch in Übersee kräftig zu expandieren. In der Praxis hielten sich viele von ihnen nicht an die Vorschriften, wie ein amerikanisches Beratungsunternehmen in einer Untersuchung bereits 2008 feststellte. Nur 350 Firmen erfüllten die Minimalbedingungen – sprich die Einhaltung von nur einem der insgesamt sieben Prinzipien von *Safe Harbor*.[315] Im Jahr 2015 wurde die Übereinkunft vom Europäischen Gerichtshof für ungültig erklärt und ein Jahr danach von einem Abkommen mit dem pathetischen Namen *Privacy Shield* abgelöst, das nach einhelliger Meinung von Datenschützern ebenso löchrig ist wie sein Vorgänger und EU-Bürgern keinen wirklichen Rechtsschutz bietet. Das Tauziehen über das Thema hält also an. Wie die anhaltenden Auseinandersetzungen zwischen Datenschützern und Behörden in Deutschland, Frankreich oder Brüssel mit Firmen wie Google oder Facebook zeigen, scheren sich die meisten Onlineanbieter weiterhin wenig um Datenschutz und Privatsphäre in der EU, selbst wenn millionenschwere Bußgelder verhängt werden.[316]

Sicherheitslücken in der Cloud

Wenn Clouddienste »privates« Messaging oder eine »sichere« Verbindung zu und von einem Gerät anbieten, bedeutet das nicht, dass der Inhalt tatsächlich verschlüsselt ist oder dass der Anbieter keinen Entschlüsselungscode hat beziehungsweise ihn nicht verwenden wird, wenn eine Anfrage der Polizei oder gar ein richterlicher Beschluss vorliegt. Apple zum Beispiel änderte erst 2016 die Art und Weise, wie in iCloud gespeicherte Daten verschlüsselt werden. Vorher verfügte das Unternehmen über einen Hauptschlüssel, den eine Behörde einfordern konnte. Nun hat der individuelle Nutzer den Schlüssel – mit allen Vor- wie Nachteilen, wenn man sich selber aussperren sollte. Zwischen dem Versprechen von Firmen wie Apple, Nutzerdaten stärker und durchgängig zu verschlüsseln, und dem Anspruch von Regierungen, einschließlich der deutschen, am besten auf alle Daten ungehinderten und möglichst geheimen Zugriff zu haben, sind deswegen hitzige Debatten entbrannt, die auf Jahre hinaus für Prozesse sorgen werden. Bis heute toben auch Rechtsstreitigkeiten innerhalb der EU zur Kontroverse um Verbindungsdaten, die Telekommunikationsunternehmen in Europa und anderswo teilweise monate- oder sogar jahrelang aufbewahren. Wie weit die Vorstellungen auseinanderklaffen, zeigt sich an dem Hin und Her zwischen Bundesnetzagentur, Bundesverfassungsgericht und Europäischem Gerichtshof. Nach diversen Klagen, Beschwerden und Urteilen ist die Vorratsdatenspeicherung in Deutschland seit 2017 faktisch ausgesetzt, sodass Anbieter Verbindungsdaten nicht speichern dürfen, aber bis zur endgültigen Klärung durchaus können. In den USA hingegen horten Netzbetreiber solche Daten bis zu sieben Jahre und haben sie, wie sich dank Edward Snowden herausstellte, täglich an den Geheimdienst NSA weitergereicht, damit dieser sie auswerten und für unbekannte Zeit speichern kann.

Warum sind diese Daten – das Wer, Wann und Wo – so wichtig, wenn Behörden oder Kläger keinen Zugang zu den eigentlichen Inhalten der Nachrichten haben? Die Zuordnung von ein paar Metadaten reicht bereits, um das persönliche Netzwerk eines Individuums aus Absendern und Empfängern zu rekonstruieren. Während man für einen Fingerabdruck zwölf Datenpunkte braucht, um ein Individuum eindeutig zu identifizieren, genügen bei einem Handy gerade einmal vier Verbindungsdaten.[317] Ebenso sind Logbücher mit Zeiten und Standorten geeignet, um Verdachtsmomente zu erhärten oder jemandem Schuld zuzuweisen, weil er sich zur gleichen Zeit am selben Ort aufhielt wie Zielperson X.

Mobilfunkbetreiber speichern, welche Funkmasten Ihr Handy oder Tablet anpeilt. Das ist für Fahnder hilfreich, die im Trüben fischen. Wenn Sie etwa zufällig in der gleichen Funkzelle oder demselben WLAN-Hotspot eingeloggt waren wie ein Terrorverdächtiger, stehen Sie bereits auf der Liste von Personen, die sich Analysesoftware und Polizei genauer ansehen werden. Ein paar Jahre in Ihrer Vergangenheit zu graben dauert Sekunden. Polizeibehörden sprechen angesichts dieser bislang ungeahnten Möglichkeiten der automatischen und zeitnahen Rasterfahndung von *predictive policing*, also vorausschauender Polizeiarbeit, aufgrund derer sie im Extremfall mit Software ermittelte Verdächtige festnehmen, bevor überhaupt irgendeine Straftat begangen wurde.[318]

Eine Zäsur in dieser Entwicklung stellen die Anschläge von 2001 dar. Seitdem werden Fahndungsanfragen auf Datenzugriff mit der vagen Etikettierung »Antiterror« oder »Im Interesse der nationalen Sicherheit« durchgewinkt oder – wenn es sich um Inhalte handelt, die einer Regierung nicht genehm sind – von einem Anbieter fraglos weitergegeben oder ganz aus dem Netz genommen. Google rückt dieses Problem, wie bereits erwähnt, mit einem halbjährlichen Zensurreport zumindest ein bisschen ins Rampenlicht. Der Bericht listet auf, wie viele Regierungen auf der ganzen Welt regelmäßig versuchen, Onlineinformationen zu entfernen.[319]

Der Begriff des Heimatschutzes und des angeblichen »Staatsfeindes« ist beliebig dehnbar und rechtfertigt Übergriffe und Schikanen. Aktivisten wie der Computersicherheitsexperte und WikiLeaks-Aktivist Jacob Appelbaum oder die Dokumentarfilmerin Laura Poitras, beides US-Bürger, gehören zu Tausenden von Reisenden, deren elektronische Geräte bei der Einreise in die USA beschlagnahmt wurden. Die amerikanischen und kanadischen Behörden behalten sich das Recht vor, Laptops, Smartphones und sogar Kameras im schlimmsten Fall wochenlang einzubehalten und alle Daten zu kopieren.[320] Sie sind, um es noch einmal zu betonen, oft besser beraten, Ihre Elektronik ganz zu Hause zu lassen, insbesondere wenn sie mit Firmengeheimnissen oder anderen sensiblen Informationen zu tun haben.[321]

Das Recht auf Anonymität

Es gibt bedauernswerterweise kein universelles Menschenrecht auf Anonymität. Das Recht auf freie Meinungsäußerung schützt das Recht zu sprechen, aber nicht das Recht, anonym zu sprechen. In den Vereinigten Staaten erklärte der Oberste Gerichtshof, es gebe eine konstitutionelle Grundlage für den Schutz der Anonymität, wenn es um verschiedene Gruppen »gefährdeter Menschen« geht, wie die Richter formulierten.[322]

Die Frage ist: Wer ist gefährdet und darf deshalb auf Anonymität hoffen? Jugendliche, die zur LGBTQ-Gemeinschaft – homo- oder bisexuell, transgender und queer – gehören? Personen, deren Ehepartner für die Regierung arbeiten? Opfer häuslicher Gewalt? Passive Anhänger einer Protestbewegung? Sollten nicht Individuen selbst das Recht haben zu entscheiden, ob sie »verwundbar« sind und online wie offline anonym sein wollen? Oder sollte die Regierung eine Liste derer, die dazu berechtigt sind, führen? Und wer definiert, wo freie Meinungsäußerung aufhört und Hate Speech anfängt – jede einzelne Regierung oder eine globale Onlineplattform, über die Millionen Menschen kommunizieren? So verwirrend die Sachlage ist: Das Recht, anonym zu bleiben, ist ein schützenswertes Gut, das vom technischen Fortschritt in der vernetzten Welt bedroht ist.

Laut unserer eingangs erwähnten Quelle Giselle, die politische Aktivisten in aller Welt ausbildet, ist Facebook die treibende Kraft bei der Zerstörung der Überreste von Privatsphäre und Anonymität. »Wer Leute organisiert und informiert, muss die Werkzeuge verwenden, die zur Verfügung stehen. Wenn Sie in Harare sind und nur eine sehr miese Internetverbindung haben, dann werden Sie sich wahrscheinlich entscheiden, sich bei Facebook anzumelden«, erläutert Giselle. »Es ist das Kommunikationsmittel, um herauszufinden, was andere Menschen tun und wo sie gerade sind. Facebook ist wie ein virtuelles Café. Doch Facebook und seine Mission sind von Natur aus bösartig, glaube ich, und sie sollten dafür zur Rechenschaft gezogen werden. Aber Facebook ist auch dort, wo die Menschen es brauchen.«[323]

Die Klarnamenpolitik, die Facebook und Google praktizieren, lässt sich sogar teilweise rechtfertigen, denn mit zig Millionen falscher Konten, die nur zu Zwecken der Desinformation bei Facebook, Twitter & Co. eingerichtet waren, wurde 2017 unter anderem die Präsidentschaftswahl in den USA massiv beeinflusst. Facebook hat seit dem Debakel um Cambridge Analytica seine Anstrengungen verstärkt und alleine zwischen Oktober 2018 und März 2019 sage und schreibe drei Milliarden falscher Konten geschlossen.[324] Aber wieso nutzt ein Unternehmen die Heerscharen von Hackern, Spammern und Geheimdiensten als Ausrede, einen der Grundpfeiler der freien Meinungsäußerung zu unterminieren? Die Maxime seiner Unternehmenspraxis müsste sich im Gegenteil an der Anonymität des Einzelnen als Grundrecht ausrichten.

Einer derjenigen, der gegen die Klarnamenpolitik der Datenhäscher verstößt, ist der Autor und Nobelpreisträger Salman Rushdie. Mit richtigem Namen heißt er Ahmed Rushdie. Sein Konto wurde geschlossen, bis er das Unternehmen davon überzeugen konnte, dass er in der Lage sein sollte, den Namen zu verwenden, den er auch in der Öffentlichkeit trägt. Das Gleiche geschah mit dem chinesischen Journalisten Michael Anti, dessen Geburtsname Jing Zhao ist. Er wurde von Facebook ausgeschlossen, obwohl er unter dem Namen Michael Anti seit mehr als einem Jahrzehnt für die *New York Times* und andere angesehene Publikationen schreibt.

Ein Pseudonym ist selbstverständlich keine Lizenz zum Blödeln oder um andere Menschen online zu verunglimpfen, zu belästigen oder sich als Internettroll aufzuspielen. Natürlich sollten Sie nicht den Namen einer anderen lebenden Person, eines Prominenten oder gar einer Marke verwenden. Das zieht Aufmerksamkeit auf sich und ist der Sache nicht dienlich, für die Aktivisten tagtäglich Leib und Leben riskieren. Ein Pseudonym oder einen Fantasienamen zu benutzen sollte jedoch zur Standardausrüstung in Ihrem Arsenal der digitalen Selbstverteidigung gehören.

Anonymität gehört zum guten Ton

Viele meinen, dass Facebook den Demonstranten in Ägypten und anderswo einen guten Dienst erwiesen hat, weil ihre Anliegen und Begehren weltweit Gehör fanden. Internetexperten wie der russische Autor Evgeny Morozov halten das für Wunschdenken der Tech-Apostel und eine westliche Selbsttäuschung, da das Netz genauso viel Unheil anrichtet, indem es repressiven Regimes die effektivere Verfolgung und Unterdrückung von Widerstandsbewegungen erlaubt.[325]

Die Unzufriedenheit mit vielen sozialen Netzwerken wächst. Entwickler und Start-ups wie Open Whisper Systems arbeiten deswegen an Diensten und Protokollen zur sicheren und möglichst anonymen Kommunikation. Sie verschlüsseln Inhalte entweder bereits auf dem Gerät jedes Nutzers oder ermöglichen es, weiterhin Inhalte auf gängigen Plattformen zu veröffentlichen, sie allerdings zu verschlüsseln, sodass sie nur berechtigte Empfänger lesen können. Die sozialen und Werbenetzwerke, neugierige Apps, Geheimdienste und andere unbefugte Dritte würden keinen Einblick haben, sofern sie sich keinen Nachschlüssel besorgt oder die Rechner jedes Einzelnen schon an der Quelle infiziert haben, um jeden Tastenschlag aufzuzeichnen. Auch die Kontroverse um den Bundestrojaner zeigt, dass Letzteres längst üblich ist.

Hundertprozentigen Schutz gegen Ausspähung gibt es nicht, aber man kann sehr wohl Gegenmaßnahmen ergreifen. Der Datenstrom, den wir über die Jahre schaffen, ist es wert, geschützt zu werden! Das trifft nicht nur auf akute soziale Themen wie Protestbewegungen oder gar Aufstände zu, sondern auch auf die Frage, was nach uns kommt. Sollen unsere Daten uns überleben, und wer darf diese Entscheidung treffen? Das Leben im Internet nach dem physischen Tod ist ein Thema, das immer mehr Aufmerksamkeit gewinnt, gerade weil niemand gern an den Tod denkt und das digitale Erbe deshalb vernachlässigt wird. Das nächste Kapitel zeigt, wie man schon zu Lebzeiten Vorsorge treffen kann.

Tipps und Tricks (siehe Kapitel 13)

- Verwenden Sie Pseudonyme für Ihr privates Ich (I-5)
- Verbergen Sie Ihre IP-Adresse mit einem VPN (II-17)
- Verschlüsseln Sie Ihre Korrespondenz – die Grundlagen (III-22)
- Verschlüsseln Sie Ihre Chats (III-24)
- Machen Sie einen Bogen um Alexa und andere Sprachassistenten (III-25)
- Mobile Sicherheit für Fortgeschrittene (III-26)
- Verschlüsseln Sie Ihre Festplatten (III-27)
- Meiden Sie US-Dienstleister und US-Software (IV-31)
- Verschlüsseln Sie Ihre Daten im Ruhezustand (IV-32)
- Verschlüsseln Sie Ihre Korrespondenz von A bis Z (IV-33)
- Verzichten Sie auf Ihr Smartphone (IV-39)
- Verkneifen Sie sich Webkameras (V-41)
- Engagieren Sie sich! (V-50)

KAPITEL 12

STERBEN: ES IST MEIN VERMÄCHTNIS

Als mein Großvater starb, hinterließ er einen dicken Umschlag in der obersten Schublade seines Schreibtisches. Er enthielt eine ordentliche Liste seiner Bankkonten, den Schlüssel zum Safe, eine Liste von Freunden, die angerufen und informiert werden sollten, und eine handgeschriebene Liste all der Dinge in der Wohnung, die von Wert oder Interesse waren. Die Erben wussten, dass ein weiterer Schrank, gefüllt mit Fotos und Dias seines Lebens, existierte – organisiert in Alben oder Stapeln und gekennzeichnet nach Jahren, Personen und Urlauben.

All das, zusammen mit Bündeln von Briefen und anderen Dokumenten aus neun Jahrzehnten, zu sichten war eine tränenreiche Reise in die Vergangenheit. Der gut organisierte Nachlass des alten Mannes ersparte drei Generationen von Familienmitgliedern nicht nur Zeit und Mühe. Er rief lebendige Erinnerungen wach und löste tiefgründige Gespräche aus. Zu einem gewissen Grad schaffte es der Verstorbene, durch dieses multimediale Vermächtnis ein bestimmtes Bild von sich zu erschaffen. Er hatte immerhin viel Zeit gehabt, es zu ordnen, vielleicht auch ein wenig zu säubern, aber die Hinterbliebenen kamen auf diese Weise in den glücklichen Genuss, über längst vergessene Anekdoten, Abenteuer und Gesichter zu stolpern und auf diese Weise Trost zu finden.

Der Film »The Final Cut – Dein Tod ist erst der Anfang« mit Robin Williams zeigt das genaue Gegenteil von diesem äußerst menschlichen Bedürfnis, sich an jemanden zu erinnern und von Hinterbliebenen »angemessen« erinnert zu werden. Williams spielt darin einen Cutter, eine Art digitalen Produzenten und Bestatter, dessen Aufgabe es ist, ein implantiertes Speichergerät und eine Netzhautkamera auszuwerten, mit denen die meisten Kinder dieser fiktionalen Welt von Geburt an ausgestattet sind. Chip und Kamera sind kommerzielle Produkte, um ein ganzes Leben aufzunehmen. Der Cutter komprimiert Jahrzehnte von Filmmaterial und verdichtet die Daten zu einem kurzen Film – dem Final Cut –, der bei der Trauerfeier gezeigt wird und zum Auslöser für Debatten und Kämpfe über das wird, was gezeigt, gesagt und ausgelassen wurde. Der Film aus dem Jahr 2004 ist zwar Science-Fiction, aber nicht so weit davon entfernt, wie das Leben und sein digitales Nachspiel in ein paar Jahren organisiert sein könnten. Wer eine aktuellere Version dieses digitalen Albtraums sehen will, sollte sich ein paar Episoden der makabren Netflix-Serie »Black Mirror« herauspicken, für deren vernetzte Protagonisten es ein ums andere Mal kein Entrinnen vor der ständigen automatischen Aufzeichnung und dem Terror des Teilens gibt.

Wir hinterlassen riesige Datenmengen, jede Sekunde, jeden Tag. Einiges legen wir aktiv an, viel mehr noch wird mittlerweile passiv von unzähligen Sensoren, Geräten und Diensten über uns gesammelt, ob wir wollen oder nicht. Facebook ist nur einer der vielen Treffpunkte, an denen die Menschen digitale Lebenssouvenirs kreieren und verwalten. Nach unbestätigten Schätzungen »starben« allein auf Facebook jedes Jahr bis zu drei Millionen Nutzer weltweit – und diese Zahl stammt aus dem Jahr 2012.[326] Bis zum Jahr 2100, haben Forscher hochgerechnet, werden 1,4 Milliarden Facebook-Konten toten Menschen gehören, sofern das Netzwerk keinen einzigen neuen Nutzer mehr anziehen würde. Wächst es nach dem aktuellen Trend weiter, werden dann auf Facebooks Plattform fast fünf Milliarden digitale Karteileichen vor sich hin siechen.[327]

Was mit Ihren Daten nach dem Tod geschieht, ist eine offene Frage, für deren Beantwortung eine lange Liste technischer, sozialer und rechtlicher Aspekte bearbeitet werden muss. Jeder Nutzer sollte daher frühzeitig und natürlich zu Lebzeiten anfangen, sein digitales Erbe zu planen, beginnend mit der Bewertung, ob all diese Daten ein digitales Erbstück darstellen oder digitaler Abfall sind. Während Sie noch gesund sind, kann es vielleicht auch ein guter Zeitpunkt sein, »digitalen Selbstmord« zu begehen. Sich selbst und möglichst viele Ihrer digitalen Spuren im Netz zu löschen ist eine Option, um Ihren Verwandten und Freunden mehr Mitspracherecht bei der Frage zu geben, wie man sich an Sie erinnern wird. Und es ist eine Chance, sich aus dem Oversharing-Wahn der maschinenlesbaren Kultur ein gutes Stück zurückzuziehen und einen bestimmten Teil der eigenen digitalen Identität zu entfernen oder zumindest so zu verschlüsseln, dass Sie Ihre Geheimnisse bei Bedarf mit ins Grab nehmen können.

Die Erben dürfen einen Blick drauf werfen

Die meisten Menschen verschwenden nicht viele Gedanken darauf, ihre digitalen Angelegenheiten in Ordnung zu halten. Sie laden Fotos auf verschiedene Sharing-Seiten hoch, veröffentlichen Kommentare zu den Bildern anderer, legen Wiedergabelisten an, markieren ihre Lieblingsorte auf einer Onlinekarte und erzeugen so tagaus, tagein einen ungeahnten Datenstrom. Wer etwa merkt sich schon, welche Lieder und Filme er im Laufe eines Jahres anhört oder ansieht?

Zunehmend bewahren wir unseren Unterhaltungs- und Informationsfundus in der Cloud auf, anstatt ihn auf unseren Festplatten zu speichern oder in echten Regalen abzulegen. Auf die Hinterbliebenen wartet die Herausforderung, diesen Wust zu sortieren. Während es früher Fotoalben oder Schuhkartons voller Abzüge und Souvenirs waren, die einigermaßen kuratiert waren, drohen wir heute in einem Meer digitaler Objekte zu ertrinken, die alle gleich wichtig oder unwichtig erscheinen.

Unabhängig von der Frage, ob eines dieser Millionen Objekte erhaltenswert ist, und auch wenn es Ihnen gruselig vorkommt, sollten Sie sich hin und wieder einmal zurücklehnen und darüber nachdenken, was nach Ihrem Tod mit diesen Vermögenswerten geschieht. Werden Ihre Nachfahren oder Freunde in der Lage sein, alle Dienste und Webseiten ausfindig zu machen, bei denen Sie etwas gespeichert haben? Werden sie in der Lage sein, sich bei diesen Diensten anzumelden, um Ihre Daten zu exportieren, fortzuführen oder sie zu entfernen?

Die eigenen Konten beziehungsweise deren Passwörter an die Nachwelt weiterzugeben ist nicht so einfach, wie es klingt. Rechtlich gesehen verstößt jemand, der sich bei der Anmeldung als jemand anderes ausgibt, zumindest gegen die Nutzungsbedingungen und wahrscheinlich auch gegen geltendes Recht. Wenn ein Onlinedienst das bemerkt, kann er das Konto kündigen. Auf einen Schlag wären die Beiträge, Posts oder E-Mails und Dokumente vieler Jahre verloren. Kostenpflichtige Dienste wie Apples iCloud oder Music verfallen, sobald die Kreditkarte stillgelegt wird, andere werden gelöscht, wenn man sich in einem bestimmen Zeitraum nicht mehr angemeldet hat. Damit versiegt oft auch die Möglichkeit, rechtmäßig erworbene Inhalte herunterzuladen. Es lohnt sich also, eine Strategie zu Lebzeiten zu erarbeiten.

Immer mehr Dienste entwickeln Richtlinien für den Umgang mit verstorbenen Nutzern, die sich jedoch oft voneinander unterscheiden. Sie werden zudem regelmäßig vor Gericht angefochten oder stehen im Widerspruch zu ersten Gesetzen, die das Problem der digitalen Hinterlassenschaft regeln sollen.[328]

Twitter zum Beispiel verlangt, dass ein Testamentsvollstrecker oder ein direktes Familienmitglied den Benutzernamen, die Sterbeurkunde und eine Kopie des eigenen Personalausweises oder Führerscheins einsendet sowie eine unterschriebene, notariell beglaubigte Erklärung. Stimmen die Dokumente, wird das Twitter-Konto deaktiviert – allerdings ohne die Möglichkeit, den Inhalt zurückzubekommen oder anderswo zu archivieren oder wiederzubeleben, aber dafür mit der Gewissheit, dass Twitter mit den eingesandten Dokumenten noch mehr Daten zur Verfügung stehen.

Facebook bietet seit 2005 einen sogenannten »Gedenkzustand« für die Konten verstorbener Mitglieder und verlangt dabei ähnliche Unterlagen. Diese Einstellung ist allerdings weniger ideal, als sie klingt, da damit das Konto auch für die nächsten Angehörigen, die die Unterlagen eingeschickt haben, eingefroren ist und sich niemand mehr einloggen oder Daten exportieren kann. Das Denkmal wird zum digitalen Grabstein, und nur User, die zu Lebzeiten als Freunde und Familie kategorisiert waren, können auf der Wand des Verstorbenen etwas veröffentlichen, als lege man Blumen auf ein Grab.

Bei Google ist die Situation ebenso schwierig. Alle Dienste des Suchriesen, von Google-Mail über YouTube bis zu Android-Apps, sind an ein einziges Profil oder Log-in gebunden. Hinterbliebene müssen im Todesfall verschiedene Dokumente einreichen und vor allem nachweisen, dass sie mindestens eine E-Mail mit dem Konto des Verstorbenen ausgetauscht haben. All das ist noch keine Garantie dafür, dass die Erben tatsächlich Zugang bekommen werden.

Im Übrigen wird jedes Gmail-Konto, das für mehrere Monate brachliegt, automatisch und ohne Möglichkeit, den Inhalt wiederzubekommen, geschlossen. Mit ihm verschwinden alle Fotoalben, Wiedergabelisten auf YouTube und andere Inhalte. Google bietet zumindest die Option, in einem persönlichen »Inactive Account Manager« einen Zeitraum zwischen 3 und 18 Monaten festzulegen, und wird vor der Stilllegung versuchen, über dort vorab definierte E-Mail-Adressen und Telefonnummern Kontakt mit Ihnen oder einer vorher bestimmten Person aufzunehmen, der Sie Ihre Daten zugänglich machen können. Außerdem gibt es die Möglichkeit der »Datenbefreiung«, bei der jeder Nutzer auf einer speziellen Webseite fast alle gespeicherten oder markierten Inhalte herunterladen kann, von Dokumenten bis zu den Videos, die er oder sie auf YouTube hochgeladen hatte. Facebook und Twitter offerieren einen ähnlichen Dienst, und es empfiehlt sich, diese Art der Archivierung in regelmäßigen Abständen vorzunehmen. Wer schon zu Lebzeiten all seine hochauflösenden Fotos von Facebook wieder herunterladen möchte, sollte sich jedoch auf eine Enttäuschung gefasst machen, denn das Netzwerk komprimiert alle Bilder beim Hochladen, um Übertragungs- und Speicherkosten zu sparen.

Was man selbst verwalten oder exportieren kann, ist für Verwandte oft tabu. Diese schmerzliche Erfahrung machen hin und wieder Eltern, deren Kinder plötzlich aus dem Leben gerissen werden. Sie erkennen, dass sich ein großer Teil der Hinterlassenschaft ihrer Kinder im Netz befindet, haben aber keine einfache oder legale Möglichkeit, Zugang zu diesen Daten zu bekommen, wenn sie nicht einmal das Passwort oder den Nutzernamen kennen.

Dieses Problem wird noch an Bedeutung gewinnen, weil wir uns alle zunehmend in der Welt der digitalen Erinnerungen bewegen – egal ob auf einer Festplatte oder einem Server irgendwo im Netz. Laut Umfrage einer Fotosharing-App sind die Erinnerungen von Jugendlichen zu 86 Prozent schon heute nur noch digital. Diese Zahl sinkt mit fortschreitendem Alter bis auf gerade noch 12 Prozent für einen 65-Jährigen.[329]

Die rechtliche Grauzone, wer worauf Zugriff haben sollte, führt regelmäßig zu Klagen von Hinterbliebenen. Gleichzeitig versuchen die Gesetzgeber, Regeln für den Umgang mit dem digitalen Nachlass zu schaffen. Ein medial sehr beachteter Fall in den USA betraf einen jungen Soldaten, der im Irak getötet wurde. Seine Eltern mussten Yahoo verklagen, um Zugriff auf seine E-Mails zu bekommen, die sie schließlich auf einer CD erhielten.[330] In vielen anderen Fällen weigern sich die Dienstleister unter Berufung auf Datenschutzbestimmungen, den Inhalt auszuhändigen. Erst ein Urteil des Bundesgerichtshofs aus dem Jahr 2018 gab Hinterbliebenen hierzulande das Recht zum Zugriff auf das Facebook-Konto ihrer verstorbenen Tochter. Die Richter argumentierten, dass es sich dabei um eine Art des Erbes handle wie etwa Tagebücher oder Briefe. Diese Entscheidung gilt auch für andere Dienste wie Apples iCloud.[331]

Legen Sie zu Lebzeiten Ordner an

Was sollte ein Mensch mit einem beträchtlichen Onlinefußabdruck tun, solange er gesund und munter ist? Es ist ratsam, einen Plan zur Pflege seiner digitalen Besitzstände auszuarbeiten, der sich ums Kuratieren, Organisieren und Bereinigen dreht. Der Brite Richard Banks, Forscher bei Microsoft, hat ein Buch über die Zukunft des Zurückschauens geschrieben.[332] Angesichts der Geschwindigkeit, mit der er digitale Bilder schießt, schätzte er zu Beginn des Jahrzehnts, dass er allein seiner Tochter 200 000 Fotos vermachen wird.[333] Er mag für eine der größten Softwarefirmen der Welt arbeiten, aber selbst er fragt sich, ob Maschinen jemals in der Lage sein werden, Sinn aus den Dingen zu erzeugen, die wir hinterlassen, oder ob wir immer auf menschliche Intervention angewiesen sein werden. Das Fotoalbum, das sich wie von Zauberhand selbst organisiert, existiert, allen Visionen von Technologen zum Trotz, nur in Ansätzen, und noch hat niemand ausprobiert, ob künstliche Intelligenz ein ganzes langes Leben in Bildern sichten kann. Alleine in meiner persönlichen Foto-Cloud lagern bereits 80 000 Bilder, die seit dem Umstieg auf digitale Fotografie in anderthalb Jahrzehnten zusammengekommen sind.

Priorität sollte sein, den Zugang zu Ihren Daten und Dateien zweifelsfrei zu regeln. Es ist eine gute Idee, Ihre Passwörter an einem sicheren Ort zu notieren oder in einem speziellen Programm verschlüsselt zu speichern, zusammen mit detaillierten Anweisungen für die Überlebenden. Passwortmanager wie 1Passwort erlauben Ihnen, ein sogenanntes Notfallkit anzulegen, in dem ein QR-Code, das Masterpasswort und andere Details gespeichert sind, mit denen ein Erbe Zugriff auf den gesamten Speicher bekommt. Das PDF für den Ernstfall können Sie in einem Safe oder beim Notar verwahren lassen.

Was allerdings soll mit anderen Konten geschehen, in denen es nicht um Finanzen oder Dokumente geht? Onlineadressen, an denen Sie inkognito unterwegs waren – etwa ein schlüpfriger oder politisch radikaler Blog unter einem Pseudonym? Die Wahl liegt bei Ihnen. Solche Einträge können unter dem Gewicht des Webs verschwinden, aber Sie sollten sich angesichts moderner Datamining-Technologie nicht darauf verlassen. Es wäre eine gute Idee, solche Inhalte zu archivieren und gegebenenfalls zu verschlüsseln oder besser noch zu löschen, solange Sie Zeit dazu haben.

Wenn Sie es vernachlässigen, die eine oder andere Entscheidung zu Lebzeiten zu treffen, oder nur ein paar vage Anweisungen für die Nachwelt aufschreiben, schieben Sie Ihren Hinterbliebenen den Schwarzen Peter zu. Die müssen dann oft unter enormem Stress und Druck entscheiden, die elektronischen Überreste Ihres Lebens online zu bewahren, den Zugriff darauf einzuschränken oder sie ganz zu entfernen.

Und das ist, wie bereits angedeutet, leichter gesagt als getan. Während eine Entscheidung dem Wunsch der Familie entsprechen könnte, um ein bestimmtes digitales Bild von Ihnen zu erhalten, könnte sich der Freundeskreis im analogen Leben oder die losen Onlinebekannten aus einer Flirt-App daran stören, die Sie als jemand ganz anderen kannten. Hier wird nun mehr als deutlich, was dieses Buch als Identität begreift, nämlich gerade dieses Bündel unterschiedlicher Persönlichkeiten und Rollen. Dieser individuelle Mix macht uns zu Menschen aus Fleisch und Blut. Ein maschinenlesbarer Klarname ist nur eine seelenlose Buchstabenreihe. Immer mehr Menschen haben immerhin die Komplexität des Themas erkannt und begonnen, ihr digitales Testament aufzuschreiben. Laut einer Umfrage in Großbritannien hinterlässt inzwischen schon jeder zehnte Brite seine Passwörter in seinem Letzten Willen.[334]

Unternehmen haben das Thema ebenfalls als Marktlücke erkannt und bieten Dienste an, um den Prozess der digitalen Nachlassplanung (oder Sterbehilfe) besser zu organisieren. Das sieht im Idealfall so aus: Sie melden sich für eine einzige Webseite an, um eine Bestandsliste zu erstellen, auf der all Ihre digitalen Vermögenswerte gelistet sind. Dort können Sie die Benutzernamen und Passwörter speichern und einen »digitalen Vollstrecker« wählen. Er muss dieser Verantwortung zu Ihren Lebzeiten zustimmen, wird aber erst dann automatisch Zugang erhalten, wenn Sie tot sind. Diese Vertrauensperson kann dank der Vorsorgeseite auch ein weiteres Problem lösen, nämlich kostenpflichtige Blogs oder Streamingdienste auf seine oder ihre Bankverbindung oder Kreditkarte übertragen, um zu verhindern, dass ein Dienst bei Ihrem Konto einfach den Stecker zieht.

Bei all jenen digitalen Vermögenswerten, die Sie für zu privat, zu brenzlig oder zu kurzlebig halten, sorgen Anbieter wie die Schweizer Firma SecureSafe dafür, ein Konto im Todesfall komplett zu »verbrennen« oder zu löschen. Auch diese Weichen lassen sich zu Lebzeiten stellen. Sobald sich der Vollstrecker in die Erbschaftsakte einloggt, sind die dunklen Flecken im Netz so gut wie verschwunden. Allerdings steckt der Teufel im Detail. Sie müssen daran denken, all jene Passwörter, die jede vorsichtige Person im Netz alle paar Monate ändern sollte, auch beim Nachlassdienst zu aktualisieren. Mit anderen Worten: Es ist eine Menge Arbeit, sich richtig auf den Onlinetod vorzubereiten.

Was passiert mit Ihren Metadaten?

Die Risiken und Nebenwirkungen des Sterbens in der digitalen Welt mögen komplex – aber zu bewältigen – sein, wenn wir von den Objekten sprechen, die eindeutig Ihnen gehören – Dokumente, Fotos, Tweets, Musikdateien oder Urlaubsvideos auf einem Server. Vollends verwirrend bis unlösbar wird es dann, wenn man sich über den Verbleib der Metadaten, also der Daten über Daten, Gedanken macht.

Nehmen wir an, Sie laden ein Foto auf ein soziales Netzwerk oder einen Dienst wie Instagram hoch, viele Freunde veröffentlichen es ebenfalls und kommentieren es. Sie sind Urheber des Fotos, aber wem gehören die Kommentare, die sich wie viele Schichten Patina über das Bild legen? Vielleicht ist das Foto in diesem Moment in den Allgemeinbesitz aller Freunde übergegangen, die sich die Mühe machen, es zu kommentieren? Wer könnte es da wagen, das Bild zu löschen? Und haben Sie oder Ihre Erben das Recht, das Bild samt aller Kommentare und Reposts auf diversen Wänden für die eigene Nutzung herunterzuladen, ohne alle Beteiligten zu fragen?

Ähnliches gilt für Ihre Chronik der multimedialen Unterhaltung. Wir sind auf dem Weg von einer Eigentümer- zu einer Mietergesellschaft – einer Owner- zu einer Sharing-Community –, in der man nur noch zeitweise Nutzungsrechte an Musik, Filmen, Büchern oder Spielen erwirbt, die nicht übertragbar sind. Aber wer besitzt das Recht an all den Wiedergabelisten auf Spotify oder Apple Music und Ihrer Kindle-Bibliothek, die Sie über viele Jahre hinweg mühsam angelegt haben und auf die Sie stolz sind, weil sie Literatur enthält, über die Sie gerne erinnert werden wollen?

Solche Berge von Metadaten sind Teil Ihrer digitalen Identität, sie beschreiben Ihren Geschmack und Ihre Vorlieben im Laufe eines Lebens. Sie rufen besondere Momente in einer Biografie hervor, von der Playlist »Hochzeitsparty« für einen lieben Freund bis zur »Fahrt durch die Pampa« oder »Johanns erste Schritte«.

Unternehmen verfolgen und speichern diese Tätigkeiten mit zig Variablen und verkaufen sie weiter. Aber die wenigsten werden zulassen, dass andere Nutzer Ihren persönlichen Datenstrom sehen, geschweige denn die Daten oder die Lieder exportieren können.

Werden diese Konten nach einem Todesfall einfach stillgelegt oder gelöscht, wird zugleich ein Leben online in weiten Teilen ausradiert. Das ist ungefähr so, wie wenn Agfa nach dem Tod eines passionierten Hobbyfotografen per Knopfdruck alle Aufnahmen einzöge und die handgeschriebenen Etiketten an den Diakästen entfernte. Oder stellen Sie sich vor, ein Fremder würde die Indexkarten für Ihre akribisch organisierte CD-Sammlung samt der alten Konzerttickets wegwerfen. Für Ihre Nachfahren wären es Meilensteine eines Lebens voller Musik, für den Anbieter ist es vergeudeter Speicherplatz eines nicht länger autorisierten Kontos.

Selbst der Kauf von Inhalten ist keine Garantie. Apple etwa hat keine klare Politik, wie mit den Konten Verstorbener umgegangen wird. Deshalb sollten Sie daran denken, dass Einkäufe auf Diensten wie iTunes so gut wie wertlos wird, wenn Sie diese nicht auch regelmäßig auf einem physischen Medium sichern, also in einem offenen Format wie MP3 auf CD brennen.

Was behalten und was wegwerfen?

Archivare und Bibliothekare denken darüber nach, wie die digitale Datensicherung zu verbessern und eine vernünftige Grenze zu ziehen ist, wenn es darum geht, wie viele Daten man über jede Person online aufbewahren sollte. Die Library of Congress in Washington etwa hat mit der Archivierung aller öffentlichen Tweets begonnen, seit der Microblogging-Dienst im Jahr 2006 startete. Es ist zwar ein ziemlich kleiner Datensatz, aber dennoch kein Modell, das für Privatpersonen taugt. Einfach alles zu sichern, weil Sie die Möglichkeit dazu haben, ist in etwa so effizient, als würden Sie jedes einzelne Foto, das Sie jemals gemacht haben, in eine Kiste stopfen und einfach in den Keller bringen. Speichermedien mögen immer billiger werden, aber Sie sind kein hauptberuflicher Archivar, der sich um den Erhalt der Inhalte kümmert und sicherstellt, dass ein Dateiformat auch in 20 Jahren noch lesbar ist.

Sie sollten auch daran denken, dass es beim Säubern unnötiger Daten und Erinnerungen nicht nur um die Inhalte geht, die in der Cloud und auf Ihren gegenwärtig benutzten Geräten gespeichert sind. Es geht auch um Inhalte, die sich noch auf alten Geräten befinden. Viele Menschen vergessen, ihre PCs, Handys oder sogar Spielkonsolen gründlich zu löschen. Diese Geräte werden häufig weiterverkauft oder recycelt, und die Daten fallen in die Hände neuer Besitzer oder Hacker, angefangen von Chats und Fotos bis hin zu Kontoauszügen und anderen privaten Informationen wie Arbeitsunterlagen oder Gerichtsakten. Wer wirklich reinen Tisch machen will, sollte die Speichermedien seiner Geräte nicht nur überschreiben, sondern ausbauen und zerstören.

Es wird immer mehr Werkzeuge geben, die bei der Organisation digitaler Werte helfen, aber Dateiformate und Datenträger ändern sich ständig. Der altmodische Weg ist hier der sicherste: Drucken Sie Wichtiges aus, legen Sie Alben an, sortieren Sie Akten. Darin zu blättern ist ein erstaunliches soziales Erlebnis – zu Lebzeiten und in Zeiten der Trauer.

Außerdem ist keineswegs sicher, dass viele der Dienste, die wir heute nutzen, in 20 oder 30 Jahren noch existieren werden. Genau wie Disketten unlesbar werden, sobald niemand mehr die passenden Laufwerke hat, können Internetdienste weiterverkauft oder stillgelegt werden oder einfach das Geschäftsmodell ändern. Natürlich ist auch keineswegs sicher, wann der Einzelne stirbt, aber mit der Nachlassverwaltung möchte man sich vermutlich ungerne immer und immer wieder beschäftigen müssen.

Auch die Art und Weise, wie Menschen mit toten Familienmitgliedern und Freunden im Netz umgehen, ändert sich im Laufe der Zeit. Die Onlinepräsenz eines jeden Einzelnen wandelt sich zu einem neuen Leben nach dem Tod. Jed Brubaker, ein Forscher an der University of California in Irvine, hat untersucht, wie Menschen mit den Profilen Verstorbener auf sozialen Netzwerken interagieren, und dabei entdeckt, dass digitale Identitäten zuweilen am Leben bleiben, obwohl deren Eigentümer schon lange tot sind. Auf dem inzwischen weitgehend in Vergessenheit geratenen Netzwerk MySpace beobachtete er, dass Nutzer Jahr für Jahr zurückkehren, um mit den inaktiven Konten toter Bekannter zu interagieren, um Trauer oder Gefühle des Verlustes auszudrücken.

Auf Facebook entdeckte Brubaker ein weiteres interessantes Verhaltensmuster: Trauernde Eltern besuchen oft die Gedenkseiten ihrer Kinder, wissen aber im Gegensatz zu den Freunden ihrer Kinder nicht, wie sie sich auf diesem unbekannten Terrain verhalten sollen. Je älter die aktuelle Generation der sogenannten *Digital Natives* wird, desto mehr werden sich auch die Ängste und Empfindlichkeiten im Umgang mit den Überresten eines Onlinelebens ändern. Brubaker ist sich einer Sache sicher: »Der Tod spielt eine zunehmend wichtigere Rolle in der Erfahrung des Social Networking.«[335]

Einige Freaks der digitalen Welt sind in der Zwischenzeit eifrig dabei, das Leben nach dem Tod zu perfektionieren – zumindest im Netz. Das reicht von der Sicherung aller Daten und Dateien bis zum Aufbau einer virtuellen Person aus all den digitalen Spuren, die wir zurücklassen. Viele der Ideen gleichen einer unheimlichen Erweiterung der Lifelogging-Werkzeuge, von denen schon die Rede war. Am Ende steht die Vision, Opa neu zu starten, lange nachdem er gestorben ist.

Diese Tüftler, die zum Teil an das ewige Leben auf einem Server glauben, argumentieren, dass sie bald in der Lage sein werden, ein digitales Abbild eines Selbst zu rekreieren, da sie jahraus, jahrein genug Daten über sich selbst gesammelt haben. Der Doppelgänger im Netz kann ewig leben – solange jemand die Monatsgebühr bezahlt. Speisen sollen sich diese virtuellen Identitäten nicht nur aus Textbeiträgen und Fotos, sondern auch aus Ton- und Videodateien, Chatprotokollen, vielleicht sogar aus biometrischen Feeds und Messungen der Laune an einem bestimmten Tag.

Die aus Jahrzehnten eines Lebens extrahierten Daten würden es Familien und Freunden ermöglichen, einen Verstorbenen auf Knopfdruck heraufzubeschwören, etwa in Form einer Computeranimation, einer holografischen Projektion oder als Treiber für einen Roboter, der sich aus dem historischen Datenstrom speist. Dieser Avatar könnte der Witwe oder den Enkeln Gesellschaft leisten, mit ihnen chatten oder ein Fotoalbum vom Familienurlaub zeigen. Anhänger der Theorie der Verschmelzung von Mensch und Maschine, wie der US-Computerwissenschaftler und Erfinder Ray Kurzweil, glauben, es sei nur eine Frage der Zeit und Erschwinglichkeit, bis wir solche *mindfiles oder* virtuelle Kreaturen erzeugen werden, auf einen Rechner laden und bei Bedarf zum Laufen bringen können. Neue Technologien wie Augmented oder Virtual Reality werden bei diesem morbiden Entertainment eine wachsende und lukrative Rolle spielen. Kein Wunder, dass auch bei künstlichen Welten wieder Facebook mit der Tochterfirma Oculus an vorderster Stelle mitmischt. Wer einen Ausblick auf die Welt der virtuellen Untoten bekommen möchte, kann das im neuesten Buch des renommierten Science-Fiction-Autors Neal Stephenson. In *Fall or, Dodge in Hell* beschreibt er eine beängstigende digitale Parallelwelt, die ihren Bewohnern sogar als die bessere Alternative vorkommt.[336]

Für jemanden wie Airdrie Miller ist diese Aussicht ein Gräuel. Ihr Mann Derek war ein begeisterter Blogger, als er im Jahr 2011 an Krebs starb. Er verfasste einen berühmten letzten Blogbeitrag, der so begann: »So. Ich bin tot ...« und nach seinem Ableben online zu lesen war.[337] Seine Witwe verbrachte Monate damit zu klären, was mit seinen verschiedenen Onlinekonten und seinem gesamten digitalen Erbe geschehen sollte. Ihre Trauerzeit wurde zu einer unfreiwilligen Lehrzeit, in der sie sich erst einmal schlaumachen musste, um die Technik zu verstehen.

Im Frühjahr 2012 kehrte Miller langsam wieder zurück ins Leben und auch zum Onlinedating, um einen neuen Partner zu finden. Würde sie sich entscheiden, mit einer digitalen Darstellung ihres verstorbenen Mannes zu interagieren, wenn die Technik ihr die Möglichkeit dazu gäbe? »Ich glaube nicht«, sagt sie. Für sie verläuft eine klare Grenze zwischen dem Sichten und Erhalten möglichst vieler Dateien ihres verstorbenen Mannes, also der lebendigen Erinnerung, und dem Versuch, ihn mehr schlecht als recht wiederzubeleben. »Was sollte ich zu Roboter Derek sagen, wenn ich mit einem neuen Mann verabredet bin?«, fragt sich Miller nur halb im Scherz.[338]

Das Recht, vergessen zu werden

Angenommen, Sie haben genug von der digitalen Unordnung und wollen die Welt etwas aufgeräumter verlassen, als Sie sie vorgefunden haben. Warum nicht heute mit dem Aufräumen beginnen, anstatt die Arbeit Ihren Hinterbliebenen oder den Klatschmäulern online zu überlassen? Sie haben dabei zumindest in Europa das Gesetz auf Ihrer Seite.

Die neue Datenschutzgrundverordnung der EU definiert erstmals ein »Recht auf Vergessenwerden«, das der Europäische Gerichtshof bereits 2014 bestätigt hatte. Es versetzt Bürger in die Lage, ihre Daten besser zu kontrollieren, und räumt ihnen das Recht ein, von Unternehmen zu verlangen, dass »alle Informationen über eine betroffene Person« gelöscht werden. Die Vorschriften bereiten datenhungrigen Firmen wie Facebook und Google sowie ihren Wortgängern zunehmend Kopfschmerzen, denn sie bringen Verbraucher zum Grübeln und dem Schritt ein Stückchen näher, noch zu Lebzeiten digitalen Selbstmord zu begehen, was vielleicht die ultimative digitale Selbstverteidigung ist.

Es gibt bereits Werkzeuge, um Ihr gesamtes Twitter- und Ihr Facebook-Konto zumindest teilweise zu reinigen. Allerdings läuft es meist auf ein Katz-und-Maus-Spiel mit den Plattformen hinaus, die jegliche Art der automatischen Kontenbereinigung als unerlaubten Zugriff unterbinden wollen. Schön wäre es, wenn sie bei der automatischen Verknüpfung aller Ihrer Daten und Konten ebenso gewissenhaft vorgingen.

Jetzt sind Sie an der Reihe

Dieses Buch hat Ihnen viele der Abwehrmaßnahmen in der Onlinewelt an die Hand gegeben und die Gründe erläutert, wieso sie notwendig sind. Digitale Selbstverteidigung erfordert ein gewisses Maß an Arbeit, so viel ist klar. Aber es ist gut investierte Zeit. Alle erforderlichen Schritte lassen sich auf drei operative V und ein viertes, ein Notfall-V, verkürzen: Ihre Daten zu verweigern, zu verschleiern und zu verschlüsseln und, viertens, Technologie auch konsequent aus Ihrem Leben zu verbannen. Schaffen Sie physische und gedankliche Frei-Räume, in denen Geräte und Devices nichts zu suchen haben.

Das abschließende Kapitel zeigt Ihnen in fünf aufeinander aufbauenden Stufen, wie Sie verschiedene Tipps, Tricks und vor allem Werkzeuge einrichten und ausprobieren können, um ein Meister der digitalen Selbstverteidigung zu werden und so mehr Kontrolle über Ihre Identität und Privatsphäre zu gewinnen.

Hundertprozentigen Schutz gibt es nicht, aber Ihre Daten und Ihre Identität in einer vernetzten Welt sind es wert, verteidigt zu werden. Und wer sich in den nachfolgenden 50 Abwehrmaßahmen übt, schützt nicht nur seine Daten besser, sondern entwickelt dabei eine wertvolle Fähigkeit: Resilienz, um sich kraftvoller und effektiver für Privatheit und Datenethik zu engagieren. Denn wir sollten uns nicht von Technokraten im Hoodie oder Bürokraten im Anzug zu maschinenlesbaren Größen reduzieren lassen.

Tipps und Tricks

- Verwenden und merken Sie sich sichere Passwörter (I-9)
- Sicherheit bei Facebook für Fortgeschrittene (II-15)
- Entfernen Sie Ihre digitalen Spuren (III-28)
- Manchmal hilft nur der Hammer (III-29)
- Löschen Sie Ihr Facebook-Profil (III-30)
- Verschlüsseln Sie Ihre Daten im Ruhezustand (IV-32)
- Vergängliche Alternativen zu E-Mail (IV-38)
- So begehen Sie Selbstmord auf Twitter (V-45)
- Säubern Sie Ihr YouTube-Konto (V-46)
- Bereiten Sie Ihr digitales Erbe vor (V-49)

KAPITEL 13

WERKZEUGE: TIPPS UND TRICKS

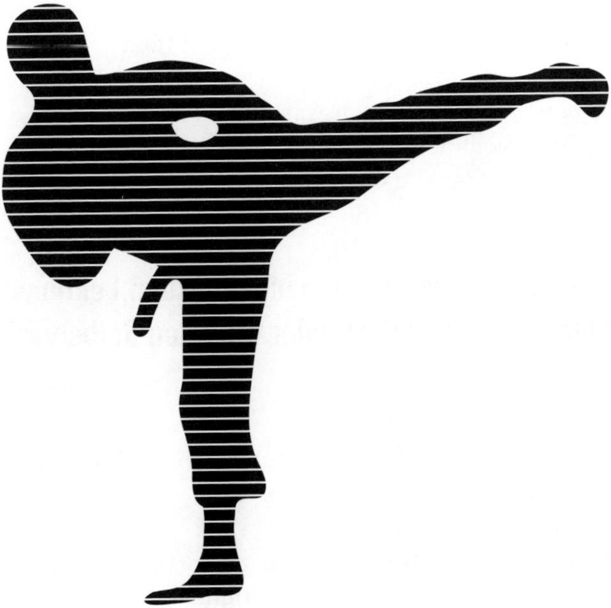

Verteidigungsstufe I: Die zehn grundlegenden Maßnahmen, die jeder ergreifen sollte

1. Löschen Sie Ihre Cookies und Ihr Webprotokoll
2. Verwenden Sie Google-Datenschutz-Werkzeuge, aber vermeiden Sie es, zu häufig Google zu nutzen
3. Diese Informationen gehören nicht in soziale Netzwerke
4. Verwenden Sie mehrere Browser
5. Verwenden Sie Pseudonyme für Ihr privates Ich
6. Grundlegende Sicherheit bei Facebook
7. Grundlegende mobile Sicherheit
8. Schützen Sie Ihre E-Mails
9. Verwenden und merken Sie sich sichere Passwörter
10. Kaufen Sie sicher mit Ihrer Kreditkarte ein

Verteidigungsstufe II: Die nächsten zehn Maßnahmen auf dem Weg zum Meister der digitalen Selbstverteidigung

11. Verwenden Sie Blocking-Werkzeuge in Ihrem Browser
12. Verwenden Sie privates Surfen
13. Verwenden Sie Firefox zum Pornosurfen
14. Sperren Sie Social Widgets
15. Sicherheit bei Facebook für Fortgeschrittene
16. Sicherheit für mobile Apps
17. Verbergen Sie Ihre IP-Adresse mit einem VPN
18. Säubern Sie Ihre Reputation
19. Beugen Sie Identitätsdiebstahl vor
20. Säubern Sie Ihren Rechner

Verteidigungsstufe III: Die nächsten zehn Lektionen, um dem Schwarzen Gürtel der digitalen Selbstverteidigung näher zu kommen

21. Sichern Sie Ihre Fotos
22. Verschlüsseln Sie Ihre Korrespondenz – die Grundlagen
23. Surfen Sie mit Verschlüsselung
24. Verschlüsseln Sie Ihre Chats
25. Machen Sie einen Bogen um Alexa und andere Sprachassistenten
26. Mobile Sicherheit für Fortgeschrittene

Verteidigungsstufe I: Die zehn grundlegenden Maßnahmen, die jeder ergreifen sollte

1 Löschen Sie Ihre Cookies und Ihr Webprotokoll

Nach der Datenschutzgrundverordnung der EU müssen alle Webseiten Ihre Zustimmung für die Platzierung von Cookies einholen. Das geschieht in der Regel über Pop-ups oder andere Warnungen, wenn Sie eine Webseite besuchen, über die Sie verschiedene Kategorien solcher Tracker akzeptieren oder ablehnen können. Sie sollten das Platzieren aller Cookies ablehnen – bis auf jene, die als unbedingt nötig für das Funktionieren der Seite genannt sind. Darüber hinaus sollten Sie Ihre Cookies regelmäßig löschen. Alle gängigen Browser lassen Benutzer das Setzen von Cookies in den Einstellungen regeln und all jene löschen, die bereits auf Ihrem Rechner existieren.

So entfernen Sie Cookies (wobei sich die Menüpunkte je nach Browserversion ändern können):

- In Firefox gehen Sie auf »Einstellungen«, dann auf »Privatsphäre«. Hier können Sie festlegen, wie rigoros Sie Cookies blocken und löschen wollen, und können ebenso Ihre Webgeschichte löschen.
- In Chrome gehen Sie auf »Einstellungen«, dann »Erweitert« und »Datenschutz und Sicherheit.« Wählen Sie »Cookies« und »Alle Cookies und Websitedaten«, schließlich »Alle löschen«.
- In Safari gehen Sie auf »Einstellungen« und die Registerkarte »Datenschutz«, dann »Cookies und andere Websitedaten« sowie »Alle Websitedaten entfernen«.

Cookies ständig zu löschen und neue kategorisch zu blockieren, ist kein Allheilmittel und verursacht zuweilen Mehrarbeit, da manche Webseiten wie Ihre Bank oder ein Onlineshop Sie nicht mehr automatisch wiedererkennen. Schlimmstenfalls müssen Sie Ihre Anmeldedaten erneut eingeben (siehe »Verwenden und merken Sie sich sichere Passwörter«, um diesen Prozess zu vereinfachen).

Sie sollten zudem Dienstprogramme und Browsererweiterungen installieren, die Cookies nach jeder Browsersitzung entfernen und ihre Platzierung von vornherein verhindern (siehe »Verwenden Sie Blocking-Werkzeuge in Ihrem Browser«).

2 Verwenden Sie Google-Datenschutz-Werkzeuge, aber vermeiden Sie es, zu häufig Google zu nutzen

Google sammelt wahrscheinlich mehr und detailliertere Informationen über das Verhalten seiner Nutzer quer über alle Dienste als jede andere Plattform. Sie können Ihren gesamten Fußabdruck bei Google hier einsehen: google.de/history. Nach dem Einloggen können Sie Ihr Webprotokoll entfernen und über die »Activity Controls« verhindern, dass nicht nur Ihre bisherigen Suchabfragen und Ortsdaten gelöscht, sondern auch neue künftig nicht mehr gesammelt werden. (Google hortet diese Daten natürlich weiterhin zur eigenen Verwendung.) Ähnlich müssen Sie auf dieser Seite für andere Google-Dienste wie YouTube, Maps und Android Apps verfahren (siehe »Löschen Sie Ihr YouTube-Konto«).

Grundsätzlich sollten Sie überprüfen, was Google über Sie weiß und wie Sie sich besser schützen können. Dazu bietet das Unternehmen einen »Privatsphärecheck«, der alle Datenschutzwerkzeuge auf einen Blick auflistet.

Auf dem Anzeigenvorgabenmanager können Sie beispielsweise sehen, welche Informationen Google über Ihre Vorlieben gesammelt hat und für Werbeschaltungen verwendet. Sie können die Kategorien, die für Sie von Interesse sind, bearbeiten oder die Personalisierung ausschalten.

Auf einer eigenen Seite namens Takeout (https://takeout.google.com/) können Sie fast alle Ihre Informationen aus Googles diversen Diensten exportieren, entweder in einen anderen Clouddienst oder auf Ihren Rechner. Das Archivieren kann einmalig oder im Zweimonatsrhythmus automatisch erfolgen.

Auf YouTube können Sie Gesichter in Bildmaterial, das anonym bleiben soll, unkenntlich machen: http://youtube-global.blogspot.de/2012/07/face-blurring-when-footage-requires.html.

Wenn Sie viele Ihrer alltäglichen Aktivitäten bei Google erledigen (Suche, E-Mail, Produktivitäts-Apps, Fotos, Übersetzungen, Maps etc.), händigen Sie Google zu viele Teile Ihres Identitätspuzzles aus. Das Unternehmen kann alle diese Datenpunkte in seiner weltumspannenden ID-Datenbank speichern und sich ein immer detaillierteres Bild von Ihnen machen. Wenn Sie das nicht möchten, sollten Sie sich nach alternativen Diensten umsehen, etwa:

Suchmaschinen wie Duckduckgo.com, startpage.com oder qwant.com für die anonyme Suche, die entweder keine Daten über ihre Nutzer und deren Suchabfragen sammeln oder sie en masse anonymisieren, wenn sie auf die großen Dienste zugreifen. Seien Sie aber darauf gefasst, dass möglicherweise nicht alle Suchergebnisse so umfassend wie bei Google sind und dass Google Sie weiter bespitzelt, solange sie Duckduckgo im Chrome-Browser benutzen.

- Benutzen Sie für Routenplanung und andere geografische Recherchen das Open-Source-Projekt Open Street Map: http://www.openstreetmap.org
- Verwenden Sie andere Browser statt Chrome, den Datenschutzexperten als »Überwachungswerkzeug« einstufen: Firefox, Safari, Brave, Opera und Cliqz sind gute Alternativen.
- Benutzen Sie E-Mail-Dienste, die ihre Server in Europa unterhalten und den Inhalt Ihrer Korrespondenz nicht scannen, zum Beispiel Posteo oder Protonmail (mehr dazu in Stufe IV).
- Für Ihre Bilder können Sie einen alternativen Dienst wie Flickr (gehört zu Yahoo) benutzen, der jede Menge kostenlosen Speicherplatz bietet, aber auch ein US-basierter, durch Werbung finanzierter Anbieter ist. Apples iCloud erlaubt Ihnen ebenso, Tausende von Fotos kostenlos zu speichern, über mehrere Geräte zu synchronisieren und sie als Streams mit einem Kreis ausgesuchter Empfänger zu teilen.
- Wenn Sie eine eigene Webseite betreiben, verwenden Sie einen Analysedienst wie das Open-Source-Projekt Piwik statt Google Analytics, bei dem das Unternehmen Ihr Besucherprotokoll mitliest.
- Seine gesamte Korrespondenz über nur einen Anbieter wie Google abzuwickeln, birgt erhebliche Sicherheitsrisiken, die sich Geheimdienste wie Hacker zunutze machen können. Sie müssen nur ein Passwort knacken und können sich dann in Jahren archivierter Nachrichten weitere wertvolle Details anderer Konten heraussuchen, etwa andere Passwörter, die Ihnen im Klartext zugesandt werden, oder Links, um Ihre Passwörter zurückzusetzen und Ihre Konten zu kapern. Ein Werkzeug von Informatikern der Universität Illinois in Chicago erlaubt es Ihnen, Ihr Gmail-Konto auf solche Sicherheitslücken zu testen, und errechnet sogar, welcher finanzielle Schaden durch Hacker entstehen kann: https://cloudsweeper.cs.uic.edu.

Melden Sie sich bei Google regelmäßig ab oder verwenden Sie für Suchanfragen nicht nur einen anderen Reiter, sondern einen komplett anderen Browser als den, den Sie für Google Mail verwenden. So sieht Google Sie als zwei Personen und kann Ihre Onlineaktivitäten weniger bündeln.

3 Diese Informationen gehören nicht in soziale Netzwerke

Allgemeine Regel: Laden Sie niemals etwas hoch, was nicht die ganze Welt lesen soll.

- Sozialversicherungsnummer, Steuernummer, Ihr Geburtstag und -ort erleichtern es Dritten, sich Zugang zu Ihren Onlinekonten zu verschaffen und Ihre Identität zu stehlen.
- Ihr Geburtstag: Entfernen Sie ihn von Facebook und geben Sie stattdessen einen gefälschten an. Er ist einer der wichtigsten Indikatoren für Unternehmen, Ihr wahres Ich herauszufinden. Zugegeben: Es macht Spaß, all diese Glückwünsche auf Facebook zu bekommen, aber überlegen Sie einmal: Kommen sie von Herzen, oder gratuliert heute jeder nur automatisch?
- Fotos von Ihrer Kreditkarte. Kaum zu glauben, aber manche Menschen tun so etwas. Schauen Sie sich dieses Twitter-Konto der Leichtsinnigkeit an: @NeedADebitCard.
- Fotos von Ihrem Führerschein oder irgendeinem Dokument mit Ihrer Unterschrift. Das kommt einer Einladung zum Identitätsdiebstahl gleich und sollte, wenn überhaupt, nur massiv geschwärzt online gestellt werden.
- Urlaubspläne. Sofern Sie nicht ausgeraubt werden wollen, stellen Sie Urlaubspläne oder gebuchte Termine nicht ins Netz. Teilen Sie keine Fotos, wenn Sie im Urlaub sind. Warten Sie, bis Sie zurück sind. Wenn Sie Ihren Standort unbedingt während des Urlaubs teilen wollen, sollten Sie einen Weg finden, um Ihrem Publikum im gleichen Atemzug zu sagen, dass jemand nach Ihrem Haus oder nach der Wohnung schaut.
- Denken Sie an Datenlecks, wenn Sie einen der vielen neuen Carsharing- oder Ridesharing-Dienste benutzen. Wenn diese Dienste mit einem sozialen Netzwerk verknüpft sind, tauchen Ihr Standort und Ihre Pendler- oder Reisegewohnheiten schnell im Netz auf.
- Ihre Adresse und besuchte Schulen. Keine gute Idee, siehe oben. Am besten weglassen oder pro Netzwerk andere, fiktive Daten eingeben.
- Aussagen über Ihren Job oder Arbeitskollegen, vor allem, wenn sie negativ sind. Arbeitgeber könnten mitlesen und diese Angaben verwenden, wenn es um Einstellungen, Beförderungen, Abmahnungen oder Kündigungen geht.
- Anekdoten über den Gebrauch von Alkohol, Tabak und Drogen, auch »weichen«. Versicherungen, Werbenetzwerke und Arbeitgeber freuen sich über solche Details aus Ihrem Privatleben.

- Passworthinweise. Füllen Sie kein spaßiges Quiz auf Facebook oder unterhaltsame Onlinetests aus, die Sie nach »fünf Dingen aus meinem Leben, die keiner wusste« fragen. Dieser Leichtsinn gibt Spammern, Hackern und gewöhnlichen Kriminellen Hinweise, um Ihr Passwort zu erraten oder sich über Sicherheitsfragen wie den Mädchennamen Ihrer Mutter, Ihr erstes Haustier oder die Kirche, in der Sie geheiratet haben, den Zugang zu erschwindeln.
- Riskante Hobbys wie Drachenfliegen oder Angewohnheiten wie Raserei am Steuer und Motorradfahren ohne Helm. Versicherungen schauen Ihnen über die Schulter. Und wenn Sie Schulden haben, freuen sich Inkassounternehmen über jeden Hinweis auf Ihr luxuriöses Freizeitverhalten.

Hinweis: Sie sollten auch nichts auf sozialen Netzwerken teilen oder online einkaufen gehen, wenn Sie »angeschlagen« sind, sprich sich in einem hochemotionalen Zustand befinden oder unter dem Einfluss von Alkohol oder Drogen stehen. Sie werden es sehr wahrscheinlich am nächsten Morgen bereuen.

4 Verwenden Sie mehrere Browser

Wechseln Sie zwischen mehreren Browsern und tun Sie dies, *ohne* dabei die Einstellungen zu importieren. Firefox ist nach Expertenmeinungen der beste Browser, wenn es um den Schutz der Privatsphäre geht. Sie haben unter anderem die Wahl zwischen Chrome, Internet Explorer, Safari, Opera, Breave und Cliqz. Alle Browser besitzen kontinuierlich erweiterte Optionen zur Privatsphäre in ihren Einstellungen. Sie sind gut beraten, Cookies zu blockieren und zu löschen, Blocking-Werkzeuge zu installieren (siehe »Verwenden Sie Blocking-Werkzeuge in Ihrem Browser«) und Ihr Webprotokoll zu bereinigen.

5 Verwenden Sie Pseudonyme für Ihr privates Ich

Vermeiden Sie, Ihr privates Ich mit Ihrem professionellen Ich zu vermischen – eine verlockende Falle, die Netzwerke von Facebook bis LinkedIn nur zu gerne nutzen. Tun Sie so, als ob, wenn es um Ihr privates Ich geht: Benutzen Sie einen falschen Namen und andere falsche Angaben zur Person. Halten Sie die berufliche und die private Identität so gut wie möglich auseinander – einschließlich des konsequenten Verzichts auf Profilbilder.

Ihre Freunde sollten natürlich Ihr Pseudonym kennen und umgekehrt. Denken Sie daran, bevor Sie sich an Diskussionen auf der Pinnwand eines Freundes beteiligen. Ihre Privatsphäre sollte Ihnen wichtiger sein als das ständige Drängen, Ihren Klarnamen und andere Details aus Ihrem Leben einzugeben.
Die in Boston ansässige Firma Abine ist einer von mehreren Anbietern eines Dienstes samt Browsererweiterung namens Blur. Mit der kostenlosen oder der Premiumversion kann man eine unbegrenzte Zahl fiktiver E-Mail-Adressen anlegen, um sich bei zweifelhaften Diensten anzumelden, und hat gleichzeitig den Überblick, wenn eine dieser Adressen weitergegeben wird: https://dnt.abine.com/. Eine weitere Alternative ist https://mysudo.com.

- Verwenden Sie einen gewöhnlichen, langweiligen Namen. Finger weg von bekannten Namen – vor allem nicht Prominente oder Markenzeichen wie Mickymaus.
- Wenn Sie mit mehreren Identitäten und Pseudonymen arbeiten, empfiehlt es sich, einen Dienst auf dem Rechner oder Mobilgerät zu benutzen, der Passwörter und Rollen speichert (siehe »Verwenden und merken Sie sich sichere Passwörter«).
- Falls Sie Fragen zur richtigen Vorgehensweise haben, fragen Sie einen Teenager. Ihre Kinder verwenden wahrscheinlich schon längst ein Pseudonym, um einige Dinge vor Ihnen zu verbergen.

Fantasie ist gefragt: Beim Einrichten des Pseudonyms sollten Sie auch ein falsches Geburtsdatum, ein falsches Geschlecht und falsche sexuelle Vorlieben sowie ein Bild verwenden, das zwar gute Freunde erkennen, aber nicht Software zur automatischen Gesichtserkennung. Oft reichen Bart, Hut und Sonnenbrille oder eine Fantasieillustration. Denken Sie daran, das falsche Konto mit einem alternativen E-Mail-Konto einzurichten. Das Pseudonym-Konto können Sie auch verwenden, wenn Sie Informationen über sich selbst auf einer neuen Webseite ausfüllen müssen. Es ist erstaunlich, wie schnell solche Fantasieadressen als Empfänger von Werbemails auftauchen – ein klares Indiz dafür, dass jemand Ihre Informationen weitergegeben hat.
Verwenden Sie eines Ihrer bestehenden oder ein neues Pseudonym, wenn andere soziale Netzwerke nach privaten Informationen fragen, etwa Airbnb oder Pinterest. Solchen Diensten beim Einloggen oder danach Zugriff auf Ihr Facebook-Konto oder Ihr echtes Adressbuch zu geben ist eine Todsünde der digitalen Selbstverteidigung.

Diese Vorsichtsmaßnahmen gelten natürlich auch, wenn Sie online nach einem Date suchen, Pornos anschauen sowie für Spiele im Netz.
Bei Netzwerken für den professionellen Gebrauch ist ein anderes Verhalten gefragt, denn dort wollen Sie ja sichtbar sein. Twitter und LinkedIn etwa zwingen Ihnen keinen Klarnamen auf, aber solange Sie diese Dienste nur für berufliche Zwecke verwenden, sollten Sie das unter Ihrem eigenen Namen tun.

6 Grundlegende Sicherheit bei Facebook

Beachten Sie, dass alles, was Sie auf Facebook veröffentlichen, wirklich Facebook gehört, nicht Ihnen, einschließlich Ihrer Fotos. Beachten Sie ebenso, dass Facebook einerseits Ihre Daten mit anderen teilt, um Ihnen Anzeigen auch außerhalb von Facebook zu senden und verfolgen kann, wo Sie sich im Web und mobil bewegen.
Freunden Sie sich nicht mit Ihren Vorgesetzten an. Sollten Sie dies doch tun wollen, seien Sie achtsam. Ihr Vorgesetzter wird Klatsch oft rasch von anderen in Ihrem Freundeskreis und von Kollegen erfahren.
Prüfen Sie Ihre Einstellungen im Bereich »Privatsphärecheck« und passen Sie sie an, anstatt die Standardeinstellungen zu akzeptieren. Dabei gilt: Streng genommen ist nichts auf Facebook wirklich privat. Auch deshalb ist es eine gute Idee, ein Pseudonym und möglichst viele fiktive Angaben zu verwenden.
Blockieren Sie die Rückwärtssuche nach Ihrer Telefonnummer und E-Mail-Adresse. Facebook hat diese Methode, im Trüben zu fischen, als Standardeinstellung freigegeben. Deswegen sollten Sie entweder Ihre Telefonnummer gar nicht erst eingeben, sie löschen und eine Wegwerf-E-Mail-Adresse verwenden. Das geht so: Beim Nutzerprofil oben rechts unter »Einstellungen« die Privatsphäre auswählen. Dann unter dem Punkt »Wie du gefunden und kontaktiert wirst« die Menüpunkte E-Mail, Telefonnummer und Suchmaschinen bearbeiten und auf »Nur ich« einstellen.
Verwenden Sie einen Browser speziell nur für Facebook, denn obwohl Sie abgemeldet sein mögen, kann Facebook über seine Social Buttons so gut wie jede Seite verfolgen, die Sie besuchen. Verwenden Sie einen Browser also nur für Facebook und nichts anderes. Es gibt viele Browser, allen voran Firefox, Safari, Brave und Cliqz. Wenn Sie partout nur einen Browser für alles, einschließlich Facebook, verwenden wollen, installieren Sie zumindest einen Blocker wie Disconnect oder uBlock Origin (siehe »Sicherheit bei Facebook für Fortgeschrittene«).

Hüten Sie sich vor Apps. Installieren Sie keine Facebook-Apps aus einer Laune heraus. Untersuchungen demonstrieren immer wieder, dass viele, wenn nicht die meisten Social Apps Ihre Daten ausspähen und obendrein nicht sicher sind. Einige der am häufigsten verwendeten Apps wie Spiele, Quiz- und Sharing-Dienste sammeln Unmengen von persönlichen Informationen, nicht nur vom Benutzer der App, sondern auch von dessen Freunden.

Sie sollten auch die Standardeinstellung ändern, die Ihren Freunden das Recht gibt, alles über Sie zu sehen, zu kommentieren und zu teilen. Das geht unter »Einstellungen« → »Chronik und Markierungen« bearbeiten.

Ändern Sie Ihren Benutzernamen: In »Einstellungen« können Sie Ihren Benutzernamen ändern. Tun Sie das, nachdem Sie das Konto mit Ihrem Klarnamen eingestellt haben. Ändern Sie auch Ihre E-Mail-Adresse, sodass sie den gleichen falschen Namen hat (siehe »Verwenden Sie Pseudonyme für Ihr privates Ich«). Facebook will Sie dazu bewegen, nur Ihren Facebook-Namen zu ändern (nicht Ihren Benutzernamen) – das können Sie beliebig oft tun.

Verhindern Sie, dass Ihre Bilder veröffentlicht werden: Sie können andere daran hindern, Bilder von Ihnen ohne Ihre Zustimmung zu veröffentlichen. Dazu gehen Sie auf »Einstellungen« → »Chronik und Markierungen«. Dort lässt sich unter »Möchtest du die Beiträge überprüfen, in denen du markiert wurdest, bevor sie in deiner Chronik erscheinen?« festlegen, dass Sie jedes Mal benachrichtigt werden, wenn Sie jemand in einem Bild markiert oder Ihre Einträge kommentieren will.

Verstecken Sie Ihre Freundesliste. Facebook hält Ihre Freundesliste für eine öffentliche Information. Aber allein diese Liste kann viele Details Ihres Lebens verraten, etwa ob Sie hetero- oder homosexuell sind. Sie sollten die Liste deshalb ausblenden. Gehen Sie zu Ihrer Chronik und klicken auf »Freunde« sowie den Stift. Im Kasten »Privatsphäre bearbeiten« suchen Sie den Menüpunkt »Freundesliste« und setzen die Einstellung auf »Nur ich«. In der App geht das unter »Kontoeinstellungen« → »Privatsphäre« → »Wer kann deine Freundesliste sehen?«. Detaillierte Anweisungen finden Sie unter: https://de-de.facebook.com/help/238318146535333

7 Grundlegende mobile Sicherheit
Schützen Sie Ihr Gerät mit einem Passwort (sofern Sie nicht schon einen Fingerabdruck oder Ihr Gesicht zum Entsperren verwenden). Benutzen Sie ein anderes Passwort für jedes Ihrer Geräte. Ja, es ist eine kleine Unannehmlichkeit, den PIN-Code jedes Mal eintippen zu müssen, wenn Sie es einschalten. Doch man gewöhnt sich daran, und Sie werden spätestens dann dankbar dafür sein, wenn Ihr Telefon oder Tablet in den falschen Händen landet. Wenn Sie wirklich auf Ihre Sicherheit bedacht sind, sollten Sie statt einer vierstelligen PIN oder Geste einen mindestens sechsstelligen Code wählen. Und aktivieren Sie die Option, das Gerät nach zehn vergeblichen Versuchen zu sperren und alle Daten zu löschen.
Vorsicht bei öffentlichen WLAN-Netzen, die neugierigen Dritten erlauben, Ihre Daten abzufangen. Generell sollten Sie nur verschlüsselte Netzwerke nutzen, die ein Passwort verlangen und von einem bekannten Anbieter stammen. In den Einstellungen Ihres Smartphones sollten sie alle unsicheren WLAN-Netze löschen, da sich Mobilgeräte diese Hotspots merken, um sich automatisch wieder dort anzumelden. Wenn Sie ein unverschlüsseltes Netz unbedingt benutzen müssen, löschen Sie es nach Benutzung aus der Liste der vertrauenswürdigen Netze. Zusätzlich sollten Sie in den Maileinstellungen kontrollieren, dass sowohl der Verkehr mit dem Posteingangs- wie auch dem Ausgangsserver verschlüsselt ist. Wer seinen Datenverkehr über das Funknetz statt über ein zweifelhaftes WLAN abwickelt, muss zwar Geschwindigkeitsverluste hinnehmen, aber kann einige dieser Sicherheitslücken stopfen.
Nutzer eines iPhones oder iPads sollten »Mein iPhone suchen« aktivieren. So können Sie verfolgen, wo sich Ihr verlorenes, gestohlenes oder verlegtes Gerät gerade befindet, und es aus der Ferne sperren oder alle Ihre Daten löschen.
Android-Nutzer können eine App namens LookOut herunterladen, um ihr Gerät zu orten. Das Programm scannt auch heruntergeladene Apps auf Schadsoftware und warnt Sie, wenn Sie auf einem unsicheren Netzwerk angemeldet sind. Die kostenpflichtige Version erlaubt Ihnen, die Daten von Ihrem Telefon per Fernzugriff zu entfernen. Einen ähnlichen Dienst bieten Norton Mobile Security und McAfee Mobile Security.
Schalten Sie den Standort für die meisten Apps auf Ihrem Telefon aus. Ermöglichen Sie Geolocation nur für eine mobile Anwendung, die Ihren Standort wirklich ständig kennen muss, und wenn Sie sicher sind, dass

die Vorteile die Risiken überwiegen. Es gibt im Gegensatz zu einer Lauf- oder Navigations-App keinen Grund, seine Koordinaten einem Spiel mitzuteilen. Und es gibt keinen Grund, einer App Zugriff auf den Standort zu gewähren, wenn sie nicht benutzt wird.

8 Schützen Sie Ihre E-Mails

Schützen Sie Ihre wichtigsten, sprich echten E-Mail-Adressen. Sie sind ein kostbares Gut. Verwenden Sie für neue Apps, Webseiten und die meisten anderen Dienste falsche oder Adressen, die Sie jederzeit deaktivieren können. Dienste wie Blur oder leemail.me erlauben Ihnen, Ihre wahre Adresse zu verstecken und beliebig viele fiktive Adressen ein- und auszuschalten, falls Sie mit Spam bombardiert werden. Beispiele für E-Mail-Dienste, die den Inhalt von Nachrichten nicht zu Werbezwecken scannen und ihren Nutzern nicht hinterherspionieren, sind protonmail.com, posteo.de, tutanota.com, hushmail.com oder riseup.net. Wenn diese Anbieter in den USA operieren, besteht allerdings die sehr reale Gefahr, dass sie per Geheimbeschluss gezwungen werden, Nutzerdaten weiterzugeben und das den Betroffenen zu verschweigen.

Oft müssen Sie Ihre E-Mail-Adresse für einen Dienst herausgeben. Für Webseiten, denen Sie misstrauen, verwenden Sie am besten Wegwerfadressen. So kann man sich bei einem neuen Dienst mit einer fiktiven Adresse anmelden und abwarten, ob diese Adresse beworben wird – ein Indiz dafür, dass die Daten sofort weiterverkauft wurden. Die eingehenden Nachrichten können Sie in einem Browser lesen oder an Ihr echtes E-Mail-Konto weiterleiten. In vielen Fällen verfällt die Mailadresse sogar nach ein paar Stunden. Ein paar nützliche und hilfreiche Dienste sind Trash-Mail.com und spoofmail.de.

Gehen Sie unter anderem Namen ins Netz. Sie können ein oder zwei zusätzliche E-Mail-Adressen nur für Webseiten einrichten, denen Sie nicht trauen oder die Sie für Vertrauliches verwenden, etwa um nach Pornos zu surfen. Eine solche E-Mail-Adresse unter einem falschen Namen kann auch als E-Mail-Adresse für Ihr Pseudonym-Facebook-Konto dienen oder wenn Sie an Diskussionsforen unter einem anderen Namen teilnehmen wollen.

9 Verwenden und merken Sie sich sichere Passwörter
Ein zehnstelliges Passwort erfordert von einem Angreifer 4000-mal so viele Kombinationsmöglichkeiten wie bei einem Passwort mit nur acht Stellen. Da Wörter nur eine bestimmte Länge haben können, wird Ihr effektivstes Passwort ein Satz sein. Verwenden Sie Zahlen, Zeichen und sogar Leerzeichen, nicht nur Buchstaben in Groß- und Kleinschreibung. Ihre Passwörter auf einem Zettel in der Brieftasche, die Sie immer bei sich haben, aufzubewahren ist zwar riskant, aber immer noch besser, als sie unter der Tastatur oder in einer SMS aufzuheben. Eine der simpelsten, aber besten Methoden, ein sicheres Passwort zu erstellen, ist die Diceware-Methode, bei der man willkürliche Wortkombinationen mit dem Würfel bestimmt. Anleitungen gibt es in fast allen gängigen Sprachen, darunter auch Deutsch: http://world.std.com/~reinhold/diceware.html
Verwenden Sie nicht dieselben Passwörter für mehrere Seiten und achten Sie darauf, Passwörter nicht aus Versehen auf dem Browser von Rechnern zu speichern, die Sie sich mit anderen teilen (etwa in der Hotellobby, im Büro). Oft ist das Häkchen für »Passwort merken« schon gesetzt, wenn Sie auf eine Seite gehen.
Haben Sie die Befürchtung, dass Ihre alten Passwörter bereits irgendwo im Netz gehandelt werden? Auf https://haveibeenpwned.com können Sie einfach testen, ob Ihre diversen E-Mail-Adressen bei den diversen Datenlecks betroffen waren.
Es gibt verschiedene Programme, die Ihnen dabei helfen, sich alle Ihre Passwörter (und Kreditkartennummern, Bonusprogramme etc.) zu merken und zu verwalten. Auch gängige Browser wie Safari, Firefox und Chrome besitzen Passwortspeicher. Der Vorteil solcher verschlüsselten Tresore: Sie müssen sich nur noch ein Master-Passwort merken, in dessen Komplexität Sie all Ihre Fantasie stecken können. Dazu gehören: 1Password, lastpass.com und Dashlane. Wenn Sie diese Programme auf einem mobilen Gerät verwenden, sollten Sie sie zusätzlich mit einer vierstelligen PIN absichern. Stellen Sie auch ein starkes, also langes Passwort auf Ihrem Computer ein – vor allem, wenn Sie ihn mit jemandem teilen. In Windows können Sie TrueCrypt benutzen, auf einem Mac können Sie das Passwort unter den Systemeinstellungen Sicherheit und Datenschutz bearbeiten.
Denken Sie daran, Ihre Passwörter in regelmäßigen Abständen (alle ein bis zwei Monate) zu ändern, insbesondere für Webseiten, die persönliche Informationen wie E-Mails oder Dokumente rund um Ihre Finan-

zen oder Gesundheit enthalten. Um eine Bestandsaufnahme Ihrer meist veralteten und recycelten Passwörter vorzunehmen, sollten Sie einen Passwortmanager benutzen. Diese Programme erinnern Sie daran, welche Konten kompromittiert sind, welche Passwörter Sie ändern müssen, und hilft Ihnen, einen schwer zu knackenden Code zu generieren. Aktivieren Sie die sogenannte »Zwei-Faktoren-Authentifizierung«, um zu verhindern, dass Ihre Konten gekapert werden, sollte jemand Ihr Passwort abgezweigt haben. Diese Funktion lässt entweder nur registrierte Rechner und Geräte oder spezifische Apps auf Ihr Konto zugreifen und sendet andernfalls einen Sicherheitscode auf Ihr Mobilgerät. Diese zusätzliche Sicherheitsvorkehrung bieten unter anderem Apple, Dropbox, Facebook, Google, Microsoft, Paypal und Twitter an.

10 Kaufen Sie sicher mit Ihrer Kreditkarte ein

Wenn Sie etwas online kaufen, werden Sie oft gebeten, Ihre Kreditkartennummer einzugeben. Zuallererst: Achten Sie immer darauf, dass die Adresse im Browser mit »https« beginnt, also dass die an den Server übertragenen Informationen verschlüsselt werden. Browser zeigen das mit einem kleinen Schloss oder einer grün unterlegten Adresse an. Webseiten, die diese grundsätzliche Sicherheitsvorkehrung nicht benutzen, werden immer seltener, und Sie sollten sie meiden. Selbst diese SSL-Verschlüsselung bietet keine hundertprozentige Sicherheit, etwa wenn Sie in einem öffentlichen WLAN-Netz unterwegs sind. Ohne ein Virtual Private Network (VPN) sollten Sie es vermeiden, Informationen zu Ihrer Kreditkarte oder Bankverbindung auf einem ungesicherten Netz einzutippen. Seit kurzem erfordern Banken in der EU eine zweite Authentifizierung für Online-Transaktionen, was nur zu begrüßen ist.
Bei unbekannten Seiten empfehlen wir Bezahlsysteme wie Apple Pay, PayPal, ClickandBuy oder Skrill, da der Händler so Ihre Konto- oder Kreditkarteninformation nicht einsehen kann. Prüfen Sie, ob die Webseite, von der Sie einkaufen wollen, vertrauenswürdig ist. Wer hat sie Ihnen empfohlen? Haben Sie den Anbieter schon einmal benutzt? Hat ein Dritter bestätigt, dass die Seite Ihr Vertrauen verdient, zum Beispiel durch Sicherheitssiegel wie TÜV Süd, TRUSTe, datenschutz cert, EHI Geprüfter Onlineshop oder Verisign Identity Protection?
Zu guter Letzt: Überprüfen Sie regelmäßig die Bewegungen auf Ihrem Bank- und Kreditkartenkonto. Richten Sie bei ihrem Finanzdienstleister SMS-Benachrichtigungen zu erfolgten Transaktionen ein oder wenn ein bestimmtes Ausgabenlimit erreicht wurde. Aber bitte kontrollieren

Sie diese Warnungen nicht, wenn Sie in einem öffentlichen WLAN-Hotspot surfen. Sollte jemand tatsächlich Ihre Kreditkarteninformationen gestohlen haben, zählt jede Minute.

Verteidigungsstufe II: Die nächsten zehn Maßnahmen auf dem Weg zum Meister der digitalen Selbstverteidigung

11 Verwenden Sie Blocking-Werkzeuge in Ihrem Browser

Sie können Tausende großer wie kleiner Datenhäscher automatisch davon abhalten, Sie von Seite zu Seite zu verfolgen. Das geht weit über das reine Ad-Blocking hinaus. Diese Werkzeuge lassen sich einfach als kostenlose Erweiterungen für alle gängigen Browser installieren und sind inzwischen bei sicheren Browsern wie Firefox oder Safari ab Werk aktiviert. Internet Explorer bietet in seinen Einstellungen ebenfalls eine Totalblockade namens »Tracking Protektion«, an, von der leider die wenigsten Nutzer Gebrauch machen.

Eine lange Liste der mehr als 7000 Unternehmen, die Sie im Web verfolgen, finden Sie unter anderem hier: https://chiefmartec.com/2019/04/marketing-technology-landscape-supergraphic-2019/. Wie diese Tracker Sekunde für Sekunde ihre Tentakel ausfahren, können Sie mit einer Firefox-Erweiterung namens Lightbeam beobachten – das sollte Ansporn genug sein, um zu handeln! https://addons.mozilla.org/de/firefox/addon/lightbeam/

Es gibt eine ständig wachsende Palette von Werkzeugen, um diese Verfolgungscodes zu sperren, die für den Nutzer unsichtbar sind: uBlock Origin hat eine große Fangemeinde. Disconnect bietet eine Gratis- und eine Premiumversion seines Blockers für Desktops und Mobilgeräte an. Ghostery von Cliqz schmettert ebenfalls Werbenetzwerke und Datenhäscher ab, die Sie täglich verfolgen. Zu erwähnen ist auch die Erweiterung Privacy Badger der Electronic Frontier Foundation: https://www.eff.org/privacybadger und der Better-Blocker von ind.ie (https://better.fyi) für Safari. Alle diese Blocker aktualisieren fast täglich ihre Liste gesperrter Tracker.

Eine Totalblockade kann hin und wieder Probleme auf einigen Webseiten wie der Ihrer Bank, einer Kreditkartenfirma oder einer Seite für gebührenpflichtige Inhalte verursachen, je nachdem, welche Art der Nutzerauthentifizierung der Anbieter einsetzt. Wenn einige Funktionen nicht mehr gehen oder Sie sich nicht mehr anmelden können, müssen Sie ein oder zwei spezielle Tracker in den Sperreinstellungen gezielt ausschalten oder den Blocker für diese Seite suspendieren – eine Einstellung, die sich der Blocker für den nächsten Besuch merkt.

12 Verwenden Sie privates Surfen

Privates Surfen ist weniger privat, als Sie denken. Dieser Modus blockiert keine Cookies und andere Trackingsoftware. Es löscht vielmehr Cookies jedes Mal, wenn Sie den Browser schließen oder das private Surfen ausschalten, und es verhindert, dass Ihr Webprotokoll auf einem Rechner aufgezeichnet wird.

- Google Chrome Inkognitomodus
  Öffnen Sie den Browser, wählen Sie »Datei« und öffnen Sie ein »Neues Inkognitofenster«. Dies bedeutet, dass Webseiten, die Sie öffnen, und Dateien, die Sie herunterladen, nicht im Browserverlauf und der Downloadgeschichte aufgezeichnet werden. So kann beispielsweise Ihre Frau nicht sehen, dass Sie nach einem Geschenk für sie gesucht haben. Alle neuen Cookies werden gelöscht, nachdem Sie das Inkognitofenster schließen.
  Browsing im Inkognitomodus hält Chrome lediglich davon ab, Informationen über die Webseite, die Sie besucht haben, lokal zu speichern. Die Webseiten, die Sie besuchen, können Sie dennoch verfolgen. Wenn Sie sich mit Ihrem Google-Konto anmelden, während Sie im Inkognitomodus sind, wird jede Station in Ihrem Webprotokoll gespeichert. Es ist also ratsam, sich von seinem Google-Konto vor einer Inkognitositzung abzumelden.
- Internet Explorer, Safari und Firefox besitzen ebenfalls einen Inkognitomodus. Firefox hat dabei den stärksten Schutz, da es den Disconnect-Dienst in seinen Browser integriert hat.

13 Verwenden Sie Firefox zum Pornosurfen

Wenn es denn sein muss: Firefox blockiert nicht nur unerwünschte Pop-ups und hindert die meisten Webseiten daran, neue Fenster zu öffnen, die den ganzen Bildschirm einnehmen und schwer zu schließen sind. Es schmettert im Privatmodus auch fast alle Tracking-Scripts ab, mit denen Firmen von Facebook und Google bis hin zu Dutzenden von Datenhäschern sogar Pornoseiten gespickt haben. Webseiten mit Schadsoftware können zudem keine Spyware auf Ihrem Rechner installieren.

Alles, was Sie löschen möchten, um Ihre Spuren zu verwischen – Cookies, Cache, Download und Webprotokoll –, wird bei Firefox an einem Ort erledigt: »Extras« und »Private Daten löschen«. Es gibt auch eine Paniktaste, mit der Sie eine oder mehrere peinliche Seiten schnell hinter einer harmlosen verbergen können: https://addons.mozilla.org/de/firefox/addon/panic-button/

14 Sperren Sie Social Widgets

Social Widgets wie der »Gefällt mir«-Button bei Facebook oder die Vögelchen von Twitter laden Sie zum bequemen Teilen der Dinge ein, die Sie im Netz lesen. Der Preis für diesen Komfort ist Ihre Privatsphäre, selbst wenn Sie gar nicht draufklicken. Denn sobald eine damit präparierte Seite lädt, erhalten diese Plattformen Meldung von Ihrem Besuch. Die oben erwähnten Blocker sind eine einfache Methode, um jeden Datenverkehr mit diesen Firmen zu sperren, wenn Sie online unterwegs sind. Einer der besten ist Disconnect (https://disconnect.me). Entwickelt wurde die Software von einem ehemaligen Google-Ingenieur, der in seinem früheren Job den größten Teil seiner Zeit mit der Frage verbrachte, wie man Nutzer am besten verfolgen kann.

15 Sicherheit bei Facebook für Fortgeschrittene

Hindern Sie Facebook daran, Sie außerhalb von Facebook zu verfolgen. Installieren Sie einen Blocker wie den schon erwähnten von Disconnect (https://disconnect.me), der für alle gängigen Browser wie Firefox, Safari und Chrome sowie Mobilgeräte erhältlich ist. Er deaktiviert den gesamten automatischen Datenverkehr von Drittanbieterseiten zu Facebook, aber erlaubt Ihnen trotzdem weiterhin, auf Facebook selbst zuzugreifen.

Verbergen Sie Ihre Facebook-Präsenz vor Websuchen. Gehen Sie bei Facebook zu den Privatsphäre-Einstellungen und Tools und verneinen Sie die Frage »Möchtest du, dass Suchmaschinen außerhalb von Facebook dein Profil anzeigen?«.

Schützen Sie Ihre Chronik: Die Timeline ist eine umstrittene Funktion und ein großartiges Werkzeug für andere, die persönlichen Daten, die Sie längst vergessen haben, durchzulesen und zu stehlen. Gehen Sie auf Privatsphäre-Einstellungen und wählen Sie »Vergangene Beiträge einschränken«. Sie sollten die Einstellungen für »Wer kann meine Inhalte sehen?« generell entweder auf »Freunde« oder »Nur ich« umstellen.

Da Kommunikation in Gruppen bei Facebook immer größer geschrie-

ben wird, sollten Sie auch Ihre entsprechenden Einstellungen anpassen. Wenn Sie eine neue Gruppe erstellen, wählen Sie »Privatsphäre« und »Geschlossene Gruppe« sowie gegebenenfalls »öffentliche« oder »geheime Gruppe«.
Schließlich können Sie einstellen, ob Sie personalisierte Werbung sehen und ob Ihre Freunde verfolgen können, welche Werbung Sie eingespielt bekommen. Das geht unter »Einstellungen« → »Werbeanzeigen«, wo Sie die diversen Kategorien ausschalten. Dort können Sie auch sehen, aufgrund welcher Informationen Sie Facebook bewirbt.
Das Thema wird ein Katz-und-Maus-Spiel bleiben, da Facebook seine Privatsphäre-Einstellungen kontinuierlich ändert. Das gibt seinen Nutzern vermeintlich Sicherheit, aber exponiert Jahr für Jahr mehr brisante Details, wie Studien immer wieder dokumentieren.

16 Sicherheit für mobile Apps

Geben Sie Ihre persönlichen Daten nur für Anwendungen frei, denen Sie vertrauen, und geben Sie nur Informationen heraus, die für die jeweilige Nutzung relevant sind. Sie würden nicht einfach auf einen Fremden zugehen und ihm sagen, wo Sie leben, oder? Überprüfen Sie die Genehmigungen, wenn Apps bei der Installation Zugriff auf Dinge wie Adressbuch, Fotoalben oder den Standort verlangen, und überlegen Sie es sich gründlich, bevor Sie sich aus Bequemlichkeit für eine neue App mit Ihrem Facebook- oder Ihrem Twitter-Kennwort anmelden. Es spart ein paar Sekunden, gibt aber beiden Netzwerken kontinuierlich Zugriff auf mehr private Daten, als Ihnen lieb ist – dazu gehören auch die Daten Ihrer Freunde.
Denken Sie daran, die Liste der Anwendungen, denen Sie Zugriff gewährt haben, regelmäßig zu prüfen und konsequent diejenigen zu widerrufen, die Sie nicht verwenden oder erkennen. Bei Facebook finden Sie diese Liste unter »Einstellungen« → »Blockieren« → »Apps blockieren«. Denken Sie daran, dass Sie damit lediglich den künftigen Zugriff widerrufen, aber nicht die Daten löschen, die Dritte über Monate oder Jahre gesammelt haben. Bei Twitter finden Sie diese Option unter »Einstellungen« → »Apps und Geräte« → »Zugriff widerrufen«. Wenn Sie vermuten, dass eine verdächtige App auf Ihr Konto zugreift, sollten Sie die Autorisierung nicht nur widerrufen, sondern auch Ihr Passwort ändern.
Vorsicht vor falschen Apps: Es gibt viele Apps, vor allem auf Android, die sich oft als Spiel ausgeben, aber in Wirklichkeit Ihre Daten absaugen, Malware installieren oder Ihr Guthaben im App Store anzapfen. Als erste

Vorsichtsmaßnahme gilt: Lesen Sie die Bewertungen einer App im App Store. Eine problematische App fliegt hier über kurz oder lang auf. Überprüfen Sie auch, wer hinter der Anwendung steckt. Ist es ein großer Verlag oder eine Marke, die Sie kennen und der Sie vertrauen? Eine empfehlenswerte Seite, die sich mit Datenlecks in mobilen Anwendungen beschäftigt, ist privacygrade.org.
Schalten Sie Werbetracking auf iOS-Geräten aus: Das mobile Apple-Betriebssystem erlaubt Ihnen, die Verfolgung durch Werbenetzwerke zumindest teilweise auszuschalten: »Einstellungen« → »Datenschutz« → ganz unten »Werbung« und den Schalter zu »Ad Tracking« umlegen. Zudem sollten Sie dort regelmäßig die Ad-ID Ihres Gerätes zurücksetzen.
Vermeiden Sie Mobile Banking. Wenn Sie Ihre Bankgeschäfte vom Computer zu Hause erledigen können, tun Sie es. Ihr Bankkonto von einem Smartphone aus aufzurufen ist riskant. Benutzen Sie Mobile Banking nicht, wenn Sie über ein kostenloses WLAN-Netz surfen, es sei denn, Sie verschlüsseln Ihren Datenverkehr.

17 Verbergen Sie Ihre IP-Adresse mit einem VPN

Der sicherste Weg, anonym zu surfen, ist ein sogenanntes »Virtual Private Network« oder VPN. Es baut eine sichere Verbindung oder einen »Tunnel« zu einem Server auf. Dem FBI zufolge machen sich Menschen, die ein VPN benutzen, verdächtig. Dabei gibt es jede Menge gute Gründe, dieses Werkzeug einzusetzen. Verbraucher verwenden ein VPN, um ihre IP-Adresse und damit ihren Standort zu verbergen. So kann man zum Beispiel neutrale Preise erhalten oder sich Zugang zu Diensten verschaffen, die nur in bestimmten Ländern erhältlich sind (etwa amerikanische Streamingdienste). Geschäftsleute verwenden VPN, um sicher und ungestört mit ihrem Firmenserver zu kommunizieren; politische Aktivisten nutzen sie, um sich vor Überwachung durch Regierungen zu schützen.
Ein VPN verbirgt Ihre wirkliche IP-Adresse hinter einem oder mehreren anderen Servern, und das jedes Mal, wenn Sie sich dort anmelden. Wenn Sie in Oldenburg sitzen, sieht es aus, als seien Sie in Boston oder Buenos Aires. Das VPN verschlüsselt Ihren Datenverkehr und macht das Surfen über eine kostenlose WLAN-Verbindung sicher.
Die beste kostenlose Option ist das Open-Source-Projekt Tor, das sich als komplettes Bündel mit einem voreingestellten Firefox-Browser herunterladen lässt: http://torproject.org. Tor verlangsamt Ihre Surfge-

schwindigkeit, ist dafür aber gratis und immer noch sicher, auch wenn jüngste Fahndungserfolge in Europa und den USA den Verdacht nahelegen, dass Regierungen Schwachstellen in Tor gefunden haben, um ihn zu knacken. Allerdings können Sie nicht wählen, in welchem Land Ihre temporäre IP-Adresse sein soll.

- Die kommerzielle Wahl fällt auf ein werbefinanziertes oder gebührenpflichtiges VPN, bei dem Sie Ihre eigene IP-Adresse wählen können, wie die Anbieter NordVPN und ZenMate aus Berlin, sowie Disconnect, Secureline VPN von Avast oder hidemyass.com.
- Mehr dazu unter IV-37: Das Trio: Verwenden Sie VPN und Anonymisierung plus Verschlüsselung

18 Säubern Sie Ihre Reputation

Überprüfen Sie online regelmäßig Ihren guten Ruf. Suchen Sie nach Ihrem Namen auf Google, Bing oder einer anderen Suchmaschine. Sie können außerdem einen oder mehrere Google Alerts unter http://www.google.de/alerts einrichten. Der Dienst sendet Ihnen eine E-Mail, sobald der definierte Suchbegriff »Ihr Vorname Name« online auftaucht.

Wenn Sie auf Suchergebnisse und Einträge stoßen, die nicht der Wahrheit entsprechen oder Sie wirklich stören, können Sie diese in drei Schritten entfernen oder unterdrücken.

1. Scheiben Sie dem Webmaster der ursprünglichen Quelle und verlangen Sie die Löschung. Wenn Sie damit Erfolg haben, sollten diese Einträge nach ein paar Tagen oder Wochen aus den Suchergebnissen verschwunden sein.
2. Füllen Sie gleichzeitig das neue Google-Formular zur »Entfernung personenbezogener Daten« aus: https://support.google.com/legal/contact/lr_eudpa?product=websearch&hl=de
3. Wenn Sie so nicht weiterkommen, können Sie versuchen, die negativen Suchergebnisse mit professioneller Hilfe zu übertönen. Dazu wird eine große Anzahl neuer Inhalte geschaffen, die die negativen Einträge von den ersten Seiten der Suchergebnisse verdrängen. Todsicher ist diese Vorgehensweise nicht, vor allem, wenn es um heftig diskutierte Themen geht, die ständig neue Seiten hervorbringen. In wirklich hartnäckigen Fällen empfiehlt sich der Rat eines Experten für SEO (Search Engine Optimization).

Lassen Sie sich aus den Registern der Datenaggregatoren entfernen. Sobald Sie merken, dass Ihr Name, Ihre Adresse und andere persönliche

Daten überall im Internet zu finden sind, etwa in Aggregationsdiensten wie Yasni.de oder Spokeo, sollten Sie sie anschreiben und verlangen, aus diesen Datenbanken entfernt zu werden. Das Datensammeln grassiert in den USA am stärksten und ist insofern ein gutes Beispiel, wie das Problem kommerzielle Innovation antreibt. Dort gibt es bereits Firmen, die einen automatischen Dienst anbieten, etwa Abine mit seinem DeleteMe-Service.

19 Beugen Sie Identitätsdiebstahl vor

Google Alerts: Das Einrichten verschiedener Google Alerts ist hilfreich, um ein Auge darauf zu haben, ob andere Ihren Namen, Ihre Telefonnummer, Anschrift oder andere Informationen, die mit Ihnen zu tun haben, benutzen.

Geben Sie niemals Ihre Sozialversicherungs-, Reisepass- oder Steuernummer preis: Webseiten, denen Sie trauen, verlangen diese Informationen, etwa eine Bank oder Fluggesellschaft, aber auf anderen Seiten haben diese Angaben nichts verloren, auch nicht in einem Lebenslauf oder anderen Formularen, die Sie irgendwo hochladen wollen.

Prüfen Sie auf https://haveibeenpwned.com, ob Ihre diversen E-Mail-Adressen und andere Daten entwendet wurden.

Schützen Sie persönliche Daten: Geben Sie niemals persönliche Daten in E-Mails, Chats oder Diskussionsforen bekannt. Geben Sie persönliche Daten nur an Unternehmen weiter, deren Webseiten gesichert sind und denen Sie vertrauen.

Passen Sie auf, was Sie in den analogen Müll werfen: Es mag altmodisch klingen, aber wenn Sie Briefe oder Dokumente mit persönlichen Daten wie Kontonummern wegwerfen, sollten Sie sie vorher zerstören, am besten im Schredder. Manchmal ist das am wenigsten erwartete Leck der Ausdruck einer E-Mail im Papierkorb.

Seien Sie bei neuen Diensten zurückhaltend. Denken Sie gründlich darüber nach, bevor Sie sich für einen neuen Dienst anmelden, und überprüfen Sie die Standardeinstellung, bevor Sie dort mitmischen – und sei es nur, um Musik zu hören oder einen Wunschzettel anzulegen. Webdienste sind in der Regel erst einmal auf zwei Dinge scharf: Ihre persönlichen Daten und Zugang zu Ihrem Adressbuch. Verweigern Sie diese. Lassen Sie bei der Anmeldung jegliches Feld unausgefüllt, das mit »optional« gekennzeichnet ist.

Beobachten Sie soziale Netzwerke genau. Kümmern Sie sich darum, dass Ihr Profil auf jedem Ihrer Netzwerke stets auf das höchste Niveau

der Privatsphäre eingestellt ist. Da Anbieter in der Regel diese Hürde senken, anstatt sie zu erhöhen, erfordert dies ständige Aufmerksamkeit. Akzeptieren Sie keine Freundschaftsanfrage oder Einladung von Unbekannten. Widerstehen Sie der Versuchung, auf Twitter-Nachrichten oder E-Mails zu klicken, die Ihnen ein »Wahnsinnsfoto« von Ihnen versprechen. Es ist vielleicht ein gutes Gefühl, beliebt zu sein, aber viele – vom Betrüger über Unternehmen bis hin zu Strafverfolgungsbehörden – haben damit begonnen, mit gefälschten Freundschaftsanfragen das Vertrauen der Menschen zu gewinnen, um ihre Freundeslisten zu analysieren und Unterhaltungen zu erfassen.
Ziehen Sie in Betracht, die Konten für alle Dienste zu löschen, deren Privatsphäre-Einstellungen Sie nicht verstehen oder die Sie nicht verwenden.
Gleiches gilt für Social Apps. Gehen Sie in die App-Einstellungen von Diensten wie Facebook oder Twitter und widerrufen Sie den Zugriff für alle Dienste, die Sie nicht kennen oder verwenden. Denken Sie aber daran, dass bereits geteilte Informationen ewig im Netz leben werden.
Aktualisieren Sie Ihre Software regelmäßig. Stellen Sie sicher, dass Ihr Betriebssystem und die Virensoftware immer auf dem neuesten Stand sind.
Außerdem gibt es kommerzielle Anbieter wie die Schufa, deren gebührenpflichtiger Dienst IdentSafe das Netz automatisch überwacht und Alarm schlägt, falls Ihre persönlichen Daten auftauchen. Hier können Sie eine kostenlose Selbstauskunft online oder per Post anfordern: https://www.meineschufa.de/index.php?site=11_3

20 Säubern Sie Ihren Rechner

Löschen Sie Dateien auf Ihrem Computer sicher und in regelmäßigen Abständen. Wenn Sie Dateien auf Ihrem Mac entfernen, gibt es die Option »Papierkorb sicher entleeren« ab Werk inzwischen nicht mehr. Dazu benötigen Sie ein externes Dienstprogramm wie iSecure (https://www.agneypatel.com/isecure/) oder MacMaster von FonePaw. Es gibt ähnliche Programme namens Eraser für alle gängigen Versionen von Windows: http://eraser.heidi.ie. Microsoft empfiehlt Programme wie Active@KillDisk oder Softpedia DP Wiper.

Verteidigungsstufe III: Die nächsten zehn Lektionen, um dem Schwarzen Gürtel der digitalen Selbstverteidigung näher zu kommen

21 Sichern Sie Ihre Fotos

Smartphone-Kameras speichern GPS-Koordinaten und andere Angaben als Metadaten hinter jedem Bild. Sie können diese nicht mit bloßem Auge sehen, aber in fast jeder Fotobearbeitungssoftware aufrufen. Die Koordinaten lassen sich via Google Maps oder auf einer Weltkarte bei Apple Photos darstellen, um zu sehen, wo das Bild aufgenommen wurde. Diese Metadaten werden teilweise oder vollständig auch an Dienste übermittelt, bei denen Sie Ihre Bilder hochladen, wie Twitter oder Instagram. Überprüfen Sie Ihr Fotoprogramm, ob es die Option bietet, die Ortsdaten aus einer Bilddatei zu entfernen. Sie können diese Details Ihrer Fotos mit einem Programm wie GIMP (https://www.gimp.org, http://exif.regex.info/exif.cgi) oder dem etwas komplizierteren ExifTOOL (https://www.sno.phy.queensu.ca/~phil/exiftool/, https://www.heise.de/download/product/exiftool-35845) überprüfen, bearbeiten und löschen.
Wenn Sie mit Ihrem Smartphone fotografieren, sollten Sie die GPS-Einstellung für die Kamera deaktivieren, um zu verhindern, dass für jede Aufnahme die Ortsdaten gespeichert und an einen Clouddienst übermittelt werden. Sonst verfügen Dienste wie Google oder Apple automatisch über Ihre Bewegungsdaten.
ObscuraCam ist eine Android-App, die bestimmte Details in Fotos und Videos verbirgt. So lassen sich Gesichter verpixeln und Zeit- wie Ortsdaten entfernen (https://guardianproject.info/apps/obscuracam/). Eine nützliche Software für iOS-Geräte, um Personen und Objekte nachträglich aus einem Bild zu entfernen, ist TouchRetouch.
Bei Apps, die die Weiterverbreitung von Fotos angeblich beschränken, ist Vorsicht geboten. SnapChat zeigt Fotos nur zehn Sekunden an, bevor sie gelöscht werden. Aber Datenschützer und Tüftler haben bereits demonstriert, dass man diese vermeintlich vergänglichen Bilder dennoch als Screenshot speichern und sogar nachträglich wiederherstellen kann, wenn ihre Absender glauben, sie sicher gelöscht zu haben.

22 Verschlüsseln Sie Ihre Korrespondenz – die Grundlagen

Es mag am Anfang abschreckend kompliziert wirken, aber es ist einfacher, als Sie glauben, Ihre Korrespondenz zu verschlüsseln. Der erste Schritt besteht darin, den Transport vor unbefugten Augen zu sichern. Dazu müssen Sie in den Einstellungen für alle Konten in Ihrem Mailprogramm sicherstellen, dass die Verbindung zum Posteingangs- wie zum Ausgangsserver gesichert ist. Das betrifft nicht nur Desktops und Laptops, sondern auch Mobilgeräte. Je nach Programm müssen Sie Optionen wie »sichere Verbindung«, »SSL« oder »StartTLS« aktivieren und bestimmte Ports der Server eingeben, über die die Kommunikation läuft. Die meisten Anbieter beschreiben diese Einstellung Schritt für Schritt auf ihren Hilfeseiten. Wer Webmail-Konten benutzt, sollte darauf achten, dass die aufgerufenen Seiten mit »https« beginnen. Bei einigen Diensten ist immer noch nur die Log-in-Seite derartig gesichert, aber nicht immer die danach folgenden Seiten.

Der zweite Schritt besteht darin, den Inhalt seiner Korrespondenz zu verschlüsseln. Das funktioniert über öffentliche und private Schlüssel. Dabei tauschen Sender und Empfänger elektronische Schlüssel (oder eine lange Folge von Ziffern) aus, mit denen die Nachrichten ver- und wieder entschlüsselt werden. Jeder Teilnehmer generiert einen privaten, passwortgeschützten Schlüssel, der nur ihm bekannt ist, sowie einen zweiten, öffentlichen Schlüssel, den Korrespondenzpartner bei einem Keyserver nachschlagen können oder direkt von Ihnen erhalten. Nur wenn beide Schlüssel vorhanden sind und zur Adresse passen, kann die Nachricht auch im Klartext gelesen werden.

Der Goldstandard dieser Verschlüsselungsmethode ist immer noch Pretty Good Privacy (PGP). Das Programm ist entweder kostenlos oder gebührenpflichtig erhältlich und wurde bereits Anfang der 1990er-Jahre von Philip Zimmermann in den USA entwickelt, der dafür fast ins Gefängnis wanderte. Mit PGP, OpenPGP beziehungsweise GPG lassen sich in Windows, MacOS und Linux nicht nur Mails, sondern auch Dateien verschlüsseln (mehr dazu unter https://www.openpgp.org).

Start-ups haben große Fortschritte gemacht, diese Art der Verschlüsselung so unkompliziert wie möglich zu machen, sodass auch Laien sie benutzen können. Ein paar von Experten für gut befundene und leicht zu bedienende Alternativen für eine Komplettverschlüsselung sind die deutschen Dienste Posteo und Tutanota, der Schweizer Service Protonmail sowie Startmail in den Niederlanden von den Anbietern der anonymen Suchmaschine Startpage.

Wie Sie bei Mailprogrammen und Webmail genau verfahren, ist unter IV-33 beschrieben.

23 Surfen Sie mit Verschlüsselung

Warum sollten Sie Ihren Telekomanbieter und viele andere Dienste mitlesen lassen? HTTPS Everywhere ist eine kostenlose Browsererweiterung für Firefox und Chrome der amerikanischen Datenschutzinitiative EFF, die Dritte daran hindert, die Kommunikation zwischen Ihrem Browser und vielen, aber nicht allen Webservern einzusehen. Das bedeutet, dass Dritte nirgendwo Ihre Kommentare auf einer Webseite, Ihre Einkäufe oder das, was Sie lesen, hören, suchen oder beobachten, mitverfolgen können. Seit dem Summer 2018 markiert Google alle Seiten, die nicht HTTPS benutzen, als »Sicherheitsrisiko« – und ihre Zahl sinkt beständig. HTTPS kann jedoch nicht verbergen, auf welche Seiten Sie zugreifen, wie viel Zeit Sie dort verbringen und wie groß die Dateien sind, die Sie herunterladen.

24 Verschlüsseln Sie Ihre Chats

Es gibt viele Programme, um seine Chats »End-to-End« zu verschlüsseln, anstatt potenziell undichte Lösungen wie Skype, WhatsApp oder Facebook Messenger zu benutzen, bei denen nie restlos geklärt ist, ob und wie viel die jeweiligen Unternehmen mitlesen, speichern, auswerten und bei Bedarf an Behörden weitergeben können. Noch dazu, wenn Unternehmen wie Facebook ihre Benutzerdatenbanken über mehrere Anwendungen hinweg zusammenführen und eine eigene virtuelle Währung planen, mit der man in seinen Chats gleich bezahlen kann.
Einen guten – und ernüchternden – Überblick über die Sicherheitslücken in beliebten Chatanwendungen bietet die Electronic Frontier Foundation: https://www.eff.org/secure-messaging-scorecard. Als Goldstandard gilt für Experten weiterhin Signal, das aus einem Open-Source-Projekt namens Open Whisper Systems hervorgegangen ist. Dieses Protokoll haben inzwischen auch andere Anbieter wie WhatsApp und Skype übernommen, doch die Implementierungen sind keineswegs gleich und gleich sicher, insbesondere was die Standardkonfiguration und den Umgang mit den verräterischen Metadaten angeht.
Generell gilt, dass alle großen Anbieter – angespornt von Apples iMessage – endlich die Bedeutung verschlüsselter Chats erkannt haben. Neben Signal sind ein paar weitere Apps zu empfehlen, die aus Europa stammen und es mit Sicherheit und Datenschutz ernster nehmen als

US-Firmen. Threema aus der Schweiz sowie aus Deutschland Wire, das insbesondere für Unternehmen eine sichere Alternative zu Microsoft Teams und Slack bietet. Wer technisch etwas versierter ist, sollte die Open-Source-Lösung Keybase.io ausprobieren. Die ebenfalls beliebte App Telegram des russischen Programmierers Pavel Durov hingegen ist wiederholt von Experten für Sicherheitsmängel kritisiert worden. (Weitere Details finden Sie in Verteidigungsstufe IV.)

25 Machen Sie einen Bogen um Alexa und andere Sprachassistenten

Es ist bequem, sich von Alexa oder Google Assistant das Wetter oder die Nachrichten vorlesen zu lassen, während Sie mit beiden Händen in der Spüle zugange sind. Aber die Hersteller haben bislang nicht klar dargelegt, welche Audiodateien sie wie erfassen und in welcher Form Ton oder Transkripte dauerhaft gespeichert werden. Sie setzen zudem Heerscharen freier Mitarbeiter ein, die auf Ihre Konversationen zugreifen können, weil die künstliche Intelligenz oft nicht weiterweiß. Deshalb sollten Sie um Sprachassistenten am besten einen großen Bogen machen oder zumindest folgende Dinge beherzigen:

Verbannen Sie Alexa & Co. in *einen* Raum ihres Zuhauses, am besten die Küche. Im Schlafzimmer oder Kinderzimmer haben weder Smartphones noch derartige Spionagebutler etwas verloren. Geräte mit integrierter Kamera schon gleich gar nicht.

Schalten Sie die Mikrofonfunktion konsequent aus und aktivieren Sie diese nur sporadisch, wenn sie in diesem einen Raum zeitweilig Unterhaltung benötigen.

Geben Sie in den Einstellungen nur das Nötigste preis (beispielsweise nicht ihre genaue Anschrift) und überlegen Sie sich gut, welche »Skills« Sie mit Ihrem Konto verknüpfen wollen, denn früher oder später landen Ihre Unterhaltungen bei Dritten.

Gehen Sie bei Amazon zu https://www.amazon.de/alexaprivacysettings und löschen dort regemäßig alle Sprachaufnahmen. Außerdem sollten Sie diese Kategorie deaktivieren: »Verwalten Sie, wie Ihre Daten zur Verbesserung von Alexa genutzt werden dürfen«.

26 Mobile Sicherheit für Fortgeschrittene

Stellen Sie Ihr Smartphone oder Tablet so ein, dass die Daten auf Ihrem Gerät nach mehreren fehlgeschlagenen Anmeldeversuchen gelöscht werden. Aber Vorsicht, diese Funktion löscht alles, auch wenn Sie sich nur gerade nicht an Ihr Passwort erinnern, und es gibt bereits Werkzeuge, die Polizei und Hacker einsetzen, um die Passwortsperre zu knacken.

Verschlüsseln Sie Ihr Smartphone-Browsing. Wenn Sie in ein Land reisen, von dem Sie glauben, es sei nicht sicher, dort ein Mobilnetz oder WLAN zu benutzen, oder wenn Sie einfach nur anonym sein wollen, sollten Sie Ihr Browsing auf dem Handy verschlüsseln. Eine Option sind kommerzielle Dienste wie Disconnect oder ZenMate, bei denen Sie die VPN-Verschlüsselung für jeden Datenverkehr von und zum Handy einfach aktivieren können. Eine weitere Option ist die Mobilversion des Tor-Browsers namens Onion Browser für iOS-Geräte. Onion ist allerdings eine eigenständige App, kann also nicht den Datenverkehr für andere Anwendungen auf Ihrem Gerät schützen.

Das Guardian Project hat einen mobilen Tor-Browser für Android entwickelt, mit dem sich ein Proxyserver mittels Tor einrichten lässt, um die eigene IP-Adresse zu verbergen und seinen Datenverkehr zu verschlüsseln. Sie finden ihn im Google PlayStore.

Entfernen Sie die GPS-Ortung: Wenn Sie nicht verfolgt werden wollen, schalten Sie den GPS-Chip in Ihrem tragbaren Gerät in den Einstellungen unter »Ortungsdienste« aus. Noch besser, Sie schalten bei Bedarf Ihr Telefon komplett aus oder wickeln es in Alufolie.

Wer die Ortung ausschaltet, beraubt sich allerdings der meisten modernen Funktionen eines Smartphones. Und solange das Handy an ist, kann man Sie immer noch anhand der Funkmasten ausfindig machen, die Ihr Telefon regelmäßig anspricht. Sie sollten grundsätzlich einen Mobilfunkanbieter wählen, dessen Datenschutz und -speicherung Sie vertrauen.

27 Verschlüsseln Sie Ihre Festplatten

Das Passwort fürs Einloggen auf dem Rechner genügt nicht. Sie sollten Ihre Speichermedien am besten vollständig mit Verschlüsselung sichern. Auf einem Mac können Sie die Verschlüsselung der Festplatte mit FileVault (»Systemeinstellungen« → »Sicherheit und Datenschutz«) aktivieren. Das Programm TrueCrypt wurde aufgrund von Sicherheitslücken eingestellt, sie sollten es deswegen nicht mehr benutzen. Windowsrechner ab Betriebssystem 8 verfügen über dieselbe Funktion unter dem Namen »BitLocker«.

28 Entfernen Sie Ihre digitalen Spuren

Weitaus wichtiger als die eigenen Geräte ist der Datenfundus, den Unternehmen über Sie angesammelt haben. Als EU-Bürger haben Sie nach der Datenschutzgrundverordnung das Recht, nicht nur von Facebook, sondern von allen Anbietern eine Kopie der über Sie gesammelten Daten zu verlangen. Eine praktische Übersicht mit Links finden Sie hier: https://mydatarequest.com

Um die eigenen Rechner zu säubern, gibt es mehrere Optionen. PrivacyScan ist ein Programm für Mac-Rechner, um die digitalen Spuren auf seinem Rechner gründlich zu entfernen. Wie ein virtueller Schredder macht das Programm Flash-Cookies, JavaScript-Cookies und andere Dateien ausfindig und löscht sie: https://www.securemac.com/privacyscan. Windowsnutzer können für denselben Zweck unter anderem CCleaner einsetzen: https://www.piriform.com/ccleaner

29 Manchmal hilft nur der Hammer

Wer ein Gerät wegwerfen oder verschenken will, sollte es gründlich reinigen. Hüten Sie sich vor dem Glauben, dass das Zurücksetzen oder mehrmalige Überschreiben wirklich alle Daten entfernt. Fachleute geben zu, dass selbst handelsübliche Löschprogramme oder eine Neuformatierung keinen hundertprozentigen Schutz bieten. Wer auf Nummer sicher gehen will, sollte bei alten Geräten – vom Computer bis zur Spielkonsole oder USB-Stick – das Speichermedium ausbauen und mit einem Hammer oder Nägeln zerstören.

30 Löschen Sie Ihr Facebook-Profil

Bevor Sie Ihr Profil löschen, können Sie vieles von dem herunterladen, was Sie auf Ihrem Facebook-Konto angesammelt haben. Gehen Sie dazu auf »Einstellungen« → »Deine Facebook-Informationen«. Eine detaillierte Anleitung finden Sie hier: https://de-de.facebook.com/help/1701730696756992. Sie erhalten eine E-Mail, sobald Sie Ihre Daten als komprimierte ZIP-Datei herunterladen können.

Um Ihr Konto nicht nur zu deaktivieren, sondern dauerhaft zu löschen, müssen Sie sich bei Facebook in folgendem Labyrinth zurechtfinden: »Einstellungen« → »Deine Facebook-Informationen« → »Deaktivierung und Löschung« → »Konto löschen« → Weiter und Konto löschen → »Konto löschen«. Beachten Sie, dass Ihr Konto 30 Tage weiterlebt und reaktiviert wird, sollten Sie sich innerhalb dieser Frist wieder anmelden. Also widerstehen Sie der Versuchung, den diversen Lockmails von

Facebook nachzugeben, die Sie nach der Schließung Ihres Kontos erhalten werden.

Verteidigungsstufe IV: Zehn Dinge, die Ihre Kampftechnik perfektionieren und Spionen das Leben schwer machen

31 Meiden Sie US-Dienstleister und US-Software

Um es noch einmal zu betonen: Es gibt keinen hundertprozentigen Schutz, um im Netz unbeobachtet zu bleiben, oder davor, das Opfer von Hackern und Nachrichtendiensten zu werden. Man kann sich allerdings besser absichern. Einige der nachfolgend genannten Maßnahmen rekapitulieren Hinweise, die Sie in den vorangegangenen drei Verteidigungsstufen gelesen haben. Wir haben sie hier noch einmal gebündelt – in der Hoffnung, dass Sie sie anwenden, um Ihre Daten wirksam zu verweigern, zu verschleiern und zu verschlüsseln. Die folgenden zehn Werkzeuge sollten aufeinander aufbauen, da sie nur im Verbund effektiven Schutz bieten.

Wenn möglich, sollten Sie vermeiden, amerikanische und britische Telekommunikationsanbieter zu benutzen. Wie der Abhörskandal 2013 dokumentierte, reichen Telefonfirmen und Internetanbieter in beiden Ländern Nutzerdaten in großem Umfang an Nachrichtendienste weiter. Dabei ist der Standort nicht immer entscheidend. Selbst wer US-Anbieter benutzt, die eine europäische Niederlassung haben, kann davon ausgehen, dass Sicherungskopien seiner Daten auf US-Rechnern abgelegt werden, auch wenn die Firma Rechenzentren in Europa betreibt. Selbst Anbieter von Verschlüsselungsdiensten, die eine Präsenz in den USA haben, können per Gerichtsbeschluss unter Druck gesetzt werden. Das hat Ladar Levison am besten auf den Punkt gebracht, als er seinen E-Mail-Dienst Lavabit von 2013 bis 2017 aus Protest schloss, um nicht dem Druck der US-Regierung nachgeben zu müssen. Er schrieb seinerzeit auf seiner Website: »Ich würde jedermann dringend davon abraten, seine privaten Daten einem Unternehmen mit einer physischen Präsenz in den USA anzuvertrauen.« (Seitdem hat er seinen Dienst als sogenanntes »Dark Internet Mail Environment« wiederbelebt.)

Vorsicht ist auch bei Firmen angebracht, die in Großbritannien beheimatet sind, da der dortige Geheimdienst GCHQ in großem Umfang Daten absaugt, unter anderem durch direkten Zugang zu Unterseekabeln.

Das heißt, dass bereits Datenströme, die durch diese beiden Länder fließen, um ihr Ziel zu erreichen, ein Sicherheitsrisiko darstellen.
Wenn Sie einmal nachverfolgen wollen, welchen Weg Ihre Daten bei einem bestimmten Webdienst nehmen, können Sie in Windows die Kommandozeile (»Command«) aufrufen beziehungsweise bei Mac-Rechnern das Dienstprogramm Terminal öffnen und den Befehl »tracert« oder »traceroute« eingeben, gefolgt von der Adresse des Anbieters »www.dienstXZY.de«. Die lange Liste von IP-Adressen dokumentiert die elektronische Schnitzeljagd über meist ein Dutzend oder mehr Knotenpunkte in mehreren Ländern, an denen jeweils Geheimdienste zugreifen können. Gleichwohl empfiehlt es sich, gezielt Anbieter zu wählen, die in europäischen Ländern mit einem starken Datenschutz ansässig sind, etwa in den Niederlanden oder der Schweiz.
Ebenso wenig ist klar, ob Software der großen Marken Hintertüren für Spione enthält beziehungsweise ob diese Sicherheitslücken in ihren Programmen erst den Nachrichtendiensten melden, bevor sie diese für ihre Nutzer schließen. So haben Datenschützer Lücken in Windows (sogenannte »Zero Day Vulnerabilities«) aufgezeigt, die es Geheimdiensten erlauben, getürkte SSL-Zertifikate einzuschmuggeln. Insofern ist die Debatte um angebliche Sicherheitslücken in Produkten des chinesischen Herstellers Huawei zu einem Gutteil protektionistisch motovierte Heuchelei.

32 Verschlüsseln Sie Ihre Daten im Ruhezustand

Selbst wenn Sie Ihre Daten mithilfe des SSL-Protokolls schützen und E-Mail mit End-to-End Verschlüsselung senden, bieten Sie immer noch eine große Angriffsfläche, sobald die Dateien auf Servern des Anbieters angekommen sind und dort abgelegt werden. Boxcryptor.com ist eins von mehreren Werkzeugen, die Sie zur Sicherung Ihrer Daten in einem Cloudspeicher wie Google Drive, Microsoft OneDrive oder Dropbox verwenden sollten – und ich würde zu keinem der drei raten.
Eine nach Expertenmeinung sichere Lösung zur Verschlüsselung Ihrer Festplatte bietet Symantec Drive Encryption.
Die bislang sicherste Variante, seine Daten im Netz zu sichern, bietet das Konzept der »Zero Knowledge Privacy«. Dabei hat der Betreiber keinen Zugriff auf Ihr Passwort und die kryptografischen Schlüssel, um Ihre Dateien zu entschlüsseln. Er kann somit weder die Dateinamen noch deren Inhalt sehen beziehungsweise weitergeben. Gute Optionen sind die Schweizer Firma Tresorit, die kanadische Firma Sync und der US-An-

bieter SpiderOak. Bei allen kann man entweder als Einzelperson oder für Teams Speicherplatz kaufen, um Daten von mehreren Geräten zu sichern und zu synchronisieren (einschließlich Mobilgeräten). Wenn Sie diese Dienste mobil benutzen, sollten Sie die jeweilige App zusätzlich mit einem PIN-Code sichern.

33 Verschlüsseln Sie Ihre Kommunikation von A bis Z

Jedes Mal wenn Daten übertragen werden, können unbefugte Dritte mithören und mitschneiden, sofern Sie nicht Gegenmaßnahmen ergreifen. Wie schon in III-22 erwähnt, sollten Sie drei Dinge beachten, die nicht oft genug wiederholt werden können.

- Die Strecke sichern. Stellen Sie sicher, dass Ihre Kommunikation, insbesondere E-Mail, mit SSL oder noch besser mit PGP verschlüsselt ist. Bei Webseiten ist das an dem Adressvorsatz »https« erkennbar, bei Mailprogrammen muss man bei den Einstellungen kontrollieren, dass diese Option sowohl für den Posteingangs- wie den Ausgangsserver entsprechend aktiviert ist. Und zwar für jedes Gerät, einschließlich Tablets und Smartphones. Wenn sie Kurznachrichten austauschen, verwenden Sie sichere Dienste wie Signal, Threema oder Wire und machen einen Bogen um WhatsApp (Facebook) oder Skype (Microsoft).
- Die Inhalte sichern. Die sichere Verbindung zu Ihrem Mailserver ist ein wichtiger erster Schritt, aber nur die halbe Miete. Wenn sich ein Geheimdienst auf technischem oder rechtlichem Weg Zugang zu den Rechenzentren verschafft, kann er Ihren Schriftverkehr und Anhänge im Klartext absaugen, sobald sie aus dem verschlüsselten Geleitschutz entlassen werden, oder Monate später wieder ausgraben. Das lässt sich nur verhindern, wenn Sie Ihre E-Mails konsequent verschlüsseln.

Der Prozess ist leider immer noch kompliziert genug, um die meisten Verbraucher davon abzuhalten, und bedarf einer gewissen Eingewöhnung. Für den Laien ist es am einfachsten, seine Korrespondenz mithilfe von Erweiterungen für den Browser oder sein Mailprogramm zu verschlüsseln, die allesamt auf der Pionierarbeit von Philip Zimmermann beruhen. Auch wenn die Software bedienerfreundlicher geworden ist, will ihre Installation und Bedienung gelernt sein. Drei gute Optionen sind die GPG-Bündel für Windows (http://www.gpg4win.org/) und Mac (https://gpgtools.org) sowie Enigmail für das Mozilla-Mailprogramm Thunder-

bird (https://addons.mozilla.org/de/thunderbird/addon/enigmail/). Wenn Sie Webmail in Ihrem Chrome oder Firefox-Browser benutzen, bietet sich unter anderem die Open-Source-Erweiterung Mailvelope an (http://www.mailvelope.com) sowie Encipher.it (https://encipher.it), die es auch als alleinstehende App zum kostenlosen Download gibt.
Nach dem Download führt Sie das Programm durch die Generierung eines öffentlichen wie eines privaten Schlüssels. Ersterer wird in einem öffentlichen Verzeichnis hinterlegt, sodass potenzielle Korrespondenten Ihren Schlüssel so einfach im Netz finden können wie Ihren Skype-Namen. Dazu legen Sie einen privaten Schlüssel an, dessen Passwort nur Sie kennen und der nur auf Ihrem Gerät hinterlegt ist (weswegen es sich empfiehlt, eine separate Sicherungskopie seines Schlüsselpaares zu exportieren). Haben beide Seiten ihre Schlüsselpaare und Erweiterungen installiert, können Sie E-Mails direkt im Mailprogramm oder im Browser verschlüsseln, bevor Sie auf »Senden« klicken.
Eine wichtige Warnung: Verschlüsselung schützt nicht die Metadaten Ihres Schriftverkehrs, also Absender, Empfänger, Datum und Uhrzeit, Ortsdaten sowie die Betreffzeile. Aus diesen Angaben können Hacker, Wirtschaftsspione und Geheimdienste bereits detaillierte Profile Ihres Bekanntenkreises und Verhaltens anlegen. Es empfiehlt sich also, auch bei verschlüsselter E-Mail in der Betreffzeile äußerst wortkarg beziehungsweise banal zu sein oder sie völlig frei zu lassen. Zudem müssen Sie beim Austausch von öffentlichen Schlüsseln sichergehen, dass der Empfänger wirklich der ist, der er zu sein vorgibt. Vorsichtige Menschen tauschen diese »Signaturen« am besten nicht per E-Mail, sondern nur von Angesicht zu Angesicht auf Papier aus. Solche geprüften Schlüssel können Sie in Ihrem virtuellen Schüsselbund nach dem Ampelprinzip besonders markieren.

- Aufräumen. Selbst wer den Transport und seine Post sichert, sollte daran denken, welche Sicherheitslücken im Berg aller versandten und empfangenen E-Mails klaffen. Kopien dieser Nachrichten sammeln sich auf Desktops, Laptops und Mobilgeräten an. Selbst wenn die Originale vom Server eines Anbieters heruntergeladen oder gelöscht wurden, können dort Kopien erhalten bleiben. Regelmäßiges und gründliches Löschen empfiehlt sich.

E-Mail ist ein von Natur aus unsicheres Medium und kann trotz aller Vorkehrungsmaßnahmen jederzeit dem Zugriff einer Behörde ausgesetzt sein. Um wirklich auf Nummer sicher zu gehen, sollten Sie vergängliche Kommunikationsmittel wie verschlüsselten Chat oder verschlüsselte Telefonie in Betracht ziehen, die Apps wie Signal, Threema oder Wire bieten. Dabei wird jede Nachricht auf dem Ausgangsgerät verschlüsselt, so übermittelt und erst beim Empfänger entschlüsselt und im Idealfall kurz darauf gelöscht – deswegen der Name »vergängliche« Kommunikation. Mehr dazu unter IV-38.

34 Nichtamerikanische E-Mail-Dienste

Es gibt Alternativen zu den großen Mailanbietern, die ihre Server in den USA stehen haben. Zu nennen ist Posteo in Deutschland, Neomailbox.net, das seine Server in der Schweiz und den Niederlanden verteilt hat und verschieden gestaffelte Abonnements bietet. Auch Protonmail und Kolabys haben ihren Firmensitz in der Schweiz (http://kolabsys.com) und bieten ihre Dienste für Verbraucher wie Firmenkunden an. Andere Optionen sind Unspyable.com, das nach eigenen Angaben seine Server in Schweden und Panama betreibt und den Abruf von Mails nur über eine VPN-Verbindung erlaubt, sowie Countermail.com aus Schweden, das Ihre Korrespondenz mit OpenPGP-Verschlüsselung schützt.

35 Nichtamerikanische Suchmaschinen

Wer seine Fragen, Wünsche und Geheimnisse den üblichen Suchmaschinen anvertraut, lässt viele Dritte mitlesen, angefangen mit der Verfolgung und Auswertung zu Werbezwecken. Deshalb sollten Sie über den Wechsel zu Suchmaschinen nachdenken, die weniger oder gar keine persönlichen Details preisgeben, da sie ihre Nutzer nicht verfolgen. Die US-Suchmaschine DuckDuckGo setzt zwar auf die Privatheit ihrer Nutzer und lässt sich als Standardsuchmaschine in allen gängigen Browsern (auch mobil) einstellen, aber ihre Server stehen in Amerika. Europäische Alternativen sind Startpage, Qwant oder Cliqz (bei dem man allerdings einen kompletten Browser herunterladen muss).

36 Nichtamerikanische Clouddienste

Wer seine Daten bei einem Betreiber außerhalb der USA verwahrt oder dort seine eigene Webseite betreibt, kann das Risiko verringern, ausgespäht zu werden. Seine Daten den großen Clouddiensten wie Dropbox, Box oder Google anzuvertrauen, birgt hingegen schwer abzuschätzende Sicherheitsrisiken. Als Alternativen bieten sich unter anderem folgende Firmen an, deren Heimatländer eine strenge Datenschutzpolitik besit-

zen, wie zum Beispiel 1984hosting.com in Island oder http://owncloud.org. Diese Open-Source-Plattform ermöglicht es, Ihre Daten auf einem Server Ihrer Wahl zu speichern.
Wer komplett auf Nummer sicher gehen will, kann sein eigenes kleines Rechenzentrum oder seinen Server für Dateien, E-Mails und Kalender betreiben, bei dem sogar die Hardware bei Ihnen steht und nur mit besonderen Vorkehrungen online angesteuert werden kann. Eine praktische Variante kommt von der Firma Helm (https://thehelm.com). Eine detaillierte Besprechung vom Datenschutzexperten Micah Lee finden Sie hier: https://theintercept.com/2019/04/30/helm-email-server/

37 Das Trio: Verwenden Sie VPN und Anonymisierung plus Verschlüsselung

Der Anonymisierungsdienst Tor (siehe II-17: Verbergen Sie Ihre IP-Adresse mit einem VPN) ist immer noch die sicherste Lösung, um seinen Standort und seine Aktivitäten im Netz vor neugierigen Augen zu verbergen. Tor lässt sich als komplettes Bündel samt voreingestelltem Firefox-Browser auf https://www.torproject.org herunterladen. In diesem »Dark Net« tummeln sich zwar jede Menge Spinner und zweifelhafte Nutzer, die Anonymität für ihre amoralischen oder illegalen Zwecke ausnutzen wollen, aber das tut dem Recht jedes Verbrauchers und Bürgers keinen Abbruch, sich unerkannt online zu bewegen. Eine weitere empfehlenswerte, allerdings mit Kosten verbundene Alternative kommt von der Nürnberger JonDos GmbH, die aus dem Hochschulprojekt JAP hervorgegangen ist (http://anonym-surfen.de). Zu JonDoNym gehören zwei Dinge: ein Programm namens JonDo, um Ihre IP-Adresse zu verstecken, und wahlweise ein komplett vorkonfigurierter Firefox-Browser (JonDoBrowser).

- Kommerzielle VPN-Anbieter aus den USA oder Europa versprechen ebenfalls Schutz beim Surfen, sammeln aber immer noch Daten über Sie, die von einer Regierung eingefordert werden können – von der E-Mail-Adresse und Kreditkarte, mit der Sie den VPN-Dienst bezahlt haben, bis zu Ihren Verbindungsdaten, die über ihre Knotenpunkte fließen. Optionen sind zum Beispiel: ivpn.net in Malta oder der schwedische IPredator.se. Auch diese auf extreme Anonymität bedachten Dienste sind vor Repressalien nicht völlig sicher. IPredator etwa wurde nach eigenen Angaben unter Druck gesetzt, da Zahlungssysteme wie Visa, Mastercard und PayPal seine Buchungen nicht abrechneten beziehungsweise sein Guthaben sperrten.

- Einige Experten raten deswegen zum kombinierten Trio aus kommerziellem VPN mit Tor und Verschlüsselungswerkzeugen für alle Kommunikation und Dateien.
- Wer sich die technische Expertise aneignen will, sollte das von Sicherheitsexperten gelobte Open-Source-Betriebssystem Tails ausprobieren: Es passt auf einen USB-Stick und löscht alle Spuren, sobald eine Sitzung beendet wurde. Herunterladen kann man es hier: https://tails.boum.org

38 Vergängliche Alternativen zu E-Mail

Wie schon in Tipp 24 beschrieben, gibt es eine ganze Reihe von Diensten und Apps, die einen von Endgerät zu Endgerät verschlüsselten Kommunikationskanal herstellen. Dieses Feld ist in ständiger Bewegung. So schnell wie neue Werkzeuge vorgestellt werden, finden Sicherheitsexperten Lücken und schlagen Verbesserungen vor.

Sie können noch einen Schritt weiter gehen und Chatwerkzeuge verwenden, die Ihre Nachrichten nach der Lektüre in einem von Ihnen gewählten Zeitraum auf beiden Seiten vernichten. Eine Option ist Silent Phone der Firma Silent Circle. Entwickelt hat sie Phil Zimmermann, Vater des Verschlüsselungsprogramms PGP. Für eine monatliche Gebühr kann man sich so unbehelligt von Mobilgerät zu Mobilgerät (iOS und Android) mittels Text-, Bild-, Audio- und Videonachrichten austauschen und sicher sein, dass die Daten bei Sender und Empfänger automatisch gelöscht werden. Zweitens waren auch Profihacker noch nicht in der Lage, die Verschlüsselung von Wickr zu knacken. Damit können Sie Text-, Audio- oder Videonachrichten und Attachments verschlüsseln und an andere Nutzer der App versenden. Die Botschaften zerstören sich nach einem von Ihnen festgelegten Zeitraum und sind nicht rekonstruierbar.

39 Verzichten Sie auf Ihr Smartphone

Das Handy erleichtert uns das Leben in unzähligen Alltagssituationen, aber es ist zugleich eine allgegenwärtige und höchst verräterische Mess- und Spähsonde an Ihrer Seite. Jede neue App erhöht das Risiko, in die automatische Rasterfahndung zu geraten. Technologiefirmen tun ihr Möglichstes, um noch mehr Daten über jeden Nutzer zu sammeln.

Nicht nur Sicherheitsexperten, sondern auch Psychologen raten deswegen dazu, absichtlich altmodisch zu sein und ein herkömmliches Handy zu verwenden, etwa wenn Sie privat unterwegs sind und nicht beruflich erreichbar sein müssen. Aber Vorsicht: Auch ein alter Handyknochen wird immer noch verraten, bei welchen Funkmasten Sie vorbeikommen. Wer wirklich in Ruhe gelassen werden will, sollte das Handy ausschalten und die Batterie entfernen (was bei Apple-Geräten leider spezielles Werkzeug erfordert).

40 Verzichten Sie auf Kreditkarten und verwenden Bargeld

Die Onlinewelt lässt sich nicht von der Offlinewelt trennen. Jeder bargeldlose Zahlungsvorgang hinterlässt Spuren, die sich in das Puzzle Ihrer digitalen Identität einpassen lassen. Zu diesem Zweck gibt es zahlreiche Softwareprogramme, die auf nichts anderes abzielen, als ein dichtes Geflecht aller Bewegungen, Verbindungen und Vorlieben zu zeichnen. Kreditkarten, EC-Karten, Bonuskarten liefern mehr wertvolle Hinweise auf Ihr Leben, als Ihnen lieb ist. Dagegen hilft der Rückgriff auf Bargeld – insbesondere für all jene Transaktionen, die Aufschluss über Ihr Berufs- oder Privatleben geben oder von Behörden oder Unternehmen gegen Sie verwendet werden können. Das können Bücher und andere Literatur sein, im Falle von Krankenversicherungen oder Pharmamarketing Dinge wie Alkohol, Zigaretten und Medikamente oder Bahnfahrkarten für vertrauliche Treffen.

Verteidigungsstufe V: Ein Meister der digitalen Selbstverteidigung

41 Verkneifen Sie sich Webkameras

Auch wenn sie verführerisch preiswert und in wenigen Minuten angeschlossen sind, sollten Sie zu Webcams, insbesondere den preiswerten, klar Nein sagen. Sie stammen meist aus chinesischer Fertigung und enthalten Bauteile und Firmware unbekannter Herkunft, die sich nicht updaten lässt. Schlimmer noch, die wenigsten Nutzer machen sich die Mühe, die unsichere Werkseinstellung (Nutzername »admin«, Passwort »12345«) zu ändern. Webcams sind deswegen das beliebteste Einfallstor für Hacker, sich Zugang zu privaten Netzwerken zu verschaffen, um entweder Daten abzugreifen oder Geräte Ihres Haushaltes für ein Botnet zu verwenden. Es gibt zahlreiche Webseiten, auf denen man Kameras in aller Welt verfolgen kann, die nicht durch ein Passwort geschützt sind, etwa http://www.insecam.org/. Ihr Zuhause sollte nicht dabei sein.

Wenn es unbedingt eine Webkamera sein muss, dann bitte von einem seriösen Hersteller wie der Google-Tochter Nest, bei dem sich die fest im Gerät verbaute Firmware regelmäßig aktualisieren lässt, die Log-in-Details angepasst werden können und Sie den Zugang zum Videofeed mit Zwei-Faktor-Authentifizierung kontrollieren. Aber seien Sie sich bewusst, dass Ihr privater Videofeed über die Server eines der größten Datenhäschers läuft. Wer etwa eine Videotürklingel der (zu Amazon gehörenden) Marke Ring installiert und ihren Stream mit seinen Nachbarn teilt, trägt dazu bei, ein weltweites Überwachungsnetzwerk aufzubauen. Und denken Sie immer daran, eingebaute Kameras im Handy und im Computer abzukleben, wenn Sie keinen Videochat planen – an diese einfache Faustregel hält sich sogar Facebook-Chef Zuckerberg.

42 Verwenden Sie Einwegtelefonnummern

Früher konnte man ein Münztelefon benutzen, wenn man anonym telefonieren wollte. Heute sucht man diese Apparate vergebens. Es gibt allerdings Apps wie Burner für das iPhone und Android-Geräte. Sie müssen Burner Ihre echte Telefonnummer nennen – keinen Namen, keine E-Mail-Adresse –, und das Programm generiert eine oder mehrere Einwegnummern, die man an Fremde weitergeben kann. Solche Einwegnummern können allerdings sehr wohl von Ermittlungsbehörden zurückverfolgt werden, wenn diese beim Anbieter vorstellig werden.

43 Verwenden Sie Fingerabdruckauthentifizierung und Passwörter vom USB-Stick

Machen Sie Datendieben und Geheimdiensten das Leben schwer, indem Sie Ihren Rechner oder Ihre externe Festplatte verschlüsseln, am besten mit Ihrem Fingerabdruck. Wenn Sie in einem Land unterwegs sind, in dem Sie Spionage und Hacking vermuten, geben Sie auch auf Ihrer eigenen Tastatur besser keine Passwörter ein, da sie mit Keylogging-Software (oder anderen Methoden) erfasst werden können. Bewahren Sie Ihre Kennwörter stattdessen auf einem verschlüsselten USB-Stick auf, den Sie immer mit sich führen. Kopieren und fügen Sie diese Passwörter auf dem Rechner ein, wenn Sie sich anmelden wollen.

44 Säubern Sie Ihre Browsererweiterungen

Misten Sie regelmäßig Ihre Browsererweiterungen aus. Denn was bei Chrom oder Firefox zum Download aufgelistet ist, ist keineswegs sicher. Gerade vermeintlich harmlose Extensions zum Preisvergleich oder Sha-

ring von Artikeln erfüllen oft einen weiteren Zweck: Sie lassen Dritte jede Seite und jedes im Browser geöffnete Dokument mitlesen – ob am Arbeitsplatz oder zu Hause. Bei den Einstellungen können Sie überprüfen, welche Erweiterungen Sie im Laufe der Zeit installiert haben – im Zweifelsfall sollten sie gelöscht werden.
Die Hygiene hat einen zweiten Vorteil: Datenhäscher und Trackingfirmen können so nicht mehr die Charakteristika Ihres Browsers erfassen und in Verbindung mit Ihrem Computer, dem Betriebssystem, der Bildschirmauflösung und den installierten Erweiterungen individuelle Nutzer identifizieren.
Ihren Browserfingerabdruck können Sie hier testen: https://panopticlick.eff.org. Browsererweiterungen und Dienstprogramme wie Disconnect und Privacy Badger von der EFF sind inzwischen in der Lage, das Tracking per Gerätefingerabdruck zu verhindern: https://www.eff.org/privacybadger. Sichere Browser wie Safari und Firefox sind bereits serienmäßig mit solchen Blockern ausgestattet, die Sie in den Einstellungen aktivieren.

45 So begehen Sie Selbstmord auf Twitter

Wenn Sie Ihr Twitter-Konto säubern wollen, ohne den Account zu schließen, nutzen Sie http://twitwipe.com, das alle Einträge mit einem Schlag entfernt, aber Konto und Follower unangetastet lässt. Beachten Sie jedoch, dass dies keinen Ihrer Tweets aus Webseiten, Suchmaschinen und Datenbanken löscht, auf denen sie bereits archiviert sind. Die Wahrscheinlichkeit ist groß, dass Reste erhalten bleiben und wieder auftauchen werden, da Twitter immer mehr Firmen den Zugang zu seinem Archiv verkauft. Löschen Sie Ihr Konto direkt bei Twitter unter »Einstellungen« und »Konto deaktivieren«. Nachrichten werden nach 30 Tagen gelöscht, aber nur dann, wenn Sie sich nicht wieder einloggen. Bevor Sie diesen Schritt tun, sollten Sie unter »Einstellungen«, »Dein Account« das »Archiv anfordern«.
Eine genaue Anleitung, wie Sie Ihre Konten bei allen gängigen Social-Media-Diensten löschen, finden Sie hier: https://vanishlist.com

46 Säubern Sie Ihr YouTube-Konto

In einem ersten Schritt löschen Sie die Liste aller Videos, die Sie direkt auf YouTube und über den YouTube-Player auf anderen Seiten angesehen haben. Das geht so: Melden Sie sich mit Ihrem Google-Passwort bei http://myactivity.google.com/ an und suchen »Activity Controls« auf der

linken Seite aus. Am Ende der Liste werden Sie zwei Menüpunkte für YouTube finden: den Suchverlauf und den Wiedergabeverlauf. Hier müssen Sie erst beide Kategorien löschen und dann den Schalter umlegen, sodass künftige Suchen und Wiedergaben nicht gespeichert werden. Aber Vorsicht: Google selbst erfasst selbstverständlich genau, was Sie sehen.
Sollten Sie gegen Ihren Wunsch in einem Video auftauchen, können Sie bei YouTube Beschwerde wegen Persönlichkeitsrechtsverletzung einreichen. Die Anleitung finden Sie hier: https://support.google.com/youtube/answer/6154216?hl=de

47 Das ist nicht cool – Medienkompetenz für Ihre Kinder

Gehen Sie mit gutem Beispiel voran und sichern Sie Ihre eigenen Geräte wie iPad oder Smartphone mit einem Code. Halten Sie Ihre Kinder dazu an, dasselbe mit ihren Geräten zu tun. Passwörter und PIN-Codes sind nicht zum Teilen mit Freunden und Bekannten da!
Wenn Sie für das Gerät Ihres Nachwuchses ein Konto bei iCloud/Apple oder Android/Google einrichten, können Sie genau festlegen, ob und welche Art von App die Kinder herunterladen dürfen, ob sie ein Budget zum Einkaufen haben und wie viel Zeit sie pro Tag mit bestimmten Sorten von Anwendungen verbringen dürfen (insbesondere Spiele und Videos). Ein festes Zeitlimit oder eine Zeit zum Schlafengehen auf dem Gerät einzurichten wird Ihnen stundenlange Debatten über das leidige Thema »Screentime« ersparen. Auf jeden Fall sollten Sie eine Mobil-App wie PrivacyPro von Disconnect auf jedem Ihrer Geräte installieren, da sie Tracker blockiert, die in fast jeder App – insbesondere in Gratisspielen – versteckt sind.
Die Datenschutzbeauftragten des Bundes, der Länder und viele Initiativen bieten umfangreiches und kostenloses Material, um Eltern, Kinder und Jugendliche auf die Onlinewelt vorzubereiten. Ein guter Anfang ist der Newsletter der EU-Initiative für mehr Sicherheit im Netz (www.klicksafe.de) sowie Schau Hin! (https://www.schau-hin.info). Um den Dialog mit Ihren Kindern zu starten, empfehlen sich folgende Seiten rund um Medienkompetenz: »Gutes Aufwachsen mit Medien« (https://www.gutes-aufwachsen-mit-medien.de) und http://www.jugendschutz.net
Versuchen Sie einmal die nichtkommerzielle Suchmaschine »Blinde Kuh« für Kinder zwischen acht und zwölf Jahren, um Ihrem Nachwuchs zu zeigen, dass die Welt nicht nur aus Google und WhatsApp besteht (https://www.blinde-kuh.de).

Und fallen Sie nicht dem »Sharenting« zum Opfer, also der Manie, Fotos und andere intime Details über Ihre Kinder hochzuladen, bevor diese mitreden können.

48 Gönnen Sie sich eine Pause von der digitalen Welt

Stichwort Digital Detox. Warum verzichten Sie nicht zeitweise ganz auf ein Mobilgerät oder das Internet? Das ist die eleganteste und gesündeste Methode, Ihre Daten zu verweigern und zu verschleiern. Und Sie werden erstaunt sein, wie viel Zeit Sie plötzlich haben.
Handeln Sie mit Ihrem Partner beziehungsweise Ihrer Familie eine technikfreie und internetfreie Zone oder Tageszeit aus. Dienstprogramme für Desktops, Laptops und Mobilgeräte helfen Ihnen notfalls auf die Sprünge, indem sie vorübergehend den Netzzugang kappen.
iOS schickt Ihnen einmal die Woche eine Analyse, womit Sie Ihre Zeit verbringen. Rescue Time ist eines von mehreren Freemium-Programmen, das Ihr Onlineverhalten auswertet.

49 Bereiten Sie Ihr digitales Erbe vor

Bringen Sie Ihre Onlineaktivitäten in Ordnung. Bei einem Dienst wie SecureSafe aus der Schweiz können Sie eine Bestandsliste aller Konten und Passwörter für Ihre Erben einrichten und verwalten. Sie können einen Testamentsvollstrecker festlegen, der Ihre Anfrage akzeptieren muss, während Sie noch am Leben sind. Sobald Sie sterben, erhält er oder sie die Autorisierung, auf alle oder ausgewählte Teile Ihrer Dateien und Kontoinformationen zuzugreifen. Google bietet einen Inaktivitätsmanager, der Ihr Konto nach einer bestimmten Anzahl von Monaten auf ein Lebenszeichen überprüft und gegebenenfalls eine Vertrauensperson Ihrer Wahl automatisch benachrichtigt. Ebenso empfiehlt es sich, bei einem Passwortmanager ein Notfallkit mit dem Masterpasswort anzulegen. Das Dokument sollten Sie an einem sicheren Ort (etwa bei Ihrem Anwalt oder im Safe) hinterlegen und Ihren Erben damit eine Menge Arbeit ersparen.

50 Engagieren Sie sich!

Genug der Tipps und Tricks. Vielleicht wollen Sie sich nun für die Sache der digitalen Selbstverteidigung und den zeitgemäßen Datenschutz engagieren?
Da empfiehlt sich die Organisation NOYB, kurz für »None Of Your Business«, von Max Schrems (https://noyb.eu) und Schriften und Veranstal-

tungen der in Berlin beheimateten Stiftung Neue Verantwortung (https://www.stiftung-nv.de/de). Aktive Unterstützung verdienen Initiativen wie die Bürgerrechtsorganisation Digitale Gesellschaft, die Gesellschaft für Freiheitsrechte (GFF) sowie Epicenter.works in Österreich.

Auf Englisch gibt es unter anderem Privacy International (https://www.privacyinternational.org) und den Thinktank Data Ethics aus Kopenhagen. Die beiden Gründerinnen Pernille Tranberg und Gry Hasselbalch haben auch ein hervorragendes Buch mit dem Titel *Data Ethics* geschrieben, das bei großen wie kleinen Unternehmen wachsenden Zuspruch findet. Eine unabhängige Webseite, die sich investigativen Recherchen zum Thema verschrieben hat, ist The Intercept.

Was sich auf der anderen Seite des Atlantiks tut, können Sie auf den Seiten von drei renommierten Bürgerrechtsorganisationen verfolgen: American Civil Liberties Union, Electronic Frontier Foundation und Electronic Privacy Information Center (https://www.aclu.org/issues/privacy-technology, https://www.eff.org/issues/privacy, https://epic.org).

Lohnenswerte Dokumentarfilme zum Thema sind: »Terms and Conditions May Apply«, »Citizenfour« sowie »The Big Hack«.

Cryptopartys sind eine spannende und hilfreiche Art und Weise, digitale Selbstverteidigung auszuprobieren und mit anderen Bürgern und Verbrauchern zu diskutieren. Eine ständig aktualisierte Liste von Cryptopartys auch in Ihrer Nähe finden Sie hier: http://www.cryptoparty.in/parties. Und warum nicht mit Freunden und Bekannten selbst eine Cryptoparty organisieren? Das Handbuch der Bewegung mit vielen Tipps und Werkzeugen lässt sich unter https://www.cryptoparty.in/learn/handbook herunterladen.

DANK

Dieses Buch wäre ohne die tatkräftige Unterstützung vieler Gesprächspartner, Bekannter und Familienmitglieder nicht möglich gewesen.

Auf diesem Wege möchte ich mich bei allen für ihre Auskunftsbereitschaft, Geduld und konstruktive Kritik bedanken, um *Mich kriegt ihr nicht!* zu vollenden.

ÜBER DEN AUTOR

Steffan Heuer arbeitet als Journalist in Kalifornien. Er schreibt über Innovationen und ihre gesellschaftlichen wie ganz persönlichen Folgen. Er lebt in San Francisco, lädt ab und zu eine App auf sein iPhone – aber ist sehr glücklich, nicht auf Facebook zu sein.

LITERATUR

Zitierte und weiterführende Bücher

Aboujaoude, Elias: *Virtually You. The Dangerous Powers of the E-Personality.* New York: W. W. Norton & Company 2011.
Ackermann, Ulrike (Hg.): *Im Sog des Internets. Öffentlichkeit und Privatheit im digitalen Zeitalter.* Frankfurt/Main: Humanities Online 2013.
Andrews, Lori: *I Know Who You Are and I Saw What You Did: Social Networks and the Death of Privacy.* New York: Free Press 2012.
Angwin, Julia: *Dragnet Nation: A Quest for Privacy, Security, and Freedom in a World of Relentless Surveillance.* New York: Times Books 2014.
Banks, Richard: *The Future of Looking Back.* Cambridge (UK): Microsoft Press 2011.
Battelle, John: *Die Suche. Geschäftsleben und Kultur im Banne von Google & Co.*, Kulmbach: Börsenmedien 2006.
Bloching, Björn; Luck, Lars; Ramge, Thomas: *Data Unser. Wie Kundendaten die Wirtschaft revolutionieren.* München: Redline 2012.
Boghosian, Heidi: *Spying on Democracy. Government Surveillance, Corporate Power, and Public Resistance.* City Lights Books, San Francisco 2013.
boyd, danah: *It's Complicated. The Social Lives of Networked Teens.* Yale University Press: New Haven 2014.
Claypoole, Terence; Payton, Theresa: *Protecting Your Internet Identity. Are You Naked Online?* Lanham: Rowman & Littlefield Publishers 2012.
Craig, Terence; Ludloff, Mary: *Privacy and Big Data.* Sebastopol: O'Reilly Media 2011.
Doctorow, Cory: Little Brother. New York: Macmillan 2008.
Duhigg, Charles: The Power of Habit: Why We Do What We Do in Life and Business. New York: Random House 2012.
Fertik, Michael; Thompson, David: *Wild West 2.0: How to Protect and Restore Your Reputation on the Untamed Social Frontier.* New York: AMACOM 2010.
Frischmann, Brett; Selinger, Evan: *Re-Engineering Humanity.* Cambridge: Cambridge University Press 2018.
Gates, Kelly: *Our Biometric Future. Facial Recognition Technology and the Culture of Surveillance.* New York: NYU Press 2011.
Goodman, Marc: *Future Crimes. Everything is Connected, Everyone is Vulnerable and What We Can Do About it.* New York: Doubleday 2015.
Greenwald, Glenn: *Die globale Überwachung: Der Fall Snowden, die amerikanischen Geheimdienste und die Folgen.* München: Droemer 2014.
Hasselbach, Gry; Tranberg, Pernille: *Data Ethics – The New Competitive Advantage.* Copenhagen: 2016.
Jarvis, Jeff: *Mehr Transparenz wagen! Wie Facebook, Twitter & Co die Welt erneuern.* Aus dem Englischen von Lutz Wolff, Köln: Bastei Lübbe 2012.
Keen, Andrew: *How to Fix the Future.* New York: Atlantic Monthly Press 2018.
Keen, Andrew: *The Internet is Not the Answer.* New York: Atlantic Monthly Press 2015.
Keen, Andrew: *Digital Vertigo. How Today's Online Social Revolution Is Dividing, Diminishing, and Disorienting Us.* New York: St. Martin's Press 2012.
Keizer, Garret: *Privacy.* New York: Picador 2012.
Kelly, Kevin: *What Technology Wants.* New York: Viking 2010.
Kirkpatrick, David: *The Facebook Effect. The Inside Story of the Company That Is Connecting the World.* New York: Simon & Schuster 2010.
Lanier, Jaron: *Zehn Gründe, warum du deine Social Media Accounts sofort löschen musst.* Hoffmann und Campe Verlag: Hamburg 2018.
Lanier, Jaron: *Who Owns the Future?* New York: Simon & Schuster 2013.
Lanier, Jaron: *Gadget. Warum die Zukunft uns noch braucht.* Aus dem Englischen von Michael Bischoff, Frankfurt am Main: Suhrkamp 2010.
McNamee, Roger: *Zucked: Waking Up to the Facebook Catastrophe.* Penguin Press: New York 2019.
Martini, Mario: »Der digitale Nachlass und die Herausforderung postmortalen Persönlichkeitsschutzes im Internet«. *Juristen-Zeitung* 2012, Heft 23, S. 1037 ff.
Mayer-Schönberger, Viktor; Cukier, Kenneth: *Big Data: Die Revolution, die unser Leben verändern wird.* München: Redline 2013.
Mayer-Schönberger, Viktor: *Delete: Die Tugend des Vergessens in digitalen Zeiten.* Berlin: Berlin University Press 2010.
Morozov, Evgeny: *To Save Everything, Click Here. The Folly of Technological Solutionism.* New York: Public Affairs 2013.
Morozov, Evgeny: *The Net Delusion. The Dark Side of Internet Freedom.* New York: Public Affairs 2011.
Nissenbaum, Helen: *Privacy in Context: Technology, Policy, and the Integrity of Social Life.* Palo Alto: Stanford Law Books 2009.
Pariser, Eli: *Filter Bubble: Wie wir im Internet entmündigt werden.* Aus dem Englischen von Ursula Held, München: Hanser 2012.
Pasquale, Frank: *The Black Box Society. The Secret Algorithms that Control Money and Information.* Harvard University Press: Cambridge 2015.
Rheingold, Howard: *Net Smart: How to Thrive Online.* Cambridge (MA): The MIT Press 2012.
Romano, John; Carroll, Evan: *Your Digital Afterlife: When Facebook, Flickr and Twitter Are Your Estate, What's Your Legacy?* Berkeley: New Riders Press 2010.
Rosenbach, Marcel; Stark, Holger: *Der NSA-Komplex: Edward Snowden und der Weg in die totale Überwachung.* München: DVA 2014.
Schaar, Peter: *Das digitale Wir. Unser Weg in die transparente Gesellschaft.* Edition Körber Stiftung: Hamburg 2015.
Schneier, Bruce: *Liars and Outliers. Enabling the Trust that Society Needs to Thrive.* Hoboken: Wiley 2012.
Snowden, Edward: Permanent Record: Meine Geschichte. S. Fischer Verlag: Frankfurt 2019.
Stephenson, Neal: *Fall or, Dodge in Hell.* Harper Collins: New York 2019.
Steyer, James: *Talking Back to Facebook: A Common Sense Guide To Raising Kids in the Digital Age.* New York: Scribner 2012.
Stryker, Cole: *Hacking the Future. Privacy, Identity and Anonymity on the Web.* New York: Overlook 2012.
Turkle, Sherry: *Verloren unter 100 Freunden: Wie wir in der digitalen Welt seelisch verkümmern.* München: Riemann Verlag 2012.
Turkle, Sherry: *Reclaiming the Conversation. The Power of Talk in a Digital Age.* New York: Penguin Press 2015.
Turow, Joseph: *The Daily You: How the New Advertising Industry Is Defining Your Identity and Your Worth.* New Haven: Yale University Press 2012.
Twenge, Jean M.: *iGen. Why Today's Super-Connected Kids Are Growing Up Less Rebellious, More Tolerant, Less Happy – and Completely Unprepared for Adulthood – and What That Means for the Rest of Us.* Atria Books: New York 2017.
Webb, Amy: *The Big Nine: How the Tech Titans and Their Thinking Machines Could Warp Humanity.* Public Affairs Books: New York 2019.
Weigend, Andreas: *Data for the People. Wie wir die Macht über unsere Daten zurückerobern.* Hamburg: Murmann Verlag 2017.
Weinberger, David: *Too Big to Know. Rethinking Knowledge Now That the Facts Aren't the Facts, Experts Are Everywhere, and the Smartest Person in the Room Is the Room.* New York: Basic Books 2012.
Zuboff, Shoshana: *Das Zeitalter des Überwachungskapitalismus.* Campus Verlag: Frankfurt 2018.

Zitierte und weiterführende Studien

Anti-Defamation League: »Free to Play? Hate, Harassment, and Positive Social Experiences in Online Games«. 25.7.2019. https://www.adl.org/free-to-play

Brandeis, Louis; Warren, Samuel: »The Right to Privacy«. *Harvard Law Review.* Vol. IV, December 15, 1890, No. 5. http://faculty.uml.edu/sgallagher/Brandeisprivacy.htm

Booz Allen Hamilton: »Driving Away With Your Data. Privacy and Connected Vehicles«. White Paper 2019: https://iapp.org/media/pdf/resource_center/Privacy_and_Connected_Vehicles.pdf

Boston Consulting Group: »The Value of our Digital Identity 2012«. https://www.bcg.com/publications/2012/digital-economy-consumer-insight-value-of-our-digital-identity.aspx

Bundesbeauftragter für den Datenschutz und die Informationsfreiheit: »Kurzpapiere zum neuen Datenschutzrecht«. https://www.bfdi.bund.de/DE/Datenschutz/DatenschutzGVO/Aktuelles/Aktuelles_Artikel/DSGVO_Kurzpapiere.html

Cavoukian, Ann: »A Primer on Metadata: Separating Fact from Fiction«. Juli 2013. http://www.privacybydesign.ca/content/uploads/2013/07/Metadata.pdf

Christl, Wolfie; Spiekermann, Sarah: »Networks of Control. A Report on Corporate Surveillance, Digital Tracking, Big Data & Privacy«. October 2016. https://crackedlabs.org/dl/Christl_Spiekermann_Networks_Of_Control.pdf

Center for Long-Term Cybersecurity: »Cybersecurity Futures 2025«. Februar 2019, https://cltc.berkeley.edu/scenarios2025/

CNIL: »Smartphones and Their Apps under the Microscope«, in: *Mobilitics Season* 2, 18.2.2016: https://www.cnil.fr/en/infographics-mobilitics-season-2Columbia University: The Failure of Online Social Network Privacy Settings. Juli 2011: https://academiccommons.columbia.edu/doi/10.7916/D8NG4ZJ1

Common Sense Media: »Screens and Sleep. The New Normal: Parents, Teens, Screens and Sleep in the United States«. Mai 2019. https://www.commonsensemedia.org/sites/default/files/uploads/research/2019-new-normal-parents-teens-screens-and-sleep-united-states-report.pdf

Cornell University: »Tracking sex: The implications of widespread sexual data leakage and tracking on porn websites«. 2019. https://arxiv.org/abs/1907.06520

Cross-Tab und Microsoft Research: »Online Reputation in a Connected World«. 2010. http://go.microsoft.com/?linkid=9709510

ENISA: »Study on monetising privacy. An economic model for pricing personal information«, Februar 2012. http://www.enisa.europa.eu/activities/identity-and-trust/library/deliverables/monetising-privacy

European Commission GDPR Portal: »2018 reform of EU data protection rules«. May 2019. https://ec.europa.eu/commission/priorities/justice-and-fundamental-rights/data-protection/2018-reform-eu-data-protection-rules_en

European Commission: »Flash Eurobarometer 443 Report e-Privacy«. Juli 2016. http://ec.europa.eu/commfrontoffice/publicopinion/index.cfm/Survey/getSurveyDetail/search/privacy/surveyKy/2124

Forum Privatheit und selbstbestimmtes Leben in der Digitalen Welt: »White Paper Selbstdatenschut«. August 2014. http://www.forum-privatheit.de/forum-privatheit-de/texte/veroeffentlichungen-des-forums/themenpapiere-white-paper/Forum_Privatheit_White_Paper_Selbstdatenschutz_Web.pdf

Frik, Alisa, Haviland, Amelia, Acquisti, Alessandro: »The Impact of Ad-Blockers on Consumer Behavior: A Lab Experiment«, Draft. Mai 2019: https://weis2019.econinfosec.org/wp-content/uploads/sites/6/2019/05/WEIS_2019_paper_34.pdf

G Data: »8.400 new Android malware samples every day«. 2017. https://www.gdatasoftware.com/blog/2017/04/29712-8-400-new-android-malware-samples-every-day

Gemalto, »Data Breach Level Index - H1 2018«. Oktober 2018. https://safenet.gemalto.com/resources/data-protection/2018-h1-breach-level-index-report/

Georgetown Law Center on Privacy & Technology: »America under Watch. Face Surveillance in the United States«. Mai 2019. https://www.americaunderwatch.com

Hamburgischer Beauftragter für Datenschutz und Informationsfreiheit: Broschüre *Meine Daten kriegt ihr nicht!*. Februar 2011. http://www.datenschutz-hamburg.de/news/detail/article/meine-daten-kriegt-ihr-nicht-1.html

Hoofnagle, Chris, Urban, Jennifer; Li, Su: »Privacy and Modern Advertising: Most US Internet Users Want ›Do Not Trac‹ to Stop Collection of Data about their Online Activities«. Berkeley Consumer Privacy Survey, BCT Research Paper Series, Oktober 2012. http://papers.ssrn.com/sol3/papers.cfm?abstract_id=2152135

Hoofnagle, Chris et al.: »Behavioral Advertising: The Offer You Cannot Refuse«. (6) *Harvard Law & Policy Review*, 273 (2012). http://papers.ssrn.com/sol3/papers.cfm?abstract_id=2137601

Medienpädagogischer Forschungsverbund Südwest: JIM-Studie 2010. https://www.mpfs.de/fileadmin/files/Studien/JIM/2018/Studie/JIM_2018_Gesamt.pdf

Liberty Global Policy Series & Boston Consulting Group: »The Value of our Digital Identity«, November 2012. http://www.lgi.com/PDF/public-policy/The-Value-of-Our-Digital-Identity.pdf

Narayanan, Arvind, Shmatikov, Vitaly: De-anonymizing Social Networks, 2009: Randomwalker.info: http://randomwalker.info/social-networks/index.html

New York Times: The Privacy Project, gestartet im April 2019: https://www.nytimes.com/series/new-york-times-privacy-project

Öhman, Carl; Watson, David: »Are the dead taking over Facebook? A Big Data approach to the future of death online«, Big Data & Society, January – June 2019: 1-13. https://journals.sagepub.com/doi/10.1177/2053951719842540

OECD: »Exploring the Economics of Personal Data«, April 2013. https://www.oecd-ilibrary.org/science-and-technology/exploring-the-economics-of-personal-data_5k486qtxldmq-en

Ponemon Institute: »2018 Cost of a Data Breach Study. Global Overview«. Juli 2018. https://www.ibm.com/security/data-breach

Pujol, Josep et al.: »Tracking the Trackers«. April 2016: ACM 978-1-4503-4143-1/16/04. http://dx.doi.org/10.1145/2872427.2883028

Ranking Digital Rights.: »2019 RDR Corporate Accountability Index«. Mai 2019. https://rankingdigitalrights.org/index2019/

Raynes-Goldie, K.: »Privacy in the Age of Facebook: Discourse, Architecture, Consequences«. PhD. Curtin University, Perth/Australien, 2012. http://www.k4t3.org/wp-content/uploads/2012/09/privacy_in_the_age_of_facebook_raynes-goldie.pdf

Statista: »Anteil der Unternehmen, die aus folgenden Gründen Social Media nutzen«, in Deutschland im Jahr 2017. https://de.statista.com/statistik/daten/studie/799465/umfrage/gruende-der-nutzung-von-social-media-in-unternehmen-in-deutschland/

The World Economic Forum: »Personal Data: The Emergence of a New Asset Class«. January 2011. http://www.weforum.org/reports/personal-data-emergence-new-asset-class

Urban, Jennifer M.; Hoofnagle, Chris; Li, Su: »Mobile Phones and Privacy. Berkeley Consumer Privacy Survey«, *BCLT Research Paper Series*, Juli 2012. http://papers.ssrn.com/sol3/papers.cfm?abstract_id=2103405

Wall Street Journal: »What They Know: The Business of Tracking You on the Internet«. http://europe.wsj.com/public/page/what-they-know-digital-privacy.html

Wang, Yang et al.: Carnegie Mellon University: »I regretted the Minute I Pressed Share«. A Qualitative Study of Regrets at Facebook, 2011. http://cups.cs.cmu.edu/blog/?p=312 und http://cups.cs.cmu.edu/soups/2011/proceedings/a10_Wang.pdf

ANMERKUNGEN

1 Edward Snowden: »I Wrote a Book«, Videopost, in: *Twitter*, 1.8.2019: https://twitter.com/Snowden/status/1156916530527035393 sowie Snowden (2019). Alle Buchhinweise, die hier in Kurzform zitiert sind, finden Sie mit ausführlicher bibliographischer Angabe im Literaturverzeichnis.
2 Lewis Brandeis und Samuel Warren: »The Right to Privacy«, in: *Harvard Law Review* Vol. IV, No. 5,, 15.12.1890: https://www.jstor.org/stable/1321160?seq=1#metadata_info_tab_contents
3 Nissenbaum (2009).
4 Allgemeine Erklärung der Menschenrechte der Vereinten Nationen, Artikel 12. https://www.un.org/depts/german/menschenrechte/aemr.pdf
5 Ron Nixon: »U. S. Postal Service Logging All Mail for Law Enforcement«, in: *New York Times*, 3.7.2013: http://www.nytimes.com/2013/07/04/us/monitoring-of-snail-mail.html
6 Don Tapscott im Interview mit dem Autor, 2011.
7 Mathias Klang im Interview mit dem Autor, 2012.
8 David Weinberger im Interview mit dem Autor, 2012.
9 Jay Stanley im Interview mit dem Autor, 2012.
10 Lauren Indvik: »Social Media Fuels Low Self-Esteem, Anxiety«, in: *Mashable*, 8.7.2012: https://mashable.com/2012/07/08/social-media-anxiety-study/
11 Mayer-Schönberger (2010), S. 108.
12 The World Economic Forum 2011, S. 5: http://www.weforum.org/reports/personal-data-emergence-new-asset-class
13 Natasha Singer: »Consumer Data, but Not for Consumers«, in: *New York Times*, 22.7.2012: https://www.nytimes.com/2012/07/22/business/acxiom-consumer-data-often-unavailable-to-consumers.html
14 Zitiert nach Kirkpatrick (2010), S. 199 Vgl. auch Kim-Mai Cutler: »Why Mark Zuckerberg needs to come clean about his views on privacy«, in: *Venture Beat*, 13.5.2010: http://venturebeat.com/2010/05/13/zuckerberg-privacy/
15 Polly Sprenger: »Sun on Privacy: ›Get Over It‹«, in: *Wired*, 26.1.1999: http://www.wired.com/politics/law/news/1999/01/17538
16 Nick Statt: »Facebook CEO Mark Zuckerberg says the ›future is private‹«, in: *The Verge*, 30.4.2019: https://www.theverge.com/2019/4/30/18524188/facebook-f8-keynote-mark-zuckerberg-privacy-future-2019
17 Daisuke Wakabayashi, Brian X. Chen: »Google Says It Has Found Religion on Privacy«, in: *New York Times*, 7.5.2019: https://www.nytimes.com/2019/05/07/technology/google-privacy-tools.html
18 Brad Stone: »Fath+er of the Web Confronts His Creation in the Era of Fake News«, in: *Bloomberg*, 13.11.2017: https://www.bloomberg.com/news/articles/2017-11-13/father-of-the-web-confronts-his-creation-in-the-era-of-fake-news
19 Zuboff (2018), S. 7.
20 European Commission: »Flash Eurobarometer 443, Dezember 2016: e-Privacy.« https://ec.europa.eu/COMMFrontOffice/publicopinion/index.cfm/ResultDoc/download/DocumentKy/76378
21 FleishmanHillard: »Online-Dienste und PRISM: Vertrauensvorteil für deutsche Anbieter bleibt ungenutzt«, in: FleishmanHillard, 2.8.2013: https://fleishmanhillard.de/2013/08/online-dienste-und-prism-vertrauensvorteil-fur-deutsche-anbieter-bleibt-ungenutzt/
22 Deutsches Institut für Vertrauen und Sicherheit im Internet (DIVSI): »Daten – Ware und Währung«, in: *DIVSI*, 17.11.2014: https://www.divsi.de/daten-ware-und-waehrung-so-denken-die-deutschen-internetnutzer/
23 A.W. Geiger: »How Americans have viewed government surveillance and privacy since Snowden leaks«, in: Pew Research Center, 4.6.2018: https://www.pewresearch.org/fact-tank/2018/06/04/how-americans-have-viewed-government-surveillance-and-privacy-since-snowden-leaks/
24 Darrell M. West: »Brookings survey finds three-quarters of online users rarely read business terms of service«, in: Brookings Institution, 21.5.2019: https://www.brookings.edu/blog/techtank/2019/05/21/brookings-survey-finds-three-quarters-of-online-users-rarely-read-business-terms-of-service/
25 Mary Madden: »Public Perception of Privacy and Security in the Post-Snowden Era«, in: Pew Research Center, 12.11.2014: http://www.pewinternet.org/2014/11/12/public-privacy-perceptions/
26 Mike Flacy: Poll: »Over 50 percent of users are worried about Facebook Timeline«, in: *Digital Trends*, 27.1.2012: http://www.digitaltrends.com/social-media/poll-over-50-percent-of-users-are-worried-about-facebook-timeline/
27 Shannon Liao: »New survey finds Americans' trust in Facebook continues to decline«, in: *The Verge*, 26.3.2018: https://www.theverge.com/2018/3/26/17163818/facebook-american-user-trust-data-survey
28 Centre For International Governance Innovation & IPSOS: »2018 CIGI-Ipsos Global Survey on Internet Security and Trust«. www.cigionline.org/internet-survey-2018. Sowie Clay Michael Gillespie: »More Than 700 Million Internet Users Avoiding NSA Surveillance According to New Survey«, in: Hacked.com, 16.12.2014: https://hacked.com/700-million-internet-users-avoiding-nsa-surveillance-according-new-survey/
29 Rani Mollo: »People say they care about privacy but they continue to buy devices that can spy on them«, in *Vox.com*, 31.5.2019: https://www.vox.com/recode/2019/5/13/18547235/trust-smart-devices-privacy-security
30 Ernst & Young: »Deutsche Unternehmen fürchten Cyber-Attacken aus China und den USA«, in: *Marketing-Boerse.de*, 7.8.2013: https://www.marketing-boerse.de/news/details/1332-Deutsche-Unternehmen-fuerchten-Cyber-Attacken-aus-China-und-den-USA/43639
31 CSA Survey Results: »Government Access to Information«, Juli 2013. https://cloudsecurityalliance.org/artifacts/government-access-to-information-survey-results/
32 Robyn Greene, Danielle Kehl, Robert Morgus, Kevin Bankston: »Surveillance Costs: The NSA's Impact on the Economy, Internet Freedom & Cybersecurity«, in: *New America*, 29.7.2014: https://www.newamerica.org/oti/policy-papers/surveillance-costs-the-nsas-impact-on-the-economy-internet-freedom-cybersecurity/
33 European Data Protection Supervisor: »BEUC: A Comprehensive Approach on Personal Data Protection in the European Union«, Januar 2011. https://edps.europa.eu/sites/edp/files/publication/11-01-14_personal_data_protection_en.pdf
34 Aleecia M. McDonald, Lorrie Faith Cranor: »The Cost of Reading Privacy Policies«, in: *I/S: A Journal of Law and Policy for the Information Society 2008 Privacy Year* in *Review Issue*: http://lorrie.cranor.org/pubs/readingPolicyCost-authorDraft.pdf
35 Charlie Warzel, Ash Ngu: »Google's 4,000-Word Privacy Policy Is a Secret History of the Internet«, in: *New York Times*, 10.7.2019: https://www.nytimes.com/interactive/2019/07/10/opinion/google-privacy-policy.html
36 Battelle (2006).
37 Woodrow Hartzog, Evan Selinger: »Why You Can No Longer Get Lost in the Crowd«, in: *New York Times*, 17.4.2019: https://www.nytimes.com/2019/04/17/opinion/data-privacy.html
38 Google: »Transparenzbericht«. https://transparencyreport.google.com/eu-privacy/overview
39 Christiane Schulzki-Haddouti im Gespräch mit Thilo Weichert: »Facebooks Geschäftsmodell ist illegal«, in: *Futurezone.at*, 3. 8.2012: https://futurezone.at/netzpolitik/facebooks-geschaeftsmodell-ist-illegal/24.583.706
40 Brian Donohue: »Twenty Something Asks Facebook For His File And Gets It – All 1,200 Pages«, in: *Threatpost*, 13. 12.2011: https://threatpost.com/twenty-something-asks-facebook-his-file-and-gets-it-all-1200-pages-121311/75994/
41 Zu den Projekten von NOYB: https://noyb.eu/projekte/?lang=de
42 Hasan Elahi: »FBI, here I am!«, in: *Ted.com*, Juli 2011: http://www.ted.com/talks/hasan_elahi.html
43 Website von Hasan Elahi: elahi.gmu.edu
44 Hintergrundinformationen und Angaben zu Veranstaltungen weltweit auf der Webseite: http://www.cryptoparty.in
45 Megan E. Gray: »Google Will Pay $22.5 Million to Settle FTC Charges it Misrepresented Privacy Assurances to Users of Apple's Safari Internet Browser«, in: Federal Trade Commission, 9.8.2012: http://www.ftc.gov/opa/2012/08/google.shtm

46 Matthew Newman: »Kommission schlägt umfassende Reform des Datenschutzrechts vor, um Nutzern mehr Kontrolle über ihre Daten zu geben und die Kosten für Unternehmen zu verringern«, in: European Commission, 25.1.2012, http://europa.eu/rapid/press-release_IP-12-46_de.htm

47 Urteil des Europäischen Gerichtshofs, 13.5.2014: http://curia.europa.eu/juris/document/document.jsf?docid=152065&doclang=de

48 Weigend (2017).

49 Doctorow (2008).

50 Thilo Weichert im Interview mit dem Autor, 2013.

51 Blue_beetle, in: MetaFilter Community Weblog: http://www.metafilter.com/user/15556

52 Jasmine Enberg: »What's Shaping The Digital Ad-Market«, in: *eMarketer: Digital Ad Spending 2019 Global*, 28.3.2019: https://www.emarketer.com/content/global-digital-ad-spending-2019

53 Alex Wilhelm: »At a market cap of ~$ 950 million, the New York Times is ›worth‹ less than Instagram«, in: *TNW*, 9.4.2012: http://thenextweb.com/insider/2012/04/09/at-a-market-cap-of-950-million-the-new-york-times-is-worth-less-than-instagram/

54 Jeff Roberts: »Lawsuit Says Hacked Address Book Contacts Worth 60 Cents To $ 3 Each«, in: *Paid-Content.org*, 16.3.2012: http://paidcontent.org/article/419-lawsuit-says-hacked-address-book-contacts-worth-60-cents-to-3-each/

55 Frederic Filloux: »The ARPUs of the Big Four Dwarf Everybody Else«, in: *Monday Note*, 10.2.2019: https://mondaynote.com/the-arpus-of-the-big-four-dwarf-everybody-else-e5b02a579ed3

56 Statista Research Department: »Value per active user of selected social networks as of February 2014, based on market cap or acquisition price (in U.S. dollars)«, in: *Statista.com*, 20.2.2014: https://www.statista.com/statistics/289505/social-networks-value-per-active-user/

57 Rob May: »What Social Data Is Worth (And Why You Should Back It Up)«, in: *Backupify Blog*, 5.4.2012: http://web.archive.org/web/20120408050021/http://blog.backupify.com/2012/04/05/what-is-social-data-worth/

58 Organisation for Economic Co-operation and Development (OECD): »Exploring the Economics of Personal Data«, in: *OECD-Library*, 2.4.2013: https://www.oecd-ilibrary.org/science-and-technology/exploring-the-economics-of-personal-data_5k486qtxldmq-en

59 Jeffrey Dastin: »Amazon offers $10 to Prime Day shoppers who hand over their data«, in: *Reuters*, 16.7.2019: https://www.reuters.com/article/us-amazon-com-prime-day/amazon-offers-10-to-prime-day-shoppers-who-hand-over-their-data-idUSKCN1UB164

60 Nick Bilton: »Disruptions: Facebook Users Ask, ›Where's Our Cut?‹«, in: *New York Times*, 5.2.2012: http://bits.blogs.nytimes.com/2012/02/05/disruptions-facebook-users-ask-wheres-our-cut/

61 Keen (2015), S. 113.

62 John Rose, Olaf Rehse, Björn Röber: »The Value of our Digital Identity«, in: Boston Consulting Group, 20.11.2012. https://www.bcg.com/publications/2012/digital-economy-consumer-insight-value-of-our-digital-identity.aspx

63 Nicola Jentzsch et al.: »Study on monetising privacy. An economic model for pricing personal information«, in: *ENISA*, 28.2.2012: http://www.enisa.europa.eu/activities/identity-and-trust/library/deliverables/monetising-privacy

64 Ebd.

65 Arvind Narayanan, Vitaly Shmatikov: »De-anonymizing Social Networks«, in: *Randomwalker.info*, 8.5.2009: http://randomwalker.info/social-networks/index.html

66 Christopher Soghoian im Interview mit dem Autor, 2012.

67 Nicola Jentzsch et al.: »Study on monetising privacy. An economic model for pricing personal information«, in: *ENISA*, 28.2.2012: http://www.enisa.europa.eu/activities/identity-and-trust/library/deliverables/monetising-privacy

68 Janice Y. Tsai, Alessandro Acquisti et al.: »The Effect of Online Privacy Information on Purchasing Behavior: An Experimental Study«, in: *PubsOnLine*, 19.02.2010: http://isr.journal.informs.org/content/22/2/254.abstract

69 Der Grundrechtekatalog wurde 2012 von Shane Green auf dem Kongress SXSW verteilt. Seit der Fusion von Personal.com und Digi.me ist er online nicht mehr auffindbar.

70 Alessandro Acquisti im Interview mit dem Autor, 2012.

71 Ebd.

72 Higinio Maycotte im Interview mit dem Autor, 2012.

73 Interview mit dem Autor, 2012. Wie bei allen sensiblen Fallbeispielen im Buch ist der Klarname der Betroffenen durch einen fiktiven Vornamen ersetzt, um deren Privatsphäre zu schützen.

74 Matt Stopera: »The 10 Worst Gilbert Gottfried Tsunami Jokes«, in: *Buzzfeed*, 14.3.2011: https://www.buzzfeed.com/mjs538/the-10-worst-gilbert-gottfried-tsunami-jokes

75 Ed Pilkington: »Justine Sacco, PR executive, fired over racist tweet, ›ashamed‹, in: *Guardian*, 22.12.2013: https://www.theguardian.com/world/2013/dec/22/pr-exec-fired-racist-tweet-aids-africa-apology

76 Interview mit dem Autor, 2012.

77 DPA-Meldung: »Arbeitgeber müssen Arbeitszeiten systematisch erfassen«, in: *Spiegel Online*, 14.5.2019: https://www.spiegel.de/karriere/europaeischer-gerichtshof-arbeitgeber-muessen-arbeitszeit-erfassen-a-1267313.html

78 Cross-Tab und Microsoft Research: »Online Reputation in a Connected World«, in: *Go Microsoft*, Januar 2010: http://go.microsoft.com/?linkid=9709510

79 The Local/og: Swedish recruiters check jobseekers on the net, in: The Local, 13.2.2012: http://www.thelocal.se/39080/20120213/

80 Anita Klingler: »Jeder zweite Personaler informiert sich online über Bewerber«, in: *Znet*, 18.10.2011: http://www.zdnet.de/41557322/bitkom-jeder-zweite-personaler-informiert-sich-online-ueber-bewerber/

81 Cross-Tab und Microsoft Research: »Online Reputation in a Connected World«, in: *Go Microsoft*, Januar 2010: http://go.microsoft.com/?linkid=9709510

82 Eric Niller: »Facebook can serve as personality test«, in: *ABC News*, 13.11.2011: https://abcnews.go.com/Technology/facebook-serve-personality-test/story?id=13592118

83 Joe King: »Facebook beats personality tests for predicting job success, NIU management professor finds«, in: *NIU*, Pressemeldung 20.2.2012: http://www.niutoday.info/2012/02/20/facebook-beats-personality-tests-for-predicting-job-success-niu-management-professor-finds/

84 Alexandre Zagame: »Where Candidates are on Social Media«, in: *Recruiting Brief*, 30.11.2018: http://www.recruitingbrief.com/2018/social-media/?open-article-id=9322066&article-title=where-candidates-are-on-social-media

85 L. Rabe: »Anteil der Unternehmen, die aus folgenden Gründen Social Media nutzen, in Deutschland im Jahr 2017«, in: *Statista.de*, 11.12.2018: https://de.statista.com/statistik/daten/studie/799465/umfrage/gruende-der-nutzung-von-social-media-in-unternehmen-in-deutschland/

86 Dante D'Orazio: »DataSift and Twitter now selling access to two years' worth of old tweets«, in: *The Verge*, 28.2.2012: http://www.theverge.com/2012/2/28/2830741/datasift-twitter-historical-tweets

87 Steffan Heuer: »Finden und binden 2.0«, in: *Brand eins wissen*, Consulting Mai-Juli 2017: https://www.brandeins.de/magazine/brand-eins-thema/consulting-2017-mensch-mensch-mensch/finden-und-binden-2-0

88 Steve Johnson: »Those Facebook posts could cost you a job«, in: *The Mercury News*, 16.1.2012: https://www.mercurynews.com/2012/01/16/those-facebook-posts-could-cost-you-a-job/

89 Pasquale (2015).

90 Benedict Evans: »The End of Mobile«, in: *ben-evans.com*, 28.5.2019: https://www.ben-evans.com/benedictevans/2019/5/28/the-end-of-mobile

91 Lizzy Gurdus: »Only Google and Facebook rival Foursquare in terms of data precision, Foursquare CEO says«, in: *CNBC*, 2.11.2018: https://www.cnbc.com/2018/11/02/foursquare-ceo-only-google-and-facebook-rival-us-on-data-precision.html

92 Paul G. Allen School of Computer Science and Engineering: »ADINT: Using Targeted Advertising for Personal Surveillance«: https://adint.cs.washington.edu

93 Jacob Aron: »What your online friends reveal about where you are«, in: *New Scientist*, 25.1.2012: https://www.newscientist.com/article/mg21328495-500-what-your-online-friends-reveal-about-where-you-are/

94 Claire Cain Miller: »Apps That Know What You Want, Before You Do«, in: *New York Times*, 30.7.2013: http://www.nytimes.com/2013/07/30/technology/apps-that-know-what-you-want-before-you-do.html
95 Nick Bilton: »Disruptions so many Apologies, So Much Data Mining«, in: *New York Times Bits Blog*, 12.2.2012. http://bits.blogs.nytimes.com/2012/02/12/disruptions-so-many-apologies-so-much-data-mining/
96 Brian X. Chen, Nick Bilton: »Et Tu, Google? Android Apps Can Also Secretly Copy Photos«, in: *New York Times Bits* Blog, 1.3.2012: https://bits.blogs.nytimes.com/2012/03/01/android-photos/
97 Jacqui Cheng: »Your iPhone calendar isn't private — at least if you use the LinkedIn app«, in: *Ars Technica*, 6.6.2012: https://arstechnica.com/gadgets/2012/06/your-iphone-calendar-isnt-privateat-least-if-you-use-the-linkedin-app/
98 Geoffrey A. Fowler: »It's the middle of the night. Do you know who your iPhone is talking to?«, in: *Washington Post*, 28.5.2019: https://www.washingtonpost.com/technology/2019/05/28/its-middle-night-do-you-know-who-your-iphone-is-talking
99 Sam Schechner and Mark Secada: »You Give Apps Sensitive Personal Information. Then They Tell Facebook«, in: *Wall Street Journal*, 22.2.2019: https://www.wsj.com/articles/you-give-apps-sensitive-personal-information-then-they-tell-facebook-11550851636
100 CNIL: »Smartphones and Their Apps under the Microscope«, in: *Mobilitics Season* 2, 18.2.2016: https://www.cnil.fr/en/infographics-mobilitics-season-2
101Drew Guarini: »Google Knows The WiFi Passwords Of Every Android User: Report«, in: *Huffington Post*, 17.9.2013: https://www.huffpost.com/entry/google-wifi-passwords-android_n_3936809
102 Gary Dinges: Lawsuit: »Mobile apps accessing users' address books«, in: *Austin Statesman*, 1.9.2011, aktualisiert 27.9.2018: https://www.statesman.com/article/20120901/BUSINESS/309005003
103 Kashmir Hill: »How Facebook Figures Out Everyone You've Ever Met«, in: *Gizmodo*, 7.11.2017: https://gizmodo.com/how-facebook-figures-out-everyone-youve-ever-met-1819822691
104 Yves-Alexandre de Montjoye, César A. Hidalgo, Michael Verleysen & Vincent D. Blondel: »Unique in the Crowd: The privacy bounds of human mobility«, in: *Nature Scientific Reports* 3, Article number: 1376. https://www.nature.com/articles/srep01376
105 G Data Blog: »8.400 new Android malware samples every day«, in: *G Data Blog*, 27.4.2017: https://www.gdatasoftware.com/blog/2017/04/29712-8-400-new-android-malware-samples-every-day
106 Joel Reardon et al.: »50 Ways to Leak Your Data: An Exploration of Apps' Circumvention of the Android Permissions System. The 28th USENIX Security Symposium (USENIX Security 2019)«, in: IMDEA Networks Institute Publications Repository, E-Prints, 14-16.8.2019: https://eprints.networks.imdea.org/2009/
107 Interview mit dem Autor, 2012.
108 Sophie Schilaci: »Tourists Arrested at LAX Over Bad-Taste Tweets About Marilyn Monroe«, in: *Hollywood Reporter*, 30.1.2012: https://www.hollywoodreporter.com/news/la-tourists-arrested-digging-marilyn-monroes-grave-destroy-america-285955
109 Faiza Patel, Rachel Levinson-Waldman, Sophia DenUyl, Raya Koreh: »Social Media Monitoring«, in: Brennan Center, 22.5.2019: https://www.brennancenter.org/publication/social-media-monitoring
110 Jack Corrigan: »Sens. Ron Wyden and Rand Paul introduced a bill that would curb law enforcement's extensive authority over personal data at the border«, in: *Nextgov.com*, 23.5.2019: https://www.nextgov.com/cybersecurity/2019/05/lawmakers-want-ban-warrantless-device-searches-border/157235/
111 Liz Tribelli et al.: »Driving Away With Your Data. Privacy and Connected Vehicles«, in: Booz Allen Hamilton, White Paper 2019:https://iapp.org/media/pdf/resource_center/Privacy_and_Connected_Vehicles.pdf
112 Interview mit dem Autor, 2013.
113 Google Formular: »Antrag auf Entfernen von Suchergebnissen nach europäischem Datenschutzrecht.« https://support.google.com/legal/contact/lr_eudpa?product=websearch&hl=de
114 Google: »Transparenzbericht.« https://transparencyreport.google.com/eu-privacy/overview
115 Mozilla Internet Health Report 2019: »Ein Einblick in Deutschlands Kampf gegen Hassrede«, in: *Internet Health Report* April 2019: https://internethealthreport.org/2019/ein-einblick-in-deutschlands-kampf-gegen-hassrede/?lang=de
116 Mathias Klang im Interview mit dem Autor, 2011.
117 Ebd.
118 Google Richtlinien zum Löschen von Inhalten: https://support.google.com/websearch/answer/2744324
119Fabian Reinbold: »Die Facebook-Müllabfuhr«, in: *Spiegel Online*, 11.7.2017: https://www.spiegel.de/netzwelt/netzpolitik/facebook-ein-besuch-beim-arvato-loeschzentrum-in-berlin-a-1157112.html
120 Casey Newton: »Bodies in Seats«, in: *The Verge*, 19.6.2019: https://www.theverge.com/2019/6/19/18681845/facebook-moderator-interviews-video-trauma-ptsd-cognizant-tampa
121 Kelvin Chan: »Tech companies scramble to remove New Zealand shooting video«, in: *Associated Press*, 15.3.2019: https://apnews.com/bcf83a4990bb4904a6addc7ded329075
122 Paw Hellegaard im Interview mit dem Autor, 2012.
123 Robert Beens im Interview mit dem Autor, 2013.
124 Ebd.
125 Interview mit dem Autor, 2012.
126 Ebd.
127 Kyle Marchini, Al Pascual: »2019 Identity Fraud Study: Fraudsters Seek New Targets and Victims Bear the Brunt«, in: *Javelin Strategy*, 6.3.2019: https://www.javelinstrategy.com/coverage-area/2019-identity-fraud-report-fraudsters-seek-new-targets-and-victims-bear-brunt
128 Gemalto Breach Level Index 2018: https://breachlevelindex.com
129 Ponemon Institute (2018).
130 Emöke-Agnes Horvát et al: »One Plus One Makes Three (for Social Networks)«, in: US National Library of Medicine, National Institutes of Health, 6.4.2012: https://www.ncbi.nlm.nih.gov/pmc/articles/PMC3321038/
131 Alexis C. Madrigal: »The Unsocial Network: Privacy Is Staging a Comeback on Facebook«, in: *The Atlantic.com*, 28.3.2012: https://www.theatlantic.com/technology/archive/2012/03/the-unsocial-network-privacy-is-staging-a-comeback-on-facebook/255169/
132 Todd Haselton, Megan Graham: »Google uses Gmail to track a history of things you buy — and it's hard to delete«, in: *CNBC*, 17.5.2019: https://www.cnbc.com/2019/05/17/google-gmail-tracks-purchase-history-how-to-delete-it.html, sowie Joel Winston: »Google keeps an eye on what you buy, and it's not alone«, in: *Fast Company*, 6.8.2019: https://www.fastcompany.com/90349518/google-keeps-an-eye-on-what-you-buy-and-its-not-alone
133 Glenn Greenwald: »Edward Snowden: NSA whistleblower answers reader questions«, in: *The Guardian*, 17.6.2013: http://www.theguardian.com/world/2013/jun/17/edward-snowden-nsa-files-whistleblower
134 Lorenzo Franceschi-Bicchierai: »How Hackers Broke Into John Podesta and Colin Powell's Gmail Accounts«, in: *Motherboard*, 20.10.2016: https://www.vice.com/en_us/article/mg7xjb/how-hackers-broke-into-john-podesta-and-colin-powells-gmail-accounts
135 Kelly Sheridan: »With GDPR's »Right of Access«, Who Really Has Access?«, in: *Darkreading*, 19.6.2019: https://www.darkreading.com/endpoint/with-gdprs-right-of-access-who-really-has-access/d/d-id/1335013
136 Wolfie Christl: »Corporate Surveillance in Everyday Life. How Companies Collect, Combine, Analyze, Trade, and Use Personal Data on Billions«, in: *Cracked Labs*, Juni 2017. http://crackedlabs.org/dl/CrackedLabs_Christl_CorporateSurveillance.pdf
137 Sam Altman im Interview mit dem Autor, 2012.
138 Scott Brinker: »Marketing Technology Landscape Supergraphic«, in: *Chiefmartec.com*, 4.4.2019: https://chiefmartec.com/2019/04/marketing-technology-landscape-supergraphic-2019/
139 Geoffrey A. Fowler: »Goodbye, Chrome: Google's Web browser has become spy software«, in: *Washington Post*, 21.6.2019: https://www.washingtonpost.com/technology/2019/06/21/google-chrome-has-become-surveillance-software-its-time-switch
140 Chris Jay Hoofnagle, Jennifer M. Urban, Su Li: »Mobile Payments: Consumer Benefits & New Privacy Concerns«, in: University of California, Berkeley, 24.4.2012: https://papers.ssrn.com/sol3/papers.cfm?abstract_id=2045580

141 Quan Chen, Alexandros Kapravelos: »Mystique: Uncovering Information Leakage from Browser Extensions«, in: *CCS* 18.10.2018: https://kapravelos.com/publications/mystique-CCS18.pdf, sowie Sam Jadali: »DataSpii Report: The catastrophic data leak via browser extensions«, in: *Security With Sam*, 18.7.2019: https://securitywithsam.com/2019/07/dataspii-leak-via-browser-extensions/
142 Brian Kennish: »Tracking the Trackers: How Our Browsing History Is Leaking into the Cloud«, in: Vortrag auf DEFCON, 19.08.2011: http://www.youtube.com/watch?v=BK_E3Bjpe0E
143 Pujol (2016).
144 Imane Fouad, Nataliia Bielova, Arnaud Legout, Natasa Sarafijanovic-Djukic: »Tracking the Pixels: Detecting Unknown Web Trackers via Analysing Invisible Pixels«, in: *Sciendo*, 11.6.2019: https://arxiv.org/pdf/1812.01514.pdf
145 Łukasz Olejnik, Claude Castelluccia, Artur Janc: »Why Johnny Can't Browse in Peace: On the Uniqueness of Web Browsing Patterns«, in: *INRIA* 2012. https://www.petsymposium.org/2012/papers/hotpets12-4-johnny.pdf
146 Josh Constine: »Facebook taps GPS, Square to track your in-store visits and purchases«, in: *Techcrunch*, 14.6.2016: https://techcrunch.com/2016/06/14/facebook-knows/
147 Michael Kwet: »In Stores, Secret Surveillance Tracks Your Every Move«, in: *New York Times*, 14.6.2019: https://www.nytimes.com/interactive/2019/06/14/opinion/bluetooth-wireless-tracking-privacy.html
148 Chris Jay Hoofnagle, Ashkan Soltani, Nathan Good, Dietrich James Wambach, Mika Ayenson: »Behavioral Advertising: The Offer You Cannot Refuse«, in: *6 Harvard Law & Policy Review* 273 (2012), 28.08.2012. UC Berkeley Public Law Research Paper No. 2137601: http://papers.ssrn.com/sol3/papers.cfm?abstract_id=2137601
149 Steven Englehardt: »No boundaries: Exfiltration of personal data by session-replay scripts«, in: *Freedom to Tinker*, 15.11.2017: https://freedom-to-tinker.com/2017/11/15/no-boundaries-exfiltration-of-personal-data-by-session-replay-scripts/
150 Megan Geuss: »Over 300 businesses now whitelisted on AdBlock Plus, 10% pay to play«, in: *Ars Technica*, 3.2.2015: https://arstechnica.com/information-technology/2015/02/over-300-businesses-now-whitelisted-on-adblock-plus-10-pay-to-play/
151 Alisa Frik, Amelia Haviland, Alessandro Acquisti: »The Impact of Ad-Blockers on Consumer Behavior: A Lab Experiment, Draft«, in: *Sciendo*, Mai 2019: https://weis2019.econinfosec.org/wp-content/uploads/sites/6/2019/05/WEIS_2019_paper_34.pdf
152 Future of Privacy Forum. All About Do Not Track: https://allaboutdnt.com
153 Kashmir Hill: »Apple Is Removing ›Do Not Track‹ From Safari«, in: *Gizmodo.com*, 6.2.2019: https://gizmodo.com/apple-is-removing-do-not-track-from-safari-1832400768
154 Turow (2012).
155 Wolfie Christl: »Microtargeting. Persönliche Daten als politische Währung«, in: *Politik und Zeitgeschichte* (APUZ 24-26/2019), 7.6.2019: http://www.bpb.de/apuz/292349/microtargeting-persoenliche-daten-als-politische-waehrung
156 Maya Kosoff: »You're more likely to accept Uber's surge pricing when your phone's about to die«, in: *Vanity Fair*, 20.5.2016: https://www.vanityfair.com/news/2016/05/uber-surge-pricing-low-phone-battery
157 Stephan Engberg im Interview mit dem Autor, 2012.
158 Tom Hirche, Valie Djordjevic: Betreiber, Störer, Nutzer: »Wer haftet bei der WLAN-Nutzung?«, in: *iRIGHTS info*, 21.6.2019: https://irights.info/artikel/betreiber-stoerer-nutzer-wer-haftet-bei-der-wlan-nutzung/29525
159 Duhigg (2012).
160 Ebd., siehe auch die Webseite zum Buch: http://charlesduhigg.com/the-power-of-habit/
161 Charles Duhigg: »How companies Learn Your Secrets«, in: *New York Times*, 16.2.2012: https://www.nytimes.com/2012/02/19/magazine/shopping-habits.html
162 Megan Garber: »Yep, Google Just Patented Background Noise«, in: *The Atlantic*, 22.3.2012: https://www.theatlantic.com/technology/archive/2012/03/yep-google-just-patented-background-noise/254885/
163 Matt Day: »Amazon Is Working on a Device That Can Read Human Emotions«, in: *Bloomberg*, 23.5.2019: https://www.bloomberg.com/news/articles/2019-05-23/amazon-is-working-on-a-wearable-device-that-reads-human-emotions
164 Emiliy Brandon: »How Sadness Can Turn You Into a Shopaholic«, in: *U. S. News*, 11.2.2008: http://money.usnews.com/money/personal-finance/articles/2008/02/11/how-sadness-can-turn-you-into-a-shopaholic
165 Andrew Hutchinson: »Facebook Releases New Research into How People Respond After a Break-Up«, in: *Social Media Today*, 4.2.2017: https://www.socialmediatoday.com/social-business/facebook-releases-new-research-how-people-respond-after-break
166 Rick Edmonds: »The *New York Times* sells premium ads based on how an article makes you feel«, in: *Poynter.org*, 10.4.2019: https://www.poynter.org/business-work/2019/the-new-york-times-sells-premium-ads-based-on-how-an-article-makes-you-feel/
167 Eli Pariser im Interview mit dem Autor, 2012.
168 Steven Weber im Interview mit dem Autor, 2012
169 Izabella Kaminska: »Alphaville's Libra cheat sheet«, in: *Alphaville*, 18.6.2019: https://ftalphaville.ft.com/2019/06/18/1560848464000/Alphaville-s-Libra-cheat-sheet/
170 Keen (2012).
171 Natasha Singer: »Put It on My Marquee: I Just Watched ›Creepshow 2‹«, in: *New York Times*, 10.12.2011: http://www.nytimes.com/2011/12/11/business/bill-would-let-video-consumers-disclose-all-their-choices.html
172 A. J. Dellinger: »How The Biggest Tech Companies Spent Half A Billion Dollars Lobbying Congress«, in: *Forbes*, 30.4.2019: https://www.forbes.com/sites/ajdellinger/2019/04/30/how-the-biggest-tech-companies-spent-half-a-billion-dollars-lobbying-congress
173 Cecilia Kang, Kenneth P. Vogel: »Tech Giants Amass a Lobbying Army for an Epic Washington Battle«, *New York Times*, 5.6.2019: https://www.nytimes.com/2019/06/05/us/politics/amazon-apple-facebook-google-lobbying.html
174 Yang Wang et al: »I regretted the minute I pressed ›share‹: A Qualitative Study of Regrets on Facebook«, in: Carnegy Mellon University 2011: https://cups.cs.cmu.edu/soups/2011/proceedings/a10_Wang.pdf
175 Dan Tynan: »Facebook's ›man in the middle‹ attack on our data«, in: *IT World*, 5.2.2012: https://www.itworld.com/article/2832386/facebook-s--man-in-the-middle--attack-on-our-data.html
176 Sam Biddle: »In Court, Facebook Blames Users for Destroying Their Own Right to Privacy«, in: *The Intercept*, 14.6.2019: https://theintercept.com/2019/06/14/facebook-privacy-policy-court/
177 Interview mit dem Autor, 2012.
178 Bernhard Lindholm im Interview mit dem Autor, 2012.
179 Hasso Plattner Institut, Pressemitteilung: »Schufa-Forschungsprojekt gekündigt«, in: *hpi.de*, vom 8.6.2012: https://hpi.de/pressemitteilungen/2012/schufa-forschungsprojekt-gekuendigt.html
180 Marc Bartl: »Aigner warnt Minister: ›Facebook-Button nicht verwenden‹«, in: *kress News*, 12.9.2011: https://kress.de/news/detail/beitrag/112007-aigner-warnt-minister-facebook-button-nicht-verwenden.html
181 Henrik Oerding, Eike Kühl: »Websites müssen Einwilligung für den Like-Button einholen«, in: *Zeit Online*, 29.7.2019: https://www.zeit.de/digital/datenschutz/2019-07/eugh-like-button-facebook-datenschutz-urteil
182 Steffan Heuer: »Nie mehr anonym«, in: *Technology Review*, 29.7.2011: https://www.heise.de/tr/artikel/Nie-mehr-anonym-1286559.html?seite=all
183 James Temple: »Facial recognition software's privacy concerns«, in: *San Francisco Chronicle*, 20.6.2012: https://www.sfgate.com/business/article/Facial-recognition-software-s-privacy-concerns-3645779.php
184 Christopher Mathias: »Facial Recognition: The One Technology Google Is Holding Back«, in: *Huffington Post*, 1.6.2011: http://www.huffingtonpost.com/2011/06/01/facial-recognition-google_n_869583.html
185 Adam Harvey: »Microsoft quietly deletes largest public face recognition data set«, in: *Financial Times*, 6.6.2019: https://www.ft.com/content/7d3e0d6a-87a0-11e9-a028-86cea8523dc2
186 Sarah Harris: »Computer to shop staff: VIP approaching«, in: *Sunday Times*, 14.7.2013: https://www.thetimes.co.uk/article/computer-to-shop-staff-vip-approaching-npf9bsllvkw
187 Ken Fisher: »Seattle bar bans Google Glass, still loves beer goggles«, in: *Ars Technica*, 10.3.2013: https://arstechnica.com/gadgets/2013/03/seattle-bar-bans-google-glass-still-loves-beer-goggles/ sowie Jemima Kiss: »UK set to ban Google Glass for drivers«, in: *The Guardian* 31.7.2013: https://www.theguardian.com/technology/2013/jul/31/google-glass-drivers und Google Glass blog: Glass and Facial Recognition, 31.5.2013:. https://plus.google.com/+ProjectGlass/posts/fAe5vo4ZEcE?cfem=1

188 Christina Varr: »How long until your doctor is wearing Google Glass?«, in: *Venture Beat*, 13.5.2013: http://venturebeat.com/2013/05/13/google-glass-healthcare/
189 Alessandro Acquisti et al.: »Faces of Facebook: Privacy in the Age of Augmented Reality«, in: *Journal of Privacy and Confidentiality*: 6, 4.8.2011: http://www.heinz.cmu.edu/~acquisti/face-recognition-study-FAQ/
190 Craig Timberg, Ellen Nakashima: »State photo-ID databases become troves for police«, in: *Washington Post*, 16.6.2013: https://www.washingtonpost.com/business/technology/state-photo-id-databases-become-troves-for-police/2013/06/16/6f014bd4-ced5-11e2-8845-d970ccb04497_story.html
191 Alfred Ng: »Amazon's helping police build a surveillance network with Ring doorbells«, in: *ZDNet*, 5.6.2019: https://www.cnet.com/features/amazons-helping-police-build-a-surveillance-network-with-ring-doorbells/
192 Daniel Oberhaus: »China Is Using Facial Recognition Technology to Send Jaywalkers Fines Through Text Messages«, in: *Motherboard*, 28.3.2018: https://www.vice.com/en_us/article/wj7n74/china-jaywalking-facial-recognition-camera
193 Interview mit dem Autor, 2011.
194 Jay Stanley: »The Dawn of Robot Surveillance. AI, Video Analytics, and Privacy«, in: *ACLU*, Juni 2019: https://www.aclu.org/report/dawn-robot-surveillance
195 Jonathan Shieber: »Facebook could face billions in potential damages as court rules facial recognition lawsuit can proceed«, in: *TechCrunch*, 8.8.2019: https://techcrunch.com/2019/08/08/facebook-could-face-billions-in-potential-damages-as-court-rules-facial-recognition-lawsuit-can-proce/
196 James Shotwell: »Spotify under investigation for violations of GDPR compliance«, in: *Haulix Daily*, 13.6.2019: https://haulixdaily.com/2019/06/spotify-gdpr-compliance
197 Weitere Informationen und Webformulare hier: https://www.bfdi.bund.de/DE/Service/Kontakt/kontakt_node.html
198 Konrad Lischka: »EU-Datenschützer drohen Google Strafen an«, in: *Spiegel Online*, 18.2.2013: https://www.spiegel.de/netzwelt/netzpolitik/googles-super-profil-eu-datenschuetzer-drohen-mit-sanktionen-a-884100.html
199 Nick McCann: »Plaintiffs Drop Suit Over Hulu Data Collection«, in: *Courthouse News*, 28.10.2015: https://www.courthousenews.com/plaintiffs-drop-suit-over-hulu-data-collection/
200 Adam Popescu: »Watch Out! New Video Law Lets Netflix Share What You're Viewing«, in: *ReadWrite*, 4.1.2013: https://readwrite.com/2013/01/04/watch-out-new-video-law-lets-netflix-share-what-youre-viewing/
201 Kevin Roose: »The Making of a YouTube Radical«, in: *New York Times*, 8.6.2019: https://www.nytimes.com/interactive/2019/06/08/technology/youtube-radical.html
202 Arvind Narayanan, Vitaly Shamtikov: »Robust de-Anonymiyation of Large Datasets (How to Break Anonymity of the Netflix Prize Dataset)«, in: University of Texas, 5.2.2008: http://arxiv.org/PS_cache/cs/pdf/0610/0610105v2.pdf
203 John Markoff: »Stanford Team Aims at Alexa and Siri With a Privacy-Minded Alternative«, in: *New York Times*, 14.6.2019: https://www.nytimes.com/2019/06/14/technology/virtual-assistants-privacy.html sowie https://mycroft.ai
204 Liana Baker, Jim Finkle: »Sony PlayStation suffers massive data breach«, in: *Reuters.com*, 26.4.2011: https://www.reuters.com/article/us-sony-stoldendata-idUSTRE73P6WB20110426
205 Kaliya Young: »Identity in the Contexts of the Future OR Participatory Totalitarianism«, 24.11.2011: https://identitywoman.net/identity-in-the-contexts-participatory-totalitarianism/
206 Nicholas Thompson: »How to Get Privacy Right«, in: *New Yorker*, 5.3.2012: http://www.newyorker.com/online/blogs/culture/2012/03/how-to-get-privacy-right.html
207 Interview mit dem Autor, 2012.
208 Alex Hern: »Strava suggests military users »opt out« of heatmap as row deepens«, in: *The Guardian*, 29.1.2018: https://www.theguardian.com/technology/2018/jan/29/strava-secret-army-base-locations-heatmap-public-users-military-ban
209 Tracy Connor: »Fitbit Murder Case: Richard Dabate Pleads Not Guilty in Wife's Death«, *NBC News*, 28.4.1018: https://www.nbcnews.com/news/us-news/fitbit-murder-case-richard-dabate-pleads-not-guilty-wife-s-n752526 sowie Christine Hauser: »Police Use Fitbit Data to Charge 90-Year-Old Man in Stepdaughter's Killing«, in: *New York Times*, 3.10.2018: https://www.nytimes.com/2018/10/03/us/fitbit-murder-arrest.html.
210 Courtney Boyd Myers: »The Future of Fitness and Health«, in: *Thenextweb.com*, 17.9.2011: http://thenextweb.com/insider/2011/09/17/the-future-of-fitness-and-health/
211 Sam Schechner: »You Give Apps Sensitive Personal Information. Then They Tell Facebook«, *Wall Street Journal*, 22.2.2019: https://www.wsj.com/articles/you-give-apps-sensitive-personal-information-then-they-tell-facebook-11550851636
212 Cooper Quintin: »The Pregnancy Panopticon«, in: *EFF*, Juli 2017: https://www.eff.org/files/2017/07/27/the_pregnancy_panopticon.pdf
213 Susannah Fox, Maeve Duggan: »Mobile Health 2012«, in: *Pew Internet*, 8.11.2012: http://pewinternet.org/Reports/2012/Mobile-Health.aspx sowie Privacy Rights Clearinghouse: »Mobile Health and Fitness Apps: What Are the Privacy Risks?«, in: *Privacy Rights Clearinghouse* 15.7.2013: https://www.privacyrights.org/mobile-medical-apps-privacy-alert
214 Website von Fitbit: https://healthsolutions.fitbit.com
215 Fitbit Pressemitteilung: »Fitbit Extends Corporate Wellness Offering with HIPAA Compliant Capabilities«, 16.9.2015: https://investor.fitbit.com/press/press-releases/press-release-details/2015/Fitbit-Extends-Corporate-Wellness-Offering-with-HIPAA-Compliant-Capabilities/default.aspx
216 Kate Sheridan: »The 20 most Googled diseases«, in: *Statnews.com*, 6.6.2017: https://www.statnews.com/2017/06/06/the-20-most-googled-diseases/
217 Hugo Campos: »The Heart of the Matter«, in: *Slate.com*, 24.3.2015: https://slate.com/technology/2015/03/patients-should-be-allowed-to-access-data-generated-by-implanted-devices.html
218 Quantified Self Public Health: »Hugo Campos: 10 Years with an Implantable Cardiac Device and *Almost* No Data Access«, in: *Medium.com*, 27.4.2018: https://medium.com/quantified-self-public-health/hugo-campos-10-years-with-an-implantable-cardiac-device-and-almost-no-data-access-71018b39b938
219 Robert Birnbaum, Rainer Woratschka, Anna Sauerbrey: »Versicherung will Lebensweise der Kunden kennen«, in: *Der Tagesspiegel*, 22.11.2014: https://www.tagesspiegel.de/gesellschaft/panorama/fitnessdaten-fuer-generali-versicherung-will-lebensweise-der-kunden-kennen/11016828.html
220 Dan Thorp-Lancaster: »Microsoft HealthVault service shutting down on November 20«, in: *Windows Central*, 5.4.2019: https://www.windowscentral.com/microsoft-healthvault-service-shutting-down-november-20
221 Kate Crawford: »When Fitbit is the Expert Witness«, in: *The Atlantic*, 19.11.2014: http://www.theatlantic.com/technology/archive/2014/11/when-fitbit-is-the-expert-witness/382936/
222 Quentin Hardy: »Big Data's Grass-Roots Revolution«, in: *New York Times*, 2.3.2012: http://bits.blogs.nytimes.com/2012/03/02/big-datas-grassroots-revolution/
223 Alistair Barr: »Google's New Moonshot Project: the Human Body«, in: *Wall Street Journal*, 27.7.2014: https://www.wsj.com/articles/google-to-collect-data-to-define-healthy-human-1406246214
224 Jessica Bursztynsky: »More than 26 million people shared their DNA with ancestry firms, allowing researchers to trace relationships between virtually all Americans: MIT«, in: *CNBC*, 12.2.2019: https://www.cnbc.com/2019/02/12/privacy-concerns-rise-as-26-million-share-dna-with-ancestry-firms.html
225 Eric Ravenscraft: »How to Protect Your DNA Data Before and After Taking an at-Home Test«, in: *New York Times*, 12.6.2019: https://www.nytimes.com/2019/06/12/smarter-living/how-to-protect-your-dna-data.html
226 Susan Young Rojahn: »Marketing to the Big Data Inside Us«, in: *MIT Technology Review*, 24.5.2013: http://www.technologyreview.com/news/514396/marketing-to-the-big-data-inside-us/
227 Tracy Clark-Flory: Facebook: »The next tool in fighting STDs«, in: *Salon.com*, 1.4.2012: http://www.salon.com/2012/04/01/facebook_the_next_tool_in_fighting_stds/singleton/
228 Nicholas A. Christakis, James H. Fowler:»Social Network Sensors for Early Detection of Contagious Outbreaks«, in: *PLOS ONE* 5(9) 2010: https://journals.plos.org/plosone/article?id=10.1371/journal.pone.0012948
229 Jeff Jarvis: »For the Diseased«, in: *Buzzmachine*, 14.1.2014: https://buzzmachine.com/2014/01/14/from-the-diseased/

230 Michael Grothaus: »FDA warning: Medtronic MiniMed insulin pumps could be hijacked by hack«, in: *Fast Company*, 28.6.2019: https://www.fastcompany.com/90370862/fda-warning-medtronic-minime-insulin-pumps-could-be-hijacked-by-hackers

231 Interview mit dem Autor, 2012.

232 Michael Rosenfeld et al.: »Research Note: Disintermediating your friends«, in: Stanford University, 15.7.2019 https://web.stanford.edu/~mrosenfe/Rosenfeld_et_al_Disintermediating_Friends.pdf

233 Facebook Studie, verfügbar unter: http://www.facebook.com/notes/facebook-data-team/the-right-time-for-love-tracking-the-seasonality-of-relationship-formation/10150643989093859

234 Sarah M. Watson: »I Didn't Tell Facebook I'm Engaged, So Why Is It Asking About My Fiancé?«, in: *The Atlantic*, 14.3.2012: https://www.theatlantic.com/technology/archive/2012/03/i-didnt-tell-facebook-im-engaged-so-why-is-it-asking-about-my-fianc/254479/

235 Robinson Meyer: »Everything We Know About Facebook's Secret Mood Manipulation Experiment«, in: *The Atlantic*, 28.6.2014: https://www.theatlantic.com/technology/archive/2014/06/everything-we-know-about-facebooks-secret-mood-manipulation-experiment/373648/

236 Deborah Netburn: »Facebook, Twitter, other social media are brain candy, study says«, in: *LA Times*, 8.5.2012: https://www.latimes.com/business/la-xpm-2012-may-08-la-fi-tn-self-disclosure-study-20120508-story.html

237 Prägnante Beispiele sind Napster-Gründer und Facebook-Investor Sean Parker sowie der ehemalige Google-Ingenieur Tristan Harris: Thuy Ong: Sean Parker on Facebook: »God only knows what it's doing to our children's brains«, in: *The Verge*, 9.11.2017: https://www.theverge.com/2017/11/9/16627724/sean-parker-facebook-childrens-brains-feedback-loop sowie https://humanetech.com

238 Interview mit dem Autor, 2012.

239 X1: »689 Published Cases Involving Social Media Evidence«, in: *Forensic Focus*, 16.4.2012: (with full case listing). https://articles.forensicfocus.com/2012/04/16/689-published-cases-involving-social-media-evidence-with-full-case-listing/

240 Post Staff Report: »More than a third of divorce filings contain the word Facebook«, in: *New York Post*, 21.5.2012: https://nypost.com/2012/05/21/more-than-a-third-of-divorce-filings-contain-the-word-facebook/

241 Nick Bilton: »Girls Around Me: An App Takes Creepy to a New Level«, in: *New York Times*, 30.3.2012: https://bits.blogs.nytimes.com/2012/03/30/girls-around-me-ios-app-takes-creepy-to-a-new-level/

242 Jonathan Mayer: »Tracking the trackers: where everybody knows your username«, in: *CIS*, 11.10.2011: http://cyberlaw.stanford.edu/node/6740

243 Joana Moll und Tactical Tech: »The Dating Brokers: An autopsy of online love«, Oktober 2018: https://datadating.tacticaltech.org/viz

244 Michael Zimmer: »OkCupid Study Reveals the Limits of Big-Data Science«, in: *Wired*, 14.5.2016: https://www.wired.com/2016/05/okcupid-study-reveals-perils-big-data-science/

245 Sarah Downey: »Privacy on OkCupid: The Unromantic Truth«, in: *Abine Blog*, 13.6.2012: https://www.abine.com/blog/2012/privacy-on-okcupid/

246 Judith Duportail: »I asked Tinder for my data. It sent me 800 pages of my deepest, darkest secrets«, in: *The Guardian*, 26.9.2017: https://www.theguardian.com/technology/2017/sep/26/tinder-personal-data-dating-app-messages-hacked-sold

247 Jaikumar Vijayan: »Profile pics on social media sites pose privacy risk, researcher warns«, in: *Computerworld*, 5.8.2011: https://www.computerworld.com/article/2509942/profile-pics-on-social-media-sites-pose-privacy-risk--researcher-warns.html

248 Elena Maris et al.: »Tracking sex: The implications of widespread sexual data leakage and tracking on porn websites«, in: Cornell University, 15.7.2019: https://arxiv.org/abs/1907.06520

249 Andy Greenberg: »Hack Brief: 412M Accounts Breached on Friendfinder Sex Site«, in: *Wired.com*, 14.11.2016: https://www.wired.com/2016/11/hack-brief-412m-accounts-breached-friendfinder-sex-sites/

250 Carl O'Donnell, Liana B. Baker, Echo Wang: »Exclusive: Told U.S. security at risk, Chinese firm seeks to sell Grindr dating app«, in: *Reuters*, 26.3.2019: https://www.reuters.com/article/us-grindr-m-a-exclusive/exclusive-u-s-pushes-chinese-owner-of-grindr-to-divest-the-dating-app-sources-idUSKCN1R809L

251 Motherboard Serie: »When Spies Come Home. A multi-part investigative series about the powerful surveillance software ordinary people use to spy on their loved ones«, in: *Vice*, 6.1.2018-26.3.2019: https://www.vice.com/en_us/topic/when-spies-come-home sowie Christopher Parsons et al.: »The Predator in Your Pocket. A Multidisciplinary Assessment of the Stalkerware Application Industry«, in: The Citizen Lab, 12.6.2019: https://citizenlab.ca/2019/06/the-predator-in-your-pocket-a-multidisciplinary-assessment-of-the-stalkerware-application-industry/

252 Zadie Smith: »Generation Why?«, in: *New York Review of Books*, 25.11.2010: http://www.nybooks.com/articles/archives/2010/nov/25/generation-why

253 *Dpa:* »Polizei ermittelt gegen tausend Jugendliche, weil sie Sexvideos auf Facebook teilten«, u.a. in: *Stern.de*, 18.1.2018: https://www.stern.de/neon/wilde-welt/sexvideos-auf-facebook--daenische-polizei-ermittelt-gegen-tausend-Jugendliche-7826198.html Die beiden zuvor genannten Beispiele stammen aus Interviews mit dem Autor.

254 Nelly Bowles: »Now Some Families Are Hiring Coaches to Help Them Raise Phone-Free Children«, in: *New York Times*, 6.7.2019: https://www.nytimes.com/2019/07/06/style/parenting-coaches-screen-time-phones.html

255 Elroy Boers et al.: »Association of Screen Time and Depression in Adolescence«, in: *JAMA Pediatr.* 15.7.2019: https://jamanetwork.com/journals/jamapediatrics/fullarticle/2737909

256 danah boyd: »The Power of Fear in Network Publics«, in: *danah.org*, 10.3.2012. http://www.danah.org/papers/talks/2012/SXSW2012.html

257 danah boyd: *It's Complicated. The Social Lives of Networked Teens.* New Haven 2014, S. 152.

258 Saima Tarapdar, Mary Kellet: »Young people's voices on cyber bullying: what can age comparisons tell us«, in: *Diana Awards*, November 2011: http://oro.open.ac.uk/32271/1/Diana_-_Young_Peoples_Voices_Report.pdf

259 *AFP*: »Lästereien im Internet: Cybermobbing trifft jeden dritten Schüler«, u. a. in: *Spiegel Online*, 26.6.2013: https://www.spiegel.de/lebenundlernen/schule/ein-drittel-der-schueler-von-cyber-mobbing-betroffen-a-913320.html

260 Sascha Schmidt: »Cybermobbing unter Jugendlichen und Erwachsenen – Aktuelle Zahlen und Daten«, in: Landesmedienzentrum Baden-Württemberg, 20.2.2019: https://www.lmz-bw.de/newsroom/aktuelle-beitraege-aller-bereiche/detailseite/cybermobbing-unter-jugendlichen-und-erwachsenen-aktuelle-zahlen-und-daten/ sowie Medienpädagogischer Forschungsverbund Südwest: JIM-Studie 2018: https://www.mpfs.de/fileadmin/files/Studien/JIM/2018/Studie/JIM_2018_Gesamt.pdf

261 Anti-Defamation League: »Free to Play? Hate, Harassment, and Positive Social Experiences in Online Games«, in: *ADL.org*, 25.7.2019: https://www.adl.org/free-to-play

262 James Temple: »Can social networks keep kids safe?«, in: *San Francisco Chronicle*, 15.6.2012: http://www.sfgate.com/cgi-bin/article.cgi?f=/c/a/2012/06/14/BU971P1AB9.DTL

263 Klicksafe.de: »Neue Befunde einer europäischen Studie zum Schutz von Kindern vor Internet-Risiken: Online-Meldesysteme von Kindern kaum genutzt«, in: *Klicksafe.de*, 10.7.2012: https://www.klicksafe.de/service/aktuelles/news/detail/neue-befunde-einer-europaeischen-studie-zum-schutz-von-kindern-vor-internet-risiken-online-meldesyst/

264 Eva Price, Bill Price: »The New Normal: Parents, Teens, Screens, and Sleep in the United States«, in: *Common Sense Media*, 2019: https://www.commonsensemedia.org/sites/default/files/uploads/research/2019-new-normal-parents-teens-screens-and-sleep-united-states-report.pdf

265 Medienpädagogischer Forschungsverbund Südwest: »KIM-Studie 2018 (Kindheit, Internet, Medien)«, Mai 2019: https://www.mpfs.de/fileadmin/files/Studien/KIM/2018/KIM-Studie2018_Web.pdf

266 Jean M. Twenge: *iGen. Why Today's Super-Connected Kids Are Growing Up Less Rebellious, More Tolerant, Less Happy – and Completely Unprepared for Adulthood – and What That Means for the Rest of Us.* New York 2017.

267 Jean M. Twenge: »Have Smartphones Destroyed a Generation?«, in: *The Atlantic*, September 2017: https://www.theatlantic.com/magazine/archive/2017/09/has-the-smartphone-destroyed-a-generation/534198/

268 Chris Matyszczyk: »Thirty-eight percent of kids on Facebook under 13?«, in: *Cnet*, 13.4.2012: https://www.cnet.com/news/thirty-eight-percent-of-kids-on-facebook-under-13/

269 AVG Pressemitteilung: »Digital Birth: Welcome to the Online World«, in: *Businesswire.com*, 6.10.2010: http://www.businesswire.com/news/home/20101006006722/en/Digital-Birth-Online-World

270 Melissa Schneider: »Study: How millennial parents are preparing their kids for a life online«, in: *GoDaddy Blog*, 23.8.2018: https://www.godaddy.com/garage/study-how-millennial-parents-are-preparing-their-kids-for-a-life-online/. Deutsche Fassung bei: https://www.frische-fische.com/infografik-godaddy-babynamen-01/
271 Turkle (2012), sowie im Interview mit dem Autor, 2011.
272 *Common Sense Media*: »Social Media, Social Life: How Teens View Their Digital Lives«, in: *Common Sense Media*, 26.6.2012: https://www.commonsensemedia.org/research/social-media-social-life-how-teens-view-their-digital-lives
273 Cecilia Kang: »FTC hits fan sites for Justin Bieber, Rihanna with $1 M privacy fine«, in: *Washington Post*, 3.10.2012: https://www.washingtonpost.com/blogs/post-tech/post/justin-bieber-rihanna-fan-sites-hit-by-ftc-with-1-million-fine-for-collecting-information-about-children/2012/10/03/ee43a94e-0cdb-11e2-a310-2363842b7057_blog.html
274 Benjamin Romano: »Suits allege Amazon's Alexa violates laws by recording children's voices without consent«, in: *Seattle Times*, 12.6.2019: https://www.seattletimes.com/business/amazon/suit-alleges-amazons-alexa-violates-laws-by-recording-childrens-voices-without-consent/ sowie: Richard Nieva: »YouTube faces complaint demanding FTC probe over kids' data,« in: *Cnet.com*, 8.4.2018: https://www.cnet.com/news/youtube-faces-complaint-demanding-ftc-probe-over-kids-data/
275 Michelle Madejski, Maritza Johnson, Steven M. Bellovin: »The Failure of Online Social Network Privacy Settings«, in: *Tech Report* CUCS-010-11, Columbia University, Juli 2011: https://academiccommons.columbia.edu/doi/10.7916/D8NG4ZJ1
276 Ole Reißmann: »Ein Klick – zack, Hunderte Euro weg«, in: *Spiegel Online*, 7.2.2012: https://www.spiegel.de/netzwelt/netzpolitik/pinterest-facebook-und-co-ein-klick-zack-hunderte-euro-weg-a-813571.html
277 Andrea Peterson: »Google is tracking students as it sells more products to schools, privacy advocates warn«, in: *The Washington Post*, 28.12.2015: https://www.washingtonpost.com/news/the-switch/wp/2015/12/28/google-is-tracking-students-as-it-sells-more-products-to-schools-privacy-advocates-warn/ sowie Natasha Singer: »How Google Took Over the Classroom«, in: *The New York Times*, 13.5.2017: https://www.nytimes.com/2017/05/13/technology/google-education-chromebooks-schools.html
278 Stellungnahme des Hessischen Beauftragten für Datenschutz und Informationsfreiheit zum Einsatz von Microsoft Office 365 in hessischen Schulen, 9.7.2019: https://datenschutz.hessen.de/pressemitteilungen/stellungnahme-des-hessischen-beauftragten-für-datenschutz-und
279 Charlie Warzel: »Welcome to the K-12 Surveillance State«, in: *The New York Times*, 2.7.2019: https://www.nytimes.com/2019/07/02/opinion/surveillance-state-schools.html
280 Chris Matyszczyk: »12-year-old sues school district over Facebook profile search«, in: *Cnet*, 10.3.2012: https://www.cnet.com/news/12-year-old-sues-school-district-over-facebook-profile-search/
281 *AP*: »Feds: Social network for kids violated privacy law«, u. a. in: *NBCNews.com*, 9.11.2011: http://www.nbcnews.com/id/45226916/ns/technology_and_science-tech_and_gadgets/t/feds-social-network-kids-violated-privacy-law/
282 Geoffrey A. Fowler: »Psst, Secrets You Share Online Aren't Always Safe«, in: *Wall Street Journal*, 25.2.2014: https://www.wsj.com/articles/secret-apps-your-secrets-arent-always-so-secret-1393376019
283 Alexia Tsotsis: »Study: You've Never Met 7% Of Your Facebook ›Friends‹«, in: *TechCrunch*, 16.6.2011: https://techcrunch.com/2011/06/16/study-youve-never-met-7-of-your-facebook-friends/
284 https://immersion.media.mit.edu
285 Ry Crist: »Yes, the Robot Dog Ate your Privacy«, in: *Cnet.com*, 28.6.2019: https://www.cnet.com/news/yes-the-robot-dog-ate-your-privacy/
286 Markus Reuter: Schnüffelpuppe »›My Friend Cayla‹ in Deutschland verboten», in: *Netzpolitik.org*, 16.2.2017: https://netzpolitik.org/2017/schnueffelpuppe-my-friend-cayla-in-deutschland-verboten/
287 Johannes Caspar im Interview mit dem Autor, 2012.
288 *Dpa*: »Facebook muss Nutzungsbedingungen anpassen«, u. a. in: *Zeit Online*, 12.2.2018: https://www.zeit.de/digital/2018-02/datenschutz-facebook-klarname-landgericht-berlin-urteil
289 Thomas Floß im Interview mit dem Autor, 2012.
290 Holman Jenkins: »Google and the Search for the Future«, in: *Wall Street Journal*, 14.8.2010: https://www.wsj.com/articles/SB10001424052748704901104575423294099527212
291 Interview mit dem Autor, 2012.
292 Frederike Kaltheuner: »What Hong Kong's Protestors Can Teach Us About the Future of Privacy«, in: *Gizmodo*, 21.6.2019: https://gizmodo.com/what-hong-kongs-protestors-can-teach-us-about-the-futur-1835715794
293 Michael J. Abramowitz: »Democracry in Crisis. Freedom in the World 2018«, in: *Freedom House*: https://freedomhouse.org/report/freedom-world/freedom-world-2018
294 *Telegraph reporters*: »Hi-tech CCTV can recognise faces from half a mile away«, in: *The Telegraph*, 3.10.2012: http://www.infowars.com/hi-tech-cctv-that-recognize-faces-from-half-a-mile-away-may-breach-human-rights-laws/
295 Porsche Consulting: »The Future of Vertical Mobility«, in: Porsche Consulting, März 2018: https://www.porsche-consulting.com/de/medien/publikationen/detail/study-the-future-of-vertical-mobility-1/
296 Christopher Beam: »Soon, satellites will be able to watch you everywhere all the time«, in: *MIT Technology Review*, 26.6.2019: https://www.technologyreview.com/s/613748/satellites-threaten-privacy/
297 David Hambling: »The Pentagon has a laser that can identify people from a distance – by their heartbeat«, in: *MIT Technology Review*, 27.6.2019: https://www.technologyreview.com/s/613891/the-pentagon-has-a-laser-that-can-identify-people-from-a-distance-by-their-heartbeat
298 Andy Greenberg: »Cellbrite says it can Unlock any iPhone for Cops«, in: *Wired*, 14.6.2019: https://www.wired.com/story/cellebrite-ufed-ios-12-iphone-hack-android/
299 Jennifer Valentino-DeVries: »Tracking Phones, Google Is a Dragnet for the Police«, in: *New York Times*, 13.4.2019: https://www.nytimes.com/interactive/2019/04/13/us/google-location-tracking-police.html
300 K. Brunner et al: »Wie eine Polizei-App Touristen in China ausspäht«, in: *Süddeutsche Zeitung*, 2.7.2019: https://www.sueddeutsche.de/politik/china-app-ueberwachung-touristen-1.4508470
301 Zum Beispiel Evgeny Morozov: »Der Tod des Cyberflaneurs«, in: *Spiegel Online*, 9.2.2012: https://www.spiegel.de/netzwelt/web/netzkultur-der-tod-des-cyberflaneurs-a-814236.html
302 Public Intelligence: »FBI ›Communities Against Terrorism‹ Suspicious Activity Reporting Flyers», in: *Public Intelligence*, 1.2.2012: http://publicintelligence.net/fbi-suspicious-activity-reporting-flyers/
303 Mathew J. Schwartz: »Want NSA Attention? Use Encrypted Communications«, in: *Dark Reading*, 21.6.2013: https://www.darkreading.com/risk-management/want-nsa-attention-use-encrypted-communications/d/d-id/1110475
304 Dominik Rushe: »Skype's secret Project Chess reportedly helped NSA access customers' data«, in: *The Guardian*, 20.6.2013: https://www.theguardian.com/technology/2013/jun/20/skype-nsa-access-user-data sowie Michael Riley: »U. S. Agencies Said to Swap Data With Thousands of Firms«, in: Bloomberg News, 14.6.2013: https://www.bloomberg.com/news/articles/2013-06-14/u-s-agencies-said-to-swap-data-with-thousands-of-firms
305 Julia Angwin, Jennifer Valentino-DeVries: »New Tracking Frontier: Your License Plates«, in: *Wall Street Journal*, 13.10.2012: https://www.wsj.com/articles/SB10000872396390443995604578004723603576296
306 Bennett Stein: »The Chilling Effects of License-Plate Location Tracking«, in: *ACLU Blog*, 23.10.2013: https://www.aclu.org/blog/national-security/privacy-and-surveillance/chilling-effects-license-plate-location-tracking
307 Jannis Brühl, Christian Baars, Christian Deker: »Geparkt, gefilmt, gespeichert«, in: *NDR*, 21.10.2014: http://www.ndr.de/nachrichten/Geparkt-gefilmt-gespeichert,kennzeichen238.html.
308 Nicole Perlroth: »Traveling Light in a Time of Digital Thievery«, in: *New York Times*, 10.2.2012: http://www.nytimes.com/2012/02/11/technology/electronic-security-a-worry-in-an-age-of-digital-espionage.html
309 Bruce Schneier: »1Password's Travel Mode«, in: *Schneier on Security*, 23.7.2018: https://www.schneier.com/blog/archives/2018/07/1passwords_trav.html
310 Doyle McManus: »Technology that protects protesters«, in: *LA Times*, 18.9.2011: https://www.latimes.com/opinion/la-xpm-2011-sep-18-la-oe-mcmanus-tech-20110918-story.html

311 Birgitta Jónsdóttir: »How the US Justice Department legally hacked my Twitter account«, in: *The Guardian* 11.11.2011: https://www.theguardian.com/commentisfree/cifamerica/2011/nov/11/us-justice-department-legally-hacked-twitter
312 Gennie Gebhart: »Who Has Your Back? Censorship Edition 2019«, in: *EFF*, 12.6.2019: https://www.eff.org/wp/who-has-your-back-2019
313 Ranking Digital Rights: »2019 Ranking Digital Rights Corporate Accountability Index«, in: https://rankingdigitalrights.org/index2019/
314 Declan Mccullangh: »Feds put heat on Web firms for master encryption keys«, in: *CNET.com*, 24.7. 2013: https://www.cnet.com/news/feds-put-heat-on-web-firms-for-master-encryption-keys/.
315 Chris Connolly: »The US Safe Harbor – Fact or Fiction?«, in: *Galexia* 2.12.2008, verfügbar unter: http://www.europarl.europa.eu/meetdocs/2009_2014/documents/libe/dv/08_galexia_safe_harbor_/08_galexia_safe_harbor_en.pdf
316 *dpa*: »DSGVO-Verstöße: Frankreich verhängt Millionen-Strafe gegen Google«, u. a. in: *Heise online*, 21.1.2019: https://www.heise.de/newsticker/meldung/DSGVO-Verstoesse-Frankreich-verhaengt-Millionen-Strafe-gegen-Google-4283765.html
317 Yves-Alexandre de Montjoye et al.: »Unique in the Crowd: The privacy bounds of human mobility«, in: *Nature Scientific Reports* volume 3, Article number: 1376, 25.3.2013: https://www.nature.com/articles/srep01376
318 Somini Sengupta: »In Hot Pursuit of Numbers to Ward Off Crime«, in: *New York Times*, 20.6.2013: https://bits.blogs.nytimes.com/2013/06/19/in-hot-pursuit-of-numbers-to-ward-off-crime n
319 Google Transparenzbericht: http://www.google.com/transparencyreport/?hl=de
320 Gegen die Beschlagnahmung kann man sich engagieren, etwa über diese Petition: http://borderprivacy.ca, vgl. auch: Glenn Greenwald: »U. S. filmmaker repeatedly detained at border«, in: *Salon.com*, 8.4.2012: https://www.salon.com/2012/04/08/u_s_filmmaker_repeatedly_detained_at_border/
321 Sophia Cope, Amul Kalia, Seth Schoen, Adam Schwartz: »Digital Privacy at the U.S. Border: Protecting the Data On Your Devices«, in: *EFF*, 2017: https://www.eff.org/wp/digital-privacy-us-border-2017
322 Eine Zusammenfassung der Debatte bietet Allyson Hayward: »Anonymous Speech«, in: *The First Amendment Encyclopedia*, Juni 2017: https://mtsu.edu/first-amendment/article/32/anonymous-speech
323 Interview mit dem Autor, 2012.
324 Tony Romm: »Facebook removed 3 billion fake accounts over a six-month period«, in: *Washington Post*, 23.5.2019: https://www.washingtonpost.com/technology/2019/05/23/facebook-removed-billion-fake-accounts-over-six-month-period
325 Morozov (2011).
326 Nathan Lustig: »How We Calculated That Three Facebook Users Die Every Minute«, in: *Web Archive*, 3.9.2010: http://web.archive.org/web/20120601142305/http://blog.entrustet.com/2010/09/03/how-we-calculated-that-three-facebook-users-die-every-minute/
327 Carl Öhman, David Watson: »Are the dead taking over Facebook? A Big Data approach to the future of death online«, in: *Big Data & Society*, 23.4.2019: https://journals.sagepub.com/doi/10.1177/2053951719842540
328 Eine gute Übersicht mit genauen Anleitungen für die gängigen Plattformen bietet dieser Kurzbericht der Verbraucherzentrale Niedersachsen: »Digitaler Nachlass: Umgang mit Benutzerkonto und Daten nach dem Tod«: https://www.verbraucherzentrale-niedersachsen.de/sites/default/files/medien/141/dokumente/Kurzstudie_VZN_Digitaler%20Nachlass%202018.pdf
329 Jonathan Good: »The Internet is Becoming Our Memory«, in: *1000memories Blog*, 14.12.2011: http://web.archive.org/web/20120411231712/blog.1000memories.com/116-the-internet-is-becoming-our-memory
330 Vgl.: »Justin's family fights Yahoo over access to his e-mail account«, in: http://www.justinellsworth.net/email/yahoofight.htm
331 *Dpa*: »BGH-Urteil: Eltern dürfen Facebook-Konto der toten Tochter einsehen«, in: *Heise online*, 12.7.2018: https://www.heise.de/newsticker/meldung/BGH-Urteil-Eltern-duerfen-Facebook-Konto-der-toten-Tochter-einsehen-4108665.html
332 Banks (2011).
333 Richard Banks: »Vortrag auf SXSW«, Austin, Texas 11.3.2012: https://schedule.sxsw.com/2012/events/event_IAP9715.
334 Pressemitteilung: »Rackspace Survey Reveals That Britons May Stash £ 2.3BN Worth Of Assets In The Cloud«, 12.10.2011: http://ir.rackspace.com/phoenix.zhtml?c=221673&p=irol-newsArticle_Print&ID=1616634
335 Jed Brubaker: »Death And The Social Network: The Persistence of Digital Identity«, in: *jedbrubaker.com*, 2019: http://www.jedbrubaker.com/death-and-the-social-network-the-persistence-of-digital-identity/
336 Stephenson (2019).
337 Derek K. Miller: »The last post«, in: *penmachine.com*, 4.5.2011: http://web.archive.org/web/20110515203616/http://www.penmachine.com/
338 Airdrie Miller in einer Podiumsdiskussion auf SXSW, Austin, Texas, 11.3.2012: https://schedule.sxsw.com/2012/events/event_IAP9715

Klimaneutral
Druckprodukt
ClimatePartner.com/12752-1803-1001

Zum Ausgleich für die entstandene CO_2-Emission bei der Produktion dieses Buches unterstützen wir die Erhaltung und Wiederaufforstung des Kibale-Nationalparks in Uganda. Das Projekt trägt zum Klimaschutz bei, indem die Bäume bei der Fotosynthese Kohlenstoff aus der Luft binden, es schützt die Biodiversität des tropischen Waldes und sichert 260 Arbeitsplätze.

Bibliografische Information der Deutschen Nationalbibliothek
Die Deutsche Nationalbibliothek verzeichnet diese Publikation in der Deutschen Nationalbibliografie; detaillierte bibliografische Daten sind im Internet über http://dnb.d-nb.de abrufbar.

4. Auflage, vollständig überarbeitete Neuausgabe

Druck und Bindung: Steinmeier GmbH & Co. KG, Deiningen
Printed in Germany

ISBN 978-3-86774-321-1

Besuchen Sie uns im Internet: www.murmann-verlag.de
Ihre Meinung zu diesem Buch interessiert uns!
Zuschriften bitte an info@murmann-publishers.de
Den Newsletter des Murmann Verlages können Sie anfordern unter newsletter@murmann-publishers.de